D1985861

Sozialkunde kompakt (FOS/BOS)

Berufliche Oberschule in Bayern

Unterrichtswerk für die Fachoberschule / Berufsoberschule

bearbeitet von:

Udo Hagedorn
Erik Müller
Stephan Podes
Hartwig Riedel
Martina Tschirner
Thomas Volkert

C. C. Buchners Verlag · Bamberg

Sozialkunde kompakt (FOS/BOS)

Berufliche Oberschule in Bayern

Bearbeitet von Udo Hagedorn, Erik Müller, Stephan Podes, Hartwig Riedel, Martina Tschirner und Thomas Volkert

1. Auflage 1 4 3 2 1 2015 2014 2013 2012
Die letzte Zahl bedeutet das Jahr des Druckes.
Alle Drucke dieser Auflage sind, weil untereinander unverändert, nebeneinander benutzbar.
Dieses Werk folgt der reformierten Rechtschreibung und Zeichensetzung.

www.ccbuchner.de

Redaktion: Markus Willers
Assistenz: Sonja Reus
Layout und Satz: creo Druck- und Medienservice GmbH, Bamberg / Julia Weismantel, Bamberg
Druck und Binden: Stürtz GmbH, Würzburg

ISBN 978-3-7661-8911-0

ZUR BENUTZUNG DER LEHR- UND ARBEITSBÜCHER

In unserer Oberstufenreihe für die berufliche Oberschule (FOS/BOS) tragen wir verstärkt der sich durchsetzenden Kompetenzorientierung Rechnung. Ziel der Bände ist es, den Schülerinnen und Schülern Anregungen zur selbstständigen Arbeit zu geben und den Unterrichtenden Hilfen für einen methoden- und handlungsorientierten Unterricht anzubieten.

Zum Aufbau der Kapitel

Einführung	Jedes Kapitel beginnt mit einem Problemaufriss, einer Lernstandserhebung und der Formulierung der im Kapitelverlauf zu erwerbenden Kompetenzen.
Materialien	Die Materialienseiten sind multiperspektivisch angelegt und vertiefen zentrale Themenaspekte. Sie ermöglichen einen vielseitigen und kompetenzorientierten Unterricht. In Infokästen und in der Randspalte werden zentrale Begriffe und wichtige Zusatzinformationen knapp erklärt, um eine genaue fachwissenschaftliche Verwendung zu erleichtern. Die Darstellung aktueller Kontroversen fördert die Urteilskompetenz der Schülerinnen und Schüler.
Grundwissen	Materialien, die das erforderliche Grundwissen vermitteln, sind besonders gekennzeichnet. Sie lenken den Fokus auf das Sachwissen und dienen den Schülerinnen und Schülern als kompakte Vor- und Nachbereitung der vermittelten Unterrichtsinhalte.
Aufgaben	Jede Themeneinheit schließt mit Aufgaben ab, die nicht nur die Inhalte der vorangegangenen Texte abfragen, sondern gezielt auf die Probleme und Zusammenhänge bereits behandelter Lernsequenzen eingehen.
Methoden	Methodenseiten nehmen für das jeweilige Thema zentrale Fachmethoden und Arbeitsweisen auf und stärken so die Methodenkompetenz.
Differenzierungsmaterial	Am Ende jeder Unterrichtseinheit (ca. alle zehn Seiten) ermöglichen sogenannte Differenzierungsmaterialien den Schülerinnen und Schülern das erworbene Wissen zu wiederholen bzw. anzuwenden. Dabei formuliert die Rubrik „Wissen kompakt“ durch verständliche Verfassertexte zentrale Fachbegriffe der vorangegangenen Unterrichtseinheit und dient damit der Wiederholung und Überprüfung des Wissens. Die Rubrik „Wissen anwenden“ motiviert, das Gelernte auf weiterführende Beispiele anzuwenden, und ermöglicht den berühmten „Blick über den Tellerrand“.
Politics in English	Jedes der fünf Großkapitel bietet eine fakultative Doppelseite mit englischen Materialien an. Die Einführungen, die Materialien und die Aufgaben sind vollständig in Englisch gehalten. Ein Vokabular in der Randspalte erklärt alle über das Schulenglisch hinausgehenden Begriffe.

Das **Glossar** und das **Register** sind wichtige Hilfsmittel für die Arbeit mit dem Buch. Sie dienen dem Auffinden zentraler **Begriffe** und ermöglichen **Querverbindungen** innerhalb der einzelnen Themengebiete.
Aufgrund der besseren Lesbarkeit wird im Folgenden darauf verzichtet, immer beide Geschlechter anzusprechen („Bürgerinnen und Bürger“ ...), auch wenn selbstverständlich beide gemeint sind.

INHALT

1 Individuelle Entwicklung und gesellschaftlicher Wandel

2 Wirtschaftliche Verflechtungen des Einzelnen

3 Der Einzelne im politischen System

INHALT

4 Globale Einflüsse auf das Individuum

5 Medien als Gestalter der Lebenswelt

Methoden

Individuelle Entwicklung und gesellschaftlicher Wandel

1

Junge Menschen erleben tagtäglich den raschen Wandel von Mode und Technik: Die Frage nach den gängigen „ins" und „outs" ist in vielen Magazinen sehr beliebt.
Doch gesellschaftlicher Wandel ist noch viel umfassender: Von Altersstrukturen bis zu Lebensstilen, von Familien- bis zu Beziehungsformen – es sind vielfältige Aspekte, die unsere Gesellschaft prägen und deren fortlaufende Veränderungen in Längsschnittbetrachtungen beobachtet werden können.
Damit das Zusammenleben der Menschen funktioniert, bedarf es bestimmter Regeln und Übereinkünfte. Diese unterliegen auch einem steten Wandel, mit dem man sich immer wieder auseinandersetzen muss. Teil der Gesellschaft zu werden heißt, den Erwartungen anderer und gleichzeitig auch sich selbst und seinen eigenen Lebensvorstellungen gerecht zu werden.
Spannend sind dabei vor allem die Fragen, wie und warum es zu diesem Wandel kommt und welche Entwicklungen für die Zukunft zu erwarten sind.
Dieses Kapitel soll dazu beitragen, Antworten auf diese Fragen zu finden.

Am Ende dieses Kapitels sollten Sie u. a. Folgendes können

- verschiedene Aspekte des Sozialisationsbegriffs erkennen
- Bedeutung der Sozialisation für die Qualität des menschlichen Lebens darstellen
- Spannungsverhältnis zwischen Freiheit und Gleichheit beurteilen
- Ursachen und Folgen der Migration nach Deutschland kennen
- Chancen und Schwierigkeiten des Zusammenlebens von Menschen unterschiedlicher Kulturen beurteilen

Was wissen Sie schon?

1. Bringen Sie eine Ordnung in die nebenstehenden Bilder, indem Sie sie folgenden Unterschriften zuordnen: *Individuelle Entwicklung* und *gesellschaftlicher Wandel*. Nennen Sie die Probleme, auf die Sie stoßen.
2. Beenden Sie mit Blick auf die nebenstehenden Bilder folgenden Satz: Mit anderen zusammenzusein, bedeutet für mich ...

1.1 Sozialisation und Sozialisationsinstanzen

1.1.1 Wer oder was ist der Einzelne in der Gesellschaft?

M 1 Ich will ich sein

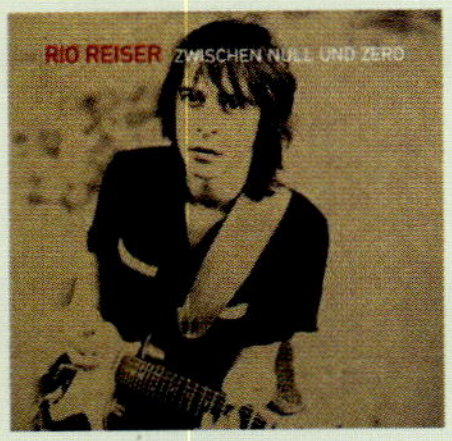

Rio Reiser (1950-1996): Sänger der Rockgruppe Ton Steine Scherben

Ich will ich sein, anders kann
ich nicht sein.
Ich will nicht sein, wie der oder der.
Ich will sagen, was ich denke.
Ich will ich sein, anders kann
ich nicht sein.
Ich will nicht nur sehen, was alle sehen.
Ich will nicht nur gehen,
wohin alle gehen.
Will nicht nur lachen,
wenn alle lachen.

Will nicht nur machen,
was alle machen.
Ich will singen, was ich singen will.
Und ich will sagen, was ich sagen will.
Ich will leben, wie ich leben will.
Und will lieben, wen ich lieben will.
Und will nicht getreten werden
und will nicht treten.

Rio Reiser, Ich will ich sein, Volksmund Verlag und Produktion Ralph Steiz KG, Stadum

M 2 Wie wird man Mitglied der Gesellschaft?

Zunächst sorgt die Familie dafür, dass aus einem Säugling langsam ein Mitglied der Gesellschaft wird. Später wird diese Aufgabe auch von anderen übernommen. So wirken unterschiedlichste Einflüsse aus Nachbarschaft, Freundeskreis, Kindergarten, Schule, Fernsehen, Werbung usw. auf das Kind ein. Der Einfluss kann planvoll und beabsichtigt (Erziehung), aber auch unabsichtlich geschehen. Den gesamten Prozess, den ein Mensch durchläuft, um seine Persönlichkeit auszubilden und ein Mitglied in der Gesellschaft zu werden, nennt man **Sozialisation**. Während der Sozialisation werden uns Normen und Wertvorstellungen vermittelt, die für das Zusammenleben innerhalb der Gesellschaft notwendig sind.

Erziehung
Erziehung bezeichnet alle zielgerichteten und absichtsvollen Maßnahmen, die Eltern, Lehrer u.a. unternehmen, um Heranwachsenden dabei zu helfen, selbstständig handelnde und urteilende Persönlichkeiten zu werden.

M 3 Normen und Werte GRUNDWISSEN

Werte oder Wertvorstellungen sind Einstellungen oder Maßstäbe, nach denen Menschen individuell ihr Handeln, Denken oder Fühlen ausrichten. Jeder von uns hat eigene Wertvorstellungen. Was für den einen ein Wert ist, muss für den anderen noch lange nicht wichtig sein. Pünktlichkeit und Verlässlichkeit zum Beispiel können dem einen wertvoll sein, dem anderen jedoch nicht. Die individuellen Wertvorstellungen verändern sich in der Regel im Laufe des Lebens. Werte sind aber auch Orientierungspunkte für die Gesellschaft als Ganzes. So sind zum Beispiel die Menschenrechte, die Verfassung oder die Religion Werte. Daneben gibt es auch materielle Werte, wobei die Menschen durchaus unterschiedliche Dinge als wertvoll erachten: Für den einen ist es das Auto, für den anderen sein Fahrrad usw. Soziale oder gesellschaftliche Normen sind Regeln oder Verhaltensvorschriften für die einzelnen Mitglieder einer Gesellschaft. Normen sind von Gesellschaft zu Gesellschaft verschieden und unterliegen einem starken Wandel. Normen setzen Werte in Regeln um. So wird zum Beispiel der Wert „Ehrlichkeit" in der Norm „Du sollst nicht lügen" umgesetzt.

M 4 Der Streit um das Menschenbild

Die Philosophen haben bereits in der Antike Aussagen über das Wesen des Menschen gemacht: *zoon logon echon*, das Lebewesen, das über den Logos („Vernunft, Sprache") verfügt, *animal rationale*, das „vernunftbegabte Lebewesen", *zoon politikon*, das Lebewesen, das in der polis, der Stadt, und im Staat lebt. [...] Nun leben wir nicht mehr im Zeitalter der Philosophie, sondern im Zeitalter der Wissenschaften, die die Philosophie ablösen möchten. Deshalb sind natürlich von den Wissenschaften Einwände gegen die Philosophie formuliert worden.

Es kamen die Psychologen und haben Zweifel an der Vorstellung des *animal rationale*, des „vernunftbegabten Lebewesens", angemeldet. Sie wiesen nach, dass die Menschen in ihren Handlungen selten oder nie rational handeln, sondern irrational, d. h. sich von momentanen Gefühlen, Leidenschaften und Ängsten leiten lassen, also Sklaven ihrer Triebe und ihres Charakters sind. [...]

Nach der Psychologie kam die Soziologie und zweifelte die Urteilsfähigkeit des Menschen an mit der Begründung, die Menschen seien in Wirklichkeit Produkte ihrer sozialen Herkunft. Karl Marx hat den folgenreichen Satz aufgestellt: „Das Sein bestimmt das Bewusstsein." Diesen Satz haben die Soziologen zum Ausgangspunkt ihrer Wissenschaft genommen. [...]

Der letzte Angriff auf die von den Philosophen vorgenommene Bestimmung des Menschen ist von der Biologie ausgegangen. Seit Darwin im vergangenen Jahrhundert seine Schrift *Über die Entstehung der Arten* veröffentlicht hat, wogt ein unsinniger Kampf zwischen „Kreationisten" und „Evolutionisten". [...]

Der Mensch ist das Lebewesen, das in seinem Verhalten das ganze Spektrum zwischen Tier und Gottheit verwirklichen kann – das muss die Auswirkung des Zehntelprozents an Genen sein, das uns vom Schimpansen unterscheidet. Die Biologie kann unser Wissen um uns und unsere Möglichkeiten sicher bestätigen. Deshalb braucht die Philosophie ihre Aussagen über das Wesen des Menschen, und, was viel wichtiger ist, über seine moralische Verantwortung und seine Pflichten nicht zurückzunehmen.

Roland Simon-Schaefer, Kleine Philosophie für Berenike, S. 246-250, 252f.

Aufgaben

1. Beschreiben Sie das Lebensgefühl des „Ichs" in dem Song von Rio Reiser. Was hält das „Ich" davon ab, „ich" zu sein? (M 1)
2. Sozialisation ist ein lebenslanger Prozess. Finden Sie Beispiele dafür, dass man auch als Erwachsener sozialisiert wird. (M 2)
3. Entwickeln Sie eine eigene Erklärung für den Begriff „Sozialisation". (M 2)
4. Suchen Sie Beispiele für Normen und Werte aus Ihrem Umfeld. Vergleichen Sie in der Klasse Ihre verschiedenen Normen- und Wertvorstellungen. Welche Gemeinsamkeiten bzw. welche Unterschiede fallen Ihnen auf. (M 3)
5. Grenzen Sie die Aussagen der Philosophen über das Wesen des Menschen von den Bestimmungen einzelner Wissenschaften ab. (M 4)
6. Erstellen Sie in Gruppen ein Plakat, das die verschiedenen Deutungen des Menschen in Bild und Text zeigt. (M 4)

Sozialisation in der Literatur

„Die ganze Welt
ist eine Bühne
Und alle Frau'n und
Männer bloße Spieler.
Sie treten auf und
gehen wieder ab,
Sein Leben lang
spielt einer manche
Rollen. Durch sieben
Akte hin."

William Shakespeare, Wie es euch gefällt (II 7)

1.1.2 Wie wird das „Ich" sozialisiert?

M 5 ● Was bzw. wer prägt den Menschen?

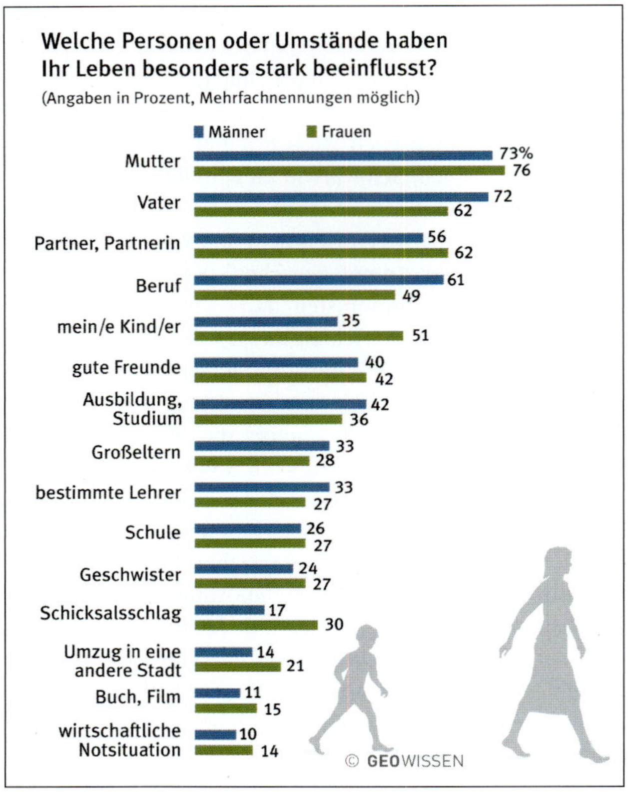

GeoWissen Nr. 43/2009: Wer bin ich?, S. 29

M 6 ● Homo sociologicus

Soziale Positionen sind ohnehin ein Danaergeschenk [unheilvolle Gabe] der Gesellschaft an den Einzelnen. Auch wenn er sie nicht mit eigener Kraft erworben hat, sondern sie ihm ungefragt zugeschrieben wurden, verlangen sie von ihm eine Leistung; denn jeder einzelnen Position haftet eine Rolle an, ein Satz von Erwartungen an den Träger, der von den Bezugsgruppen seines Feldes sanktioniert wird. Bevor der Einzelne seine Rolle spielen kann, muss er sie kennen; wie der Schauspieler muss auch das gesellschaftliche Wesen seine Rollen lernen, sich mit ihrem Inhalt und ihren Sanktionen vertraut machen. [...] Durch Beobachtung, Nachahmung, Indoktrination und bewusstes Lernen muss er in Formen hineinwachsen, die die Gesellschaft für ihn als Träger seiner Positionen bereithält. Seine Eltern, Freunde, Lehrer, Priester und Vorgesetzten sind der Gesellschaft vorwiegend als Agenten wichtig, die der sozialen tabula rasa [leeres Blatt] des rollenlosen Menschen den Plan seines Lebens in Gesellschaft einritzen. In dem Interesse der Gesellschaft an Familie, Schule und Kirche bekundet sich keineswegs nur der Wunsch, dem Einzelnen zur Entfaltung seiner individuellen Anlagen zu verhelfen, sondern vor allem auch die Absicht, ihn auf die Aufgaben, deren Erfüllung die Gesellschaft von ihm erwartet, effektiv und kostensparend vorzubereiten. Für Gesellschaft und Soziologie ist der Prozess der Sozialisierung stets ein Prozess der Entpersönlichung, in dem die Individualität und Freiheit des Einzelnen in der Kontrolle und Allgemeinheit sozialer Rollen aufgehoben wird.

Ralf Dahrendorf, Homo sociologicus, S. 163f.

Info

Phasen und Instanzen der Sozialisation

Sozialisation [ist ein] [Red.] soziologischer Begriff für das in unterschiedlichen Bezugsgruppen vermittelte Erlernen von Werten, Symbolen, Verhaltensweisen, Techniken etc. Unterschieden wird zwischen der primären S., die überwiegend in der Familie stattfindet, und der sekundären S., die bspw. im Kindergarten, der Schule etc. stattfindet; darüber hinaus hat die berufliche S. wesentlichen Einfluss auf die weitere Entwicklung junger Menschen.

Klaus Schubert, Martina Klein, Sozialisation, in: Das Politiklexikon, Dietz, Bonn 2011, 5. Aufl., S. 275

M 7 ● Jugendzeit ist Schulzeit

Vereinfacht lässt sich sagen: Die Jugendzeit in den modernen Industriegesellschaften ist zur Schulzeit geworden. [...] Die Schule bestimmt praktisch bis an das Ende des zweiten Lebensjahrzehnts für die große Mehrheit der Jugendlichen den täglichen Lebensrhythmus. Wegen der hohen Bedeutung, die hochwertige Schulabschlüsse haben, bestimmt die Sozialisationsinstanz Schule natürlich nicht nur den zeitlichen Tages-, Wochen- und Jahresrhythmus, sondern auch die soziale Orientierung. Die Schule ist der „Arbeitsplatz" der Jugendlichen, an dem sich über eine lange Spanne der Lebenszeit hinweg wichtige Gedanken und Planungsvorstellungen orientieren. Der hohe Stellenwert der Schule als Sozialisationsinstanz im Jugendalter erscheint uns heute selbstverständlich, doch er hat sich erst in jüngerer Geschichte herausgebildet. Noch zur Zeit der Industrialisierung war die Schule faktisch nur für einen kleinen Teil der Jugendlichen ein wichtiger Aufenthaltsraum, da es die Familie war, die neben sonstigen Aufgaben der Erziehung auch die Einweisung in berufliche und gesellschaftliche Qualifikationen vornahm. Diese Funktion hat die Familie inzwischen vollständig an die Spezialinstitution Schule abgegeben. [...] In Untersuchungen an der Universität Bielefeld wurden [...] seit Mitte der 80er-Jahre mehrere Studien durchgeführt, die sich auf die subjektive Auseinandersetzung von Jugendlichen mit der Schule und die sozialen, psychischen und gesundheitlichen Konsequenzen für die Jugendlichen beziehen, wenn schulischer Erfolg oder Misserfolg eintritt. In einem fallstudienartig angelegten Projekt wurde die Untersuchung von subjektiven Einstellungen und Bewertungen der eigenen Schullaufbahn von zu Beginn der Untersuchung 14-jährigen Jugendlichen über einen Zeitraum von insgesamt 8 Jahren vorgenommen. [...] Aus den Interviews mit den 14- bis 21-jährigen Jugendlichen ergibt sich insgesamt das folgende Bild von der Schule als Sozialisationsinstanz:

- Die entscheidende Bestimmung der Aufgaben schulischer Bildung wird von der Mehrzahl der befragten Schülerinnen und Schüler [...] in der „Vorbereitung auf das spätere Leben" gesehen.
- Der Schule wird ein subjektiv nachvollziehbarer Sinn für die eigene Lebensplanung zugesprochen, soweit sie etwas für die Gestaltung und Bewältigung der Zeit nach der Schule, also einer ferneren Zukunft, leistet.
- Die gesellschaftliche Auslese- und Platzierungsfunktion der Schule wird von den Jugendlichen erkannt und auch für notwendig und legitim gehalten.
- Damit zusammen hängt ihre Einschätzung, dass das Abschlusszeugnis das eigentlich wichtige Resultat der Lernvorgänge in der Schule sei. Dem Abschlusszeugnis wird eine Art „Tauschwert" für den Eintritt in das „Leben nach der Schule" zugesprochen, das mit der Berufs- und Erwerbstätigkeit gleichgesetzt wird. [...]

Dieses Deutungsmuster ist bei der Mehrheit der Schülerinnen und Schüler verbreitet. Es zwingt die Schülerinnen und Schüler zu einer instrumentellen Sicht der Schule: Der Wert des schulischen Bildungsprozesses drückt sich demnach maßgeblich oder sogar ausschließlich in dem Wert des Abschlusszertifikats aus. Die Schüler bewältigen die Zumutungen einer instrumentellen Orientierung, indem sie die schulische Tätigkeit wie eine industrielle, quasi den Gesetzen von Lohnarbeit folgende, definieren und gestalten. Der Lohn ist für sie das Zeugnis mit seinem Tauschwert für vermeintlich erfüllendere Lebensbereiche.

Klaus Hurrelmann, Lebensphase Jugend, München 2005, S. 105ff.

M 8 Die Bedeutung der Gleichaltrigengruppe GRUNDWISSEN

Die Frage „Wer bin ich denn eigentlich?" ist heute die Leitfrage des Jugendalters, andere, ebenso schwere wie „Was will ich mit meinem Leben?" und „Wo braucht mich die Welt?" kommen hinzu. Das bedeutet, dass sich in diesem Lebensalter alle Risiken und Überforderungen des Individualisierungsprozesses wie durch ein Brennglas bündeln; besteht doch ein extremer Entscheidungsdruck gleichzeitig darin, dass jene Ich-Identität noch gar nicht vorhanden ist, sondern in diesem Lebensalter erst gebildet werden muss. Es wird heute von Jugendlichen etwas verlangt, wofür die persönlichen Voraussetzungen – eben die Selbstfindung – noch gar nicht gegeben sind; aber, Grundgesetz allen Lernens: Gerade in dieser Spannung muss sich jene Selbstfindung vollziehen. [...] Dieser Weg bleibt hoch riskant und prinzipiell gefährdet, und es stellt sich in jeder Jugendbiografie immer wieder neu die Frage, ob diese Überforderung den jungen Menschen zerbricht oder gerade sein Ich heraustreibt. [...] Wie es scheint, gibt es in dieser Situation einen Selbstschutz der Jugendlichen, hinter den sie sich flüchten können, wenn die Offenheit ihrer Entwicklungssituation sie zu dekomponieren droht: Das ist nicht mehr die Familie, die es ja zu verlassen gilt [...], sondern die Gleichaltrigengruppe mit ihrer Subkultur. Hier werden außerhalb der Erwachsenengesellschaft und gemeinsam eigene Ordnungen und Strukturen, Verhaltensregeln und Orientierungen über „richtige" Zukunft gebildet. [...] Die Jugendsubkultur muss als höchst produktiver Beitrag der Jugendlichen zu der geschilderten Situation betrachtet werden: Zwar führt sie zweifellos nicht unmittelbar zur Individualisierung – der Gruppenzwang kann ungeheuer sein –, aber sie zeigt, wie angesichts fehlender allgemein verbindlicher Normen eigene Normen entstehen und „von unten" gebildet werden können. Die Jugendkultur ist ein Entwicklungsschritt auf dem Weg zur Selbstfindung, ambivalent, aber in vielen Fällen wohl die entscheidende Stütze in der allgemeinen Auflösung der bisher geltenden Welt.

Michael Brater, Schule und Ausbildung im Zeichen der Individualisierung, in: Ulrich Beck (Hg.), Kinder der Freiheit, Frankfurt/M. 1997, S. 151f.

METHODE

Texte erfassen

Um einen Text besser verstehen zu können, geht man am besten systematisch vor:

1. Lesen Sie den Text konzentriert ein erstes Mal.
2. Wahrscheinlich haben Sie nicht alles verstanden. Beim zweiten Lesen nehmen Sie einen Stift und schreiben die Stellen, die Sie nicht verstehen, auf ein Papier. Notieren Sie zusätzlich die Zeile. Unklare Begriffe versehen Sie mit einem „Lex." (= Lexikon nachschlagen).
3. Formulieren Sie eine Überschrift zum Text. Gliedern Sie den Text in Abschnitte und versehen Sie jeden Abschnitt mit einer Überschrift.
4. Fassen Sie den Inhalt jedes Abschnitts in wenigen eigenen Worten zusammen. Gehen Sie kreativ mit dem Text um. Wandeln Sie den Text in ein Interview um. Entwicklen Sie eine Mindmap zum Text, illustrieren ihn oder entwerfen Sie ein Schaubild dazu.

M 9 Soziale Rollen: „Die ganze Welt ist eine Bühne"

In der Umgangssprache gebrauchen wir sehr häufig den Begriff der Rolle. Mit den sprachlichen Bildern wird sehr schnell deutlich, was mit dem soziologischen Begriff Rolle gemeint ist. Die soziale Rolle beschreibt unser eigenes Verhältnis zur Gesellschaft. Mit der Geburt betreten wir die „Bühne der Gesellschaft". Nach und nach lernen wir, diesen oder jenen „Part" und damit unterschiedliche Rollen zu spielen. Manchmal müssen wir auch unterschiedliche Masken aufsetzen, um schließlich mit dem Tod wieder von der Bühne abzutreten. Dann übernehmen andere unsere Rollen. Alles geschieht unter den kritischen Augen der Zuschauer und auch der Mitspieler. Jeder erwartet von uns, dass wir unseren Text kennen. Jeder erwartet von uns etwas anderes. Die Rollen, die wir einnehmen, können ganz unterschiedlich sein. So sind wir Sohn oder Tochter, Freund oder Freundin, Mitglied im Chor oder Torwart der Schulauswahl, Schülerin oder Schüler, freiwilliger Feuerwehrmann, Pfadfinderin usw. Aber nicht immer erfüllen wir auch die Erwartungen, die an uns formuliert werden, und so kann es dann zu einem Rollenkonflikt kommen.

Nach: Hans Peter Henecka, Grundkurs Soziologie, 9. Aufl., Konstanz 2009, S. 101 ff.

M 10 Motor Individualisierung

Löst sich die Gesellschaft auf? Wenn man das Gejammere über „Individualisierung" glaubt, könnte man es fast meinen. [...] Gibt es keine Solidarität mehr? Kann eine Gesellschaft der Ellebogen überhaupt noch „Gesellschaft" genannt werden? [...] Die Menschen sind – um es mit Sartre zu sagen – zur Individualisierung verdammt. Es handelt sich um einen Zwang, einen paradoxen Zwang freilich, zur Selbstherstellung, Selbstgestaltung, Selbstinszenierung, nicht nur der eigenen Biografie, sondern auch ihrer moralischen, sozialen und politischen Bindungen [...]. Früher dominierten ständische Heiratsverbote und -gebote, heute die anonymen Anforderungen der Erwerbsarbeit und sozialen Sicherungen, allerdings mit einem wesentlichen Unterschied: Während die engen Traditionsmuster zur Gemeinsamkeit verpflichteten, zwingen die Vorgaben heute dazu, ein eigenes Leben aufzubauen und zu führen, bei Strafe ökonomischer Benachteiligungen.

Ulrich Beck, Vom Verschwinden der Solidarität, in: ders., Die feindlose Demokratie. Ausgewählte Aufsätze, Stuttgart 1995, S. 31-35

Analyse von Gesellschaften

siehe Kapitel 1.2

Jean-Paul Sartre (1905 – 1980)

Jean-Paul Sartre war ein französischer Philosoph und gilt als Vordenker des Existenzialismus (philosophische Strömung der Existenzphilosophie).

Aufgaben

1. Führen Sie in Ihrer Klasse zu der Frage: „Welche Personen oder Umstände haben Ihr Leben besonders stark beeinflusst?" eine Umfrage durch. Vergleichen Sie Ihre Ergebnisse mit den Ergebnissen aus M 5.
2. Beschreiben Sie das Bild des Homo sociologicus. (M 6)
3. Erstellen Sie eine Liste mit unterschiedlichen Phasen der Sozialisation. Unterscheiden Sie dabei die frühkindliche (bis 2 J.) und kindliche Sozialisation (2-6 J.), die schulkindliche und jugendliche (14-18 J.) und die Sozialisation des Heranwachsenden sowie die verschiedenen Phasen im Leben Erwachsener. (Info, M 6-M 8)
4. Ermitteln Sie mithilfe der Methode „Texte erfassen" die wesentlichen Punkte aus den Texten von M 7-M 9.
5. Diskutieren Sie in Gruppen, inwieweit Sie sich durch die Sozialisationsinstanz „Schule" auf Ihr weiteres Leben vorbereitet fühlen. (M 7)
6. Erläutern Sie, inwiefern Individualisierung „ein kollektives Schicksal" (Beck) ist. (M 10)

Elterngeld

Das Elterngeld ist eine vom Einkommen abhängige staatliche Unterstützungsleistung für Eltern von bis zu 14 Monaten.

1.1.3 Wie verändern sich die Sozialisationsinstanzen?

M 11 ● Elterngeld – aus der Sicht der Karikaturisten

Karikatur: Thomas Plaßmann, Baaske Cartoons

M 12 ● Erziehung ist noch immer Frauensache GRUNDWISSEN

Erziehung ist Frauensache, denken viele Männer. Das ist das Ergebnis einer Studie von Wissenschaftlern des Rostocker Zentrums zur Erforschung des demografischen Wandels. „Der Wandel hin zu einer eher ausgeglichenen Arbeitsteilung in Partnerschaften findet nur langsam statt. Vor allem die Geburt des ersten Kindes zementiert oft bestehende Rollenbilder", sagte Forscher Christian Schmitt. Gemeinsam mit seinen Kolleginnen Heike Trappe und Annelene Wengler untersuchte der Bevölkerungsexperte das Rollenverhalten von Paaren. Den Forschern ist vor allem aufgefallen, dass Paare mit Kindern ihre Aufgabenteilung meist wesentlich „traditioneller" gestalteten als kinderlose. Zudem übernehmen viele Paare nach ihrer Heirat auch bei der Hausarbeit wieder die herkömmliche Arbeitsteilung – anders als die Mehrzahl der Partner in nichtehelichen Lebensgemeinschaften.

[...] Auch international zeigten sich Abweichungen von der deutschen Familien- und Geschlechternorm. So verstünden die skandinavischen Länder die Gleichstellung „als Grundprinzip ihrer sozialstaatlichen Ausrichtung". Auch in den USA und Kanada seien Frauen stärker ins Erwerbsleben einbezogen. Beides führe dazu, dass die Aufgabenteilung zwischen den Geschlechtern besser ausbalanciert sei.

mb/dpa, Erziehung – Männer hängen am alten Rollenbild, in: http://focus.de, 13.4.2010

M 13 ● Neue Partnerschaften

Prof. Dr. Jutta Allmendinger, die Präsidentin des Wissenschaftszentrums in Berlin, führte im Auftrag der Frauenzeitschrift BRIGITTE im Jahr 2009 mit einer Arbeitsgruppe eine Untersuchung zum Rollenverständnis von Frauen und Männern durch. Die Ergebnisse der Studie erläuterte Allmendinger in einem Interview:

BRIGITTE: Wie gestalten denn die selbstbewussten jungen Frauen ihre Partnerschaft?

Allmendinger: Um das herauszufinden, haben wir folgendes Szenario angeboten: Eigentlich ist man am Samstag mit seinem Partner verabredet, plötzlich kommt ein tolles Angebot rein – zwei Tickets für ihre Lieblingsband. Leider mag der Partner diese Band gar nicht. Dann haben wir gefragt: „Was machen Sie in so einer verflixten Situation? Nehmen Sie nur eine Karte für sich und gehen dann allein in dieses Konzert? Nehmen Sie zwei Karten für sich und den Partner, obwohl Sie wissen, dass er diese Band nicht besonders mag? Oder nehmen Sie zwei Karten und gehen mit einer Freundin? Oder kaufen Sie gar keine Karte?" Über die Hälfte der Frauen kaufen zwei Karten: für sich und die Freundin. [...] Nur 27 Prozent der Männer kaufen zwei Karten, um mit einem Freund zu ihrer Lieblingsband zu gehen, 36 Prozent verzichten ganz und kaufen gar keine Karte. [...] Partnerschaften sind [den Frauen] sehr wichtig, aber sie legen auch Wert auf eine Welt jenseits davon, genauso wie auf eine Welt jenseits der Erwerbstätigkeit. Frauen pflegen ihre Freundschaften, stellen sie nicht hintenan. Freundeskreise sind auch ein starkes Motiv, nicht umzuziehen.

BRIGITTE: Wie verkraften das die Männer, die ja auch angefangen haben, über ihre eigene Rolle nachzudenken?

Allmendinger: [...] Sie haben verstanden: „So geht es nicht weiter. Ich muss Konzessionen machen, mich mit meiner Familie, meinem Umfeld abstimmen." Sie sind nachdenklich geworden, aber es fehlen ihnen die Vorbilder. Auch da könnte man politisch viel tun. Mir ist zum Beispiel noch kein Politiker begegnet, der sagt, er könne jetzt den Termin nicht wahrnehmen, weil er auf sein Kind aufpassen müsse.

BRIGITTE: In welchen Rollen sind Männer denn [...] gefragt?

Allmendinger: In der Partnerschaft als fürsorglicher Vater. Insgesamt gibt es in den Männerkulturen einen großen Umbruch. Klassische Männerjobs gehen verloren. Das Bild des mächtigen, anerkannten und gut verdienenden Mannes „in den besten Jahren" hat ausgedient. [...] Es ist was in Bewegung. Bis auf ein paar sehr traditionelle Männer wollen die wenigsten die Frauen wieder auf die alten Gleise zurücksetzen. Sie akzeptieren die Erwerbstätigkeit ihrer Partnerinnen stärker als vorher, mehr Männer als noch vor zwei Jahren würden Elternzeit nehmen. Das sind ermutigende Anfänge, es muss aber noch mehr geschehen. Doch es liegt nicht an der Bockigkeit der Männer. Sie wissen einfach noch nicht genau, wohin.

Interview von Claudia Kirsch mit Jutta Allmendinger, Brigitte-Studie 2009: „Diese Frauen machen keinen Rückzieher", in: http://www.brigitte.de, Abruf am 19.4.2012

M 14 ● Wie verändern sich die Vorstellungen von Familie und Beruf?

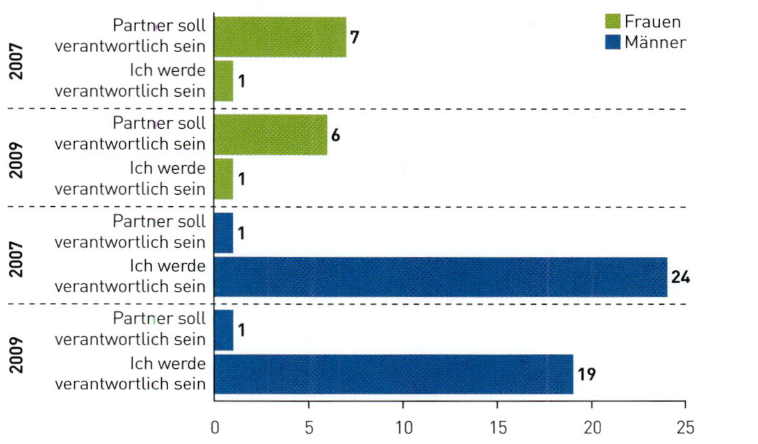

dargestellt ist eine Auswahl der möglichen Antworten auf die Frage „Welches Modell entspricht Ihrer Vorstellung von Familie und Beruf am ehesten?

Eheschließungen und Scheidungen in Deutschland

Laut Statistischem Jahrbuch 2010 wurde der Scheidungsantrag in 103.980 Fällen von der Frau (54,2 Prozent) und in 71.451 Fällen vom Mann (37,2 Prozent) gestellt. In den übrigen Fällen beantragten beide Ehegatten die Scheidung (8,6 Prozent).

M 15 Kontrovers diskutiert: Welches Rollenbild soll es sein?

Sophia B., 30 Jahre, Mutter einer achtjährigen Tochter, Reiseverkehrskauffrau, berufstätig: Alte Rollenbilder gehören der Vergangenheit an. Für mich ist es völlig normal, berufstätig und Mutter zu sein. Für meinen Mann ist es kein Problem, Wäsche zu waschen oder unsere Tochter vom Hort abzuholen.

Elke K., 35 Jahre, Hausfrau und Mutter von zwölfjährigen Zwillingen: Warum soll man denn am traditionellen Familienmodell rütteln? Schließlich hat es sich über Jahrtausende bewährt.

Jonas S., 24 Jahre, Student: Ich teile mir jetzt schon die Hausarbeit mit meiner Freundin. Wie wir das später mit der Kindererziehung machen, müssen wir noch entscheiden.

Nils T., 27 Jahre, Wissenschaftlicher Mitarbeiter: Ich kann mir überhaupt nicht vorstellen, nur ein „Feierabendpapa" zu sein. Deshalb habe ich mit meinem Arbeitsgruppenleiter schon vor der Geburt unseres Sohnes vereinbart, Teilzeit arbeiten zu können. Ich kümmere mich gemeinsam mit meiner Partnerin um den Kleinen.

Holger M., 32 Jahre, Vater eines 6-Jährigen, IT-Spezialist: Meinen Beruf vorübergehend aufzugeben, um mich um unseren Sohn zu kümmern, das konnte ich mir absolut nicht vorstellen. Außerdem: Was hätten denn die Kollegen gesagt? Im Nachhinein war es auch richtig, dass meine Frau zu Hause geblieben ist, denn sonst wäre ich nie zum Abteilungsleiter befördert worden.

Aufgaben

1. Beschreiben Sie die Karikatur in M 11. Auf welches (Rollen-)Verständnis weist der Karikaturist hin?
2. Vergleichen Sie die Ergebnisse der Studien in M 12 und M 13. In welchen Fragen gelangen die Forscher zu ähnlichen Ergebnissen, wo unterscheiden sich die Ergebnisse? Erklären Sie die Unterschiede.
3. Stellen Sie Hypothesen auf, welche Bedeutung die Entwicklung der Eheschließungen und Scheidungen in Deutschland (Randspalte, S. 17) für das Verhältnis zwischen Mann und Frau haben könnte.
4. Leiten Sie aus M 14 die jeweiligen Einstellungen zur Existenzsicherung der Familie ab und formulieren Sie die damit verbundenen Rollenverständnisse.
5. Führen Sie eine Pro-Kontra-Diskussion (→ S. 27) zum Wandel der Geschlechterollen durch. Arbeiten Sie die Argumente, die in den Statements von M 15 vorgegeben sind, zunächst in Gruppen weiter aus.

Jugendkulturen porträtieren

Zu allen Zeiten haben Jugendliche versucht, sich durch ihren eigenen Lebensstil und ihre eigene Kultur von der Welt der Erwachsenen abzugrenzen. Die Fotos zeigen Jugendkulturen vergangener Jahrzehnte. Waren die Jugendkulturen in früheren Zeiten noch überschaubar und waren die Szenen noch deutlich voneinander zu unterscheiden, so ist die Vielfalt der aktuellen Entwicklung kaum mehr zu überblicken.

Studentenproteste in den 1960er Jahren

Halbstarke in den 1950er Jahren

Punker in den späten 1980er Jahren

Hippies in den frühen 1970er Jahren

Techno-Fans in den 1990er Jahren

Aufgaben

Untersuchen Sie in Gruppenarbeit die Jugendkulturen, indem Sie herausarbeiten, was den Jugendlichen damals wichtig war, welches Lebensgefühl sie hatten und wie sie dieses zum Ausdruck brachten (Musik, Kleidung, Werte und Einstellungen). Dazu können Sie eine vergangene Jugendkultur auswählen oder die aktuelle Szene in Ihrer Stadt oder Gemeinde untersuchen. Sammeln Sie Informationen und erstellen Sie eine Dokumentation (z. B. in Form einer Collage, einer Wandtafel, eines Videoclips ...). Vergleichen Sie Ihre Arbeit abschließend in der Klasse.

WISSEN KOMPAKT

Einflüsse auf die Sozialisation
M 1-M 8

Der starke Einfluss, den die Sozialisationsagentur oder Sozialisationsinstanz Familie auf Kinder und Jugendliche ausübt, lässt im Laufe unserer Entwicklung immer weiter nach. Neben die Familie treten nun Kindergarten, Schule, Jugendgruppe oder Gleichaltrigengruppe (Peergroup). Die Peergroup trägt entscheidend zur Entwicklung der eigenen Persönlichkeit bei. Die Ausbildung der eigenen Persönlichkeit und einer sozialen Identität ist ebenfalls ein lebenslanger Prozess. Anders als zu früheren Zeiten verläuft dieser aber nicht nur durch wechselseitige Beziehungen in der Familie, mit Freunden oder in der Schule, sondern findet in zunehmendem Maße auch in sozialen Netzwerken im Internet statt. Fraglich ist, ob die virtuelle und reale Identität einer Person deckungsgleich sind.

Werte und Normen
M 3

Leben in der Gesellschaft ist nur möglich, wenn sich deren einzelne Mitglieder an Verhaltensregeln – Normen – halten. Abhängig sind die Normen von Werten, also den grundlegenden Zielvorstellungen in einer Gesellschaft. Nicht alle Mitglieder einer Gesellschaft teilen jedoch dieselben Normen und Werte (Wertepluralismus). Außerdem verändern sich Werte auch im Laufe der Zeit (Wertewandel).

Sozialisation
M 7-M 10

Als Sozialisation bezeichnet man die Verinnerlichung der durch die Gesellschaft vermittelten Sitten, Bräuche, Normen und Werte durch ein Individuum und die damit verbundene Persönlichkeitsentwicklung. Erst durch die Kenntnis dieser Regeln wird das Individuum in einer Gesellschaft sozial handlungsfähig. Sozialisation ist somit ein lebenslanger Prozess. Gruppen, Personen und Institutionen, welche die sozialen Lernprozesse des Individuums steuern und beeinflussen, bezeichnet man als Sozialisationsinstanzen.

Rollen und Rollenerwartungen
M 11-M 14

Innerhalb der einzelnen Gruppen übernehmen wir unterschiedliche Rollen, die mit ganz bestimmten Erwartungen verbunden sind. So werden an uns unterschiedliche Erwartungen als Schülerin, als Tochter, als Freundin, als Mitglied in der Volleyballmannschaft oder im Schulchor formuliert. Es ist nicht immer leicht, die Vielzahl von Erwartungen, die in unterschiedlichen Lebensbereichen gestellt werden, in Einklang zu bringen. Es kann dabei nämlich zu Rollenkonflikten kommen. Man spricht von einem Intra-Rollenkonflikt, wenn widersprechende Erwartungen an dieselbe Rolle einer Person (z. B. als Schülerin) herangetragen werden. Ein Inter-Rollenkonflikt liegt vor, wenn der Konflikt dadurch entsteht, dass nicht zu vereinbarende Erwartungen aus verschiedenen Rollen (z. B. Freundin und Tochter) einer Person gleichzeitig erfüllt werden sollen. Dass sich Vorstellungen darüber, wie bestimmte Rollen auszufüllen sind, auch verändern können, zeigt der Wandel des Geschlechterverhältnisses.

Warum Jugendliche heute anders sind

Prof. Dr. Urs Gasser ist Medienwissenschaftler an der Universität St. Gallen / Schweiz. Er schreibt u. a. über soziale Netzwerke.

SZ Wissen: Sind 16-Jährige anders als Sie oder ich?

Gasser: Nehmen Sie zum Beispiel das Thema Identität: Bei der sozialen Identität, also bei dem, was andere über einen denken, spielt die Online-Identität heute eine große Rolle. Zu meiner Zeit war die soziale Identität vor allem dadurch geprägt, mit wem ich in der Schule gut auskam, wie ich mich gekleidet habe, ob ich ein cooles Bike fuhr oder nicht. Das ist heute anders, heute passiert vieles online, vor allem auf den Social Networking Sites wie Facebook, MySpace oder StudiVZ.

SZ Wissen: Im Kern geht es doch immer noch ums Coolsein. Heute filmt man sich einfach mit seinem Bike und lädt den Film hoch.

Gasser: Das Konzept der sozialen Identität verändert sich nicht wesentlich, man definiert sich immer noch über ähnliche Dinge wie die Kleidung oder das Rad. Aber die Formen sind völlig anders. Ich bin öfter umgezogen. Jeder Ortswechsel ermöglichte eine Identitätsänderung, theoretisch hatte ich die Chance, völlig neu zu beginnen. Die Kids im Internet haben heute diese Möglichkeit nicht mehr.

SZ Wissen: Haben Sie da immer ein neues Image ausprobiert?

Gasser: Ja, ich war nicht gefangen in alten Sozialstrukturen. Haben Sie heute [...] ein Onlineprofil, verfolgt sie das rund um die Erde, so bildet sich eine überaus stabile soziale Identität. Die Identität ist klebriger geworden und gleichzeitig stärker für andere nachvollziehbar. Das ganze Leben ist dokumentiert, Tag für Tag kommen mehr Daten dazu. Man kann zudem nach jeder Person gezielt im Netz suchen. [...] Heute gibt es eine andere Erwartung zwischen Jugendlichen, was privat ist und was öffentlich. Die Grenze verwischt.

Dream Hack (LAN-Party) in Jöngköping/ Schweden

Interview: Hubert Filser, Süddeutsche Zeitung, 19.3.2009

Aufgaben

1. Die Jugend heutzutage sei anders geworden, behauptet Urs Gasser. Arbeiten Sie aus dem Text das Andere heraus. (→ Methode S. 14)
2. Diskutieren Sie, inwiefern es Grenzen zwischen öffentlich und privat heute noch gibt und ob sie überhaupt notwendig sind.
3. Bereiten Sie in Partnerarbeit einen Kurzvortrag (→ Methode S. 189) vor. Entscheiden Sie sich für einen der folgenden Begriffe *Sozialisationsprozess, Sozialisationsinstanzen, Wert- und Normkonzepte, Soziale Rollen* und erläutern Sie ihn in Ihrem Vortrag. Gehen Sie dabei auch auf die Wechselbeziehung zwischen Individuum und Gesamtgesellschaft ein.

1.2 Sozialstrukturen und deren Entwicklung

1.2.1 Wie können Gesellschaften gegliedert werden?

M 1 ● Grundformen der vertikalen Gliederung einer Gesellschaft GRUNDWISSEN

Stände: Stände sind soziale Großgruppen, wie sie etwa für geschlossene, streng hierarchisch gegliederte (mittelalterliche oder feudalistische) Gesellschaften kennzeichnend sind. Mit der Geburt in einen bestimmten Stand sind die Rechte und Pflichten, sozialen, beruflichen etc. Möglichkeiten des Individuums festgelegt, soziale (Aufstiegs-)Mobilität ist nahezu ausgeschlossen. In den europäischen Südstaaten des Mittelalters hatten sich drei Stände etabliert (Adel, Klerus, Bürgertum), zu denen im 19. Jahrhundert der vierte Stand, die Arbeiterschaft, kam.

Klasse: Politisch-soziologischer Begriff für eine (große) Gruppe der Bevölkerung, die aufgrund ihrer wirtschaftlichen Stellung, ihrer sozialen Lage und ihrer (z.B. von einer Generation auf die nächste übertragenen) Lebenschancen über gleiche und gemeinsame Interessen verfügt (z.B. Arbeiterklasse). Da sich die berufliche und soziale Situation der Individuen (z.B. in unterschiedlichen Lebensphasen) in den modernen pluralistischen Gesellschaften (immer schneller) ändern und außerdem individuell (und zwischen den Generationen) sozialer Auf- und Abstieg möglich ist, kann die Annahme von stabilen sozialen Klassen nicht mehr aufrechterhalten werden. Der Begriff Klasse ist daher weitgehend durch den Begriff Schicht ersetzt.

Schicht: Gesellschaften sind durch soziale Ungleichheit gezeichnet und verfügen daher über eine bestimmte soziale Struktur (z.B. Unter-, Mittel-, Oberschicht) oder eine bestimmte soziale Zusammensetzung (nach Berufen, Bildung etc.). Personen mit gemeinsamen sozialstrukturellen Merkmalen bilden eine soziale Schicht. Moderne Gesellschaften sind durch eine gewisse soziale (Aufstiegs- und Abstiegs-)Mobilität und durch eine Vielfalt individueller Werthaltungen (z.B. hinsichtlich persönlicher Ziele, Beruf, Freizeit) gekennzeichnet, sodass die Grenzen zwischen den sozialen Schichten kaum mehr exakt bestimmbar sind.

Klaus Schubert, Martina Klein, Das Politiklexikon, Dietz, Bonn 2011, 5. Aufl., S. 160, 261, 290

M 2 ● Die Theorie der Klassengesellschaft nach Karl Marx GRUNDWISSEN

1. Die Lebenschancen, die ein Mensch im Vergleich zu denen anderer im Rahmen einer Gesellschaft hat, hängen von seiner Stellung im gesellschaftlichen Produktions- und Reproduktionsprozess ab.
2. Die Stellung ist insbesondere durch die Tatsache des Besitzes oder *Nichtbesitzes* von Produktionsmitteln bestimmt, denn die Besitzer von Produktionsmitteln (*die Kapitalisten*) befinden sich gegenüber jenen, die solche nicht besitzen, aber zur Erstellung ihres Lebensunterhalts auch auf sie angewiesen sind, in einer begünstigten Lage. Die Nichtbesitzer (*die Lohnarbeiter*) geraten in wirtschaftliche Abhängigkeit von den Besitzern, weil sie ihre Arbeitskraft an jene verkaufen müssen. Solange das Privateigentum an Produktionsmitteln nicht angetastet wird, verfügen die Besitzer über etwas, das die gesamte Gesellschaft benötigt, und können sich dadurch vielfältige Rechte sichern sowie die Verteilung der Erträge des Produktionsprozesses zu ihren Gunsten beeinflussen.

Analyse von Gesellschaften

Gesellschaften ändern sich im Laufe der Zeit. Gesellschaftsstrukturen brechen auf bzw. werden reformiert. So ist z.B. die Gesellschaft des 18. Jahrhunderts in Bezug auf die Gesellschaftsstruktur mit der Gesellschaft von heute nicht zu vergleichen. Die verschiedenen Theorien, die die jeweilige Gesellschaften zu strukturieren versuchen, fokussieren unterschiedliche Gesichtspunkte, die der jeweiligen Gesellschaft typisch sind.

Klassen und Schichten in der öffentlichen Diskussion

Begriffe wie abgehängtes Prekariat (→ S. 248), neue Unterschicht oder Hartzer sind ein Beleg dafür, dass die Klassen- und Schicht-Modelle an Akzeptanz für die Analyse von Gesellschaften gewinnen. Da sich der Anteil der Betroffenen vergrößert, droht hier ein gesellschaftspolitisches Problem zu entstehen.

3. Innerhalb des liberalistisch-kapitalistischen Wirtschaftssystems wirken Mechanismen, die zur Zentralisierung der Verfügungsmacht über Produktionsmittel, zur *Konzentration der Unternehmen* sowie zur *Freisetzung von Arbeitskräften* und zum *Lohndruck* führen. Dies bedeutet zunehmende Macht und Reichtum der Kapitalisten und zunehmende Verelendung der Lohnarbeiter.

4. Die Zusammenballung wirtschaftlicher und politischer Macht bei den Produktionsmittelbesitzern führt dazu, dass sich die Gesellschaftsordnung allmählich so entwickelt, dass primär die Interessen dieser Gruppe gesichert werden und ihre Vorstellungen (Ideologien) Verbreitung finden.

5. Ausgehend von den Produktionsverhältnissen spaltet sich also die Gesellschaft in ständiger Wechselwirkung zwischen wirtschaftlichen, politischen, ideellen und weiteren Antriebskräften in Bevorzugte und Benachteiligte auf. Sie haben ungleiche Lebenschancen und befinden sich in grundsätzlich ungleichen Lebenslagen. Ihre Interessen sind einander entgegengesetzt (*antagonistisch*).

6. Auf die Dauer werden diese Interessen den Lohnarbeitern ebenso wie den Produktionsmittelbesitzern bewusst werden. *Klassenbewusstsein* wird sich herausbilden. Die beiden Klassen werden sich organisieren. Ein Klassenkampf wird entstehen.

7. Der **Klassenkampf** endet mit dem Sieg der besitzlosen Arbeiterklasse. Eine Revolution wird die kapitalistischen Produktionsverhältnisse und das Privateigentum an Produktionsmitteln beseitigen. In der Phase des *Sozialismus* besteht eine „Diktatur des Proletariats" über die Reste der Bourgeoisie. Die Entlohnung der Menschen vollzieht sich noch nach ihrer Leistung. In der Endphase des Kommunismus verschwindet die Herrschaft von Menschen über Menschen. Die Verteilung bemisst sich nach den jeweiligen Bedürfnissen.

Stefan Hradil, Soziale Ungleichheit in Deutschland, 8. Aufl., Opladen 2001, S. 55f.

M 3 ● Das Schichtmodell von Rainer Geißler

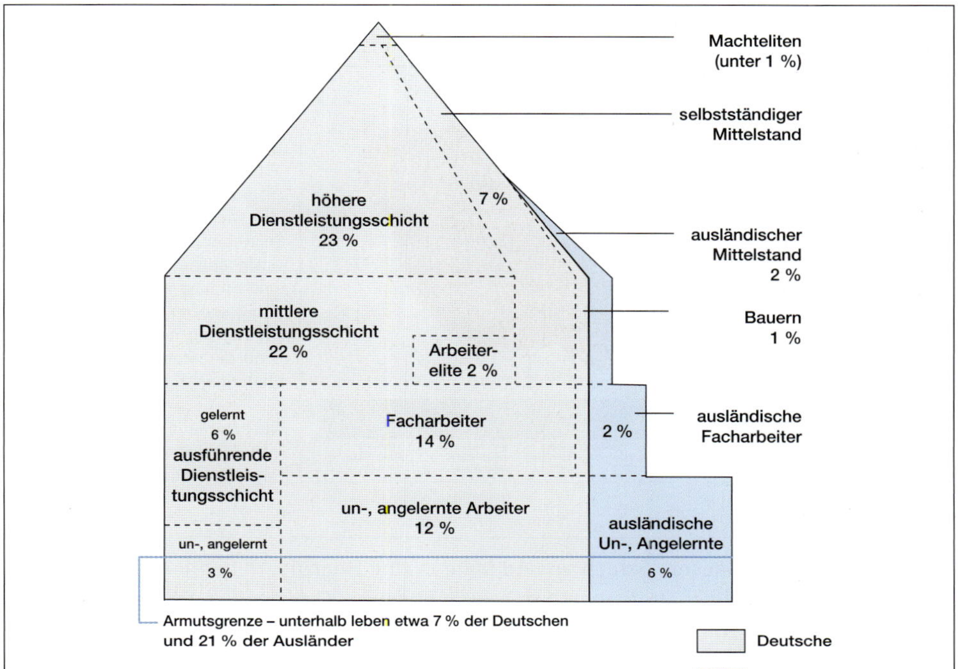

Quelle: Rainer Geißler, Die Sozialstruktur Deutschlands, 5. Aufl., Wiesbaden 2008, S. 100

Schichtmodell von Rainer Geißler

Rainer Geißler entwickelte im Jahr 2000 in Anlehnung an Ralf Dahrendorfs Hausmodell von 1965 ein differenziertes Modell der sozialen Schichtung der westdeutschen Gesellschaft. Als Grundlage für die Schichteinteilung nahm Geißler die Daten des Sozio-oekonomischen Panels. (→ S. 249)

Milieustudien

Seit ca. 1980 wird mit sogenannten Milieustudien versucht, die fortschreitende Differenzierung der Gesellschaft durch die Einbeziehung subjektiver Faktoren wie z. B. Einstellungen und Verhaltensweisen genauer abzubilden. Die Verknüpfung von objektiven und subjektiven Faktoren fand ihren Ausdruck in verschiedenen sozialen Milieus.

Erläuterungen zu den Milieus

Hedonistisches Milieu
Spaß und erlebnisorientierte moderne Unterschicht / untere Mittelschicht

Milieu der Performer
Multioptionale effizienzorientierte Leistungselite

Expeditives Milieu
Ambitionierte kreative Avantgarde

Adaptiv-pragmatisches Milieu
Moderne, junge Mitte der Gesellschaft mit Lebenspragmatismus und Nutzenkalkül

Nach: http://sinus-institut.de/loesungen/sinus-milieus.html, Abruf am 20.4.2012

In Schichtmodellen wird versucht, die Gesamtbevölkerung so zu gliedern, dass Gruppierungen mit ähnlicher Soziallage und damit verknüpften typischen Subkulturen und Lebenschancen entstehen. Die komplizierte, im wahrsten Sinne des Wortes „vielschichtige" Sozialstruktur der Bundesrepublik hat dazu geführt, dass eine große und verwirrende Fülle von Schichtmodellen entwickelt wurde. Sie unterscheiden sich unter anderem danach, welche und wie viele Merkmale zur Soziallage, zur Subkultur und zu den Lebenschancen berücksichtigt wurden, wie viele Schichten unterschieden und wo die Schichtgrenzen gezogen wurden.

M 4 ● Neuere Gesellschaftsanalyse – das Modell der sozialen Milieus GRUNDWISSEN

Soziale Milieus entsprechen nicht zwangsläufig ökonomisch definierten sozialen Schichten. Sie sind auch keine Milieus im traditionellen Sinne, die sich durch gemeinsames Agieren oder gemeinsame Kommunikation auszeichnen, wie z. B. das Arbeitermilieu. Die Einteilung der Gesellschaft in soziale Milieus erfolgt vielmehr durch die Identifikation fundamentaler Wertorientierungen, die die jeweilig vorherrschenden Lebensstile und Lebensstrategien bestimmen. Und auch die Einstellungen zu Arbeit, Familie oder Konsumverhalten werden dabei genauso einbezogen wie Wunschvorstellungen, Ängste oder Zukunftserwartungen. Die Sinus-Gruppe unterscheidet [zehn] soziale Milieus, die sich durch gemeinsame Grundwerte und Lebensweisen auszeichnen [...]. Den Vorteil des Milieukonzepts sehen seine Entwickler darin, dass es damit den politischen Parteien möglich ist, zielgruppengerechter zu agieren und auf diese Weise neue Wählerpotenziale zu erschließen.

Nach: Karl-Rudolf Korte, Wahlen in der Bundesrepublik Deutschland, Bonn 2003, S. 94f.

M 5 ● Sinus-Milieus in Deutschland 2011

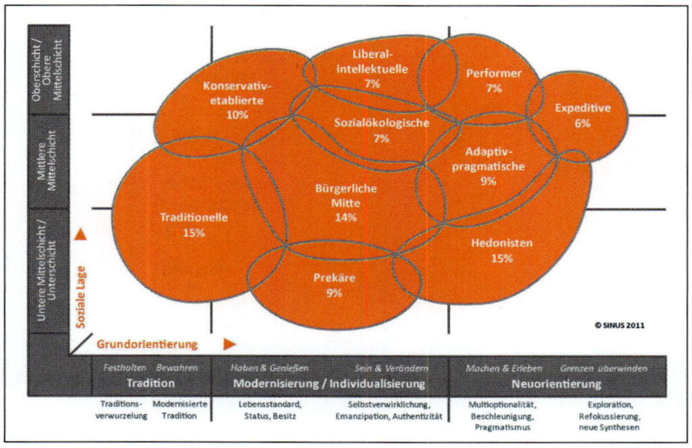

Die „Kartoffelgrafik" der Sinus-Milieus ist Deutschlands bekannteste Milieustudie. Die Grafik liest sich wie folgt:
Je weiter oben ein Milieu in der Grafik angesiedelt ist, desto höher sind Bildung und Einkommen und damit der Status und Einfluss. Die Platzierung nach rechts gibt den Grad der Modernität in den Einstellungen der Menschen wieder.

Quelle: Sinus Sociovision GmbH, Informationen zu den Sinus-Milieus, Heidelberg, 2011

Aufgaben

1. Stände, Kasten, Klassen, Schichten und Milieus sind Begriffe, mit denen die soziale Struktur von Gesellschaften analysiert wurde und wird. Grenzen Sie die Begriffe — auch unter Zuhilfenahme von Lexika — gegeneinander ab. (M 1-M 5)
2. Erläutern Sie den Ansatz der Milieuforschung zur Erklärung des Wertewandels in der Gesellschaft und werten Sie das Milieu-Modell aus M5 mithilfe der nebenstehenden Methode aus. (M 4, M 5)

1.2.2 Welche Veränderungen verursacht der demografische Wandel?

M 6 Der demografische Wandel in der Karikatur

Karikatur: Gerhard Mester, Baaske Cartoons

M 7 Veränderungen bis 2030 GRUNDWISSEN

Die Bevölkerungsentwicklung in Deutschland in den kommenden Jahrzehnten ist weitgehend vorgezeichnet. Im Jahr 2030 werden in Deutschland voraussichtlich nur noch rund 77 Millionen Einwohner leben. Dies entspricht einem Rückgang der Einwohnerzahl gegenüber dem Jahr 2008 um fast fünf Millionen Personen (– 5,7 %). Der Rückgang der Einwohnerzahl geht einher mit einer spürbaren strukturellen Veränderung in der Zusammensetzung der Bevölkerung. Die Bevölkerungsschrumpfung zeigt sich am deutlichsten in der Gruppe der unter 20-Jährigen: Im Jahr 2030 werden voraussichtlich 17 % weniger Kinder und Jugendliche in Deutschland leben als heute. Statt 15,6 Millionen heute werden es nur noch 12,9 Millionen unter 20-Jährige sein. Die Personen im erwerbsfähigen Alter – heute üblicherweise zwischen 20 und 65 Jahren – werden um ca. 15 % beziehungsweise 7,5 Millionen Menschen zurückgehen. Die Altersgruppe der 65-Jährigen und Älteren wird hingegen um rund ein Drittel (33 %) von 16,7 Millionen im Jahr 2008 auf 22,3 Millionen Personen im Jahr 2030 ansteigen. Die hier für Deutschland insgesamt dargestellte Entwicklung wird in den einzelnen Bundesländern unterschiedlich ausfallen. Sowohl im Geburten- als auch im Sterblichkeitsniveau unterscheiden sich die Länder voneinander. Die Binnenwanderung vor allem in Richtung Süddeutschland und in die Stadtstaaten mildert zudem einerseits dort den Bevölkerungsrückgang, verstärkt aber anderseits die Alterung und den Bevölkerungsrückgang in den „Auswanderungsländern“, also vor allem in den ostdeutschen Bundesländern.

Statistisches Bundesamt (Hg.), Demografischer Wandel in Deutschland, Bevölkerungs- und Haushaltsentwicklung im Bund und in den Ländern, Heft 01/2011, S. 8

Demografischer Wandel
So werden die Veränderungen in der Bevölkerungszusammensetzung hinsichtlich ihrer Größe und Struktur bezeichnet. In wissenschaftlichen Untersuchungen wird vor allem die Veränderung in der Alterszusammensetzung betrachtet, bedingt z. B. durch Veränderungen der Geburtenzahlen.

M 8 Fallbeispiel: Probleme mit der Rentenversicherung

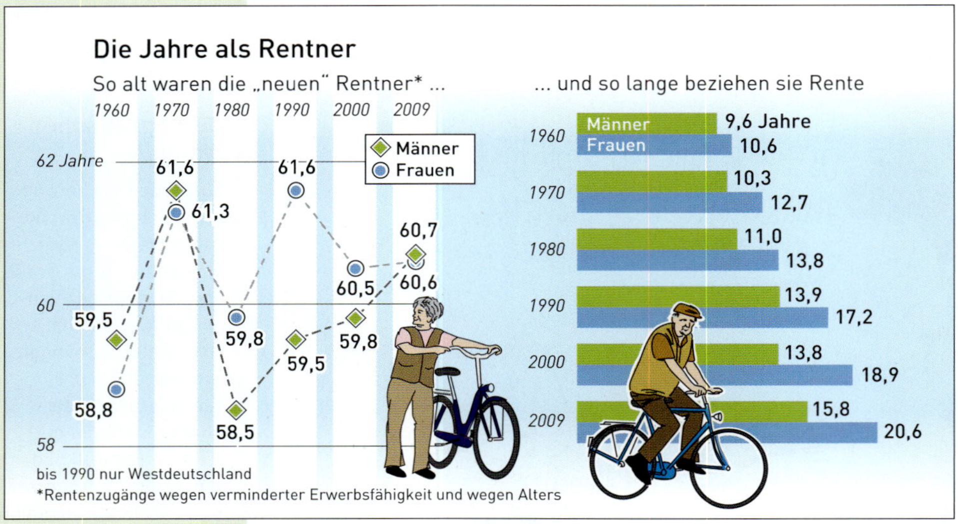

Globus Grafik, 3723, Quelle: Deutsche Rentenversicherung

M 9 ● Lösungsansätze der Politik

Die Geburtenzahl ist in Deutschland – vergleichbar mit der Entwicklung in anderen Industrieländern – seit drei Jahrzehnten rückläufig. Hinzu kommen der Anstieg der Lebenserwartung und damit eine Verlängerung der Rentenlaufzeiten. Auf dieser Grundlage muss eine zukunftsfähige Rentenreform konzipiert werden. Die Bundesregierungen haben bereits einige Schritte unternommen, um das Rentensystem zu stabilisieren:

- Die Höhe der durchschnittlichen gesetzlichen Rente wird sinken. Laut Rentenbericht der Bundesregierung erhält ein Rentner, der 45 Jahre in die Rentenkasse eingezahlt hat, im Jahr 2009 noch 52 Prozent seines durchschnittlichen Nettomonatseinkommens. Dieses sogenannte „Rentenniveau" wird laut Modellrechnung auf ca. 38 Prozent im Jahr 2030 sinken.
- Freiwillige kapitalgedeckte private Eigenvorsorge wird staatlich gefördert.
- Der demografische Wandel wird bei der Rentenberechnung einbezogen. Sinkt die Zahl der Beitragszahler, steigt die Rente nicht mehr mit den Löhnen. Die 2009 beschlossene „Rentengarantie" soll aber gewährleisten, dass die Renten auch im Falle sinkender Löhne nicht sinken, sondern höchstens nicht steigen.
- Ab dem Jahr 2012 wird das Renteneintrittsalter schrittweise erhöht von derzeit 65 auf 67 Jahre. So wird länger in die Rentenkasse eingezahlt und die Rentenzahlungen werden später fällig.

Aufgaben

1. Interpretieren Sie die Karikatur aus M 6 im Hinblick auf die Probleme des demografischen Wandels.
2. Erstellen Sie eine Übersichtstabelle der Bevölkerungsentwicklung. (M 7)
3. Beschreiben Sie die Infografik aus M 8 und vergleichen Sie die Ergebnisse mit der Bevölkerungsstatistik aus M 7. Diskutieren Sie mögliche Lösungsansätze der aufkommenden Probleme.
4. Beurteilen Sie die Lösungsansätze der Politik und führen Sie mithilfe der nebenstehenden Methode eine Pro-Kontra-Diskussion zur folgenden These durch: *Das Renteneintrittsalter muss auf 69 Jahre erhöht werden, um die Rente auch im Jahre 2030 noch bezahlen zu können.* (M 9, Methode)
5. Der demografische Wandel erzeugt für viele Bereiche der Gesellschaft Probleme. Bilden Sie Gruppen und ermitteln Sie jeweils für folgende Gesellschaftsbereiche Probleme und mögliche Lösungsansätze: *Wirtschaft, Gesundheit, Pflege, Bildung, Verkehr, Politik.*

Kontrovers politisch argumentieren – die Pro-Kontra-Diskussion

Pro-Kontra-Diskussion (Ablaufraster)

Phase 1:	5 Min.	Alternativ formulierte Problemfrage
Phase 2:	5 Min.	Probeabstimmung des Publikums
Phase 3:	je 1 Min.	Plädoyer des Pro-Anwalts/ der Pro-Anwältin ⇄ Plädoyer des Kontra-Anwalts/ der Kontra-Anwältin
Phase 4:	je 5 Min.	Abwechselnde Befragung der (vier) Sachverständigen
Phase 5:	je 1 Min.	Schlussplädoyer des Pro-Anwalts/ der Pro-Anwältin ⇄ Schlussplädoyer des Kontra-Anwalts/ der Kontra-Anwältin
Phase 6:	5 Min.	Abstimmung des Publikums
Phase 7:		Auswertung

Schritt 1: Grundlegende Entscheidungen
Der Problemfrage kommt eine entscheidende Bedeutung für den Verlauf der Diskussion zu. Es sollte sich um eine konkret formulierte Frage handeln, die sinnvoll mit Ja oder Nein zu beantworten ist.

Schritt 2: Auswahl der Akteure
- Ein Moderator: Er führt die Abstimmung durch und achtet darauf, dass Spielregeln und Zeitvorgaben eingehalten werden.
- Zwei Anwälte (Pro und Kontra): Sie halten das Eingangs- und Schlussplädoyer und befragen die Sachverständigen.
- Zwei bis vier Sachverständige: Sie artikulieren keine eigene Position, sondern sie bieten nur Informationen, Erfahrungen und Wissen zur Begründung einzelner Positionen. Die Rollen der Sachverständigen müssen in Arbeitsgruppen intensiv vorbereitet werden.
- Publikum: Das Publikum erhält konkrete Beobachtungsaufgaben.

Schritt 3: Ablauf der Pro-Kontra-Diskussion
Der Ablauf der Pro-Kontra-Diskussion unterliegt einer strengen Zeitregie. Der Moderator führt in das Problem ein, stellt die Anwälte und Sachverständigen vor, erläutert Gesprächsregeln sowie Ablauf und achtet auf die Einhaltung der Zeiten. Trotz der vielfältigen Aufgaben versteht sich der Moderator eher als neutraler Gesprächsleiter denn als Animateur. Zuerst findet eine Abstimmung des Publikums statt. Danach halten die Anwälte ihr jeweiliges Plädoyer. Es schließt sich eine abwechselnde Befragung der Sachverständigen an. Die Sachverständigen argumentieren aufgrund ihrer beruflichen oder politischen Kompetenzen und Erfahrungen, ohne selbst Plädoyers oder Monologe zu halten. Im Anschluss an die Befragung der Sachverständigen halten die Anwälte ihre Schlussplädoyers. Vor der sich anschließenden Reflexionsphase erfolgt eine erneute Abstimmung des Publikums.

Nach: Hans Werner Kuhn, Markus Gloe, Die Pro-Kontra-Debatte, in: Frech, Kuhn, Massing (Hg.), Methodentraining für den Politikunterricht, Schwalbach 2004, S. 148–151

1.2.3 Soziale Ungleichheit – wie wirken sich Rollenklischees aus?

M 10 ● Fußball für Mädchen – Ballett für Jungen

Szene aus dem Film „Billy Elliot – I will dance"

Szene aus dem Film „Kick it like Beckham"

M 11 ● Nicht meine Art, aber meine Rolle

Meine Eltern hatten mir – sicher mit besten Absichten – eine Welt vorgegaukelt, in der Jungs und Mädchen gleichberechtigt sind und gleich behandelt werden. Konkret hieß das: Meine Schwester und ich bekamen keine himmelblauen und rosafarbenen Hemden, dafür beide Autos und Puppen als Spielzeug, wir hatten die gleichen Pflichten in der Küche und beim Fahrradreparieren. Außerdem war da Ulrike. Ulrike war ein Rabaukenmädchen, mit ihr konnte ich alles tun, was man sich von guten Freunden so erwartet: Fußball spielen, auf Bäume klettern, Sandburgen bauen. Wenn wir Ärger bekamen, bekamen wir ihn beide. Wenn wir etwas wollten, dann entweder beide oder keiner. Wir waren nicht nur Freunde, wir waren – bis auf Details, die in diesem Alter total irrelevant waren – gleich. Dass sie ein Mädchen war und ich ein Junge, das war egal. Ich war überzeugt, dass es so bleiben würde. Bis ich in die Schule kam. Ich war ein netter, langweiliger Junge, der seine Hausaufgaben machte und eher zurückhaltend war. Trotzdem bekam ich die volle Breitseite der Geschlechterrollen ab: Strafarbeiten, Ermahnungen, mäßige Noten in Betragen. Ich saß in einer Bank mit Jungs, und in den Augen der Grundschullehrerin war es wohl Gleichbehandlung, dass alle Jungs die gleiche Strafarbeit bekamen. In ihrer Welt wuchsen jedem Jungen unsichtbare Teufelshörner, während über den Köpfen der Mädchen unsichtbare Heiligenscheine schwebten. Erst war ich verärgert, dann wütend. Wichtig war offenbar nicht, wer ich war, sondern allein, was ich war: ein Junge. Aus der Wut wurde Trotz: Wenn ich schon die volle Wucht der Klischees abbekam, dann wollte ich auch die Narrenfreiheiten. Ich wollte unvernünftig, vorlaut und großmäulig sein und über schlechte Witze lachen, kurzum: Ich wollte mich in meine Rolle als Junge fügen. [...] Auch wenn das nicht meine Art war, es war meine Rolle.

Daniel Erk, Ellbogen und Straftaten, in: fluter, Januar 2007, S. 24 ff.

M 12 ● Verdienst und Karriere – eine Frage des Geschlechts? GRUNDWISSEN

Nettoeinkommen in Euro	Zusammen	Fach-/Hochschulabschluss	Lehrausbildung
	%		
	Männer		
unter 900	3,9	2,0	3,8
900–2.600	73,7	44,3	84,5
2.600 und mehr	22,4	53,7	11,7
	Frauen		
unter 900	10,5	4,0	11,6
900–2.600	80,7	69,4	84,8
2.600 und mehr	8,7	26,6	3,6

Statistisches Bundesamt, Frauen und Männer in verschiedenen Lebensphasen, 2010

M 13 ● Gendergerechtigkeit in der Karikatur

„UNGERECHT? WIR SIND BEIDE AUF DER SELBEN LEITER!“

Info

Gender-Mainstreaming

Gender-Mainstreaming bedeutet, dass in allen Phasen des politischen Prozesses – Planung, Durchführung, Monitoring und Evaluation – der Geschlechterperspektive Rechnung getragen wird. Ziel ist die Förderung der Gleichstellung von Frauen und Männern. Nach dem Gender-Mainstreaming-Konzept sind politische Maßnahmen stets daraufhin zu prüfen, wie sie sich auf die Lebenssituation von Frauen und Männern auswirken, und gegebenenfalls neu zu überdenken. Das Anfang 2007 eingeführte Elterngeld sollte beispielsweise die veränderten Lebensumstände und -entwürfe von Familien berücksichtigen.

Nach: http://ec.europa.eu, Abruf am 20.05.2011

Aufgaben

1. Sammeln Sie Gründe, ob und warum die Familien der in M 10 abgebildeten Kinder Einwände gegen deren Hobbys erheben könnten.
2. Ermitteln Sie aus M 11, wer Einfluss darauf nimmt, welche Rolle Daniel in verschiedenen Lebensphasen einnimmt.
3. Erarbeiten Sie mit Ihrem Nachbarn ein Handbuch für Eltern, in dem Sie eine Erziehungsanleitung geben, die besonderes Augenmerk auf die Ausgeglichenheit von Rollenerwartungen hat.
4. Werten Sie das Material in M 12 aus und verbinden Sie es mit der Aussage der Karikatur aus M 13. Nehmen Sie Stellung dazu.

Migration
Der Begriff bezeichnet die Wanderschaft (lat. migrare = wandern) von kleineren oder auch größeren Gruppen von Menschen oder auch ganzen Völkern. Migration gilt als Normalfall der Geschichte und der menschlichen Existenz. Dabei können die Ursachen ganz unterschiedlich sein.

Emigranten
Menschen, die ihre Heimat verlassen

Immigranten
Menschen, die in ein anderes Land einwandern

1.2.4 Migration – ein Jahrhundert der Flüchtlinge?

M 14 ● Menschen auf der Flucht GRUNDWISSEN

Deutsche Auswanderer betreten im Hamburger Hafen ein Schiff nach New York um 1850. Bereits im 17., vor allem aber im 19. und 20. Jahrhundert, wanderten immer wieder Deutsche nach Übersee aus. Ein wesentlicher Grund war die extreme Armut in vielen deutschen Ländern, aber auch politische Verfolgung und religiöse Unterdrückung trieben viele Menschen in die Flucht.

Menschen im Süden Pakistans im Sommer 2010 auf der Flucht vor einer Überschwemmungsflut. Der Fluss Indus war aufgrund extremen Dauerregens zu einer kolossalen Breite angewachsen. Die UNO schätzte, dass die Naturkatastrophe ca. 20 Millionen Menschen in die Flucht trieb.

M 15 ● Weltkarte der Migration

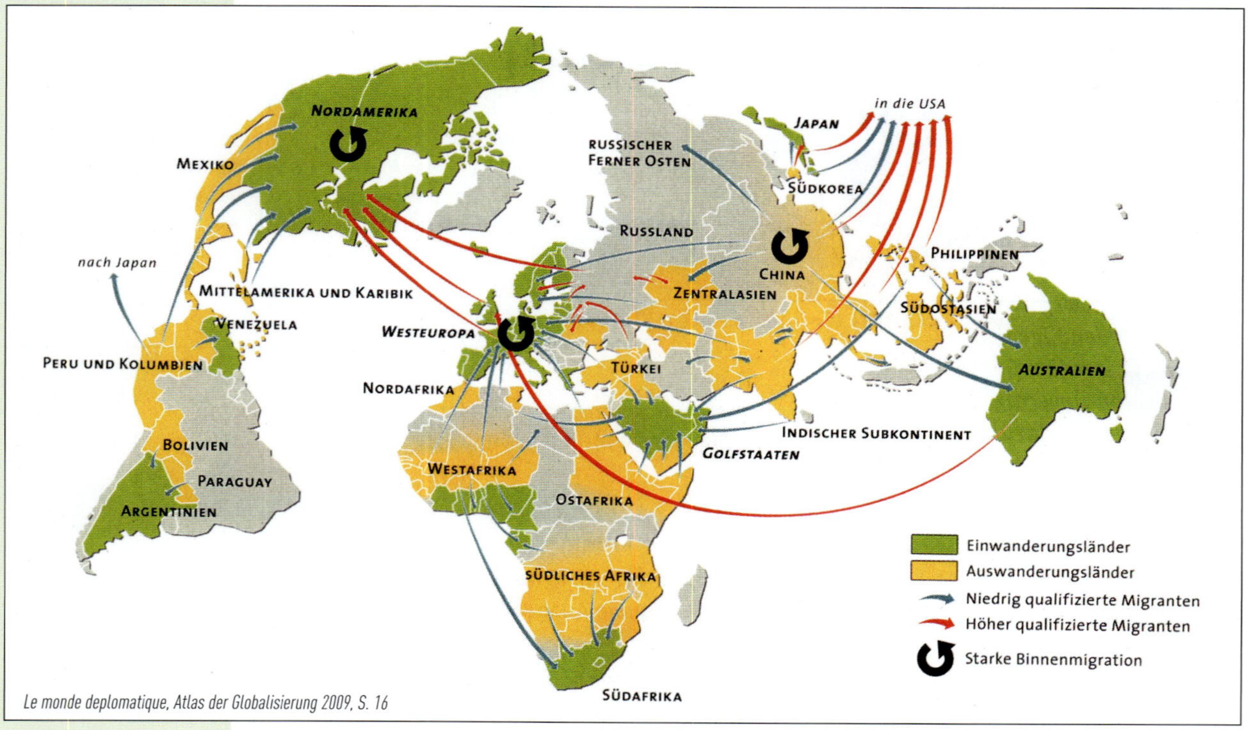

Le monde deplomatique, Atlas der Globalisierung 2009, S. 16

M 16 Ein Jahrhundert der Flüchtlinge

„Das 21. Jahrhundert wird mehr und mehr das Jahrhundert der Menschen in Bewegung sein", sagte der Hohe Flüchtlingskommissar der Vereinten Nationen, António Guterres, [...] „ein Jahrhundert der Flüchtlinge." [...] Guterres [stellte] den Jahresbericht des UN-Flüchtlingskommissariats (UNHCR) für 2009 vor. [...] Globale Entwicklungen wie Bevölkerungswachstum, Rohstoffmangel, Nahrungs- und Wasserknappheit und vor allem der Klimawandel seien zunehmend ineinander verwoben, sagte Guterres. „Sie verschärfen Konfliktsituationen und verbinden sich auf eine Weise, die Menschen zwingt, ihre angestammte Heimat zu verlassen." So seien im Jahr 2009 43,3 Millionen Menschen auf der Flucht gewesen – so viele wie seit Mitte der 90er Jahre nicht mehr. Hauptherkunftsländer waren erneut Afghanistan, der Irak, Somalia und die Demokratische Republik Kongo. [...] [Diese] Zahl [umfasst] vor allem die wachsende Masse derer, die innerhalb ihres Landes fliehen müssen. 27,1 Millionen solcher Binnenvertriebenen weist die neue Statistik aus, die meisten von ihnen flohen vor den anhaltenden Konflikten in der Demokratischen Republik Kongo, Pakistan und Somalia. Besondere Dramatik erhält die aktuelle Statistik dadurch, dass ein Großteil der weltweiten Flüchtlinge langfristig fernab der Heimat ausharren muss. „Die großen Konflikte in Afghanistan, Somalia oder der Demokratischen Republik Kongo sind weit davon entfernt, gelöst zu werden", erläuterte Guterres. Zudem dauerten scheinbar beendete oder stabilisierte Krisen wie im Irak oder dem Südsudan weiter an. So sei eine freiwillige Rückkehr in den wenigsten Fällen möglich. Laut UNHCR-Bericht kehrten 2009 nur 251.000 Menschen in ihre Heimat zurück, so wenige wie seit 20 Jahren nicht mehr und nur rund ein Viertel des durchschnittlichen Jahreswertes. „Eine Mehrheit der Flüchtlinge - rund 5,5 Millionen - lebt seit fünf oder mehr Jahren im Exil", fügte Guterres hinzu. Angesichts der geringen Rückkehrrate werde sich ihre Zahl in den kommenden Jahren weiter erhöhen. Die Hauptlast dieser Flüchtlingsströme aber tragen nicht etwa die westlichen Industriestaaten, sondern in erster Linie die Entwicklungsländer. 80 Prozent der Geflohenen leben in den armen Ländern des Südens, so Guterres. Setzt man die Zahl der Flüchtlinge ins Verhältnis zum Pro-Kopf-Einkommen des jeweiligen Aufnahmelandes, so zeigt sich diese Kluft besonders deutlich. So nehmen Länder wie Pakistan, Simbabwe und der Kongo im Bezug zu ihrer Wirtschaftskraft besonders viele Flüchtlinge auf. [...] Angesichts dieser Entwicklungen sei es besorgniserregend, so der Flüchtlingskommissar, dass es insbesondere in Europa zu einer „Erosion des Asylraumes" (hier: Verschwinden) komme. So sei es „sogar noch schwieriger für Menschen geworden, Schutz zu suchen und Zugang zu Territorien von Staaten zu haben, wo sie Schutz finden können".

Marie-Sophie Adeoso, 43 Millionen sind auf der Flucht, Frankfurter Rundschau, 15.6.2010

Asyl

Das Wort „Asyl" kommt aus dem Griechischen und bedeutet so viel wie Zufluchtsstätte oder Heim. In vielen Ländern wird Menschen, die aufgrund ihrer politischen oder religiösen Überzeugung verfolgt oder gar mit dem Tode bedroht werden, Asylrecht gewährt. In Europa erhalten die Verfolgten aber nur dann Asyl, wenn sie direkt mit dem Flugzeug oder Schiff anreisen und nicht aus einem sogenannten sicheren „Drittland" (alle EU-Staaten, Norwegen und die Schweiz) kommen. Außerdem müssen sie nachweisen, dass ihr Leben in der Heimat bedroht ist.

Aufgaben

1. Beide Abbildungen in M 14 zeigen Menschen, die ihre Heimat verlassen müssen bzw. mussten. Auch wenn sich die Situationen nicht in allen Punkten vergleichen lassen, gibt es dennoch einige Gemeinsamkeiten. Beschreiben Sie diese.
2. In der Wissenschaft spricht man von sogenannten push- (im Sinne von wegdrücken) und pull- (anziehen) Faktoren, um Migration zu erklären. Nennen Sie für die Beispiele in M 14-M 16 die push- und pull-Faktoren und ergänzen Sie weitere.
3. Erläutern Sie die Folgen der Migration für die aufnehmenden Länder und die Heimatländer der Migranten.

1.2.5 Integration in Deutschland – ab wann ist man hier integriert?

M 17 ● Integrationstest

Menschen, die nach Deutschland zugewandert sind, sind integriert, wenn sie ...	stimme ich zu	stimme ich nicht zu
... die deutsche Sprache beherrschen.		
... das Wahlrecht besitzen und dieses auch ausüben.		
... deutsches Fernsehen schauen.		
... in einem vorwiegend von Deutschen bewohnten Wohnviertel wohnen.		
... deutsche Speisen kochen und essen.		
... eine Schule in Deutschland besuchen und abgeschlossen haben.		
... sich zu den Grundwerten unserer Demokratie bekennen.		
... in der Öffentlichkeit nicht durch ihre Kleidung (z. B. Kopftuch) auffallen.		
... sich zum christlichen Glauben bekennen.		
... für die deutsche Fußballnationalmannschaft fiebern.		
... in deutschen Gaststätten verkehren.		
... deutsche Freunde haben.		
... Weihnachten mit Weihnachtsbaum und Geschenken feiern.		
... auch zu Hause Deutsch sprechen.		
... einen Arbeitsplatz haben.		

M 18 ● Was bedeutet Integration? GRUNDWISSEN

Integration setzt bei Zuwanderern den Willen und aktive Bemühungen voraus, hier anzukommen und die neue Heimat auch als Heimat anzuerkennen. Umgekehrt bedarf es einer Willkommenskultur aufseiten der aufnehmenden Gesellschaft. Das lässt gegenseitiges Vertrauen wachsen.

Was wir für erfolgreiche Integration brauchen, sind gute Sprachkenntnisse, ist gemeinsames Wohnen und Leben, eigener Lebensunterhalt, gemeinsamer Schulbesuch, gemeinsamer Sport und ist vor allem die Identifikation mit dem Wohnort, mit Deutschland. Dies ist eine große Herausforderung für alle.

Die große Mehrheit der Zuwanderer ist gut integriert. Es sind Menschen, die Arbeit haben, unsere Sprache sprechen, sich an die geltenden Gesetze halten, unsere Kultur und Werte respektieren. Sie haben in Deutschland ihre Heimat gefunden. Den Erfolg der Integration bestimmen viele Faktoren. An erster Stelle steht die Eigenverantwortung des Zuwanderers. Diese müssen wir einfordern. Aber auch die soziale und ethnische Herkunft haben Einfluss, ebenso wie die Wirtschaftskraft der Region, die für die Integrationskraft des Arbeitsmarktes entscheidend ist.

Bei Bildung und Ausbildung haben überdurchschnittlich viele Zuwanderer Schwierigkeiten. Deswegen können einige ihre Chancen nicht schnell nutzen. Sie brauchen Hilfe. Manche wollen es aber nicht, schotten sich lieber ab, etwa durch die Nichtteilnahme am gesellschaftlichen Leben oder an den angebotenen Deutschkursen bis hin zur Ablehnung des deutschen Staates. Hier liegt das größte Problem.

Thomas de Maizière (Bundesinnenminister 2009-2011, dann Verteidigungsminister)
http://www.noz.de/deutschland-und-welt/politik/47843827/was-muss-integrationspolitik-heute-leisten, Abruf am 6.12.2011

M 19 Integration aus Sicht der Betroffenen

Richte nie über einen Menschen, solange du nicht zwei Monde lang in seinen Schuhen gelaufen bist, heißt es in einem indianischen Sprichwort. Dieser Satz kommt mir immer in den Sinn, wenn ich den „Integrationsdebatte" genannten täglichen Wahnsinn verfolge. Es fängt schon damit an, mit welcher Selbstverständlichkeit noch von „wir" und „ihr" gesprochen wird. Es sind bald 50 Jahre her, seit meine Mutter nach Deutschland aufbrach. Ich bin hier in Deutschland geboren und aufgewachsen. Ich träume auf Deutsch. Ich habe keine andere Heimat und möchte auch keine andere. Ich bin gerne Deutscher - eigentlich ... [...] Nach 9/11 wurde alles schlimmer. Anstatt „ihr Ausländer" heißt es jetzt „ihr Moslems". „Ihr" unterdrückt Frauen, „ihr" seid Terroristen, „ihr" seid demokratieunfähig. [...] Ich kann euer Integrationsgequatsche nicht mehr ertragen. Ihr wisst ja noch nicht einmal, was ihr damit meint. [...] Kommt mir jetzt aber nicht mit dem christlich-jüdischen Erbe des Landes. Das wäre einfach nur schäbig! Erst Millionen Juden in die Gaskammern zu treiben und nur ein paar Jahrzehnte später die Überlebenden zu missbrauchen, um sich gegenüber einer anderen Minderheit abzugrenzen und sich selbst als gut zu definieren. Solange ihr Ur-Deutschen nicht in der Lage seid, ein Gesellschafts- und Menschenbild zu beschreiben, an dem wir ahnungslosen Schwarzköpfe uns orientieren sollen, sage ich mal, worauf ich keine Lust habe. Der Umkehrschluss hilft vielleicht:

- Wenn Integration bedeutet, euer Familienleben zu übernehmen, sage ich: Nein danke! Bei uns steckt man nicht Oma und Opa bei der erstbesten Gelegenheit ins Altersheim. [...]
- Wenn Integration bedeutet, dass Tausende und Zehntausende Kinder Opfer sexueller Gewalt durch Priester werden und die Gesellschaft so lange wie möglich die Augen davor verschließt, dann sage ich: Nein danke!
- Wenn Integration bedeutet, ein ungerechtes Bildungssystem zu akzeptieren, das zwar nach außen Chancengleichheit suggeriert, in Wirklichkeit aber genau das Gegenteil befördert, dann sage ich: Nein danke! [...]
- Im Jahr 2010 gaben die Deutschen dreimal so viel Geld für Haustierfutter aus als für Babynahrung. [...] Ich will nicht jammern. Ich hatte großes Glück im Leben, und wie gesagt, ich lebe ja sehr gern in Deutschland. Es ist aber trotzdem ein schlechtes Gefühl, sich ständig wehren zu müssen, immer auf der Hut zu sein. Und es ist auch nicht nur mein eigenes privates Dilemma, dass ich mich so fühle, denn so wie mir geht es vielen Einwanderern. Wenn sich ein Einzelner so fühlt wie ich, ist es persönliches Pech. Wenn sich aber Millionen so fühlen, dann ist das ein gesellschaftliches und sozialpolitisches Problem.

Mehmet Daimagüler, Ich bin gerne Deutscher, eigentlich, in: DIE WELT vom 22.10.2011 http://www.welt.de/print/wams/vermischtes/article13675861/Ich-bin-gerne-Deutscher-eigentlich.html, Abruf am 6.12.2011

Integration aus Sicht der Politiker

„Die deutsche Sprache zu beherrschen und zu erlernen ist zwingend für gelungene Integration."
Angela Merkel in Berlin bei dem Festakt zum 50. Jahrestag des deutschen Anwerbeabkommens im November 2011

„Wer die Deutschkenntnisse zur wichtigsten Voraussetzung erklärt, verletzt die Menschenrechte."
Recep Tayyip Erdogan in einem Gespräch mit der Bild-Zeitung anlässlich des Deutschlandbesuchs des französischen Premiers im November 2011

Aufgaben

1. Übertragen Sie den Integrationstest in Ihr Heft, füllen Sie ihn aus und vergleichen Sie Ihr Ergebnis in der Klasse. Wo liegen Unterschiede bzw. Gemeinsamkeiten? (M 17)
2. Thomas de Maizière spricht in M 18 über Integration von Zuwanderern. Verfassen Sie analog zu M 18 eine Definition von: *Integration von Behinderten, Integration von Homosexuellen, Integration von alten Menschen*.
3. Mehmet Daimagüler beschreibt in M 19 seine Sicht von Integration. Sammeln Sie seine Argumente und diskutieren Sie die These: *„Integration ist keine Einbahnstraße."* Schließen Sie die Sicht der Politiker (Randspalte) in Ihre Argumentation mit ein.

The "blue card" – compete for the best

M 20 ... a job that pays well

M 21 Germany needs skilled migrants to plug labor shortfall

notably: besonders

skilled labor: Facharbeiter

to draw up sth.: etwas entwerfen

settlement permit: Niederlassungserlaubnis

unfilled job: unbesetzte Stelle

abroad: (hier) aus dem Ausland

German businesses notably depend on well-educated and highly qualified workers. Even today many sectors are suffering from a shortage of skilled labor, which will only increase as the population ages.

In order to act against that trend, a group of experts from the political sphere, industry and the unions have drawn up an action plan, which calls for comprehensive immigration reforms. They want to promote what they call "carefully controlled immigration". [...] The number of employees in Germany will fall by some 6.7 million by the year 2025 [...]. That's why the politicians must react – on the one hand with more learning opportunities and on the other hand by improving the qualifications of the unemployed. But alongside more opportunities for women and older people on the job market, the commission found there should be more incentives to attract highly-skilled workers from abroad. [...]

In the face of the current labor shortage, Laschet, the former integration minister for the state of North Rhine-Westphalia, is sure of one thing. "We must compete for the brightest talents in the world. We must get away from the idea of a ban on recruitment and clearly define who we need and under what criteria people can come to Germany," he said. [...]

German Labor Minister Ursula von der Leyen said Germany had to open up to the idea that it was necessary to allow skilled foreigners into the country. The cabinet is set to consult shortly on the form of the so-called blue card for skilled foreign workers. In the future, the income level for a settlement permit will be reduced to 33,000 euros ($44,385) for skilled workers in sectors with a large number of unfilled jobs. For other sectors, the level will be reduced from the current 66,000 euros to 44,000 euros.

Sabine Ripperger/ ji, Germany needs skilled migrants to plug labor shortfall, in: http://www.dw.de/dw/article/0,,15569182,00.html, 1.12.2011

M 22 The debate about the EU "blue card" to target skilled

The plan would allow suitably qualified people and their families to live and work within the European Union. The EU says it needs 20m skilled workers over the next two decades, and is very short of expertise in engineering and computer technology. The scheme, which is more restrictive than the US Green Card, would need the approval of all 27 EU member states. Correspondents say another aim of the plan is to reverse a current trend under which skilled migrants, mostly from Asia and Africa, emigrate to the US to find work.

The BBC's Mark Mardell in Brussels says the proposal is controversial and some countries are sure to oppose it. Critics also fear that Europe's attempt to take the best and leave the rest will only encourage a brain-drain from poorer nations. The UK, Ireland and Denmark could opt out, but the other EU members will have to take part.

UK ministers say they are studying it, but our correspondent says they are not keen on the card, preferring to develop an Australian-style points system. Unveiled at the European Parliament in Strasbourg on Tuesday afternoon, the Blue Card would enable holders and their families to live, work and travel within the EU. To be eligible, new immigrants would need to show a recognised diploma and have at least three years professional experience. They would also need the offer of a job, for a minimum one-year contract, which could not be filled by an EU citizen. European Justice Commissioner Franco Frattini said: "This is not an 'open doors' policy." "If a given member-state needs engineers or doctors, it has to decide how many, and then I will provide a state with a common procedure," he added. But some politicians in the Netherlands and Germany are hostile and the Austrian government has condemned the plan as "a centralisation too far".

Across Europe there is a real tension between politicians, who know voters are worried about immigration, and businesses demanding graduates from India and China, our correspondent says.

BBC NEWS, EU 'Blue Card' to target skilled, in: http://newsvote.bbc.co.uk/mpapps/pagetools/print/news.bbc.co.uk/2/hi/europe/7057575.stm, 23.10.2007

suitably qualified: angemessen qualifiziert
eligible: antragsberechtigt
recognised diploma: anerkannter Abschluss
scheme: Plan / Entwurf
proposal: Entwurf
hostile: ablehnend
to condemn: verurteilen
to be keen on sth.: sehr daran interessiert sein, etw. zu tun

M 23 "Blue card" vs "green card"

Blue Card	Green Card
• Does not give permanent residency • Valid up to two years, renewable • Allows holders and families to live, work and travel in EU • Applicant must have one-year EU job contract with salary of three times minimum wage • Permanent residency automatic after five years	• Gives holder permanent residency • Valid for 10 years, renewable • Allows holder to live, work and travel in the US • Five channels to seek a card: employment, family links, a lottery, investment, or resident since before 1972 • Holders can become US citizens after five years

BBC NEWS, EU 'Blue Card' to target skilled, in: http://newsvote.bbc.co.uk/mpapps/pagetools/print/news.bbc.co.uk/2/hi/europe/7057575.stm, 23.10.2007

applicant: Antragsteller

Exercises

1. Point out what is meant by the effect of a "brain-drain from poorer nations".
2. Comment on the blue card vs the green card as the idea of an "open doors policy" in the "compete for the best".

WISSEN KOMPAKT

Stände, Klassen, Schichten, Milieus
M 1-M 5

Die Ständegesellschaft des Mittelalters regelt die Zugehörigkeit zu den Ständen (Adel, Klerus, Bürger- und Bauerntum) über die Herkunft. Das streng hierarchische System wurde als „gottgewollte Ordnung" akzeptiert. Nach Karl Marx sind die Mitglieder der Klassengesellschaft durch ihre ökonomische Position antagonistisch (gegensätzlich) geteilt in Besitzende von Produktionsmitteln (Kapitalisten) und Nichtbesitzende (Proletariat). Er beschrieb damit die Gesellschaft des 19. Jahrhunderts und forderte eine Revolution der Arbeiterklasse mit anschließender Diktatur des Proletariats. Seit Mitte des 20. Jahrhunderts wurden verschiedene Schichtenmodelle entworfen, um die Sozialstruktur von Industriegesellschaften wiederzugeben. Seit ca. 1980 trugen weitergehende Untersuchungen der fortschreitenden Differenzierung der Gesellschaft Rechnung und ergänzten objektive Kriterien um subjektive Faktoren wie z. B. Einstellungen und Verhaltensweisen. Die Verknüpfung von objektiven und subjektiven Faktoren führte zu verschiedenen sozialen Milieus, die sich in Lebensstilen und Einstellungen ähnlich sind.

Probleme durch den demografischen Wandel
M 6-M 9

Seit Mitte der 1960er Jahre nimmt in allen Industriegesellschaften der Geburtenrückgang drastisch zu. Mittlerweile wurden die aus der veränderten Bevölkerungsstruktur resultierenden Probleme erkannt: Im Brennpunkt der Diskussion steht dabei die materielle Funktionsfähigkeit des Renten- und Gesundheitssystems.

Soziale Ungleichheit – Gender-Mainstreaming
M 10-M 13

Gender-Mainstreaming bedeutet, sämtliche politischen Vorhaben müssen vor ihrer Umsetzung daraufhin untersucht werden, welche Auswirkungen ihre Umsetzung auf Frauen und Männer haben wird, um bei möglichen Benachteiligungen für das eine oder andere Geschlecht das Vorhaben noch einmal zu überdenken und neu zu gestalten.

Migration
M 14-M 16

Migration, also der Wohnortwechsel von Personen und Gruppen innerhalb von Staatsgrenzen oder über Staatsgrenzen hinweg, gibt es schon so lange, wie es Menschen gibt. Wanderungsmotive werden allgemein in push- (abstoßen) und pull-Faktoren (anziehen) unterteilt. Zu den push-Faktoren zählen Krieg, religiöse und politische Verfolgung, Armut, Hunger, Umweltkatastrophen. Sie wirken im eigenen Land. Zu den pull-Faktoren gehören die Aussicht auf bessere Lebensbedingungen, Sicherheit, Familienzusammenführung oder auch die gezielte Anwerbung von Arbeitskräften.

Integration
M 17-M 19

Seit 2005 hat Deutschland ein Zuwanderungsgesetz, seit 2007 gibt es einen nationalen Integrationsplan. Doch bleibt politisch umstritten, wie viel und welche Form der Zuwanderung Deutschland angesichts einer schrumpfenden Bevölkerung braucht und wie eine erfolgreiche Integration der hier lebenden Menschen mit Migrationshintergrund gelingen kann.

In welcher Gesellschaft leben wir eigentlich?

Die Leitfrage „In welcher Gesellschaft leben wir eigentlich?“ beantworten die […] Soziologen je nach dem mit verschiedenen Gesellschaftskonzepten, und alle diese Begriffe sind den Leserinnen und Lesern vermutlich hier und da bereits begegnet und werden von ihnen mitunter zur Orientierung verwendet. Demnach leben wir in der „Risikogesellschaft“ oder in der „Erlebnisgesellschaft“ oder in der „Postmoderne“ oder in der „Informations- und Wissensgesellschaft“ oder in der „Mediengesellschaft“; in der „Massengesellschaft“ möchte – sind zwar jeder für sich informativ, aber über eines geben sie keine Auskunft: Wie ist diese Gesellschaft eigentlich, in der wir leben, was ist ihr innerstes Prinzip? […] Die angemessene Antwort auf die Frage In welcher Gesellschaft leben wir eigentlich? lautet: „In der bürgerlichen Gesellschaft!“. „Bürgerliche Gesellschaft“ ist die aufschlussreichste soziologische Kategorie zur Analyse der Gegenwartsgesellschaft, sie ist der allen anderen Gesellschaftsbegriffen überlege-

Weltgesellschaft (Martin Albrow, 1998)

Postindustrielle Gesellschaft (Daniel Bell, 1875)

Risikogesellschaft (Ulrich Beck, 1986)

Multikulturelle Gesellschaft (Claus Luggewie, 1990)

Bürgergesellschaft (Ralf Dahrendorf)

Arbeitsgesellschaft (Claus Offe, 1984)

Multioptionsgesellschaft (Peter Groß, 1994)

Erlebnisgesellschaft (Gerhard Schulze,1992)

Die Verantwortungsgesellschaft (Emitai Etzioni, 1997)

Die postmoderne Gesellschaft (Ronald Inglehart)

Die moderne Gesellschaft (Anthony Giddens)

Die flexible Gesellschaft (Richard Sennett, 1998)

oder in der „Konsumgesellschaft“ oder in der „Beschleunigungsgesellschaft“, in der „Ironiegesellschaft“ oder in der „Verantwortungsgesellschaft“ oder in der „zweiten bzw. reflexiven Moderne“, wie Ulrich Beck behauptet, und ihm geht es darum, (so sagt er) „die grundstürzend sich wandelnde, unbekannte Gesellschaft, in der wir leben“, auf den Begriff zu bringen. […] Diese „Wimmelbegriffe der Soziologie in gegenwartsdiagnostischer Absicht“ – wie ich sie nennen ne, sie als Teilmomente integrierende Begriff. […] Nicht das 19. Jahrhundert ist die bürgerliche Epoche schlechthin (kann es gar nicht sein, weil die Mehrheit der Menschen der damaligen Gesellschaft gar nicht von den Strukturen bürgerlicher Gesellschaft erfasst war), sondern die Gegenwartsgesellschaft ist das bürgerliche Zeitalter par excellence, sie ist das durchgesetzte bürgerliche Zeitalter, sie ist die bürgerliche Epoche der Weltgeschichte.

Joachim Fischer, In welcher Gesellschaft leben wir eigentlich? In der bürgerlichen!, in: APuZ 9-10, 2008, S. 9-16

Aufgaben

1. Teilen Sie die Gesellschaftsbegriffe aus der Grafik auf Gruppen auf und recherchieren Sie jeweils deren Hintergründe. Stellen Sie Ihre Ergebnisse der Klasse vor.
2. Nehmen Sie Stellung zu der Aussage von Joachim Fischer: „Wir leben in der bürgerlichen Gesellschaft.“
3. Finden Sie in Gruppenarbeit einen eigenen Gesellschaftsbegriff und stellen Sie ihn der Klasse vor.

Wirtschaftliche Verflechtungen des Einzelnen

2

Wir alle treten jeden Tag mit der „Wirtschaft" in Verbindung. Ob wir im Supermarkt einkaufen, das neu gekaufte Auto auftanken, uns auf dem Flohmarkt umschauen, nach Geschäftsschluss noch im Internet Besorgungen erledigen oder einfach den Freunden mit der SMS noch einen schönen Abend wünschen, es gibt kaum einen Bereich der Gesellschaft, der nicht durch die „Wirtschaft" bestimmt wäre.
Kernprinzip allen Wirtschaftens ist das Knappheitsprinzip. Die Bedingungen der Knappheit erfordern ein Verhalten, das die vorhandenen Güter möglichst effizient einsetzt, um die menschlichen Bedürfnisse zu erfüllen. Der Mensch wird in dieser Perspektive zum Homo oeconomicus, der darauf bedacht ist, nach dem Kosten-Nutzen-Prinzip zu kalkulieren und seinen Nutzen zu maximieren.
Welche Konsequenzen ergeben sich aus diesem Verhalten für den Einzelnen und die Gesellschaft? Wirkt sich das Streben nach dem eigenen Vorteil auch automatisch vorteilhaft für alle aus? So sah es der berühmte Wirtschaftstheoretiker Adam Smith. Doch die vom Menschen verursachte Zerstörung der Umwelt und andere Phänomene zeigen: Das Streben nach dem eigenen Vorteil kann unter bestimmten Bedingungen auch negative Folgen für die gesamte Gesellschaft haben.

Am Ende dieses Kapitels sollten Sie u. a. Folgendes können

- wesentliche Bestimmungsfaktoren der Wirtschaft verstehen
- die Entwicklung der wirtschaftlichen Sektoren erläutern
- Markt- und Planwirtschaft unterscheiden
- Funktionen der Sozialen Marktwirtschaft erklären
- wirtschaftspolitische Maßnahmen beurteilen
- im Hinblick auf die spätere Studien- und Berufswahl die eigenen Stärken und Interessen kennen und einschätzen lernen

Was wissen Sie schon?

Ordnen Sie die folgenden Begriffe den Bildern zu und begründen Sie Ihre Auswahl. Einem Bild können mehrere Begriffe zugeordnet werden. Wettbewerb, Preisbildung, Markt, Angebot, Nachfrage, Produktion, Konsum

2.1 Einführung in die Ökonomie

2.1.1 Wie treffen wir Entscheidungen in einer Welt der Knappheit?

M 1 ● Wie soll man sich entscheiden?

Knappheit als Differenz zwischen Erwünschtem und Vorhandenem betrifft fast alle Lebensbereiche. Die Entscheidungssituation eines Schülers, der den nächsten Schultag vorbereiten möchte, könnte wie folgt aussehen:

- **1. / 2. Stunde** (Deutsch – Lieblingsfach, vielleicht später Studienfach): Hausaufgaben für Deutsch erledigen
- **3. / 4. Stunde** (Mathe – Problemfach): Wiederholung der letzten beiden Unterrichtseinheiten, um weiterhin dem Unterrichtsstoff folgen zu können
- **5. / 6. Stunde** (Englisch – es wird eine Klausur geschrieben): Klausurvorbereitung, denn ein Versagen in der Klausur führt zu einem Punkteabzug im Zeugnis.

Das Problem des Schülers ist die fehlende Vorbereitungszeit: Ihm bleiben nur noch zwei Stunden. Wie soll er sich entscheiden.

M 2 ● Knappheit – Kernprinzip allen Wirtschaftens GRUNDWISSEN

Knappheit im umgangssprachlichen Sinn bedeutet, dass etwas nicht in ausreichender Menge zur Verfügung steht, um einen Bedarf zu decken. Ökonomisch formuliert herrscht Knappheit, wenn mit den vorhandenen Ressourcen nicht alle existenten Bedürfnisse befriedigt werden können. Bei Ressourcen handelt es sich um materielle und immaterielle Güter zu Produktions- und Konsumzwecken, aber auch um persönliche Fähigkeiten, Wissen und Zeit.

Nun ist Knappheit in individueller Perspektive immer mit dem Verzicht auf bestimmte Entscheidungsalternativen verbunden: Angenommen, man hat an einem Wochenende die Möglichkeit, ein Musikkonzert oder ein Theaterstück zu besuchen; die Ressourcen (Zeit, vielleicht auch das Geld) reichen aber nicht aus, beide Handlungsalternativen zu realisieren. Die Knappheitsbedingungen werden spürbar. Weitere Beispiele verdeutlichen, dass Knappheit allgegenwärtig ist: Der Autokauf von Herrn Frisch führt zugleich zu seinem finanziell bedingten (temporären) Urlaubsverzicht, die Software-Anschaffung der Firma CLIO bedeutet einen Verzicht auf Weiterentwicklung eines eigenen EDV-Systems, Frau Heines Heirat mit dem Bibliothekar zieht einen Verzicht auf die Heiratsanträge des vielversprechenden Nachwuchssängers sowie des Amateurboxers nach sich. Man kann davon sprechen, dass menschliches Leben unter der „Bedingung universaler Knappheit" [...] steht. [...]

Nun verursacht ein Individuum in sozialen Handlungszusammenhängen nicht nur Kosten bei sich selbst, sondern auch bei anderen Individuen: Jeder Nutzer eines knappen Guts (seien es Nahrungsmittel, Eintrittskarten oder heiratswillige Männer) entzieht dieses Gut einem anderen potenziellen Nutzer. Jener verursacht damit Knappheitsfolgen in Form ungestillter Bedürfnisse bei diesem. Diese Knappheitsfolgen, oder anders formuliert: diese Knappheitspreise, also die nicht gestillten Bedürfnisse, die man bei der Nutzung eines Guts unbekannten Dritten aufbürdet, sind schwierig zu erfassen, da sie subjektiv und zudem äußerst wandelbar sind. Es bedarf also eines Informationssystems, welches die Nutzer über die von ihnen verursachten Knappheitsfolgen informiert. Und es be-

Opportunitätskosten

Gewinn oder ein anderer Zielbeitrag, auf den man infolge einer bestimmten Entscheidung verzichten muss. Hat ein Investor z. B. die Möglichkeit, einen bestimmten Geldbetrag bei der Bank anzulegen, und entscheidet sich stattdessen dafür, von diesem Betrag eine Maschine zu kaufen, auf der er gut absetzbare Produkte herstellen kann, so entgehen ihm dadurch seine Zinsgewinne. Die entgangenen Zinsgewinne sind somit die Opportunitätskosten für seine Entscheidung, die Maschine zu kaufen.

Werner Pepels, Das neue Lexikon der BWL, Berlin 2002, S. 263 darf eines Koordinationssystems, welches die aus den Knappheitsfolgen resultierenden Interessenkonflikte koordiniert. Viele Interessenkonflikte speisen sich aus konfligierenden Ressourcenansprüchen. [...] Nutzer von Ressourcen entziehen anderen Individuen Nutzungsmöglichkeiten. Aus diesem Sachverhalt heraus entwickeln sich ubiquitäre[1] Konfliktsituationen. Wie lassen sich solche Konfliktsituationen entschärfen bzw. koordinieren? [...] Eine gewisse antagonistische Beziehung zwischen individuellen Interessen bleibt unaufhebbar. Insofern kann es nur darum gehen, entgegenstehende Einzelinteressen durch kollektive Regelungen für Knappheitskonflikte zu koordinieren. Diese Regelungen sind äußerst mannigfaltig: Sie umfassen archaisch anmutende Verfahren zur interpersonellen Aufteilung knapper Ressourcen wie das Prinzip der Stärke oder das Windhundverfahren („Wer zuerst kommt, mahlt zuerst“). Weitere denkbare Koordinationsregeln sind das Losverfahren, die Bürokratie, politische Eliten und – preislich geregelte Märkte. Letztere gelten als besonders effiziente Koordinationsverfahren, da sie über tatsächlich herrschende Knappheit recht verlässliche Auskunft geben. Dies gilt aber nur unter der Voraussetzung, dass sich Markt- und Knappheitspreise entsprechen.

[1] ubiquitär = überall verbreitet

Gerd-Jan Krol, Jan Karpe, Andreas Zoerner, Die Stellung der Privaten Haushalte im Wirtschaftsgeschehen, Braunschweig 2005, S. 40-43

M 3 ● Wie das Kosten-Nutzen-Prinzip unsere Entscheidungen beeinflusst GRUNDWISSEN

In vielen Situationen werden Menschen dann die besten Entscheidungen treffen, wenn sie in Grenzbegriffen denken. Nehmen wir z.B. an, ein Freund fragt Sie um Rat, wie viele Jahre er in der Schule oder Hochschule bleiben soll. Wenn Sie dabei die Lebensstile eines promovierten Industriechemikers und eines Schulabgängers mit mittlerer Reife vergleichen, würde der Ratsuchende diese Betrachtung als wenig hilfreich für seine Entscheidung empfinden. Ihr Freund hat ja bereits ein bestimmtes Ausbildungsniveau und überlegt, ob er noch ein oder zwei Jahre anhängen soll. Um diese Entscheidung treffen zu können, muss er den zusätzlichen Nutzen und die zusätzlichen Kosten vergleichen, die mit der Entscheidung für ein weiteres Jahr verbunden wären. Durch den Vergleich dieser marginalen Nutzen und marginalen Kosten – kurzum: Grenznutzen und Grenzkosten – kann er sehen, ob sich ein zusätzliches Jahr lohnen würde. [Wie dieses Beispiel zeigt], können Menschen und Unternehmungen dadurch zu besseren Entscheidungen kommen, dass sie marginal kalkulieren. Ein rationaler Entscheidungsträger entscheidet sich dann und nur dann für eine bestimmte Aktion, wenn der Grenznutzen der Aktion die Grenzkosten übersteigt.

N. Gregory Mankiw, Grundzüge der Volkswirtschaftslehre, 3. Aufl., Stuttgart 2004, S. 6

Aufgaben

1. a) Diskutieren Sie, welche Ressourcen im Beispiel knapp sind. (M 1)
   b) Stellen Sie in der Gruppe Handlungsmöglichkeiten des Schülers zusammen. Wie soll sich der Schüler entscheiden? Begründen Sie Ihre Entscheidung mithilfe einer Gegenüberstellung der jeweiligen Kosten und des jeweiligen Nutzens. (M 1)
2. Die Kosten einer Handlung oder eines Gutes bestehen aus dem, was man für die Ausübung dieser Handlung oder für den Erwerb dieses Gutes aufgibt, die sog. Opportunitätskosten. Nennen Sie mögliche Opportunitätskosten eines Kinobesuchs.
3. Arbeiten Sie analog zu M 3 Kosten und Nutzen eines zusätzlichen Jahres an der Universität heraus.

2.1.2 Was sind die Folgen unserer Entscheidungen? Nutzen und Kosten für die Gesellschaft

M 4 ● Das Gemeinwohl als „Nebenwirkung" individueller Nutzenmaximierung

Arbeit kostet den Menschen Zeit und auch Energie. Die meisten denken wohl mit Sympathie an das Märchen vom Schlaraffenland, wo Milch und Honig fließen und den Menschen die gebratenen Tauben in den Mund fliegen, wo also eine Befriedigung der materiellen Bedürfnisse ohne jede Anstrengung vollzogen werden kann. Und sie wären sehr froh, wenn sie mehr freie Zeit und mehr Geld hätten. Daher haben wir ein Interesse daran, mit möglichst wenig Arbeit möglichst viel Geld zu verdienen. Wir sind Egoisten. Damit sind die wichtigsten Elemente des Menschenbildes der Marktwirtschaft schon beschrieben. Denn wie jedes System baut die Marktwirtschaft auf bestimmten Annahmen und Erkenntnisse auf.

Die Ausgangspunkte der Marktwirtschaft sind:

1. Der Mensch hat Bedürfnisse und muss sie befriedigen.
2. Der Mensch ist ein soziales Wesen, er lebt und agiert in einer Gesellschaft.
3. Der Mensch ist egoistisch, sein Bestreben ist wesentlich darauf ausgerichtet, dass es ihm selbst gut geht.

Der menschliche Egoismus hat viele religiöse, politische und philosophische Führer und Denker herausgefordert, die durch alle möglichen Appelle und Überlegungen versucht haben, den Menschen von seinem Egoismus und Materialismus zu „heilen". Zu einer nachhaltigen Verhaltensänderung hat das zumindest bei der Mehrheit der Menschen jedoch nicht geführt. Die Stärke der Marktwirtschaft (oder ihr Realismus?) liegt darin, dass sie nicht versucht, den menschlichen Egoismus auszumerzen, sondern ihn in Betracht zieht und ausnutzt. Egoismus ist eigentlich asozial, denn er bedeutet schließlich, dass jeder nur an sich denkt. Aber andererseits kann der egoistische Mensch sein Bedürfnis nur mit anderen befriedigen. Wenn der Mensch mit geringem Aufwand gut leben will, braucht er andere, die ihm das ermöglichen. [...]

Antrieb des ökonomischen Handels ist das Interesse, Gewinn zu erzielen. Dieser Gewinn lässt sich aber nur realisieren, wenn ein Marktteilnehmer auch für andere gewinnbringend ist. Nur wenn er Produkte anbietet, die anderen ein Bedürfnis in der erwarteten Qualität und zu einem akzeptablen Preis befriedigen, kann er seinen Vorteil sichern. [...] Die Marktwirtschaft geht also vom menschlichen Egoismus aus, nutzt ihn jedoch zur Sicherung des Gemeinwohls.

Eckart Stratenschulte, Wirtschaft in Deutschland, Bonn 2006, S. 20 f.

Die unsichtbare Hand

Und [der Mensch] wird wie von einer unsichtbaren Hand geleitet, um einen Zweck zu fördern, den zu erfüllen er in keiner Weise beabsichtigt hat. [...] [J]a gerade dadurch, dass er das eigene Interesse verfolgt, fördert er häufig das der Gesellschaft nachhaltiger, als wenn er wirklich beabsichtigt, es zu tun.

Adam Smith (1723-1790), Der Wohlstand der Nationen, München 1974 (engl. Original: 1776), S. 371

M 5 ● Die unsichtbare Hand des Marktes: eine Win-win-Situation GRUNDWISSEN

Das Schöne an unserem einfachen Beispiel für den Aktienmarkt ist, dass wir daraus bereits sehr wichtige Einsichten in den Marktprozess gewinnen können. Der Markt ermöglicht Handel und sorgt dafür, dass sich Käufer und Verkäufer besser stellen können als in einer Situation ohne einen Markt. Nehmen wir an, es werden Aktien der HyperTec AG zum Kurs von 123 € gehandelt. Schauen wir dazu einen Verkäufer an, der eine Verkaufsorder zum Kurs von 120 € abgegeben hat. Da er die Aktie bei einem Kurs von 119 € noch behalten hätte, bringt er damit zum Ausdruck, dass er einer Aktie der HyperTec AG einen Wert von maximal 119 € beimisst. Da er die Aktie zu

einem Kurs von 123 verkaufen kann, erzielt er einen Handelsgewinn von 4 €. Mit umgekehrtem Vorzeichen gilt das auch für einen Käufer. Wer eine Kauforder für 126 € abgibt, bringt damit zum Ausdruck, dass er der Aktie einen Wert von mindestens 126 € beimisst. Wenn er die Aktie dann zu 123 € erhält, erzielt er einen Handelsvorteil von 3 €.
Entscheidend für Marktprozesse ist daher, dass Käufer und Verkäufer den Wert eines Gutes unterschiedlich einschätzen. [...] Dies ist darauf zurückzuführen, dass Anleger in der Regel ganz unterschiedliche Einschätzungen darüber haben, wie sich die Geschäftslage eines Unternehmens entwickeln wird. Ganz allgemein gibt es daher in der Volkswirtschaftslehre (wie auch in der Betriebswirtschaftslehre) keinen objektiven Wertbegriff. [...] Der Wert eines Gutes oder einer Aktie wird immer durch die individuelle Situation eines Anbieters oder eines Nachfragers bestimmt. [...] Im Fall einer Aktie wie der HyperTec AG ist die höhere Wertschätzung der Nachfrager, die mit ihren Orders zum Zuge gekommen sind, darauf zurückzuführen, dass sie die Entwicklung des Unternehmens deutlich optimistischer einschätzen als diejenigen Anbieter, die ihre Aktien verkaufen wollten und es auch konnten.

Nach: Peter Bofinger, Grundzüge der Volkswirtschaftslehre, München 2003, S. 37

M 6 ● Das Gefangenen-Dilemma: keine Win-win-Situation

Dieses Spiel verdankt seinen Namen der folgenden Anekdote: Zwei isoliert voneinander inhaftierten Gefangenen legt der Staatsanwalt jeweils ein minder schweres und ein schweres Verbrechen zur Last. Ersteres kann er beweisen, für den Nachweis des letzteren benötigt er das Geständnis mindestens eines Gefangenen. Er bietet nun jedem Gefangenen eine Kronzeugenregelung an. Gesteht Gefangener A und schweigt Gefangener B, so wird A als Kronzeuge freigelassen und B zu zehn Jahren Gefängnis verurteilt. Ein entsprechendes Angebot ergeht an B. Gestehen beide Gefangenen, so wird das Geständnis strafmildernd bewertet: Sowohl für A als auch B lautet das Urteil auf fünf Jahre. Schweigen aber beide, so können sie nur für das minder schwere Verbrechen zu einem Jahr Gefängnis verurteilt werden (siehe Abbildung).

Versetzen wir uns in dem symmetrischen Entscheidungskonflikt in die Lage des Gefangenen A. Schweigt mein Mitgefangener B – so räsoniert A –, dann ist es besser zu gestehen (Freispruch anstelle von einem Jahr Gefängnis). Gesteht dagegen B, so ist „gestehen“ gleichfalls günstiger („nur“ 5 anstelle von 10 Jahren). Ergo werde ich (A) gestehen. Was A recht ist, ist B billig. Folgen beide dieser Logik, werden sowohl A als auch B gestehen. Das Resultat ist fünf Jahre Gefängnis, obwohl wechselseitige Kooperation („schweigen“) zu einem wesentlich günstigeren Ergebnis von je einem Jahr Haft verholfen hätte. Ohne vertragliche Abmachung (oder eine gehörige Portion Vertrauen) ist die Kooperationslösung jedoch nicht realisierbar.

Zwei-Personen-Gefangenendilemma

		Gefangener B	
		Schweigen	Gestehen
Gefangener A	Schweigen (≈ Kooperation)	1;1	10;0
	Gestehen (≈ Nichtkooperation)	0;10	5;5

Leviathan

„Leviathan" ist der Titel eines staatswissenschaftlichen Buches von Thomes Hobbes (1588–1679). Hobbes stellte die These auf, dass der „Mensch dem Menschen ein Wolf ist" (lat.: homo homini lupus est), und forderte einen starken Staat, dessen Gewalt die Menschen am Krieg aller gegen alle hindern soll. Der Preis für den „Frieden" aller Menschen im Staat sei die vollständige Abgabe der Souveränitätsrechte jedes Einzelnen an die Staatsgewalt.

Die erste Zahl in jeder der vier Zellen ist die Höhe der Strafe für Gefangenen A, die zweite Zahl bezeichnet das Strafmaß für Gefangenen B. Sind beide Gefangenen kooperativ, d. h. schweigen beide, dann beträgt ihre Strafe jeweils nur ein Jahr. Jeder der beiden Gefangenen hat aber einen Anreiz zu gestehen, sei es, um als Kronzeuge zu profitieren (aggressives Motiv) oder aber, um der Höchststrafe mit Sicherheit zu entgehen (defensives Motiv). Folgen beide der individuell-rationalen Strategie „gestehen", dann ist das Resultat für A und B fünf Jahre Haft. Hätten sie dagegen beide geschwiegen, wären sie mit einem Jahr wesentlich besser davon gekommen. Das Dilemma besteht darin, dass die individuell rationalen Strategien zu einem kollektiv unerwünschten (sub-optimalen) Resultat führen.

Weshalb ist das Gefangenendilemma von so großer Bedeutung in den Sozialwissenschaften und – nebenbei bemerkt - auch in einer Naturwissenschaft wie der Biologie? Das Modell, abstrahieren wir einmal von der Anekdote, illustriert den Grundkonflikt zwischen rationalen, eigeninteressierten Handlungen und den für alle Betroffenen „irrationalen" Konsequenzen. Anwendungsbeispiele sind das Problem sozialer Ordnung in Thomas Hobbes' „Leviathan", der Rüstungswettlauf im Kalten Krieg (Aufrüstung ist hier „gestehen", Abrüstung „schweigen"), Situationen von Konflikt und Symbiose in der Biologie, das Problem der Erzeugung kollektiver Güter in der Ökonomie, die Nutzung knapper Ressourcen in der Ökologie u. a. m. Während die Theorie von Adam Smith die Harmonie der rationalen Verfolgung von Eigeninteressen mit der allgemeinen Wohlfahrt in den Mittelpunkt rückt, bildet das Modell des Gefangenendilemmas einen Gegenpol. Es beschreibt diejenigen Konfliktsituationen, in denen keine „invisible hand" existiert, welche individuell-rationale Entscheidungen und kollektive Vernunft zur Deckung bringt.

Andreas Diekmann, Empirische Sozialforschung, Reinbek 1995, S. 178 f.

Aufgaben

1. Erläutern Sie, warum man den Markt als Win-win-Situation, also als Situation mit zwei Gewinnern, bezeichnen kann. (M 5)
2. Beschreiben Sie die Rolle der „unsichtbaren Hand" auf dem Markt. (M 5)
3. 1714 schrieb der Londoner Arzt und gebürtige Hugenotte Bernard Mandeville „Die Bienenfabel" mit dem Untertitel „Private Laster, öffentliche Vorteile". Interpretieren Sie, ausgehend von M 1, diesen Untertitel.
4. Die Autohersteller A und B müssen beide über die Investition in ein neues Großprojekt entscheiden (z. B. den Einstieg in die Entwicklung des Brennstoffzellenantriebs).

   Die Spiele 1 und 2 zeigen, wie ihre Profite (in Millionen €) von den jeweiligen Entscheidungen des Konkurrenten abhängen. Erklären Sie, welches der beiden Spiele ein Gefangenendilemma ist, und erläutern Sie die Dilemmasituation.

SPIEL 1

A \ B	Nicht investieren	Investieren
Nicht investieren	10;10	4;12
Investieren	12;4	5;5

SPIEL 2

A \ B	Nicht investieren	Investieren
Nicht investieren	4;12	5;5
Investieren	10;10	12;4

Experimente im Wirtschaftsunterricht – das Ultimatumspiel

Spielanleitung für das Ultimatumspiel

Jede/r Schüler/in nimmt zuerst die Rolle von Spieler A ein und entscheidet sich laut Aufgabenblatt für eine von elf festgelegten Verteilungen von 1.000 (fiktiven) Euro. In der zweiten Runde findet er/sie sich in der Rolle von B und entscheidet, welchen der elf Verteilungen er/sie zustimmen würde beziehungsweise welche er/sie ablehnen würde. Das Ergebnis lässt sich nach dem Muster der Abbildung darstellen und analysieren.

Muster für eine Auswertung (bei einer Gruppe von 14 Spielern)

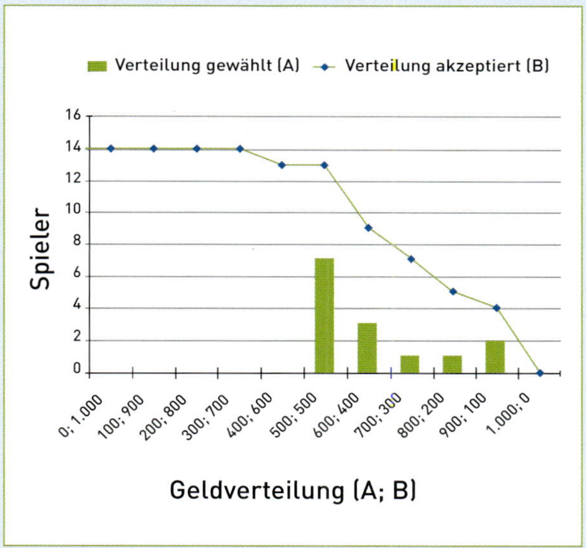

Aufgabe

Spielen Sie das Ultimatumspiel in Variationen und überprüfen Sie die jeweiligen Ergebnisse. Zwei mögliche Variationen sind:

a) Mehrere Spieler werben um die Gunst eines einzigen Partners (d. h. eines Monopolisten);

b) Die Spieler befinden sich nicht nacheinander in der Rolle A und B, sondern werden auf die Rollen A und B aufgeteilt: erstens zufällig, zweitens entscheidet ein Geschicklichkeitsspiel über die Aufteilung. Der Gewinner hat die Rolle von Spieler A. Ist der Verlierer eher bereit, niedrigere Angebote zu akzeptieren, oder rächt er sich?

Rollenkarte Spieler A

Spielbeschreibung

Ein Betrag von 1.000 (fiktiven) Euro soll unter zwei Personen aufgeteilt werden. Spieler A muss Spieler B ein Angebot machen, wie viel letzterer erhalten soll. Spieler B kann dem Angebot zustimmen oder es ablehnen. Wenn Spieler B zustimmt, wird das Geld dem Vorschlag gemäß aufgeteilt. Lehnt er jedoch ab, so gehen beide leer aus.
Die Regeln sind sehr streng: Beide Personen dürfen nicht miteinander kommunizieren, sodass Feilschen unmöglich ist. Spieler A stellt B ein Ultimatum. Die Summe verschwindet, wenn sie nicht beim ersten Versuch aufgeteilt wird, und das Spiel ist nicht wiederholbar.

Aufgabe

Sie sind in der Rolle von Spieler A: Entscheiden Sie sich für eine der folgenden elf Verteilungen (die Auszahlung an Spieler A ist zuerst genannt): 1.000:0 / 900:100 / 800:200 / 700:300 / 600:400 / 500:500 / 400:600 / 300:700 / 200:800 / 100:900 / 0:1.000

Rollenkarte Spieler B

Spielbeschreibung

Ein Betrag von 1.000 (fiktiven) Euro soll unter zwei Personen aufgeteilt werden. Spieler A muss Spieler B ein Angebot machen, wie viel letzterer erhalten soll. Spieler B kann dem Angebot zustimmen oder es ablehnen. Wenn Spieler B zustimmt, wird das Geld dem Vorschlag gemäß aufgeteilt. Lehnt er jedoch ab, so gehen beide leer aus.
Die Regeln sind sehr streng: Beide Personen dürfen nicht miteinander kommunizieren, sodass Feilschen unmöglich ist. Spieler A stellt B ein Ultimatum. Die Summe verschwindet, wenn sie nicht beim ersten Versuch aufgeteilt wird, und das Spiel ist nicht wiederholbar.

Aufgabe

Sie sind in der Rolle von Spieler B: Entscheiden Sie sich, welchen der folgenden elf Verteilungen (die Auszahlung an Spieler A ist zuerst genannt) Sie zustimmen würden: 1.000:0 / 900:100 / 800:200 / 700:300 / 600:400 / 500:500 / 400:600 / 300:700 / 200:800 / 100:900 / 0:1.000

2.1.3 Entsprechen wir noch dem Homo oeconomicus?

Professor Axel Ockenfels hat 2005 als erster Wirtschaftswissenschaftler seit 17 Jahren den Gottfried-Wilhelm-Leibniz-Preis erhalten. Der Preis ist mit 1,5 Millionen Euro dotiert. Ockenfels lehrt heute an der Universität Köln. Mit DW-WORLD redete er darüber, warum der „Homo Oeconomicus" ausgedient hat und was Fairness mit Wirtschaft zu tun hat.

M 7 Hat der Homo oeconomicus ausgedient?

DW-WORLD: Die klassischen Theorien der Wirtschaftswissenschaften gehen davon aus, dass der Mensch rational und egoistisch ist und für sich nur das Beste will. Ist das inzwischen nicht mehr so – oder warum erforschen Sie so intensiv das Verhalten von Menschen in ökonomischen Entscheidungssituationen?

Axel Ockenfels: Die Hypothese, dass der Mensch vor allem egoistisch und rational sei, ist eine Hypothese der Ökonomen, die lange Zeit nie getestet worden ist. Aber der Mensch war vermutlich nie so rational und so eigennützig, wie der Ökonom ihn gerne hätte in seinen Modellen. Insofern hat sich der Mensch nicht geändert, sondern die Wirtschaftswissenschaft hat sich geändert, indem sie diesen neuen Ideen und neuen empirischen Befunden Rechnung trägt und den „Homo oeconomicus" langsam verabschiedet. Denn der „Homo oeconomicus" ist eine Fiktion, die so nicht existiert.

Und was macht der moderne Mensch anders? Will er etwa nicht mehr das meiste für sich?
Die Menschen sind immer noch egoistisch, aber sie haben ihren eigenen Egoismus. Sie schauen zum Beispiel nicht nur auf das, was sie unterm Strich bekommen, sondern sie schauen auch darauf, was die anderen bekommen und welchen Status sie – relativ gesehen – in einer bestimmten Vergleichsgruppe haben. Wir wissen eindeutig, dass Menschen durchaus bereit sind, andere zu bestrafen, die sich unfair verhalten – selbst wenn es sie selbst eine ganze Menge kostet. In Verhandlungssituationen zum Beispiel spielt Fairness eine große Rolle. In solchen Situationen sollten sich selbst Leute, die eigentlich eigennützig und egoistisch sind, fair verhalten. [...]

Da aber niemand über seinen Schatten springen kann: Kann man solches Verhalten lernen?
Ja, man kann lernen, wie man gut verhandelt. Die Verhandlungstheorie sagt Ihnen, wie man das geschickt und clever macht – wobei auch diese Theorie nicht perfekt funktioniert. Nehmen wir zum Beispiel das Ultimatum-Spiel: Sie haben 100 Euro zu vergeben, und Sie müssen entscheiden, wie viel Sie mir davon abgeben; ich sage „Ja" oder „Nein". „Ja" heißt: Wir beide bekommen anteilig Geld. „Nein" heißt: Wir bekommen beide nichts. Wenn wir also erfolgreich verhandeln, stellen wir uns beide besser. Die Frage ist nur: Wie verteilen wir die Effizienzgewinne? Die klassische Wirtschaftstheorie macht eine klare Prognose: Die sagt, Sie geben mir 1 Euro – denn das ist das, was „Homo oeconomicus" tun würde unter der Annahme „Mehr Geld ist besser als weniger Geld". Wenn Sie mir 1 Euro geben und ich annehme, dann bekomme ich 1 Euro. Wenn ich ablehne, bekomme ich nichts. Und da 1 Euro besser ist als nichts, nehme ich an. Da Sie „Homo oeconomicus" sind, antizipieren Sie dieses Verhalten und dürfen sich darauf freuen, dass Sie fast den gesamten Kuchen kriegen und ich fast nichts.

Interview von Ingun Arnold mit Prof. Axel Ockenfels, Abschied vom Homo Oeconomicus, Deutsche Welle, 2.3.2005, in: http://www.dw-world.de/dw/article/0,1564,1505080,00.html, Abruf vom 6.10.2011

Info

Homo oeconomicus

Der Homo oeconomicus ist in der Volkswirtschaftslehre (VWL) ein konstruiertes Abbild des Menschen. Er verkörpert die Grundannahmen der klassischen Wirtschaftstheorie: Die Menschen sind egoistisch und handeln ra-tional, um ihren Nutzen zu maximieren. Mithilfe dieser (nicht realen, modellartigen) Annahmen versuchen Wissenschaftler, den Menschen berechenbar zu machen, und entwickeln Modelle von der Wirtschaft, die Politiker als Basis für ihre Wirtschaftspolitik nehmen.

Wenn ich in dieser Situation Sie wäre, dann würde ich aber doch denken: „Den läppischen 1 Euro, den die mir abgeben will, kann sie sich an den Hut stecken!“

Ja, aber das ist nicht egoistisch! Damit stoßen Sie an die Grenzen einer ganz grundlegenden Hypothese der Ökonomik: „Mehr Geld ist besser als weniger Geld“. Wenn Sie sagen, „ich verzichte auf den 1 Euro“, dann heißt das, Sie schmeißen Geld weg. Das ist ein Verstoß gegen die Minimum-Hypothese, die eigentlich überall gilt. Aber Ihre Intuition ist völlig richtig: Wenn wir das Ultimatumspiel mit echtem Geld in unserem Labor spielen, dann gibt fast nie jemand nur 1 Euro ab. Die meisten geben ungefähr die Hälfte, also 50 Euro. Wenn Sie zu wenig abgeben wollen, dann wird typischerweise abgelehnt. Das ist ein ganz robustes Verhalten – das passiert in Deutschland genauso wie in den USA oder anderen Ländern. Sie können das Spiel auch 100 Mal wiederholen, das Ergebnis ist immer dasselbe: Die Leute haben eine Unfairness-Aversion. Sie wollen den anderen dafür bestrafen, dass er unfair war. In so einer Verhandlungssituation sollten Sie selbst als Egoist so tun, als ob Sie fair und nett sind, damit Sie nicht Gefahr laufen, bestraft zu werden. Sie sollten dem anderen die Hälfte abgeben – denn mit der hälftigen Abgabe maximieren Sie Ihren Gewinn. Wenn Sie weniger als die Hälfte abgeben würden, wäre die Wahrscheinlichkeit der Ablehnung so hoch, dass Sie sich am Ende schlechter stellen. Die Theorie vom „Homo oeconomicus“ funktioniert hier also überhaupt nicht.

Die Fragen stellte Ingun Arnold, Deutsche Welle vom 2.3.2005, in: http://www.dw-world.de/dw/article/0,,1505080,00.html, Abruf am 23.5.2011

M 8 ● Die Krux des Vergleichs

„It's not enough that we succeed. Cats must also fail.“

Aufgaben

1. Arbeiten Sie im Detail heraus, welche Einschränkungen des Modells vom Homo oeconomicus M 7 und Info-Box zum Ausdruck bringen. Entwerfen Sie anschließend ein übersichtliches Tafelbild, in dem Grundannahmen und Einschränkungen des Modells deutlich werden.
2. Interpretieren Sie die Karikatur. (M 8)
3. **Zur Vertiefung:** Informieren Sie sich über Thorstein Veblen und den von ihm geprägten Begriff „conspicuous consumption“ (dt. „demonstrativer Konsum“).

WISSEN KOMPAKT

Welt der Knappheit
M 2

Das Knappheitsprinzip ist das Kernprinzip allen Wirtschaftens. Während wir grenzenlose Bedürfnisse und Wünsche haben, sind die verfügbaren Ressourcen begrenzt. Von einem Gut mehr zu haben, bedeutet in der Regel, von einem anderen Gut weniger zu haben.

Kosten-Nutzen-Prinzip Marginalanalyse
M 3

In wirtschaftlichen Entscheidungssituationen werden also ständig Kosten und Nutzen in Relation gesetzt (Handeln nach dem Kosten-Nutzen-Prinzip). Gewählt wird immer die Alternative, die einen zusätzlichen Nutzen verspricht, der zumindest marginal höher ist als die zusätzlichen Kosten. Man spricht deshalb auch von der Marginalanalyse.

Der Markt – eine Win-win-Situation
M 4-M 6

Die „unsichtbare Hand des Marktes" (Adam Smith), d. h. der Marktprozess selbst, führt dazu, dass sich die Verfolgung des individuellen Vorteils durch den Einzelnen zum gegenseitigen Vorteil aller auswirkt. Individuelle Kosten-Nutzen-Überlegungen bewirken auf freien Märkten, dass beide Marktpartner – Käufer wie Verkäufer, Nachfrager wie Anbieter – aus arbeitsteiliger Produktion und anschließendem Tausch Vorteile für sich ziehen. Man bezeichnet eine solche Situation auch als Win-win-Situation, weil beide Parteien nach der Interaktion besser gestellt sind als vorher.

Ökonomische Verhaltenstheorie – der Homo oeconomicus
Info, M 7, M 8

Aus diesen Erkenntnissen hat die Wirtschaftswissenschaft die ökonomische Verhaltenstheorie abgeleitet. Im Zentrum dieser Theorie steht der Homo oeconomicus als idealtypisches Menschenbild. Der Homo oeconomicus ist ein Modell für die Erklärung menschlichen Verhaltens in Entscheidungssituationen. Er wird beschrieben als individueller, rationaler und egoistischer Nutzenmaximierer.

Das Ultimatumspiel
Methode

Mithilfe psychologischer Experimente hat man in jüngster Zeit versucht, die Grundannahmen des Homo oeconomicus-Modells zu überprüfen. Das Ultimatumspiel und andere Experimente aus der Verhaltensforschung und der experimentellen Psychologie zeigen, dass die Theorie vom Homo oeconomicus das Verhalten der Menschen nicht immer korrekt vorhersagen kann: Bei Verteilungsfragen handeln die Menschen nicht nur eigennützig. Unter bestimmten Bedingungen akzeptieren sie Verteilungen nicht, die sie als ungerecht oder unfair empfinden; und das, obwohl sie streng materiell betrachtet besser gestellt wären als zuvor. Normen wie Fairness, Vertrauen, Solidarität spielen hier eine Rolle: ein Phänomen, das systematisch auftritt und nicht mehr zur Ausnahme erklärt werden kann.

Theorien des Trinkgeldgebens

Eine Kundin im Café beschwert sich über die Abrechung.

Warum geben Leute Trinkgeld? Zum Beispiel Amerikaner in Höhe von jährlich mehr als 15 Milliarden Dollar? Diese Frage treibt Ökonomen schon lange um. Denn die Schwierigkeit, sie zu beantworten, liegt auf der Hand. Nicht nur sind die kulturellen Gebräuche unterschiedlich: In Japan ist es verpönt, in Argentinien und Vietnam soll es sogar verboten sein. Es ist auch nicht ganz einfach, den sozialen Sinn dieser Extrazahlung zu bestimmen. Denn wollte man mit Trinkgeld gute Dienste erwirken, müsste man es vorher in Aussicht stellen. Das jedoch geschieht nur selten. Oder es müsste vor allem in Situationen Trinkgeld gegeben werden, von denen die Geber annehmen, dass sie sich wiederholen. Aber wer fährt schon zweimal mit demselben Taxifahrer, hat es ständig mit demselben Kellner zu tun oder wäre sicher, vom Personal auch wiedererkannt zu werden?

Der Hotelbetriebswirt Michael Lynn von der Cornell-Universität, *der* Trinkgeldforscher überhaupt, hat zwar herausgefunden, dass Stammgäste höhere „Tips" geben. Aber erstens konnte er keinen Zusammenhang zwischen der von den Kunden wahrgenommenen Qualität des Services und der Höhe der Trinkgelder feststellen. Und zweitens: Warum geben Kunden bei einmaligen Begegnungen überhaupt etwas? Was haben beispielsweise Touristen davon, dem Zimmermädchen etwas dazulassen? Umgekehrt gibt Diego Gambetta, Soziologe an der Universität Oxford, in einer gerade publizierten Übersicht zu Motiven des Trinkgeldgebens zu bedenken: Wenn das Personal vermutet, dass der Kunde vielleicht wiederkommt, strengt es sich dann nicht ohnehin an, damit das auch tatsächlich geschieht? Also wäre der rationale Kunde einer, der, anstatt Trinkgeld zu geben, sein eventuelles Wiederkommen andeutet? [...]

Robert Frank, Ökonom in Cornell und Spezialist für Grenzfälle eigennützigen Verhaltens, hat aus diesen Schwierigkeiten, dem Trinkgeld einen instrumentellen Sinn zuzuordnen, den Schluss gezogen, dass es sich gar nicht um Kommunikation mit dem Personal handelt. Sondern um Kommunikation des Gebers mit sich! Durch das Trinkgeld versichere man sich selber, ein Altruist zu sein. Das aber, so Kollege Gambetta aus Oxford, führe zu einer Voraussage, die empirisch überprüft werden müsse. Wenn Trinkgeldgeben einem Selbstgespräch von Egoisten entspringt, die sich beweisen wollen, keine zu sein, dann müssten Gauner, Bankiers und Anwälte mehr Trinkgeld geben als Leute, die karitativ tätig sind - denn letztere wüssten ja ohnehin, dass sie gute Menschen sind.

Schließlich bleibt als Erklärung noch Dankbarkeit: Du hast etwas für mich getan, also tue ich etwas für dich. Und vielleicht gibt es ja sogar so etwas wie einen Genuss des Dankens beim Dankenden. Typischerweise wird Trinkgeld von oben nach unten gegeben. Wer Trinkgeld gibt, kommt dadurch im Umkehrschluss in die Rolle, „oben" zu sein, ganz gleich, ob er tatsächlich wohlhabender als der Barkeeper ist. Historiker des Trinkgeldgebens vermuten sogar, es habe ursprünglich den Neid der Bediensteten auf die Bedienten mildern wollen. Aber womöglich ist auch die Chance, überhaupt für ein paar Sekunden aus der Rolle eines Käufers in die eines Bedienten zu schlüpfen, für den Trinkgeldgeber von Bedeutung.

Jürgen Kaube, Theorien des Trinkgeldgebens, in: Frankfurter Allgemeine Sonntagszeitung vom 12.11.2006, Nr. 45, S. 76

Aufgabe

„Der Egoismus hat das Trinkgeld eingeführt" – so wetterte 1872 der Jurist Rudolf Jhering. Aber für Ökonomen ist es unerklärlich, wozu Egoisten Trinkgeld geben sollten. Schreiben Sie, ausgehend von den Theorien des Trinkgeldgebens, eine kurze Einführung in die Ökonomie, und beziehen Sie dabei Ihre Erkenntnisse aus den im Kapitel vorgestellten Theoriemodellen ein.

2.2 Wirtschaftsordnungen und ihre Auswirkungen für den Einzelnen

2.2.1 Marktwirtschaft – was sind ihre Stärken und Schwächen?

M 1 ● Motive des Wirtschaftens

M 2 ● Vom Wohlstand der Nationen

1995 veröffentlichte [die OECD] ein Buch des Wirtschaftswissenschaftlers Angus Maddison, *Monitoring the World Economy 1820-1992*. Maddison hatte sich mit dem Wirtschaftswachstum seit den Fünfzigern beschäftigt und alle Statistiken und statistischen Schätzungen überprüft. Anhand dieser Zahlen schließt Maddison, dass das Wirtschaftswachstum bis zur Industriellen Revolution eher mager gewesen sein musste. Gemessen in Dollar von 1990 stieg das Bruttosozialprodukt – der Wert aller auf der Erde produzierten Güter – von 565 Dollar pro Kopf im Jahre 1500 auf 651 Dollar pro Kopf im Jahre 1820. Das war ein Vermögenszuwachs von jährlich 27 Cents. Doch nach dem Beginn der Industriellen Revolution geschah etwas Wunderbares. Das Bruttosozialprodukt der gesamten Welt kletterte von 695 Milliarden Dollar im Jahre 1820 auf beinahe 28 Billionen Dollar im Jahre 1992. Unser Planet hatte 1992 dieselbe Menge bebaubares Land wie 1820 und wohl auch dieselben natürlichen Ressourcen. Hinzu kommt, dass die Bevölkerung von etwas über 1 Milliarde auf nahezu 5,5 Milliarden angewachsen ist. Und dennoch stieg das Bruttosozialprodukt pro Kopf von 651 Dollar auf 5.145 Dollar. Das Vermögen wuchs um 26 Dollar pro Kopf pro Jahr, mithin hundertmal schneller als vor dem Industriezeitalter.

Die moderne Wirtschaft funktioniert, und wir wissen, wie wir sie immer noch besser funktionieren lassen können. Die freie Marktwirtschaft ist außerordentlich erfolgreich. Davon kann sich jeder selbst überzeugen, der hinsehen will. Hongkong mit seinen 6,5 Millionen Einwohnern auf knapp 1.100 Quadratkilometern erwirtschaftet ein jährliches Bruttoinlandsprodukt von 163,6 Milliarden Dollar; Tansania mit 29,5 Millionen Menschen auf 945.087 Quadratkilometern bringt es auf gerade mal 18,9 Milliarden Dollar. Selbst eine freie Marktwirtschaft mit beträchtlichen Steuerbelastungen und regulativen Hindernissen ist immer noch besser als eine Marktwirtschaft, die nicht frei ist. Schweden verfügt in etwa über die gleiche bebaubare Fläche wie Kuba, gleich viele natürliche Ressourcen, ein schlechteres Klima und ein paar Millionen weniger Leute. Dennoch ist das Bruttoinlandsprodukt von Schweden mehr als elfmal so hoch wie das Kubas.

P. J. O'Rourke, Das Schwein mit dem Holzbein, Frankfurt/Wien 2002, S. 253 f.

OECD

OECD steht für Organization for Economic Co-operation and Development (Organisation für wirtschaftliche Zusammenarbeit und Entwicklung) und ist eine internationale Organisation mit 94 Mitgliedern (Sitz in Paris). Die OECD hat das vorrangige Ziel, das Wirtschafswachstum in ihren Mitgliedsländern und den Entwicklungsländern zu fördern.

M 3 Märkte organisieren das Wirtschaftsleben GRUNDWISSEN

Der Zusammenbruch des Kommunismus in der Sowjetunion und in Osteuropa war wohl die bedeutendste Veränderung der Welt in den letzten fünfzig Jahren. Kommunistische Länder arbeiteten unter der Prämisse, dass zentrale Planer der Regierung bestens befähigt wären, die Volkswirtschaft zu leiten. Die Planer entschieden, welche Waren und Dienstleistungen produziert wurden, wie viel davon hergestellt wurde und wer diese Güter produzierte und konsumierte. Hinter der Zentralplanung stand eine Theorie, wonach nur die Regierung volkswirtschaftliche Aktivitäten auf eine Art und Weise organisieren konnte, die der sozialen Wohlfahrt des Landes insgesamt dienlich war.

Heutzutage haben die meisten Planwirtschaften das System abgeschafft und den Versuch unternommen, Marktwirtschaften zu werden. In einer Marktwirtschaft werden die Entscheidungen der zentralen Planungsbehörden durch Millionen Einzelentscheidungen von Unternehmungen und Haushalten ersetzt. Unternehmungen entscheiden, welche Leute sie einstellen und was sie produzieren. Haushalte oder Familien entscheiden darüber, wo sie arbeiten und was sie mit ihren Einkommen kaufen wollen. Diese Unternehmungen und Haushalte wirken auf den Märkten zusammen, wobei sie durch Preise und Eigeninteressen bei ihren Entscheidungen geleitet werden.

Auf den ersten Blick ist der Erfolg von Marktwirtschaften rätselhaft. Man hat zunächst den Eindruck, die dezentralen Entscheidungen von Millionen von Haushalten und Unternehmungen würden im Chaos enden. Dies ist jedoch nicht der Fall. Marktwirtschaften haben sich als bemerkenswert erfolgreich bei der Aufgabe erwiesen, Volkswirtschaften zu organisieren und zugleich die soziale Wohlfahrt zu fördern. In seinem 1776 erschienenen Buch „The Wealth of Nations" machte Adam Smith die berühmte und höchst bedeutsame Aussage: Haushalte und Unternehmungen wirken auf Märkten zusammen, als ob sie von einer „unsichtbaren Hand" zu guten Marktergebnissen geführt würden. [...]

Beim Studium der Volkswirtschaftslehre werden Sie begreifen, dass Preise die Instrumente sind, mit denen die unsichtbare Hand die wirtschaftliche Aktivität dirigiert. Die Preise spiegeln beides: den gesellschaftlichen Wert eines Gutes und die sozialen Kosten der Produktion. Weil Unternehmungen und Haushalte bei ihren Kauf- und Verkaufsentscheidungen auf die Preise sehen, berücksichtigen sie bei ihren Entscheidungen unbewusst soziale Nutzen und Kosten ihrer Aktivitäten. Preise führen die individuellen Entscheidungsträger zu Ergebnissen, die in vielen Fällen auch die soziale Wohlfahrt maximieren.

Es gibt eine logische Folgerung aus der Leistungsfähigkeit der unsichtbaren Hand bei der Selbststeuerung der Volkswirtschaft: Wenn die Regierung die Preise daran hindert, sich auf natürliche Weise an Nachfrage und Angebot anzupassen, behindert sie die Koordination der Millionen Einzelentscheidungen von Haushalten und Unternehmungen, die eine Volkswirtschaft ausmachen. Dies erklärt auch die noch viel größeren Schäden, die eine direkte staatliche Preispolitik – etwa bei Pacht und Zins – verursacht. Und es erklärt das Scheitern der kommunistischen Zentralverwaltungswirtschaft. In den kommunistischen Staaten wurden die Preise von oben diktiert. Die Planer konnten gar nicht die Informationen haben, die in freien Marktpreisen stecken. Die Zentralplaner versuchten, die Volkswirtschaft zu betreiben, indem sie eine Hand auf dem Rücken festbanden – die unsichtbare Hand des Marktes.

N. Gregory Mankiw, Grundzüge der Volkswirtschaftslehre, 3. Aufl., Stuttgart 2004, S. 10-12

Aktuelle Planwirtschaften

Die allermeisten Staaten der Welt haben mittlerweile die Marktwirtschaft als Wirtschaftssystem etabliert. Einzig Nordkorea und zum Teil noch Kuba halten an dem System der Planwirtschaft (Fachbegriff: Zentralverwaltungswirtschaft) fest. (→ S. 54)

M 4 ● Grenzen der freien Marktwirtschaft

http://www.campusprogress.org/comics/2341/the-invisible-hand, 28.12.2008

M 5 ● „Der Glaube an die unsichtbare Hand des Marktes ist vorbei"

Ein Gespräch mit dem Wirtschaftsethiker Prof. Peter Ulrich von der Universität St. Gallen über die Grenzen des freien Marktes.

Die Finanzkrise ist für viele Menschen unverständlich: Wie können sich schlechte amerikanische Hypotheken zu einer globalen Katastrophe auswachsen?

Peter Ulrich: Der tragende Boden, der die Finanzkrise möglich gemacht hat, ist das, was journalistisch gerne als Neoliberalismus umschrieben wird. Der Kerngedanke dieser Doktrin lautete immer schon: „Macht keine Geschichten, der Markt wird es schon richten." Also der merkwürdig vormodern anmutende Glaube, es gebe da einen anonymen, hinter unserem Rücken wirkenden Mechanismus, der wunderbarerweise dafür sorgt, dass alles gut werde, wenn jeder nur an sich selbst denkt. Bei dieser Finanzkrise haben sich die Deregulierung in Verbindung mit Maßlosigkeit gegenseitig hochgeschaukelt.

Die Ideologie des freien Marktes wird aber schon seit den Zeiten von Margaret Thatcher und Ronald Reagan propagiert.

Zwei Jahrzehnte lang ist uns ein Geist gepredigt worden, der uns angeblich von jeder Zumutung der moralischen Selbstbeschränkung entlastet hat. Man hat von Freiheit und freiem Markt gesprochen, hat aber die Kehrseite dieser Münze missachtet. Die Kehrseite von Freiheit heißt eben immer auch Verantwortung. [...] Die Deregulierung, auf die man ordnungspolitisch gesetzt hat, würde Eigenverantwortung aller Wirtschaftsakteure voraussetzen, diese fehlte jedoch. Die Deregulierung hat das Gewinndenken buchstäblich entfesselt. Es gab die Hoffnung auf mehr Leistung, je stärker die Gewinnanreize sind. Als Folge werde sich die Produktivität automatisch steigern, und dies sei für alle gut. In den Unternehmen wurden rein auf Geld basierende Anreizsysteme eingeführt, als ob Führungskräfte primär monetär motivierbar seien. Immer höhere variable Lohnbestandteile wurden eingeführt. Bei den „leistungsabhängigen" Boni zählte nur der Erfolg am Markt [...]. Es wurde auf rein kurzfristige Performance-Erfolge an der Börse abgestellt. Die langfristige Erfolgssicherung blieb außen vor. Das sind natürlich Fehlanreize. [...] Manager sind angestellte Führungskräfte, die sich unter den genannten Fehlanreizen offenkundig mehr mit ihrem eigenen Vorteil als mit dem Unternehmen als Ganzes identifizieren. [...] Tatsächlich haben die Beteiligten kein Unrechtsbewusstsein. [...] Wer sich erlaubt hat nachzufragen, ob diese Verteilung des Wohlstandsgewinns gerecht sei, der wurde postwendend des Neids bezichtigt. Diese Neiddebatte hatte aber nur den Zweck, eine Gerechtigkeitsdebatte zu verhindern. Dabei ist die Frage nach der Gerechtigkeit ausgewiesen. Nur einem kleinen Teil der Bevölkerung fließen die Gewinne zu. Der Rest, die überwiegende Mehrheit, hat vom steigenden Gesamtkuchen nichts bekommen. Dies, obwohl die meisten Leute heute länger und intensiver arbeiten als vor 20 Jahren. Alle zahlen zwar den Preis des Wirtschaftswachstums, aber nur noch wenige sind am Nutzen beteiligt.

Allzu große Unterschiede bei den Einkommen können eine Gesellschaft gefährden. Wie schätzen Sie die Risiken durch die wachsende Ungerechtigkeit ein?
Wir haben ein Verteilungsproblem. Die Schere von Einkommen und Vermögen öffnet sich ständig. Dies stellt die Legitimität unserer Wirtschaftsordnung über kurz oder lang ernsthaft in Frage. In der Nachkriegszeit bis etwa 1973 fiel beim allgemeinen Aufschwung für alle etwas ab, sei es durch höhere Löhne, Verkürzung der Arbeitszeit oder durch billigere Industrieprodukte. Jeder fühlte sich am Nutzen des Wachstums beteiligt. Die reale Marktwirtschaft war trotz ihrer kapitalistischen Grundstruktur akzeptiert. [...] Die Finanzkrise von 2008 hat die Wahrnehmung der breiten Bevölkerung irreversibel verändert. Der Glaube an die unsichtbare Hand des Marktes ist vorbei. [...] Die Leute haben im Gegenteil wieder ein klareres Bewusstsein für das, was im Fachjargon „Primat der Politik" heißt. Es geht nicht einfach um mehr Staat und weniger Markt, sondern es geht um die Einsicht, dass eine gut funktionierende Marktwirtschaft ein Rechtszustand und kein Naturzustand, also nicht der reine Dschungel ist.

Also braucht es neue Regulierungen?
Ein ungeordneter Markt tendiert zur Vermachtung. Das sah übrigens schon der Begründer der liberalen Ökonomie so, Adam Smith. Man darf die marktwirtschaftliche Rahmenordnung nicht den Lobbyisten überlassen, denn diese machen Interessenpolitik. Beispielsweise kämpfen unsere beiden führenden Branchen Pharma und Finanz erfolgreich für einen staatlichen Protektionismus und nicht für den freien Wettbewerb. Fetteste Gewinne werden teilweise mittels Wettbewerbsverhinderung eingeheimst. Daher muss das öffentliche Wohl und dürfen nicht Partikularinteressen unsere Wirtschaftsordnung dominieren.

Aus: context 11/2008, S. 12 ff. Das Interview führte Ralph Hug, in: http://www.kvschweiz.ch/Context/Archiv/2008/context_11_08/Monatsinterview_Ulrich_11_08, Abruf am 19.4.2011

Deregulierung

Maßnahmen zur Verringerung staatlicher Eingriffe (Regulierung) in das Marktgeschehen. Der Staat soll sich durch die Zurücknahme von Reglementierungen auf die Schaffung von Rahmenbedingungen für die marktwirtschaftliche Selbststeuerung beschränken. Maßnahmen der Deregulierung sind z. B. der Abbau staatlicher Auflagen, Genehmigungen oder die Auflösung von Monopolen und die Privatisierung öffentlicher Unternehmen.

Duden, Wirtschaft von A bis Z, Bonn 2009

Aufgaben

1. Für wie wahrscheinlich halten Sie die Eröffnung einer Bäckerei aus dem Motiv der Nächstenliebe? Beurteilen Sie die Aussagen des Karikaturisten. (M 1)
2. Begründen Sie, warum die freie Marktwirtschaft als überlegen gilt. (M 2, M 3)
3. Formulieren Sie auch auf der Basis von M 4 und M 5 eine Gegenposition.

2.2.2 Planwirtschaft – wie funktioniert sie, wo sind ihre Grenzen?

M 6 Ein Gedankenspiel

Einmal angenommen, die Bundesrepublik Deutschland würde eine zentrale volkswirtschaftliche Planung einführen und Sie wären die Chefplaner. Unter den Millionen von Entscheidungen für das nächste Jahr müssen auch die getroffen werden, wie viele Sportschuhe hergestellt werden sollen, wer die Sportschuhe produzieren und wer die Sportschuhe bekommen soll.
Bilden Sie Gruppen und stellen Sie zusammen, welche Informationen Sie für Ihre Produktionsentscheidung aus der Sportschuh-Industrie einerseits und von jedem potenziellen Sportschuh-Konsumenten andererseits benötigen würden. (Bedenken Sie dabei auch, wie Ihre Entscheidungen über die Produktion von Sportschuhen möglicherweise andere Entscheidungen beeinflussen würden, z. B. über die Produktion von Sportbekleidung.)

Joseph A. Schumpeter
(1883–1950), österreichischer Wirtschaftswissenschaftler, untersuchte als Vertreter der Marktwirtschaft die (zerstörerische) Dynamik kapitalistischer Systeme.

M 7 Joseph A. Schumpeter: ein Modell der Zentralverwaltungswirtschaft GRUNDWISSEN

Mit sozialistischer Gesellschaft wollen wir ein institutionelles System bezeichnen, in dem die Kontrolle über die Produktionsmittel und über die Produktion selbst einer Zentralbehörde zusteht – oder wie wir auch sagen können, in dem grundsätzlich die wirtschaftlichen Belange der Gesellschaft in die öffentliche und nicht in die private Sphäre gehören. […] Die Verteilung […] ist, wenigstens logisch, vollständig getrennt von der Produktion. […] [Das Gemeinwesen] kann die Wünsche der einzelnen Genossen erforschen oder es kann beschließen, ihnen das zu geben, was die eine oder andere Behörde als das Beste für sie erachtet; das Schlagwort „jedem nach seinen Bedürfnissen" kann beide Bedeutungen haben. Aber irgendeine Regel muss aufgestellt werden. […]
Nehmen wir an, dass die ethische Überzeugung unseres sozialistischen Gemeinwesens zutiefst egalitär [= gleichheitsorientiert] ist, doch zu gleicher Zeit vorschreibt, es stehe den Genossen frei, unter allen Konsumgütern, die das Ministerium [= Zentralbehörde] zu produzieren fähig und willens ist, nach Belieben zu wählen, so kann die Gemeinschaft selbstverständlich die Produktion gewisser Waren, zum Beispiel alkoholischer Getränke, verweigern. Wir wollen des Weiteren annehmen, dass dem in diesem Fall geltenden Gleichheitsideal dadurch Genüge geschieht, dass jeder Person […] ein Gutschein ausgehändigt

Info

Ideal- und Realtypen

Als „Typus" bezeichnet man in der Theorie der Sozialwissenschaften ein von der Realität abstrahierendes Konstrukt. Ziel ist es, reale Phänomene (z. B. bestehende Wirtschaftsordnungen) miteinander vergleichbar zu machen bzw. sie Typen zuordnen zu können. Der deutsche Soziologe Max Weber (1864–1920) schöpfte den Terminus „Idealtypus". Er wird gewonnen, indem man eine „einseitige Steigerung eines oder einiger Gesichtspunkte" (Weber) vorweg gedanklich vornehme. Der vor der Wirklichkeitsanalyse gewonnene Idealtypus reduziert also auf ein oder ganz wenige Merkmale. Idealtypen helfen (soziale) Phänomene zu erklären, indem man sie mit der Realität abgleicht. So entwickelte Weber in der Theorie z. B. drei modellhafte Idealtypen von Herrschaft („legale", „traditionale" und „charismatische"), die bzw. deren Mischformen er in der Wirklichkeit nachzuweisen versuchte. Ein sogenannter „Realtypus" kommt zustande, indem man tatsächlich vorhandene Phänomene auf Merkmalsähnlichkeiten „abklopft". Ein Realtypus soll so viele Ähnlichkeiten wie möglich umfassen und ist daher näher an der Wirklichkeit als der Idealtypus. So sind z. B. die Beschreibungen „plebiszitär", „parlamentarisch" und „präsidentiell" für freiheitlich-demokratische Regierungssysteme Realtypen, die aus dem Vergleich existierender oder historischer Staatsordnungen gewonnen wurden.

Kersten Ringe, in: Politischer Entscheidungsprozess und Soziale Marktwirtschaft, Bamberg 2010, S. 163 wird, der ihren Anspruch auf eine gewisse Menge von Konsumgütern darstellt, – diese Menge wäre gleich dem in der laufenden Rechnungsperiode zur Verfügung stehenden Sozialprodukt, geteilt durch die Zahl der Berechtigten –; und dass alle Gutscheine im Ende dieser Periode ihre Gültigkeit verlören. Man kann sich diese Gutscheine vorstellen als Ansprüche auf den x-ten Teil aller Nahrungsmittel, Kleider, Haushaltungsgegenstände, Häuser, Autos, Filmvorführungen usw., die während der in Betracht stehenden Periode für den Konsum [...] produziert wurden oder werden.

Joseph A. Schumpeter, Kapitalismus, Sozialismus und Demokratie, 8. Aufl., Tübingen/Basel 2005, S. 268 f., 278 f., 297 f. (Rechtschreibung angepasst)

Wirtschaftsordnungen im Vergleich – Zentralverwaltungswirtschaft (Planwirtschaft) versus Marktwirtschaft

In der Planwirtschaft gibt es keinen freien Wettbewerb. Der Staat legt fest, was, wann, wie und von wem produziert werden muss, und sorgt für die Verteilung der Güter. So soll eine große Gleichheit der Bürger erreicht werden.
In der Marktwirtschaft hingegen hat der Staat lediglich die Aufgabe, für die innere und äußere Sicherheit zu sorgen. Der Staat greift so wenig wie möglich in das Marktgeschehen ein.

M 8 ● Funktionsmechanismen der Zentralverwaltungswirtschaft

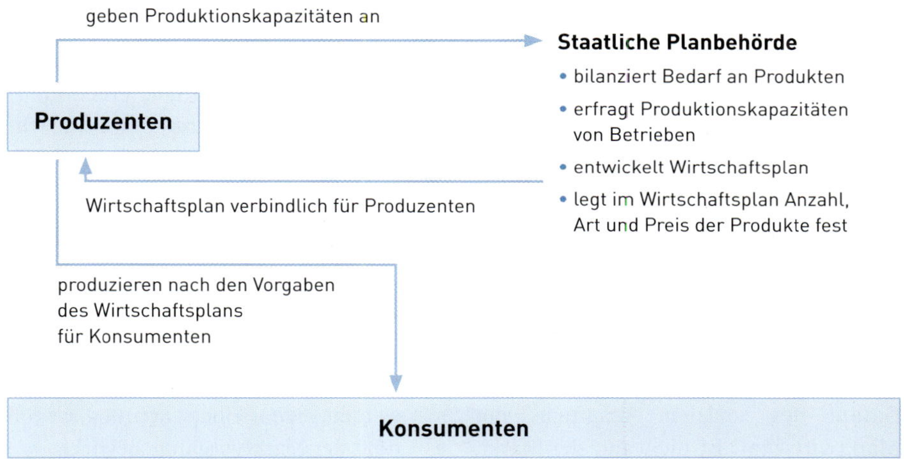

Rahmenbedingungen
- kein Privateigentum an den Produktionsmitteln
- Betriebe sind Volkseigentum und werden im Auftrag aller vom Staat verwaltet
- Existenz von Betrieben und Arbeitsplätzen grundsätzlich gesichert
- keine marktwirtschaftliche Konkurrenz zwischen Wirtschaftseinheiten

Christian Fischer, Planspiel Planwirtschaft, in: Gesellschaft – Wirtschaft – Politik 57 (Heft 1) 2008, S. 143

Aufgaben

1. Erläutern Sie für das gleiche Marktsegment wie in M 6, wie die Problemlösung auf einem Wettbewerbsmarkt funktioniert. (M 3)
2. Vergleichen Sie die Modelle „freie Marktwirtschaft“ (M 2, M 3) und „Zentralverwaltungswirtschaft“ (M 7, M 8) anhand der Bausteine bzw. Elemente von Wirtschaftsordnungen sowie der zugrunde liegenden Menschenbilder und ihrer realen Grenzen. Vorschlag: Stellen Sie die Aspekte der Wirtschaftsordnungen tabellarisch einander gegenüber. Spalten: freie Marktwirtschaft, Zentralverwaltungswirtschaft; Zeilen: Menschenbild, Lenkung der Wirtschaft, Ausgangspunkt wirtschaftlicher Initiative, Preisbildung, Eigentumsverfassung, Prinzip(ien) der Verteilung, Ermittlung der Lohnhöhe, Grenzen des Systems.

2.2.3 Welches sind die Grundzüge der Sozialen Marktwirtschaft?

Alfred Müller-Armack

Der deutsche Ökonom (1901–1978) prägte den Begriff der „Sozialen Marktwirtschaft" und unterstützte Ludwig Erhard u. a. als Staatssekretär im Wirtschaftsressort dabei, das Konzept nach dem Krieg politisch umzusetzen.

M 9 ● Alfred Müller-Armack: Leitbild der Sozialen Marktwirtschaft

1. Die Soziale Marktwirtschaft basiert auf den Funktionen eines beweglichen und sich dynamisch entwickelnden Marktes.
2. Die Soziale Marktwirtschaft ist angetreten mit dem Anspruch, durch den marktwirtschaftlichen Prozess nicht nur die Gütererzeugung anzuheben, den Bereich persönlicher freier Gestaltungsmöglichkeiten für die Einzelnen zu erweitern, sondern auch soziale Fortschritte zu bringen.
3. Die Soziale Marktwirtschaft fordert keinen schwachen Staat, sondern sieht in einem starken demokratischen Staat die Voraussetzungen für das Funktionieren dieser Ordnung. Der Staat hat nicht nur der Sicherung der Privatrechtsordnung zu dienen, er [hat] [...] sich für die Erhaltung eines echten Wettbewerbs [...] einzusetzen. Die vom Staat zu sichernde Wettbewerbsordnung wehrt zugleich Machteinflüsse auf dem Markt ab.
4. Garant des sozialen Anspruchs der Marktwirtschaft ist nicht nur der Markt, dessen wirtschaftliche Leistungen sehr oft schon sozialen Fortschritt bedeuten. Der Staat hat vielmehr die unbestrittene Aufgabe, über den Staatshaushalt und die öffentlichen Versicherungen die aus dem Markt resultierenden Einkommensströme umzuleiten und soziale Leistungen, wie Kindergeld, Mietbeihilfen, Renten, Pensionen, Sozialsubventionen und so weiter, zu ermöglichen. Das alles gehört zum Wesen dieser Ordnung, und es wäre eine Farce [hier: Unsinn], nur den unbeeinflussten Marktprozess zu sehen, ohne seine vielfältige Einbettung in unsere staatliche Ordnung zu beachten. Das bedeutet keineswegs ein Hinüberwechseln aus dem Markt in den staatlichen Bereich, sofern man sich dabei bewusst ist, dass die Mittel, die der Staat transformiert [hier: umleitet], von der wirtschaftlichen Leistung des Marktes abhängig bleiben und marktkonform sein müssen. Es muss die Grenze eingehalten werden, deren Überschreitung eine Störung der Marktvorgänge bewirkt.
5. Neben den engeren Aufgaben der Wettbewerbssicherung und den weiteren Aufgaben des sozialen Schutzes, steht der Staat seit je und heute bewusster als früher vor Aufgaben der Gesellschaftspolitik, um die [...] Lebensumstände für alle zu verbessern. [...] Ich nenne Erweiterung der Vermögensbildung, Verbesserungen der Investitionen im Bereich des Verkehrs, des Gesundheitswesens, Aufwendungen für Bildung und Forschung, Schutz gegen die wachsende Verschlechterung vieler Umweltbedingungen, Städtebauförderung.
6. Die Ordnung der Sozialen Marktwirtschaft schließt also alle Ziele, die wir auch für eine weitere Zukunft ins Auge zu fassen haben, ein. Sie bleibt insofern Marktwirtschaft, als sie darauf besteht, dass das durch freie Betätigung aller Gruppen gesicherte Privateigentum, eine gesicherte Rechtsordnung und stetes

Info

Prinzipien Sozialer Marktwirtschaft

Die Konzeption Sozialer Marktwirtschaft basiert auf drei zentralen Prinzipien:
(1) Nach dem **Wettbewerbsprinzip** muss der Staat dafür Sorge tragen, dass in allen Branchen und Sektoren möglichst (große) Konkurrenz herrscht. Monopole und Oligopole sind zu verhindern. In Deutschland übernehmen das Bundeskartellamt und der Bundeswirtschaftsminister diese Aufgabe.
(2) Das **Prinzip der Marktkonformität** besagt, dass kein (wirtschafts)politischer Eingriff des Staates die Preisbildung aus Angebot und Nachfrage stören darf (z. B. dürfen Vermietern keine festen Quadratmeterpreise vorgeschrieben werden).
(3) Allerdings bleibt es nach dem **Sozialstaatsprinzip** möglich, aus sozialen Gründen Mitglieder der Gesellschaft zu unterstützen, sodass sie (durch Konsum) am Markt teilnehmen können (z. B. Finanzierung der Wohnungsmiete). Wie stark das Sozialstaatsprinzip gewichtet wird, ist von der jeweiligen Konstellation in den politischen Entscheidungsgremien und der gesellschaftlichen Situation abhängig.

Kersten Ringe, in: Politischer Entscheidungsprozess und soziale Marktwirtschaft, Bamberg 2010, S. 167

Wirtschaftswachstum auch [...] in der Zukunft die besten Grundlagen bieten, um die Fülle der vor uns stehenden Aufgaben im staatlichen und privaten Bereich zu fördern. [...] Die Soziale Marktwirtschaft ist ein Stil, der ein festes Formprinzip mit der Fülle der Gestaltungsmöglichkeiten im Einzelnen verbindet.

Alfred Müller-Armack, Unser Jahrhundert der Ordnungsexperimente, in: Genealogie der sozialen Marktwirtschaft. Frühschriften und weiterführende Konzepte, 2. Aufl., Bern/Stuttgart 1981, S. 150

M 10 ● Was sind die Aufgaben des Staates in der Sozialen Marktwirtschaft? GRUNDWISSEN

In [der Sozialen Marktwirtschaft] kommt dem Staat die Aufgabe zu, die sozial unerwünschten Auswirkungen der Marktwirtschaft zu verhindern oder wenigstens abzumildern. „Sozial" steht für soziale Gerechtigkeit und Sicherheit, „Marktwirtschaft" steht für wirtschaftliche Freiheit. Wirtschaftliche Freiheit bedeutet, dass Verbraucher frei entscheiden können, welche Güter sie kaufen (Konsumfreiheit).

Der Eigentümer an Produktionsmitteln kann frei wählen, ob er seine Arbeitskraft, Sachgüter oder unternehmerischen Fähigkeiten zur Verfügung stellt (Gewerbefreiheit, Berufsfreiheit und Freiheit der Eigentumsnutzung).

Unternehmer haben die Freiheit, Güter nach ihrer Wahl zu produzieren und abzusetzen. Käufer und Verkäufer von Gütern oder Dienstleistungen besitzen die Freiheit, sich neben anderen um das gleiche Ziel zu bemühen (Wettbewerbsfreiheit). [...]

Der Wirtschaftspolitik kommt z. B. die Aufgabe zu, die negativen Folgen von Konjunkturschwankungen (Arbeitslosigkeit, Inflation) zu dämpfen. Die Einkommens- und Vermögensverteilung soll v. a. im Interesse der nicht am Wirtschaftsprozess beteiligten Gruppen staatlich korrigiert werden; es findet eine Umverteilung (Distribution) statt. [...] Der Staat übernimmt Aufgaben, die über den Markt nicht oder nur sehr eingeschränkt angeboten werden können (Marktversagen), wie etwa struktur- und bildungspolitische Aufgaben. [...]

Die Soziale Marktwirtschaft hält grundsätzlich am Ideengut des Individualprinzips fest. Die Handlungsfreiheit des Einzelnen sollte allerdings dort aufhören, wo fundamentale Rechte und Lebensinteressen anderer eingeschränkt werden. Das Grundziel dieser Wirtschaftsordnung heißt entsprechend: „So viel Freiheit wie möglich, so viel staatlicher Zwang wie notwendig." Die Aufgabe der Sozialen Marktwirtschaft ist es, auf Grundlage der Marktwirtschaft das Prinzip der Freiheit mit dem des sozialen Ausgleichs und der sozialen Gerechtigkeit zu verknüpfen. Damit liegt die Wirtschaftsordnung der Sozialen Marktwirtschaft zwischen den beiden Extremen der auf dem Individualprinzip aufgebauten Marktwirtschaft und der auf dem Kollektivprinzip aufgebauten Planwirtschaft.

Bundeszentrale für politische Bildung, Wirtschaft heute, 4. Aufl., Bonn 2003, S. 30

Aufgaben

1. Arbeiten Sie die wesentlichen Ziele und Prinzipien des Konzepts der Sozialen Marktwirtschaft nach Alfred Müller-Armack heraus. (M 9, M 10)
2. „Die Wirtschaftsordnung der Bundesrepublik ist laut Grundgesetz die Soziale Marktwirtschaft!" Überprüfen Sie diese These am Grundgesetz für die Bundesrepublik Deutschland.
3. Vielfach wird die Soziale Marktwirtschaft als „dritter Weg" zwischen freier Marktwirtschaft und Zentralverwaltungswirtschaft bezeichnet. Beurteilen Sie diese Einordnung.

2.2.4 Was ist das Soziale in der Sozialen Marktwirtschaft?

Art. 1,1 GG

Die Würde des Menschen ist unantastbar. Sie zu achten und zu schützen ist Verpflichtung aller staatlichen Gewalt.

Art. 20,1 GG

Die Bundesrepublik Deutschland ist ein demokratischer und sozialer Bundesstaat.

M 11 ● Das Sozialstaatsgebot im Grundgesetz GRUNDWISSEN

a) Das […] Sozialstaatsgebot ist […] inhaltlich unbestimmt – legt also nicht fest, welche sozialpolitischen Leistungen in welcher Höhe und Reichweite erforderlich sind –, aber das Bundesverfassungsgericht hat das Sozialstaatsprinzip in seiner Rechtsprechung mehrfach als Verpflichtung des Staates interpretiert, für einen Ausgleich der sozialen Gegensätze und für eine gerechte Sozialordnung zu sorgen sowie die Existenzgrundlagen der […] Bürger zu sichern und zu fördern. Demokratie und Sozialstaat bedingen demnach einander: Denn die gleichberechtigte gesellschaftliche und politische Teilhabe aller […] Bürger ist nur dann gewährleistet, wenn die formal verbürgten Freiheitsrechte auch materiell und sozial fundiert sind. […]

Gerhard Bäcker u. a., Sozialpolitik und soziale Lage – Bd. 1, 4. Aufl., Wiesbaden 2008, S. 71-74

b) Mit der Entscheidung für den Sozialstaat wird die immer wieder gestellte Forderung nach sozialer Gerechtigkeit zu einem leitenden Prinzip aller staatlichen Maßnahmen erhoben. Die Sozialstaatlichkeit bezeichnet den Inbegriff aller Pflichten des Staates, die Achtung der Menschenwürde (Art. 1,1) und das damit unlösbar verbundene Rechtsstaatsprinzip speziell im sozialen Bereich zu verwirklichen. […] Aus dem Sozialstaatsprinzip ergibt sich in Verbindung mit dem Grundrecht der Würde des Menschen ein Anspruch des Einzelnen gegen den Staat, für ihn im Falle seiner – verschuldeten oder unverschuldeten – Bedürftigkeit so zu sorgen, dass sein Existenzminimum gesichert ist („Fürsorgeanspruch"). Der Bundesgesetzgeber hat dementsprechend ein Gesetz erlassen, das

Aus: Unterricht Wirtschaft + Politik 2/2011, S. 10

die Einzelheiten der Sozialhilfe regelt. Der Staat ist verpflichtet, im weiten Bereich der sog. „Daseinsvorsorge“ (z.B. Versorgung mit Gas, Wasser, Strom; Bereitstellung öffentlicher Verkehrsmittel; Gesundheitsvorsorge, Schulwesen, Arbeitsvermittlung) Leistungen zugunsten des Einzelnen zu erbringen. Er [...] kann dafür eine zumutbare Gegenleistung in Geld fordern. [...]
Die Zwangsversicherung bestimmter Gruppen ist ebenfalls Ausfluss des Sozialstaatsprinzips. Die Vorsorge für Krankheit, Alter, Unfall usw. rechtfertigt die zwangsweise Versicherung des Einzelnen, wenn dieser entweder nur teilweise eigene Leistungen dafür einbringt oder sonst mit hoher Wahrscheinlichkeit für den Staat eine derart hohe Belastung einträte, dass er seinen sozialen Verpflichtungen nur noch im beschränkten Umfang nachkommen könnte.

Dieter Hesselberger, Das Grundgesetz. Kommentar für die politische Bildung, 13. Aufl., Bonn 2003, S. 184

M 12 ● Das Soziale an der Sozialen Marktwirtschaft GRUNDWISSEN

Das so suggestive Eigenschaftswort „sozial“ im Begriff „Soziale Marktwirtschaft“ bezweckt [...] zweierlei. Es betont einerseits, dass ein Markt, der offen ist für den Wettbewerb, der Wohlstand entstehen lässt und der dynamisch wächst, an sich schon für jedermann nützlich ist. In einem solchen Markt geht es allen besser. Alle bekommen eine Chance. Die Verteilung der Einkommen folgt dann dem Kriterium der Leistungsgerechtigkeit. Andererseits erlaubt das Konzept der Sozialen Marktwirtschaft aber konkrete Staatseingriffe in den Markt, auch dies im Interesse der Gerechtigkeit. Hier kommt der Aspekt der sozialen Gerechtigkeit ins Spiel.
Man kann sich die Rolle des Staates so vorstellen wie eine Versicherung auf Gegenseitigkeit, die alle Bürger miteinander abschließen für den Fall, dass es ihnen einmal schlecht gehen sollte. Eine solche Versicherung macht das System insgesamt kraftvoller, denn jeder traut sich mit einem solchen Sicherheitsnetz mehr zu. Deshalb gibt es eine Arbeitslosen-, Gesundheits- und Rentenversicherung für jedermann. Wer seinen Arbeitsplatz verliert, wer krank wird oder wer zu alt ist, um noch zu arbeiten, soll in der Sozialen Marktwirtschaft nicht ins Bodenlose fallen. Außerdem verteilt der Staat in dieser Rolle auch Einkommen um, das heißt, er nimmt den wohlhabenden Bürgern Geld weg und gibt es den ärmeren. Vollständige Sicherheit kann es zwar nicht geben, im Leben generell nicht und auch in der Wirtschaft nicht. [...] Doch auch wenn nicht alles voraussehbar ist, ist es einer Gemeinschaft doch möglich, immerhin für so viel Sicherheit zu sorgen, dass ein Bürger nicht gleich mit der Zerstörung seiner wirtschaftlichen Grundlagen rechnen muss, wenn ihm einmal beruflich etwas misslingt. Zu viel Sicherheit macht vielleicht träge, zu wenig Sicherheit jedoch lähmt vollends. Hier setzt die Soziale Marktwirtschaft an. Ein soziales Netz, das alle Bürger gemeinsam füreinander aufspannen, ist für die Gemeinschaft nicht nur moralisch wertvoll, sondern auch wirtschaftlich lohnend. Denn es macht alle Beteiligten mutiger, unternehmerischer und engagierter. [...] Es ist psychologisch erwiesen, dass viele Leute tatsächlich erst dann etwas wagen, wenn sie wissen, dass sie nicht ins Bodenlose fallen, wenn die Sache schiefgeht. Sich hierfür gemeinsam maßvoll abzusichern, ist ein sinnvolle Sache.

Karen Ilse Horn, Die Soziale Marktwirtschaft, Frankfurt/M. 2010, S. 105

M 13 ● Krise des Wohlfahrtsstaats?

Die Veränderung der sozialen Wirklichkeit, die die Krise des Wohlfahrtsstaats und die Debatten über dessen Reform ausgelöst hat, besteht in folgenden Punkten:

1) Die **demografische Herausforderung** lässt den Generationenvertrag bei Rente und Pflege brüchig werden; das Verhältnis zwischen beitrags- und steuerzahlenden Erwerbspersonen und Rentnern gerät aus dem Gleichgewicht. Zugleich entstehen wegen der unterschiedlichen Belastungen bzw. Leistungen neue politische Konfliktzonen zwischen Jungen und Alten sowie zwischen familialen und nichtfamilialen Lebensformen, die wiederum zu neuem Handlungsbedarf für die Sozialpolitik führen.

2) Die **soziale Herausforderung** beruht auf der drastischen Veränderung der Familienstrukturen und kleinräumigen Gemeinschaften, was durch Stichworte wie Pluralisierung und Individualisierung der Lebenslagen plastisch dargestellt wird. [...] Zum einen nehmen die Leistungen der informellen Wohlfahrtsproduktion in Familie und Nachbarschaft massiv ab, zum anderen sind nicht mehr länger „großflächige" staatliche Maßnahmen, die sich auf Kollektive mit ähnlichen sozialen Problemen richten, gefragt.

3) Die **kulturelle Herausforderung** bezieht sich auf die normativen Fundamente des Wohlfahrtsstaats, besonders die Fragen der Solidarität, der Gerechtigkeit und des Gemeinsinns. Hier zeigen sich erhebliche Erosionstendenzen und eine Zunahme der Konfliktbereitschaft sowie eine Tendenz zum „moral hazard". Der Homo oeconomicus nimmt lieber, als er gibt.

4) [Die **ökonomische Herausforderung**]: Bei geringem Wirtschaftswachstum und hoher Arbeitslosigkeit sowie erheblicher Staatsverschuldung verstärkt sich die Schieflage in den Sozialversicherungen. Die Tendenz in konservativen Wohlfahrtsstaaten, [...] angesichts der ökonomischen Schwierigkeiten das Angebot an Arbeitskräften durch Frühverrentung und den massiven Ausschluss von Frauen aus dem Arbeitsmarkt zu reduzieren, kann in dieser Situation nicht länger weiter finanziert werden. Auch vor dem Hintergrund der demografischen Entwicklung, die zu einer Knappheit an Arbeitskräften [...] führt, [...] erscheint diese Strategie „in the long run" wenig sinnvoll.

5) Die gestiegene **Globalisierung** der Güter- und Finanzmärkte erzeugt einen „Fallen"-Effekt, wonach die Konsumentennachfrage wie die Investitionsmöglichkeiten von Kapital weltweit streuen. Einerseits kommt es dadurch in Deutschland zu ökonomischen Verwerfungen wie Arbeitslosigkeit und Wachstumsschwäche, andererseits reduziert sich unter den Bedingungen

M 14 ● Sozialausgaben in Deutschland – Finanzierungsanteile im Zeitverlauf

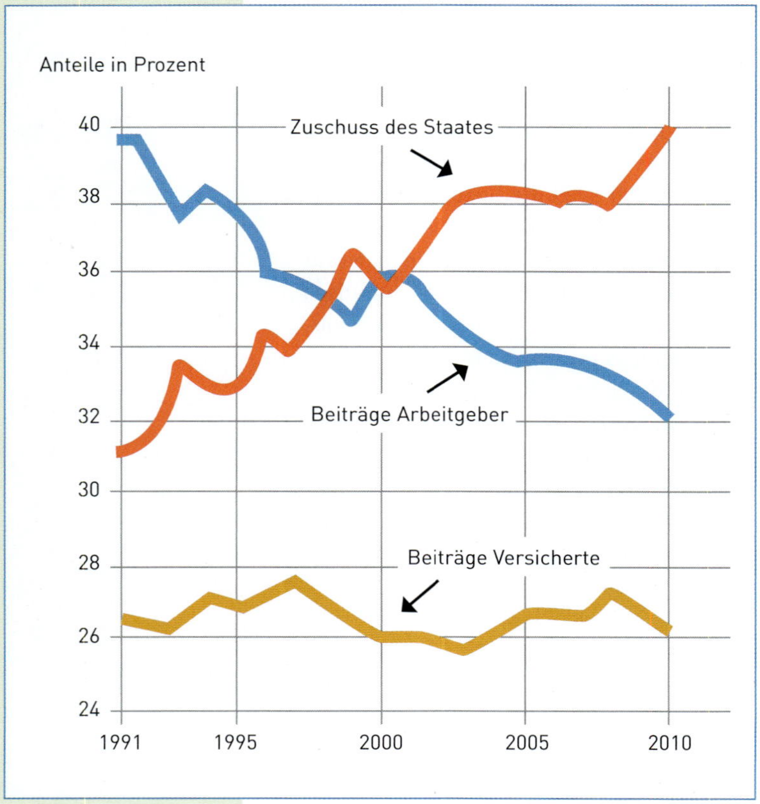

Daten: Bundesministerium für Arbeit und Soziales (Hrsg.), Sozialbericht 2009

der Globalisierung die Möglichkeit zur politischen Steuerung und Bewältigung der nationalen ökonomischen Probleme. [...]

6) Ferner kommen als Besonderheit in Deutschland die **Folgelasten der Einheit** hinzu. Insgesamt, so zeigen neuere Daten des Instituts für Wirtschaftsforschung Halle (IWH), sind von 1991 bis 2003 etwa 1,3 Billionen Euro nach Ostdeutschland geflossen, wobei die Nettotransfers bei rund 900 Mrd. Euro liegen [...]. Dies ist eine immense Herausforderung für Wirtschaft und Wohlfahrtsstaat – und eine Besonderheit, die den deutschen Fall im internationalen Vergleich abhebt.

Josef Schmid u. a., Wirtschaftspolitik für Politologen, Paderborn 2006, S. 224 ff.

M 15 ● Ausbau des Sozialstaats GRUNDWISSEN

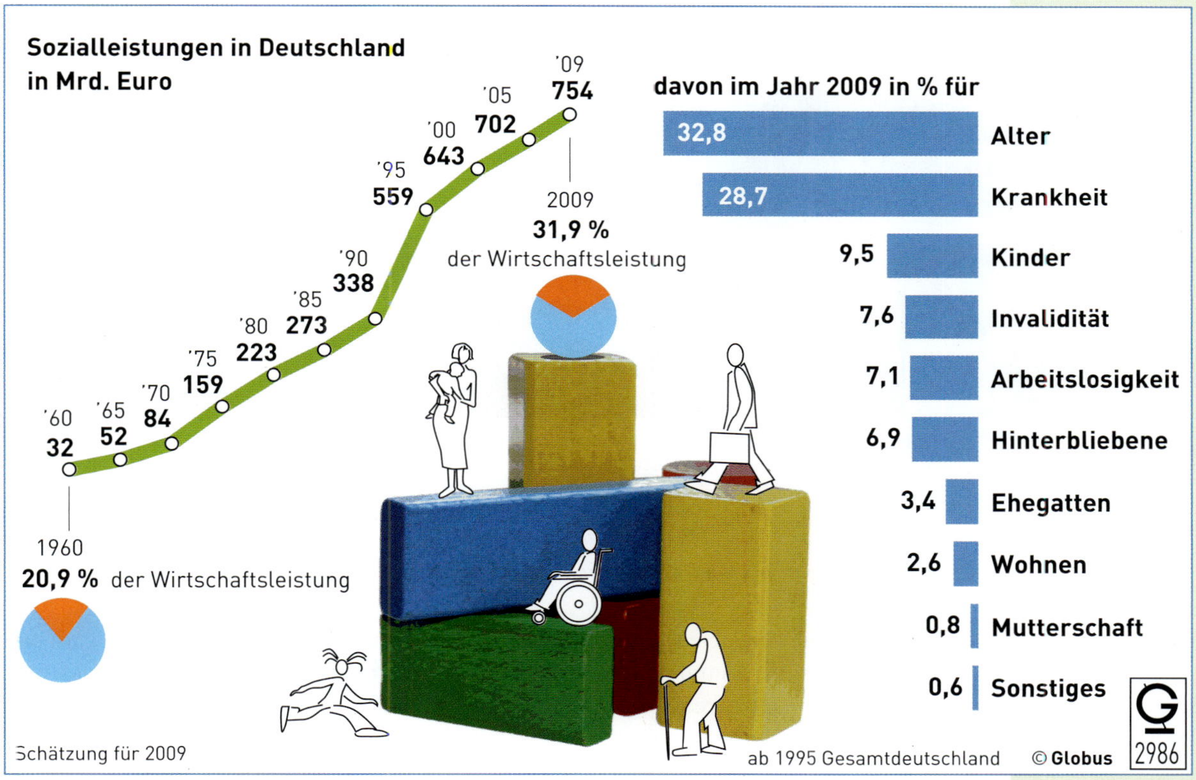

Quelle: BMAS

Aufgaben

1. Beschreiben Sie Ziele und Maßnahmen staatlicher Sozialpolitik. (M 10–M 12)
2. Fassen Sie zusammen, vor welchen Problemen und Konflikten die Sozialsysteme in Deutschland stehen. (M 13)
3. Analysieren Sie die Entwicklungsverläufe der Finanzierungsanteile der Sozialausgaben. (M 14, M 15)
4. Die Sozialleistungen des Staates werden durch Abgaben der Arbeitseinkommen (arbeitnehmer- und arbeitgeberseits) bestritten. Stellen Sie Probleme zusammen, die sich aus dieser zunehmenden Belastung ergeben können.

The free market economy – health care in the USA

M 16 ● The protest against the health care reform law

An opponent of the health care reform holds a sign that reads 'Keep your Politics out of my Healthcare', outside the Supreme Court, as the justices hear oral arguments on cases related to health care reform law in Washington, DC, USA, 27 March 2012.

M 17 ● American health care – the topics Medicaid and Medicare

Although most Americans have some form of private health insurance, some people cannot afford insurance. They can get medical coverage through two social programs established in 1965. Medicaid is a joint federal-state program that funds medical care for the poor. The requirements for receiving Medicaid and the scope of care available vary widely from state to state. At a cost of $194.7 billion in the year 2000, Medicaid is the nation's largest social-welfare program.

Medicare, another form of federal health insurance, pays a large part of the medical bills incurred by Americans who are 65 and older or who are disabled, regardless of age. [...] Everyone who receives Social Security payments is covered by Medicare.

One of the most troubling health care problems facing the United States has been providing care for those who cannot afford health insurance and who are not eligible for either Medicaid or Medicare. It has been estimated that one in seven Americans is without health insurance at least part of the year. They may be persons who are unemployed or have jobs without medical coverage or who live just above the poverty line. They can go to public hospitals, where they will get treatment in an emergency, but they often fail to obtain routine care that might prevent illness.

U.S. Diplomatic Mission to Germany /Public Affairs/ Information Resource Centers, U.S. Society – Health Care, in: http://usa.usembassy.de/society-health.htm , 21.05.2012

joint-federal-state-program: gemeinsames Landesprogramm

to fund: finanzieren

scope: Umfang

vary widely: sich stark unterscheiden

federal health insurance: Staatliche Krankenversicherung

to be incurred: anfallen

Social Security payments: Sozialleistungen

eligible: berechtigt

medical coverage: Krankenversicherungsschutz

poverty line: Armutsgrenze

M 18 Question and Answer to the US healthcare reform

On 21 March, after a weekend of intense debate, and last-minute appeals to Democrats from the president, the House of Representatives passed the biggest reform of health care in the country for 40 years. [...]

What is the current situation?

There is not a universal system of healthcare coverage. There are federally funded programmes, the biggest being Medicaid and Medicare. But generally it is up to individuals to obtain health insurance. Most get coverage through their employers, but others sign up for private insurance schemes. Under the terms of most plans, people pay regular premiums, but sometimes they are required to pay part of the cost of their treatment [known in the US as a deductible] before the insurer covers the expense. The amount they pay varies according to their plan.

So what are the problems with the US system?

Firstly, cost. As a nation, the US spent some $2.2tn [£1.36tn] on healthcare in 2007. That amounts to 16.2% of GDP – nearly twice the average of other countries in the OECD [Organisation for Economic Co-operation and Development]. Second, coverage. The US Census Bureau estimates that 46.3 million people in America, out of a population of 300 million, were uninsured in 2008. [...] There are also millions of Americans who are deemed "under-insured".

What are the effects of rising health costs?

When someone without insurance [...] falls ill, they are obliged to pay their medical costs out of their own pocket. Half of all personal bankruptcies in the US are at least partially the result of medical expenses. Rising costs also mean the government is spending more and more on Medicare and Medicaid. US government spending on the two schemes is projected to rise from 4% of GDP in 2007 to 7% in 2025 and 12% in 2050, making rising healthcare costs one of the biggest contributing factors to the spiralling US budget deficit. [...]

What about President Obama?

Mr Obama laid out a relatively broad plan for healthcare reform at the beginning of his presidency, saying he would leave Congress to hammer out the details. But faced with stalled legislation and broad opposition from Republicans, he outlined a more detailed blueprint for healthcare overhaul in February. Mr Obama said the proposals would make healthcare more affordable and health insurers more accountable. The changes, he said, would help reduce the federal deficit by $100bn over the next 10 years, by tackling waste, fraud and abuse.

BBC NEWS; Q & A: US healthcare reform, in: http://news.bbc.co.uk/2/hi/8160058.stm, 22.3.2010

Info

US healthcare system

Medicare: government-funded healthcare for over-65s

Medicaid: government-funded healthcare for those on low incomes

Employer-funded health insurance: paid by salary deduction

Military veterans: receive healthcare via government-run scheme

State Children's Health Insurance Program: coverage for children whose parents do not qualify for Medicaid

Uninsured: treated in emergency rooms only

to be deemed underinsured: als unterversichert gelten

Exercises

1. Point out the central issues of the healthcare system of the US. (M16-M18)
2. Compare the US- and the German healthcare systems: Which system is the most efficient? Discuss your results: are they unmistakable?

WISSEN KOMPAKT

Marktwirtschaft
M 1-M 5

Bei der Marktwirtschaft handelt es sich um eine Volkswirtschaft, die ihre Ressourcen durch die dezentralisierten Entscheidungen zahlreicher Unternehmen und Haushalte zuteilt, die zu diesem Zweck auf Märkten für Güter und Produktionsfaktoren (Arbeit und Kapital) zusammenwirken. Der Bürger kann sich uneingeschränkt wirtschaftlich betätigen (Freiheit des Eigentums, der Berufswahl, der Produktion, Niederlassungsfreiheit/Freizügigkeit, Vertragsfreiheit). Gewöhnlich sind Märkte gute Verfahren für die Koordination von Geschäften. Der Staat übernimmt nur die Minimalaufgaben der inneren und äußeren Sicherheit, der Justiz sowie der Bereitstellung nicht marktförmig handelbarer (öffentlicher) Güter (z. B. Deichbau).

Grenzen der Marktwirtschaft
M 4, M 5

Allerdings ist auch die Marktwirtschaft nicht ohne Probleme. Problematisch sind u. a. die Tendenz zur Oligopol-/Monopolbildung und das Entstehen negativer externer Effekte (z. B. Verschmutzung der Umwelt ohne finanzielle Kosten für die Verursacher).

Zentralverwaltungswirtschaft
M 6-M 8

Im Unterschied zur Marktwirtschaft wird die Güterverteilung in der Zentralverwaltungswirtschaft nicht über den Markt, sondern über eine staatliche Behörde geregelt. Auch Preise werden festgesetzt und bilden sich nicht über Angebot und Nachfrage. Die Umsetzung (etwa in der DDR) erwies sich als sehr problematisch, denn es kam zu Überschuldung des Staates und Versorgungsengpässen in einem sehr ineffizienten Wirtschaftssystem.

Soziale Marktwirtschaft
M 9-M 12

Der politische Vater der Sozialen Marktwirtschaft war Ludwig Erhard. Er stellte die Weichen für die Soziale Marktwirtschaft, indem er mit der Währungsreform vom Juni 1948 die Deutsche Mark einführte und dafür sorgte, dass Rationierung und Preisfixierung für die meisten Waren beendet wurden. Mit der Akzeptanz der Sozialen Marktwirtschaft war es zu diesem Zeitpunkt noch nicht so weit her. Erst als allmählich der Wirtschaftskreislauf in Gang kam, ging es stetig und nachhaltig aufwärts: Die Wirtschaft wuchs mit einer durchschnittlichen Rate von 7 Prozent bis weit in die 1960er Jahre.

Herausforderungen der Sozialen Marktwirtschaft
M 13-M 15

Auch der Sozialen Marktwirtschaft stellen sich viele Herausforderungen. So erhält sich zum Beispiel der Wettbewerb nicht von selbst: Ein unmittelbares, eigenständiges Interesse an fairen Wettbewerbsbedingungen hat als Unternehmer eigentlich nur, wer selbst in einer unterlegenen Position steckt. Wenn aber der Wettbewerb fehlt, geht das auf Kosten der Kunden.
Eine besondere Herausforderung ist das schwierige Austarieren der Gewichte zwischen dem „Sozialen“ und dem „Markt“, wie dies z. B. auf dem Gebiet der staatlichen Fürsorge sichtbar wird. So öffnet sich zunehmend die Einkommensschere zwischen Gering- und Gutverdienern.

Wirtschaftspolitik in Arboristan

Holz – der wichtigste Rohstoff in Arboristan

(1) Die Holzverarbeitung hat mit 12 % einen erheblichen Anteil am Bruttoinlandsprodukt Arboristans. 7 % der Bevölkerung sind mittel- oder unmittelbar mit der Holzherstellung oder -verarbeitung befasst. Seit einigen Jahren werden in die nach den Prinzipien der Sozialen Marktwirtschaft verfasste Volkswirtschaft Arboristans immer mehr modische, günstige, aber dennoch recht hochwertig verarbeitete Möbel aus Nordeuropa eingeführt, wodurch die arborischen Möbelfirmen deutliche Gewinneinbußen zu verzeichnen haben. Manche schreiben sogar schon Verluste! Pessimistische Wirtschaftsanalysten schätzen, dass bis zu 200.000 Arbeitsplätze in Arboristan gefährdet sind, und fordern das Parlament und die Regierung (hier das Wirtschaftsministerium) auf, die Einfuhr von Möbeln aus nicht-arborischer Produktion mit Importzöllen oder Mengenbeschränkungen zu drosseln.

(2) Überdies existiert seit langem ein Problem mit den Telekommunikationsnetzen. Arboristan ist – mit seinen zahlreichen Wäldern – ein Land mit einer sehr großen Fläche, aber außerhalb der wenigen Großstädte sehr dünn besiedelt. Sowohl die Mobilfunkanbieter als auch die Internetprovider erweitern ihre Netze aber nicht in die ländlichen Regionen, weil dies aufgrund der hohen Kosten betriebswirtschaftlich ineffizient wäre. Es gibt aus den Reihen der verschiedenen Oppositionsparteien im arborischen Parlament bereits Stimmen, die eine Verstaatlichung der Mobilfunk- und Internetanbieter fordern. Andere schlagen vor, die Mobilfunk- und Internetunternehmen per Gesetz zum Netzausbau zu veranlassen.

(3) Um die Staatseinnahmen in Zeiten steigender Arbeitslosigkeit zu erhöhen und die Staatsausgaben zu senken, bringt die zweitgrößte Oppositionsfraktion im arborischen Parlament den Gesetzesvorschlag ein, die insgesamt 22 Universitäten des Landes vollständig oder zu großen Teilen an verschiedene private Investoren meistbietend zu verkaufen. Dadurch vergrößere sich auch der Wettbewerb zwischen den Universitäten, wodurch deren Attraktivität für in- und ausländische Studierende stiege. Was die Abschlüsse anbetrifft, bestünden keine Probleme, da diese entweder vom staatlichen Prüfungsamt abgenommen oder wenigstens anerkannt werden könnten.

Kersten Ringe, in: Politischer Entscheidungsprozess und Soziale Marktwirtschaft, Bamberg 2010, S. 176

Aufgaben

1. Überprüfen Sie, inwieweit die wirtschaftspolitischen Vorschläge der Experten und Oppositionsparteien Arboristans den Prinzipien der Sozialen Marktwirtschaft genügen.
2. Entwickeln Sie gegebenenfalls alternative Konzepte zur Bekämpfung der wirtschaftlichen Probleme Arboristans, die die Prinzipien der Sozialen Marktwirtschaft nicht verletzen.

2.3 Beruf – Sektoren – Bildung

2.3.1 Wie verändert sich die Arbeitswelt?

M 1 ● Der letzte seines Standes? Die Arbeit eines Schriftsetzers

Ein Schriftsetzer bei der Arbeit – diesen Beruf gibt es nicht mehr.

Oskar Bernhard ist einer der letzten Schriftsetzer in Deutschland. Er arbeitet in Nördlingen in einem rund 400 Jahre alten Haus direkt an der mittelalterlichen Stadtmauer. Noch heute hat er Aufträge, die von der Geburtsanzeige über die Speisekarte bis zum kleinen Buch reichen. Im Gegensatz zum normierten Großbetrieb macht er seinen Kunden Vorschläge, welche Schriftart, welche Größe oder Farbe die Schrift haben könnte. Aus in Blei gegossenen Buchstaben, die der Schriftgießer herstellt, setzt der Schriftsetzer einen Text zusammen, den ihm ein Autor vorgelegt hat. Die Buchstaben, die er verwendet, haben eine genau genormte Höhe. Das ist später wichtig für einen gleichmäßigen Druck in der Druckmaschine. Auch Bilder oder Schmuckbestandteile der Seite müssen diese Höhe einhalten. Dabei geht es manchmal um Hundertstel-Millimeter. Damit die Höhe stimmt, werden die Nicht-Text-Bestandteile einzeln vermessen, bevor sie in die Seite eingebaut und gegebenenfalls unterlegt werden. [...] Die gesamte Arbeit des Schriftsetzers erinnert sehr an einen Baukasten: Aus vorgenormten Teilen entsteht immer wieder etwas Neues. Allerdings hatte das Setzen in der „guten alten Zeit" wenig von der Beschaulichkeit, wie es heute den Anschein hat. Denn der Schriftsetzer wurde nach Zeit bezahlt. 1.000 bis 1.200 Buchstaben in der Stunde waren normal. Wer also schnell setzte, konnte mehr arbeiten und mehr verdienen.

http://www.br-online.de/bayerisches-fernsehen/der-letzte-seines-standes/handwerker-schriftsetzer-tradition-ID671192801539242189.xml, Abruf am 7.12.2011

M 2 ● Mediengestalter – Alleskönner am PC?

Mediengestalter am PC – Pixel haben das Blei abgelöst.

Dieser Ausbildungsberuf hat die „alten" Berufe Schriftsetzer, Reprohersteller, Medien- und Werbevorlagenhersteller und den Fotogravurzeichner abgelöst. Mediengestalter Digital und Print arbeiten bei Marketingkommunikationsagenturen, Designstudios, Unternehmen der Druck- und Medienwirtschaft, Mediendienstleistern, Verlagen sowie in Marketing- und Kommunikationsabteilungen von Unternehmen und öffentlichen Institutionen. Ihre Arbeitsaufgaben sind so unterschiedlich wie die Medien, die sie herstellen und bearbeiten. Ausgebildet wird dieser Beruf in den drei Fachrichtungen: Gestaltung und Technik, Beratung und Planung, Konzeption und Visualisierung.

M 3 ● Wie sich Arbeitsplätze verändern – auf der Datenautobahn zum Arbeitsplatz GRUNDWISSEN

Moderne Kommunikationsmittel machen es möglich: Arbeiten ist nicht mehr an ein Büro im Unternehmen gebunden. 1,8 Millionen Beschäftigte – darunter 42 Prozent Angestellte und 51 Prozent Selbstständige – arbeiten laut Statistischem Bundesamt von zu Hause aus. Um den Austausch mit Kollegen, Vorgesetzten, Kunden und Geschäftspartnern zu gewährleisten, ist eine gute technische Infrastruktur nötig. Telefon und Computer sind für die meisten „mobilen Beschäftigten“ mittlerweile selbstverständlich – doch die Entwicklung geht weiter. Vielen Unternehmen reichen die Standardkommunikationswege nicht mehr aus. Sie bieten ihren Mitarbeitern modernste Techniken, sodass diese immer und überall erreichbar sind. So zum Beispiel Hewlett Packard (HP), internationales IT-Unternehmen aus Böblingen: Über ein Intranetportal haben alle Mitarbeiter Zugriff auf das komplette System von HP – von der Reisekostenabrechnung über Gesprächsprotokolle bis zur Ticketbuchung für die nächste Dienstfahrt. „Da ich mit Kollegen aus der ganzen Welt und damit aus verschiedenen Zeitzonen zusammenarbeite, ist es gut, dass ich stets erreichbar bin“, so Jennifer Amanquah-Sauter, Managerin für Neue Medien bei HP und seit sechs Jahren im Home-Office in Herrenberg. „Reise- und Anfahrtszeiten fallen weg. Wenn ich meine Kinder ins Bett gebracht habe, kann ich noch mal schnell mit meinem Kollegen im kalifornischen Palo Alto telefonieren.“ Für die schnelle Kommunikation zwischen den HP-Kollegen hat sich das Instant Messaging bewährt, ein System, das wie ein Chat in Echtzeit funktioniert. Darüber hinaus gibt es einen „virtuellen Klassenraum“: Mitglieder eines Teams können auf ihren Computerbildschirmen gleichzeitig zum Beispiel Präsentationen anschauen und miteinander diskutieren. Geplant sind für die Zukunft auch Videokonferenzen, zu denen sich Kollegen aus aller Welt zuschalten können – ein Gefühl, als würde man tatsächlich miteinander in einem Raum sitzen. Führungskräfte verbreiten zudem ihre Ansprachen via Webcasts, einer Art Fernsehsendung im Internet.

Sabine Olschner, Die Arbeit der Zukunft, in: http://www.focus.de/fianzen/karriere/perspektiven/zukunft/zukunft-der-arbeit/arbeit-der-zukunft_aid_28400.html, 20.2.2007

M 4 ● Wandel der Beschäftigungsstruktur GRUNDWISSEN

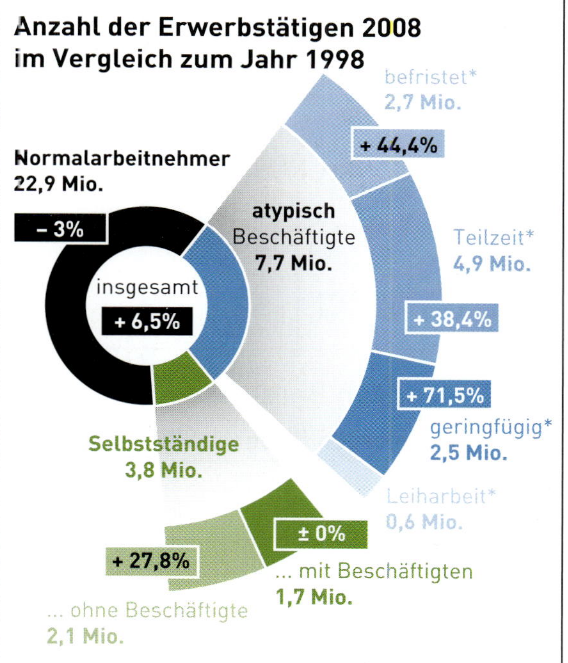

* Mehrfachnennungen möglich, keine Leiharbeit 1998

Aufgaben

1. Beschreiben Sie, über welche Fähigkeiten ein Schriftsetzer bzw. ein Mediengestalter verfügen muss. Erläutern Sie an diesem Beispiel den Wandel der Berufswelt, und benennen Sie mögliche Ursachen für diese Entwicklung. (M 1, M 2)
2. Immer mehr Menschen arbeiten ohne festes Büro. Stellen Sie die Vor- und Nachteile dieser Arbeitsweise gegenüber. Machen Sie eine kleine Zeitreise: Wie hätte das Beschäftigungsverhältnis von Jennifer Amanquah-Sauter im Jahr 1980 ausgesehen? (M 3, M 4)

Beschäftigungsverhältnisse von heute

Normalarbeitsverhältnis
Dies ist ein unbefristetes Arbeitsverhältnis, das mit geregeltem Lohn oder Gehalt entlohnt wird und voll sozialversicherungspflichtig ist.

Befristete Beschäftigung
Ein sozialversicherungspflichtiges Beschäftigungsverhältnis wird zu einem bestimmten Datum ohne Kündigung beendet.

Teilzeitarbeit
Teilzeitarbeit liegt dann vor, wenn die regelmäßige Arbeitszeit kürzer ist als die Arbeitszeit bei Vollzeitbeschäftigung.

Leih- oder Zeitarbeit
Bei der Leiharbeit „überlässt“ der Arbeitgeber den Arbeitnehmer für einen Zeitraum einem anderen Arbeitgeber.

Mini-Jobs oder geringfügige Beschäftigung
Mini-Jobber müssen weniger Steuern und Sozialversicherungsabgaben bezahlen. Sie dürfen maximal 450 Euro im Monat verdienen. Man bezeichnet diese Arbeitsverhältnisse auch als „geringfügige Beschäftigung“.

2.3.2 Wie finde ich meinen Traumberuf?

Arbeit und Beruf

Die Arbeit dient in der Regel zur Sicherung der Existenz und des Lebensunterhalts. Gleichzeitig gehört sie zur Selbstverwirklichung des Menschen und hat damit eine wichtige soziale Funktion. Viele Menschen möchten eine Arbeit, in der sie ihre Interessen und Fähigkeiten verwirklichen und mit der sie sich identifizieren können. Ihre Arbeit soll mehr sein als bloße Existenzsicherung, sie möchten sich „berufen" fühlen.

M5 ● Berufsfindung aus Sicht der Karikaturisten

Kariaktur: Thomas Plaßmann, Baaske Cartoons

M6 ● Die Arbeitswelt von morgen GRUNDWISSEN

Von je 1.000 Erwerbstätigen arbeiten in folgenden Bereichen

heute (2005)		**morgen** (Prognose 2025)
130	Dienstleister für Unternehmen	192
196	Industrie	155
153	Handel	141
103	Gesundheits-, Vet.-, Sozialwesen	123
53	öffentl. u. priv. Dienstleister	65
56	Verkehr, Nachrichtenübermittlung	57
46	Gastgewerbe	57
56	Baugewerbe	56
59	Erziehung, Unterricht	51
68	öffentl. Verwaltung, Sozialvers.	40
31	Banken, Versicherungen	24
17	häusliche Dienste	18
23	Land, Forstwirtschaft	13
10	Enerige, Bergbau	6

rundungsbedingte Differenzen

Quelle: IAB, Globus-Grafik 1854

M7 Was will ich – was kann ich?

a) Interessen herausfinden			
Welche Tätigkeiten interessieren mich?	1. anbauen/hegen ernten/züchten 2. bauen 3. herstellen/zubereiten/ Material bearbeiten	4. kaufen/verkaufen/ bedienen/beraten 5. behandeln/pflegen/ erziehen/unterrichten 6. gestalten/malen/ entwerfen/zeichnen	7. montieren/ installieren/reparieren 8. prüfen/untersuchen 9. schreiben/verwalten/berichten 10. Maschinen steuern und bedienen
Wo möchte ich arbeiten?	1. Werkstatt/Halle 2. Verkaufsraum 3. im Freien/Natur	4. soziale/medizinische Bildungseinrichtung 5. Labor/Prüfstation 6. Hotel/Gaststätte	7. Fahrzeug/Transportmittel 8. beim Kunden 9. Büro 10. Ausland/ferne Länder
Womit möchte ich arbeiten?	1. Baustoffe 2. chemische Stoffe 3. Elektronik 4. Fahrzeuge/Transportmittel 5. Glas/Keramik/Edelstein 6. Holz/Papier	7. Lebensmittel 8. Mess- und Prüfgeräte 9. Menschen 10. Metalle 11. Pläne/Entwürfe 12. Regelungen/Gesetze/ Vorschriften 13. technische Anlagen	14. Textilien/Leder 15. Tiere/Pflanzen 16. Zeichen-/Schreibgeräte 17. Büromaschinen/ Büromaterial 18. Maschinen/Werkzeuge 19. Informationen/Medien/ Fremdsprachen
b) Über welche Fähigkeiten verfüge ich?			
Geistige Fähigkeiten?	1. Sprachbeherrschung/ sprachliche Gewandtheit 2. logisches Denken 3. räumliches Vorstellungsvermögen	4. Beobachtungsvermögen 5. rechnerisches Denken 6. Rechtschreibsicherheit 7. guter schriftsprachlicher Ausdruck	8. Konzentrationsfähigkeit 9. Merkfähigkeit 10. Kreativität 11. Sinn für Formen und Farben 12. Lern- und Leistungsbereitschaft
Soziale Fähigkeiten?	1. Kontaktfreudigkeit 2. sicheres Auftreten 3. Rücksichtnahme 4. Selbstständigkeit 5. Belastbarkeit 6. gute Umgangsformen	7. Teamfähigkeit 8. zuhören können 9. andere überzeugen können 10. Verantwortungsbereitschaft	11. Interesse für andere Menschen 12. Hilfsbereitschaft 13. Zuverlässigkeit 14. Höflichkeit 15. Toleranz
Körperliche Fähigkeiten?	1. körperliche Belastbarkeit (Stehen, Bücken, Sitzen)	2. gutes Hören 3. Farbsehen	4. robuste Gesundheit (Widerstandsfähigkeit) 5. handwerkliches Geschick

Aufgaben

1. Beschreiben Sie die Aussageabsicht des Karikaturisten mithilfe der umseitigen Methode. Suchen Sie Berufe aus Ihrem Umfeld, die sich beim „näheren Hinsehen“ als völlig anders dargestellt haben.
2. Werten Sie die Grafik in M 6 aus und benennen Sie die drei zukunftsträchtigsten und die am wenigsten aussichtsreichen Bereiche.
3. Entscheiden Sie für jede Auswahl in M 7 und halten Sie Ihr Ergebnis schriftlich auf einem Papier fest:
   a) trifft voll und ganz zu = +
   b) trifft weniger zu = 0
   c) trifft überhaupt nicht zu = –
4. Erstellen Sie nun ein Profil Ihrer persönlichen Interessen, Stärken und Schwächen und benennen Sie Berufe, für die Sie sich eignen würden.
5. Interessant ist es auch, das Selbstbild mit der Wahrnehmung eines Mitschülers / einer Mitschülerin zu vergleichen und die Unterschiede in der Fremd- und Selbstwahrnehmung herauszufinden.

Karikaturen interpretieren

Karikaturen als politische Statements
Karikaturen sind gezeichnete Kommentare und nehmen zu politischen oder gesellschaftlichen Ereignissen, Entwicklungen, Zuständen oder Personen kritisch Stellung. Dabei wird das Thema auf eine andere Situation, z.B. aus dem Alltag, übertragen. Karikaturen wollen nicht nur unterhalten, sondern bewusst Position beziehen und zum Nachdenken anregen. Die hier abgebildeten Karikaturen befassen sich auf unterschiedliche Weise mit dem Thema „neue Beschäftigungsverhältnisse".

Karikatur: Thomas Plaßmann, Baaske Cartoons

Karikatur: Reiner Schwalme, Krausnick – Groß Wasserburg

Leitfragen für die Interpretation der Karikaturen

Um die Aussage der Karikaturen zu entschlüsseln, müssen diese zuvor genau analysiert werden.

1. Was stellen die Zeichner dar? ➡ Aussage oder Thema der Karikatur
2. Wie und mit welchen Mitteln (Figuren, Objekte, Symbole) wird das Thema dargestellt? ➡ zeichnerische Elemente
3. Ist aus den Karikaturen eine bestimmte Einstellung, Position oder Deutung des Zeichners oder der Zeichnerin erkennbar? ➡ Tendenz der Karikatur
4. Wie beurteilen Sie die Aussagen der Karikaturen? ➡ eigene Position
5. Welche Fragen ergeben sich für Sie aus den Karikaturen? ➡ weitere Fragen

2.3.3 Welche Anforderungen werden an uns im Berufsleben gestellt?

M 8 Eine Stellenanzeige

Für unsere Projekttätigkeit beim Kunden Automobil-Muster-AG suchen wir einen

xbeispiel GmbH unternehmensberatung

Projektleiter/ Consultant (m/w)

mit langjähriger Automobil-Erfahrung zum sofortigen Eintritt.

Ihre Aufgaben:

Als Projektleiter und Consultant beraten Sie unseren Kunden und unterstützen ihn bei der Durchführung von IT-Projekten. Im Einzelnen bedeutet das:

- Übernahme von Projektverantwortung inklusive des Kundenmanagements im Rahmen der Projektarbeit
- Consulting und Coaching des Automobil-Muster-AG-Projektleiters
- Koordination und Steuerung zwischen Fachabteilung, Ressort IT und externen Dienstleistern
- Durchführen von Prozess- und fachlichen Systemanalysen

Ihr Profil:

- Abgeschlossenes technisches oder betriebswirtschaftliches Studium oder gleichwertige Qualifikation
- Mehrjährige Berufserfahrung in der Beratung und Projektleitung
- Exzellentes Branchen-Know-how
- Kenntnisse Automobil-typischer IT-Lösungen
- Teamfähigkeit, Kreativität, Flexibilität und Mobilität
- Gute analytische und konzeptionelle Fähigkeiten sowie ein überzeugendes Auftreten
- Eigeninitiative und Durchsetzungsvermögen
- Hohe Kundenorientierung
- Engagement, ausgeprägte Kommunikationsfähigkeit sowie ein sicherer Umgang mit den MS-Office-Anwendungen

Haben wir Sie neugierig gemacht? Dann schicken Sie uns Ihre aussagekräftigen Bewerbungsunterlagen inkl. Ihrer Gehaltsvorstellung per E-Mail an recruiting@xbeispiel-gmbH.de

xbeispiel GmbH –Personalabteilung - Musterstr. 11 -80333 Musterhausen

Quelle: vom Autor erstellte Stellenanzeige

M 9 Was Betriebe erwarten ... GRUNDWISSEN

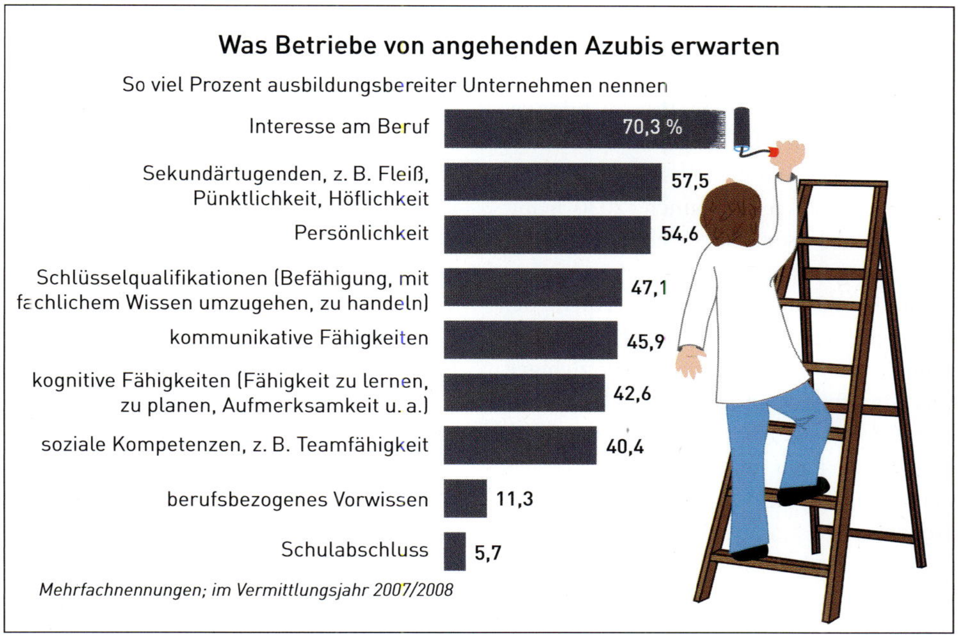

Quelle: BIBB 2009, Globus Grafik 3089

M 10 ● Lebenslanges Lernen GRUNDWISSEN

Heute ist von einer Entwertung des spezifischen Fachwissens nach etwa fünf Jahren auszugehen. Weitere technologische Umwälzungen – eventuell eine Folge der Biotechnologie – werden auf die heute noch junge Arbeitsgeneration zukommen. Daraus folgt: Ein technologischer Sprung ist heutzutage kein Prozess mehr, der mehrere Generationen überdauert, sondern eine Veränderung, die innerhalb eines Arbeitslebens in Zukunft vermutlich sogar mehrfach bewältigt werden muss. Für die Beschäftigten hat dies drei wesentliche Konsequenzen: Innerhalb der Generationen tradiertes (weitergegebenes) Wissen hat einen immer geringeren Stellenwert. Beschäftigte müssen ständig neu lernen. Und: Diejenigen sind besser dran, die nicht nur Fach- oder Faktenwissen erworben haben, sondern gelernt haben zu lernen. Einmal erworbenes Fach- und Faktenwissen hat demzufolge eine immer geringere „Halbwertszeit" (= die Zeit, in der das Wissen 50 % seiner Gültigkeit verliert). Zur Kompensation dieses rapiden Wissensverfalls müssen Beschäftigte sich ständig weiterbilden und selbstorganisiert lernen. Der Fähigkeit, neues Wissen zu erschließen und Spezialwissen zu aktualisieren, kommt deshalb eine große Bedeutung zu. Das „Neulernen" muss jedoch zumeist neben der „normalen" Arbeit geschehen.

Gisela Mohr, Kathleen Otto, Schöne neue Arbeitswelt: Risiken und Nebenwirkungen, in: Report Psychologie 6/2005

Kompensation

Kompensation bedeutet hier: Ausgleich, Ersatz.

Employability/ Beschäftigungsfähigkeit

So bezeichnet man die Fähigkeit, sich in der Arbeitswelt zu behaupten und fachlich und persönlich kompetent und körperlich gesund zu halten. Deshalb wird der Erhalt der Beschäftigungsfähigkeit zunehmend als gemeinsame Aufgabe von Arbeitnehmern und Arbeitgebern betrachtet.

Work-Life-Balance

Ein ausgeglichenes Verhältnis von Familien-, Privat- und Arbeitsleben (Work-Life-Balance) wird für Arbeitsverhältnisse immer wichtiger. Arbeitsforscher sagen voraus, dass des demografischen Wandels wegen Arbeitgeber ihren Arbeitnehmern immer mehr bieten werden, um sie im Unternehmen zu halten.

M 11 ● Wie sieht die Arbeitswelt 2030 aus?

Arbeit bietet mehr Chancen, aber auch mehr Risiken. Es wird mehr Arbeit nach Hause gebracht. Feierabend, Wochenende, Urlaub werden zu einer verhandelbaren Masse, „mit gravierenden Folgen für das Privatleben", warnt Karin Jurczyk, Leiterin der Abteilung Familienpolitik am Deutschen Jugendinstitut in München. Die neue Flexibilität richtet sich nicht nach den Bedürfnissen des Arbeitnehmers, Job und Familie unter einen Hut zu bringen, sondern nach den Bedürfnissen des Arbeitgebers, immer und überall auf seine Angestellten zugreifen zu können. 2030 heißt: mehr Dienstreisen, mehr Pendeln, längere Arbeitswege, aber auch mehr Home Office – mobil und multilokal eben. Allein der technologische Wandel macht Arbeit schneller, anspruchsvoller und kurzlebiger. Das Smartphone macht das Lieblingscafé zum Büroersatz. Aber Kunden – und Chefs – erwarten auch, dass man im Café stets zur Verfügung steht. Das Prinzip „anytime, anywhere" bestimmt die Arbeitswelt. „Wir wollen gar nicht 60 Stunden die Woche arbeiten, aber wir müssen", lautet schon heute eine gängige Klage unter Freiberuflern und Führungskräften. Mehr Frauen in Chefsesseln fordert daher Astrid Szebel-Habig, Professorin für Betriebswirtschaftslehre in Aschaffenburg, aus einem simplen Grund: Es führt zu kürzeren Arbeitswochen – für alle. „Sitzungen, die Frauen leiten, sind schneller zu Ende. Männer nutzen Meetings zu ausufernden Selbstdarstellungen, Frauen denken pragmatischer und arbeiten effizienter, schon deshalb, weil sie irgendwann nach Hause müssen, wo Haushalt und Familie warten", sagt Szebel-Habig. [...] Gleichzeitig wachsen die Anforderungen an die Mitarbeiter. [...] Früher fanden selbst Hauptschulabbrecher noch einfachste Jobs, inzwischen werden auch von Aushilfskellnern und Lageristen Computerkenntnisse verlangt. Der Arbeitsmarkt wird sich weiter spalten in Unqualifizierte ohne Aufstiegschancen und begehrte Fachkräfte. Weil wegen des demografischen Wandels aber immer weniger Mitarbeiter zur Verfügung stehen, müssen diese nicht nur länger arbeiten (Rente mit 70?!), sondern sie können ihren Arbeitgebern auch mehr abverlangen.

Viola Schenz, Süddeutsche Zeitung, 30.1.2010

M 12 Haben Berufe ein Geschlecht?

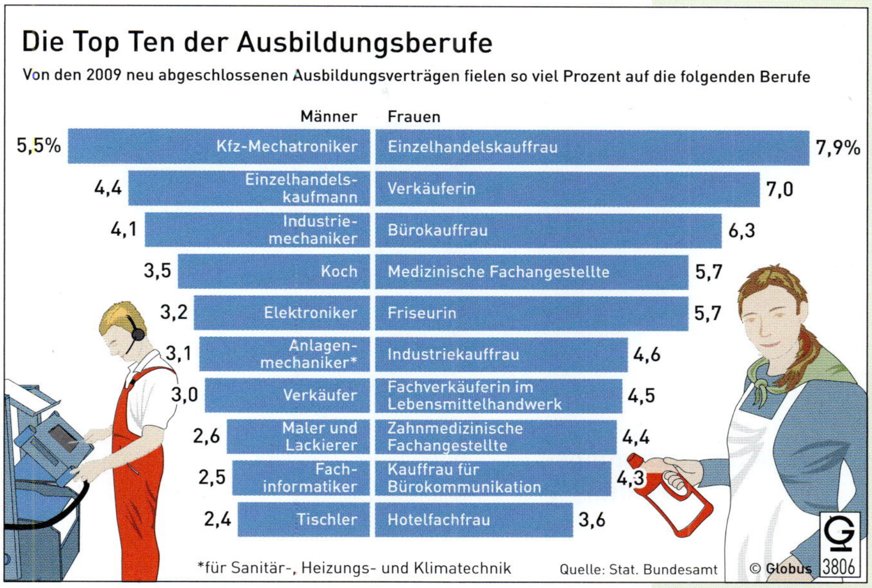

Quelle: Statistisches Bundesamt; Globus-Grafik 3806

Junge Frauen führen im Unterschied zu jungen Männern viel häufiger soziale Faktoren bei der Berufswahl an. Schade nur, dass eben diese helfenden, sozialen Berufe schlechter bezahlt werden – Frauenberufe eben. Dass Bereiche, in denen viele Frauen arbeiten, das niedrigere Lohnniveau haben, gilt nicht nur für Ausbildungsberufe. Auch bei AkademikerInnen lässt sich ein Gefälle an Ansehen und Verdienst von den Naturwissenschaften zu den von Frauen bevorzugten Gesellschaftswissenschaften feststellen. Viele Mädchen und junge Frauen haben bei ihrer Entscheidung für einen bestimmten Beruf schon früh die doppelten Rollenerwartungen in ihren Entscheidungsprozess aufgenommen. Einerseits ist Erwerbstätigkeit und eigene Existenzsicherung selbstverständlich, andererseits haben die meisten die Gründung einer Familie und die damit verbundenen Rollenerwartungen als Mutter und Partnerin im Kopf. Die widersprüchlichen Verhaltensanforderungen, die das mit sich bringt, werden dann nicht selten unbewusst in der Wahl eines traditionellen Frauenberufes aufgelöst. Die Hürden für ein abweichendes Verhalten sind nach wie vor hoch, auch wenn alle Welt hinausposaunt, man müsse nur wollen. So haben die unangenehmen „Begleiterscheinungen“, die sich eventuell einstellen, wenn man in einem männerdominierten Bereich arbeitet, für die meisten Abschreckungscharakter. Warum Frauen Frauenberufe wählen, lässt sich nicht diskutieren, ohne auch die Rolle der Männer zu thematisieren.

Marion Brüggemann, Warum Frauen Frauenberufe wählen, in: http://www.lizzynet.de/wws/2984484.php, Abruf am 8.12.2011

Aufgaben

1. Arbeiten Sie aus M 8 die Fähigkeiten heraus, über die ein Bewerber verfügen sollte, der sich auf die Stellenausschreibung bewirbt.
2. Unterteilen Sie die Fähigkeiten dann in Fachkompetenzen (Kompetenzen, die sich direkt auf den Beruf beziehen) und überfachliche Kompetenzen (Kompetenzen, die sich auf die Persönlichkeit des Bewerbers beziehen). Wo kann man die überfachlichen Kompetenzen erwerben?
3. Erläutern Sie, weshalb lebenslanges Lernen als absolute Notwendigkeit einer dauerhaften Beschäftigungsfähigkeit angesehen wird. (M 10)
4. Diskutieren Sie, was die gegenwärtigen und zukünftigen Veränderungen in der Arbeitswelt für Ihre Berufswahl bedeuten. (M 11)
5. Arbeiten Sie die Gründe aus M 12 heraus, warum Frauen in der Regel Frauenberufe wählen. Nennen Sie weitere Gründe.

WISSEN KOMPAKT

Arbeitswelt im Wandel
M 1-M 3

Die Arbeitswelt unterliegt einem ständigen Wandel. Sie hat sich durch den Strukturwandel der Wirtschaft völlig verändert: Mehr als 70 % aller Beschäftigten arbeiten mittlerweile im Dienstleistungssektor, die Tendenz ist steigend. Ursache des Strukturwandels sind vor allem die rasante technologische Entwicklung und die Globalisierung. Für die Arbeitswelt bedeutet dies zum Beispiel, dass viele Berufe mittlerweile verschwunden sind oder sich vollkommen verändert haben. Wo früher viele Menschen tätig waren, haben mittlerweile Computer oder computergestützte Maschinen die Arbeit übernommen. Dies hat dazu geführt, dass im Zuge des Strukturwandels viele Menschen ihre Arbeit verloren haben, andererseits aber auch viele moderne Arbeitsplätze neu entstanden sind und dadurch die Arbeitsbedingungen verbessert werden konnten.

Neue Beschäftigungsverhältnisse
M 4

Auch wenn das Normalarbeitsverhältnis nach wie vor das am meisten verbreitete Beschäftigungsverhältnis ist, hat sich daneben eine Vielfalt neuer Beschäftigungsformen entwickelt. Neben den neuen Selbstständigen, befristet Beschäftigten, Leiharbeitern oder Home-Office-Arbeitern, sind es vor allem die Beschäftigten in Teilzeit und mit flexiblen Arbeitszeitmodellen, die die Beschäftigungslandschaft in Deutschland zunehmend prägen. Für viele Arbeitnehmer bedeutet diese Entwicklung eine bessere Vereinbarkeit von Familie und Beruf. Doch wird dieser Trend von vielen Experten und Beteiligten auch mit großer Sorge betrachtet, denn die atypischen Beschäftigungsverhältnisse führen zu einer Belastung der Sozialversicherungssysteme und bieten den Beschäftigten oft keine ausreichende Vorsorge für ihre Rente.

Wege zum Beruf
M 5-M 7

Weil es eine nahezu unüberschaubare Anzahl an Ausbildungs- und Studienmöglichkeiten und ebenso viele Berufsbilder gibt, ist es ratsam, bei der Entscheidung Hilfe von Experten der Berufsberatung zu holen. Die Berater der Arbeitsagentur raten Jugendlichen, die vor der Berufsentscheidung stehen, sich auf die persönlichen Stärken und Neigungen zu verlassen, denn es nützt oft wenig, wenn man einen Beruf wählt, nur weil er vermeintlich zu einem sicheren Arbeitsplatz führt. Dann fehlt häufig die für die Ausübung des Berufs notwendige Motivation. Da sich die Berufsbilder ständig ändern, gibt es heute schon kaum mehr jemanden, der seinen Beruf ein ganzes Berufsleben lang ausübt. Der erlernte Beruf bleibt aber nach wie vor die Eintrittskarte in das Arbeitsleben.

Anforderungen der Arbeitswelt
M 8-M 12

Die Anforderungen, die heutzutage und verstärkt in Zukunft an die Arbeitnehmerinnen und Arbeitnehmer gestellt werden, sind sehr vielfältig und anspruchsvoll. Zentrale Bedeutung haben dabei die Bereitschaft und die Fähigkeit zum lebenslangen Lernen. Aber auch sogenannte Sekundärtugenden wie Fleiß, Pünktlichkeit oder Höflichkeit werden von Arbeitgebern wieder vermehrt eingefordert.

Co-Working: Zusammen ist man weniger allein

Mit neugierigen Blicken von Passanten ist man im „P 8" bestens vertraut. Hinter der großen Glasfront eines ehemaligen Handyladens im Würzburger Viertel Pleich gehen sechs Selbstständige ihren unterschiedlichen Berufen nach – und teilen dabei mehr als nur ein Büro: Das P 8 ist ein sogenannter Co-Working-Space (co-working: englisch für „zusammenarbeiten").

Beim Co-Working handelt es sich um eine neue Arbeitsform aus den USA, die seit einigen Jahren auch in Deutschland Verbreitung findet – vor allem unter Freiberuflern und Kreativen aus dem Bereich Neue Medien. Sie arbeiten für unterschiedliche Firmen und Projekte, teilen sich aber die Räumlichkeiten. Die Vorteile des Co-Working liegen auf der Hand: Je nach Bedarf kann man sich tage-, wochen- oder monatsweise einen Schreibtisch mieten; Internetzugang und technische Geräte wie Drucker und Scanner inklusive.

Die Mietverträge der Würzburger P 8-Mitglieder laufen jeweils über ein Vierteljahr; ein Co-Working-Projekt, bei dem ein Arbeitsplatz auch über einen kürzeren Zeitraum gemietet werden kann, ist in Planung. 130 Euro zahlt jeder der Selbstständigen im Monat, und das für beste Innenstadtlage. Ist einer der sechs mal nicht da, nehmen die anderen seine Post entgegen und bestätigen Aufträge.

Man hilft sich gegenseitig und tauscht Wissen aus – doch das ist längst nicht alles: „Als Selbstständiger verlottert man zu Hause, da arbeitet man im Bademantel", sagt Webdesigner Gerrit van Aaken, 31, und erntet mit seinem Bekenntnis Grinsen und zustimmendes Nicken der anderen. „Wenn ich ins P 8 will, muss ich mich anziehen und rausgehen", ergänzt IT-Berater Kai Sievecke, 34. „Selbstdisziplin ist das Schlagwort. Ich kann mich zu Hause auch motivieren, es ist aber ein anderes Arbeiten." Das Klischee, dass sich die „digitalen Nomaden" – also Selbstständige, die für ihre Arbeit nicht viel mehr als einen Internetzugang brauchen – ja sich einfach mit ihrem Laptop in ein Café setzen könnten, weisen die P 8-Mitglieder zurück: „Das funktioniert nicht", sagt Medienproduzent Christian Pier, 30, entschieden. Zu einsam, zu laut, auf Dauer zu teuer. „Hier ist auch oft viel los, es gibt aber zum Beispiel niemanden, der den ganzen Tag über telefoniert." [...] Ebenso vielfältig wie die Berufe der zwischen 20- und Mitte 30-Jährigen sind ihre Arbeitszeiten. Gerrit etwa kommt um 9 Uhr morgens und geht um 5 Uhr nachmittags. „Ich imitiere das klassische Angestelltenverhältnis", sagt er, aber: „Inhaltlich bin ich mein eigener Chef." Kai ist als selbstständiger IT-Berater mit internationalen Kunden eher weniger vor Ort. Julian Schrader, 21, Student der Wirtschaftsinformatik, schaut in der Vorlesungspausen vorbei.

Catharina Hettiger, Co-Working: Zusammen ist man weniger allein, Main-Post, 30.10.2010, S. 45

Aufgaben

Arbeiten Sie aus dem Text heraus, inwiefern sich im Co-Working der Wandel der Arbeit und der Beschäftigungsverhältnisse widerspiegelt. Ihre Leitfragen könnten dabei sein:

- In welchem Wirtschaftssektor wird gearbeitet?
- Welche Berufe werden ausgeübt?
- Wo wird gearbeitet?
- In welchem Arbeitsverhältnis stehen die Co-Worker?
- Vor- und Nachteile des Co-Workings

„Sind wir uns ja einig, bin auch für den bundesweiten Volksentscheid!"

Karikatur: Horst Haitzinger

Karikatur: Gerhard Mester, Baaske Cartoons

Karikatur: Gerhard Mester, Baaske Cartoons

Karikatur: Gerhard Mester, Baaske Cartoons

Der Einzelne im politischen System

3

Im Jahre 2009 konnte das 60-jährige Bestehen des Grundgesetzes gefeiert werden. Damit ist das Grundgesetz die erste moderne deutsche Verfassung, die dieses respektable Alter erreicht hat. Entstanden auf den Trümmern der Nazidiktatur, hätte wohl niemand damit gerechnet, dass das Grundgesetz den Weg für eine freiheitliche, offene und stabile Demokratie in der Bundesrepublik Deutschland bereiten würde.

„Demokratie heißt, sich in die eigenen Angelegenheiten einmischen", fasst der Schriftsteller Max Frisch es knapp zusammen. Eine Demokratie ohne Bürger wird es nicht geben können. Eine starke Demokratie setzt auf den Bürger und setzt sein aktives Mittun voraus. Und ihre Qualität hängt nicht zuletzt davon ab, in welcher Weise sich Einzelne um die gemeinsamen und ihre eigenen Belange kümmern. Und wenn sie dies tun, wie geht man dann mit der Vielzahl von Aktivitäten und Initiativen um? Wie kann man in einem Gemeinwesen die vielen Ansichten, Meinungen, Wertvorstellungen und Interessen zweckmäßig organisieren?

Am Ende dieses Kapitels sollten Sie u. a. Folgendes können

- Staatsstrukturprinzipien voneinander abgrenzen und erklären
- den wehrhaften Charakter des Grundgesetzes einschätzen
- Funktionen der einzelnen Verfassungsorgane analysieren
- Notwendigkeit politischer Partizipation beurteilen

Was wissen Sie schon?

1. Analysieren Sie die Karikaturen: Was sind die Aussageabsichten? Auf welche Probleme weisen die Karikaturen jeweils hin?
2. Gruppenarbeit: Sammeln Sie für jede Karikaturaussage ein Beispiel aus der aktuellen Tagespolitik und stellen Sie Ihre Ergebnisse der Klasse vor.

3.1 Grundrechte und Grundwerte – das Grundgesetz

3.1.1 Das Grundgesetz als „Hausordnung“?

M 1 ● Gebrauchsanweisung für die Demokratie

Karikatur: Erich Rauschenbach, Baaske Cartoons

M 2 ● Das Grundgesetz GRUNDWISSEN

Das Grundgesetz (GG) gilt seit der Staatsgründung im Jahr 1949 als Grundlage des Zusammenlebens der Menschen in Deutschland. Es kann als „Hausordnung“ der Bundesrepublik Deutschland verstanden werden, in dem die Spielregeln für Menschen und Staat stehen. Alle Parlamente, alle Behörden und Gerichte, alle Bürgerinnen und Bürger müssen sich daran halten. Inhaltliche Schwerpunkte sind die Grundrechte für den Einzelnen (z. B. Bekenntnis zu den Menschenrechten, Recht auf Leben und körperliche Unversehrtheit, Gleichberechtigung, Recht der freien Meinungsäußerung), die Zuständigkeiten der staatlichen Organe und die Formen ihrer Zusammenarbeit. Das Grundgesetz legt also die Werte fest, an denen sich unser Zusammenleben orientiert, und die Regeln, nach denen die staatlichen Organe arbeiten müssen.

M 3 ● Grundrechte im Grundgesetz

Bergmoser + Höller Verlag 60110

Grundgesetz

Der Begriff Grundgesetz wurde 1949 gewählt, um den Begriff „Verfassung“ für die Zeit zu reservieren, in der der Westen Deutschlands (Bundesrepublik) und der Osten (Deutsche Demokratische Republik) wieder vereinigt wären. Nach der Vereinigung 1990 wurde der Begriff „Grundgesetz“ allerdings aus historischen Gründen beibehalten.

M 4 ● Der höchste Wert der Verfassung: die Menschenrechte GRUNDWISSEN

„Die Würde des Menschen ist unantastbar. Sie zu achten und zu schützen ist Verpflichtung aller staatlichen Gewalt.“ Art. 1 Abs. 1 Grundgesetz

- Die Würde des Menschen ist in unserer Rechts- und Wertordnung oberster Verfassungsgrundsatz, an dem sich alles staatliche Handeln zu orientieren hat. Folglich hat der Mensch im Mittelpunkt staatlichen Geschehens zu stehen.
- Träger der Menschenwürde ist jeder Mensch von der Geburt bis zum Tode, wobei es unerheblich ist, ob sich der Einzelne seiner Würde bewusst ist oder dieses Bewusstsein nicht hat (etwa der Geisteskranke).
- Die Würde kommt dem Menschen deshalb zu, weil er als einziges Wesen die Fähigkeit besitzt, sich in Freiheit zu entscheiden und sich selbst zu bestimmen.
- Die Menschenwürde ist Ursprung und Quelle aller weiteren Freiheits-, Gleichheits- und Unverletzlichkeitsrechte. Demnach sind es Ansprüche und Berechtigungen, die die Einmaligkeit des Mensch-Seins kennzeichnen und die Würde des Menschen verkörpern. Aus der absoluten Verpflichtung der gesamten Staatsgewalt, die Würde des Menschen zu achten und zu schützen, folgt,
- dass jeder Träger staatlicher Gewalt bei der Begegnung mit dem Einzelnen dessen Würde nicht antasten oder gar verletzen darf (achten) und
- dass er (z. B. der Polizeibeamte) gleichermaßen abwehrend eingreifen muss, wenn die Würde des Menschen von dritter Seite verletzt zu werden droht bzw. verletzt wird (schützen). Wann ist die Menschenwürde verletzt? Die Würde des Menschen ist allgemein immer dann verletzt, wenn
- er zum reinen Objekt staatlicher Maßnahmen gemacht,
- die innere Freiheit des Menschen angetastet oder
- seine Personenwertgleichheit geleugnet wird.

Hans-Joachim Hitschold, Staatskunde. Grundlagen für die politische Bildung, 13. Aufl. 2007, Stuttgart u. a. 2003, S. 139–141

Grundrechte

Grundrechte sind im Grundgesetz garantierte grundlegende, individuelle Rechte. Sie binden den Staat, begrenzen die Macht des Staates gegenüber dem Einzelnen und stehen bewusst am Anfang des Grundgesetzes: Sie finden sich im Grundrechtekatalog der Art. 1 bis 19 GG.

M 5 ● Menschenwürde – selbst ein Mörder bleibt ein Mensch

Darf man foltern, um zu retten? So abstrakt formuliert, verneinen die meisten die Frage. Doch diskutiert wird am konkreten Beispiel, und da gerät manch einer ins Wanken. In Deutschland ist das Beispiel der „Fall Daschner“ […]. Am 27. September 2002 wurde der elfjährige Jakob von Metzler entführt und ermordet. Polizisten drohten dem Tatverdächtigen mit Gewalt, falls er nicht das Versteck des Opfers preisgäbe. Es war der Frankfurter Polizeivizepräsident Wolfgang Daschner, der angeordnet hatte, den inhaftierten Magnus Gäfgen „nach vorheriger Androhung, unter ärztlicher Aufsicht, durch Zufügung von Schmerzen (keine Verletzungen) erneut zu befragen“. Schmerzen, wie er sie noch nie erlebt habe, sollten es sein, wenn er nicht den Aufenthaltsort des vermeintlich noch lebenden Opfers preisgebe. Daschner hielt das in der Akte fest. Zudem informierte er einen Oberstaatsanwalt. Nach der Androhung lenkte der Beschuldigte ein. Dann fand man die Leiche. […]

Daschner reklamiert ein Notstandsrecht für sich: „Ich stehe dazu und würde wieder so handeln.“ Nationales und internationales Recht lassen indes, sollte man meinen, an Deutlichkeit nichts zu wünschen übrig. Folter ist bedingungslos („abwägungsfest“, wie Juristen sagen) geächtet. Sogar bei Katastrophen, Krieg oder Terrorangriffen.

Arthur Kreuzer, Zur Not ein bißchen Folter?, in: http://www.zeit.de/2004/21/Essay_Verfahren, 13.5.2004

Folter im Grundgesetz

Art. 104 GG besagt: „Festgehaltene Personen dürfen weder seelisch noch körperlich misshandelt werden.“ So wird die in Artikel 1 als uneinschränkbar herausgehobene Menschenwürde geschützt. Daraus wird auch ein Verbot, Folter anzudrohen, abgeleitet.

M 6 Staatsstrukturprinzipien im Grundgesetz GRUNDWISSEN

Die Staatsstrukturprinzipien sind im Grundgesetz festgeschrieben:

- *Art 20 GG (1): Die Bundesrepublik Deutschland ist ein demokratischer und sozialer Bundesstaat.*
- *Art 20 GG (3): Die Gesetzgebung ist an die verfassungsmäßige Ordnung, die vollziehende Gewalt und die Rechtsprechung sind an Gesetz und Recht gebunden.*

Während im ersten Absatz von Art. 20 GG die Staatsstrukturprinzipien *Republik, Demokratie, Sozial- und Bundesstaat* genannt werden, bezieht sich Absatz 3 auf den Rechtsstaat. Art. 79 (3) GG garantiert, dass die Staatsstrukturprinzipien nicht auf dem Wege einer Verfassungsänderung beseitigt werden können. Man spricht daher von der sogenannten „Ewigkeitsklausel".

Artikel 20 GG

Art. 20 GG enthält die „Verfassung in Kurzform". In ihm sind die zentralen Prinzipien des Staatsaufbaus genannt.

M 7 Wie die Verfassungsorgane zusammenarbeiten GRUNDWISSEN

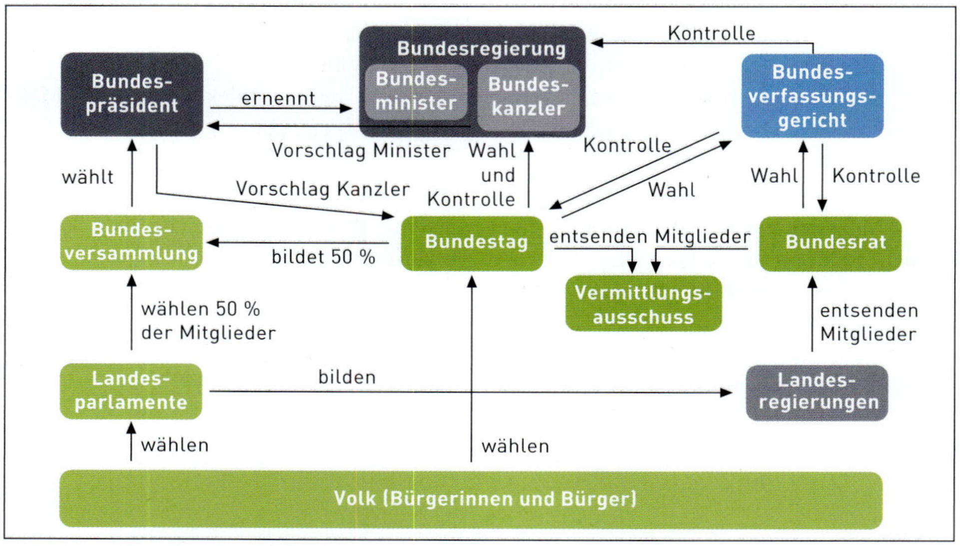

www.staatsrecht4u.de

Verfassungsorgane

Die in der Verfassung festgeschriebenen obersten Organe eines Staates nennt man Verfassungsorgane. In Deutschland gibt es auf Bundesebene fünf ständige Verfassungsorgane: Bundestag, Bundesrat, Bundesregierung, Bundespräsident und Bundesverfassungsgericht. Zudem gibt es noch zwei nichtständige Verfassungsorgane: Bundesversammlung (konstituiert sich für die Bundespräsidentenwahl) und Gemeinsamer Ausschuss (gilt im Verteidigungsfall als „Notparlament").

Aufgaben

1. Ermitteln Sie die Aussage der Karikatur (M 1). Erläutern Sie die Vorzüge einer eher knapp gefassten „Hausordnung".
2. Recherchieren Sie im Internet zu einem Grundrechtsartikel dessen praktische Alltagsbedeutung und stellen Sie diese (am besten anhand eines konkreten Fallbeispiels) in einem fünfminütigen Kurzreferat vor.
3. Die Grundrechte lassen sich u. a. in sog. Freiheits- und Gleichheitsrechte gliedern. Finden Sie zwei Freiheits- und zwei Gleichheitsrechte und begründen Sie Ihre Wahl. (M 3)
4. Versetzen Sie sich in die Lage des Polizeipräsidenten aus M 5. Nehmen Sie Stellung zum Akt der Folterandrohung und erklären Sie, wie Sie gehandelt hätten. (M 4, M 5)
5. Gruppenarbeit: Ihr Nachbar nennt ein Verfassungsorgan und Sie erklären ihm, von wem es gewählt wird. Wechseln Sie sich so lange ab, bis jeder die Wahl zweier Verfassungsorgane erklärt hat. (M 6, M 7)
6. Beschreiben Sie, wie alle Gesetze und jedes staatliche Handeln seinen Ursprung im Wählerwillen haben. (M 7)

3.1.2 Weimarer Reichsverfassung (WRV) und Grundgesetz (GG) – was sind die wesentlichen Unterschiede?

M 8 ● Die Verfassung der Weimarer Republik

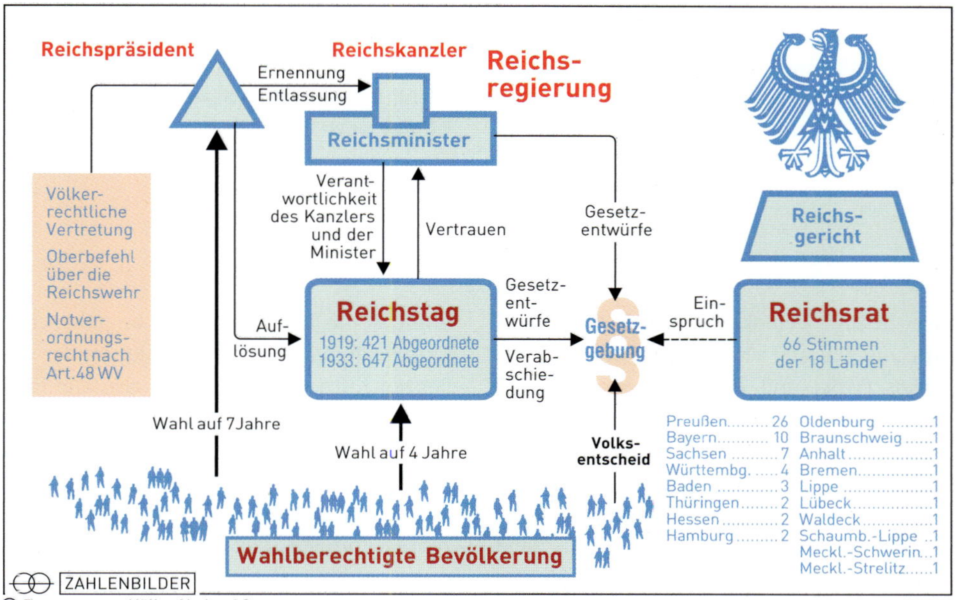

© Bergmoser + Höller Verlag AG 50 070

Änderungen im GG gegenüber der WRV

- weniger Macht des Bundespräsidenten
  - keine Direktwahl durch das Volk (Art. 54 GG)
- verfassungsfeindliche Parteien können verboten werden (Art. 21, 2 GG)
- konstruktives Misstrauensvotum (Art. 67 GG)
- Bundeskanzler wird von der Parlaments-mehrheit gewählt (Art. 63 GG)
- Bundeskanzler bestimmt seine Minister (Art. 64 GG)
- die Möglichkeit des Reichspräsidenten, gesetzesvertretende Notverordnungen zu erlassen (Art. 48 WRV), wurde komplett gestrichen. Bis 1968 (Einführung der „Notstandsgesetze") verzichtete das GG auf Regelungen in Krisensituationen.

M 9 ● Die bedeutendsten Unterschiede zwischen Weimarer Reichsverfassung (1919) und Bonner Grundgesetz (1949) GRUNDWISSEN

Den Verfassern des Grundgesetzes lag wesentlich daran, im Unterschied zur Weimarer Verfassung, folgende Prinzipien durch Grundgesetzbestimmungen umzusetzen:

- Verfassungsänderungen wurden erschwert und nur mit einer Zweidrittelmehrheit möglich.
- Die Gewaltenteilung zwischen Legislative (Gesetzgebung), Exekutive (Regierung) und Judikative (Rechtsprechung) wurde gesichert. [...]
- Der Grundsatz der Rechtsstaatlichkeit wurde durch die Schaffung eines Bundesverfassungsgerichts gestärkt. [...]
- Der Grundrechtsschutz erhielt durch die Formulierung, dass deren Wesensgehalt nicht angetastet werden dürfe (Art. 19, Abs. 2), eine besondere Stärkung. Der verfassungsändernde Gesetzgeber durfte die Grundrechtsartikel des Grundgesetzes zwar abändern, allerdings waren fortan die in den Artikeln 1 und 20 niedergelegten Grundsätze unantastbar (Art. 79 Abs. 3).

Michael F. Feldkamp, Neuland Grundgesetz, in: http://www.bpb.de/themen/88SWHJ.html, 1.9.2008

Aufgaben

1. Vergleichen Sie mithilfe von M 7 und M 8 die Stellung der Verfassungsorgane in der WRV von 1919 und im GG von 1949.
2. Erklären Sie, inwiefern das GG den Verfassungsorganen mehr bzw. weniger Macht zuspricht.

3.1.3 Staatsprinzipien – wofür stehen Demokratie und Republik?

M 10 Was bedeutet Republik? GRUNDWISSEN

Bundesrepublik Deutschland

Die offizielle Bezeichnung Deutschlands, klärt auf: Deutschland ist eine Republik mit bundesstaatlichem Charakter.

Republik ist die Bezeichnung für die Staatsform. In der Politikwissenschaft gibt es verschiedene Möglichkeiten, Staatsformen voneinander abzugrenzen. Ist das „Staatsoberhaupt" das Unterscheidungskriterium, gibt es weltweit nur zwei Typen von Staatsformen: Republik und Monarchie. Während die Monarchie über ein gekröntes oder fürstliches Staatsoberhaupt verfügt, sind alle Staaten ohne Kaiser, Könige oder Fürsten Republiken.

M 11 Was bedeutet Demokratie? GRUNDWISSEN

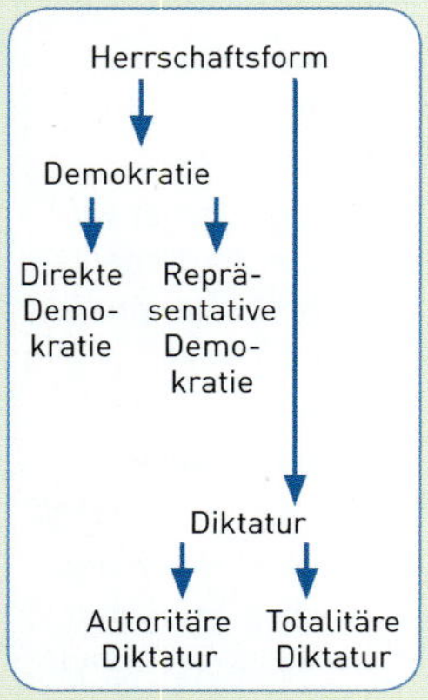

Der Begriff Demokratie kommt aus dem Griechischen und setzt sich aus den Wörtern *demos* (Volk) und *kratein* (Herrschaft) zusammen. Demokratie bedeutet also Herrschaft des Volkes bzw. Volksherrschaft. Im weiteren Sinne steht Demokratie für eine Willens- und Entscheidungsbildung grundsätzlich von unten nach oben, d.h. freie Wahl der Regierenden durch die Bürger; Grundsatz der Mehrheit bei Entscheidungen, Schutz von Minderheiten mit der Chance zur Mehrheit zu werden und Möglichkeit der Abwahl der Regierenden. Die Demokratie hat zwei Ausformungen: In einer *direkten Demokratie* ist das Volk unmittelbar an politischen Entscheidungsprozessen beteiligt. In der äußersten Konsequenz stimmen also alle Bürger über jede einzelne politische Frage selbst ab. Da diese Herrschaftsform nur in kleineren politischen Einheiten zu verwirklichen ist, überträgt das Volk in der *mittelbaren oder repräsentativen Demokratie* seine Entscheidungsbefugnisse durch die Wahl von Abgeordneten an eine Volksvertretung. Im Gegensatz zur Demokratie unterliegt die Herrschaft in der Diktatur einer Person (Diktator) oder einer regierenden Gruppe mit unbeschränkter Macht.

M 12 Demokratie und Gewaltenteilung GRUNDWISSEN

Konstitutionelle Gewaltenteilung

Eine konstitutionelle Gewaltenteilung ist die Einschränkung der Regierungsmacht durch eine Verfassung, die im Parlament nur mit qualifizierten Mehrheiten oder auch gar nicht geändert werden kann.

Ein zentrales Merkmal der Demokratie ist die Gewaltenteilung. Sie gewährleistet die Trennung und gegenseitige Kontrolle der staatlichen Gewalten: der vollziehenden Gewalt (Regierung und Verwaltung = Exekutive), der gesetzgebenden Gewalt (Parlament = Legislative) und der richterlichen Gewalt (Gerichte = Judikative). Dies wird als horizontale Gewaltenteilung bezeichnet. Sie wird dadurch erreicht, dass die drei staatlichen Grundfunktionen verschiedenen Organen zugewiesen werden, sodass keines dieser Organe legal über die gesamte Staatsgewalt verfügen kann. Nur im parlamentarischen Regierungssystem (wie in Deutschland) besteht dabei eine Gewaltenverschränkung zwischen Legislative und Exekutive: Da auf Bundesebene nur der Bundestag direkt von der Bevölkerung gewählt wird und dann die Regierung aus der Parlamentsmehrheit hervorgeht [...], besteht keine strikte personelle Trennung zwischen der Regierung und den Bundestagsfraktionen der Regierungsparteien (zusammen „Regierungslager" genannt). In der Regel sind der Bundeskanzler und meist auch alle Bundesminister zugleich Bundestagsabgeordnete. Die Trennlinie der Kontrolle verläuft also [...] zwischen dem Regierungslager in Exekutive und Legislative einerseits und der parlamentarischen Opposition andererseits.

Nach: Dieter Hesselberger, Das Grundgesetz, Kommentar für die politische Bildung, Bonn 1999, S. 178f.

M 13 ● Weitere Merkmale einer Demokratie

Neben der Gewaltenteilung sind moderne Demokratien durch drei weitere, fundamentale Wesensmerkmale definiert und beschrieben:

- **Volkssouveränität:** Das grundlegende Prinzip jeglicher Demokratie ist die Volkssouveränität (Souveränität = oberste Herrschaftsgewalt). Dies bedeutet, dass in einer Demokratie „alle Staatsgewalt vom Volk ausgeht" (Art. 20 GG). Die Ausübung der Volkssouveränität ist dabei eng an das Mehrheitsprinzip gebunden, was jedoch nicht heißt, dass der Volkswille in jedem Falle absolute Gültigkeit beanspruchen kann, vielmehr findet er seine Grenzen in den Grund- und Menschenrechten (wertgebundene Demokratie).
- **Rechtsstaatlichkeit:** Rechtsstaatlichkeit bedeutet die Bindung staatlichen Handelns an das Gesetz (formaler Rechtsstaat) und an den Grundsatz der Gerechtigkeit sowie an die Menschenrechte (materieller Rechtsstaat).
- **Pluralismus:** Im Unterschied zu den bisher genannten staatsrechtlichen Grundprinzipien ist Pluralismus vor allem ein gesellschaftliches Strukturprinzip. Man versteht darunter die gewünschte und legitime Konkurrenz einer Vielzahl frei gebildeter Interessengruppen in nahezu allen Lebensbereichen um politischen Einfluss in einem Staat.

M 14 ● Die Gewaltenteilung im Grundgesetz GRUNDWISSEN

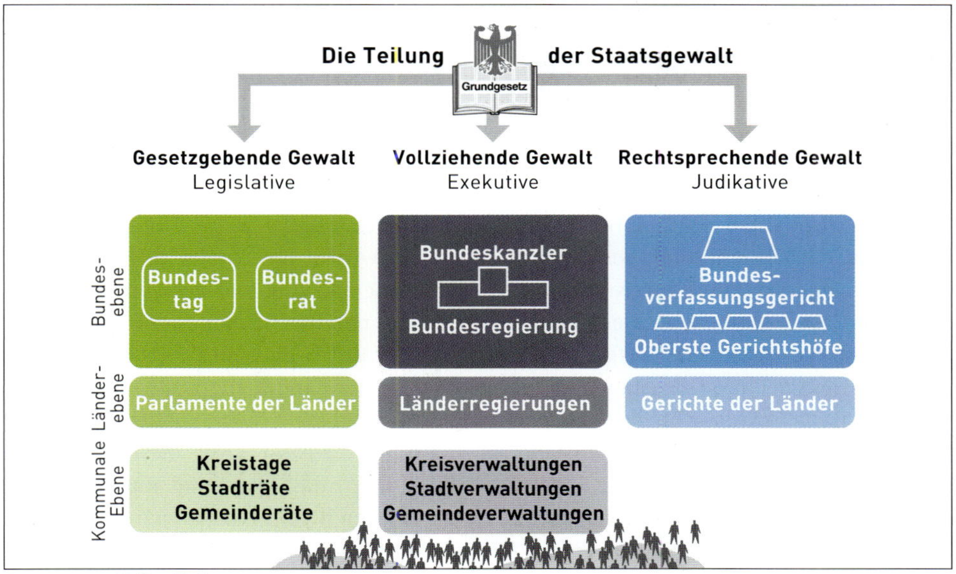

Bergmoser + Höller Verlag *61220*

Vertikale Gewaltenteilung

In föderativen (bundesstaatlichen) politischen Systemen – wie in Deutschland – tritt zur horizontalen die vertikale Gewaltenteilung hinzu, sodass hier von einer „doppelten Gewaltenteilung" gesprochen wird. Bund und Länder besitzen jeweils eigene Staatsqualität, und einige Politikfelder (z. B. Kultur, Bildung, Polizei) sind ausschließlich Ländersache.

Aufgaben

1. Arbeiten Sie den Unterschied zwischen Demokratie und Republik heraus. (M 10–M 11)
2. Bilden Sie Gruppen und erstellen Sie eine Mindmap zum Begriff: Demokratie. Anschließend erklären Sie sich gegenseitig die aufgeführten Begriffe Ihrer Mindmap.
3. Erläutern Sie das Prinzip der Gewaltenteilung im Grundgesetz. Unterscheiden Sie dabei horizontale und vertikale Gewaltenteilung. (M 12–M 14)

3.1.4 Staatsprinzipien – welche Auswirkung hat das Gebot des Bundesstaates auf uns?

M 15 Von Bundesland zu Bundesland ... GRUNDWISSEN

Karikatur: Thomas Plaßmann, Baaske Cartoons

Der Föderalismus (lat. foedus: Bund) stellt eine politische Ordnung dar, bei der mehr oder weniger souveräne Einzelstaaten sich zu einem Gesamtstaat zusammengeschlossen haben. Die staatlichen Aufgaben sind zwischen Gesamt- und Gliedstaaten aufgeteilt, und zwar so, dass beide politischen Ebenen für bestimmte Aufgaben eigenverantwortlich zuständig sind. Der föderale (= bundesstaatliche) Aufbau des deutschen politischen Systems ist aus der Tradition der deutschen Kleinstaaterei (Partikularismus) historisch erwachsen und ermöglicht den Ländern durch ihre eigene Staatsqualität mehr identitätsstiftende kulturelle Eigenständigkeit, als dies in der Form reiner Verwaltungsuntergliederungen eines Zentralstaates möglich wäre. Durch den Bundesrat wirken die Länder maßgeblich bei der Gesetzgebung und der Verwaltung des Bundes mit. Das Grundgesetz legt zunächst in Art. 30 GG eine prinzipielle Allzuständigkeit der Länder zugrunde, „soweit dieses Grundgesetz keine andere Regelung trifft oder zulässt“. Aus dieser Formulierung folgt, dass der Bund nur diejenigen staatlichen Befugnisse für sich in Anspruch nehmen kann, die im Grundgesetz ausdrücklich genannt werden. Das Grundgesetz regelt daher in Art. 70–75 die Aufteilung der Zuständigkeit bei der Gesetzgebung. Ebenso werden in Art. 83–87 die Verwaltungsaufgaben jeweils zugeordnet.

Bundesrat und EU

Die Befugnisse des Bundesrates reichen aber noch über Gesetzgebung und Verwaltung hinaus. Er kann – soweit Regelungen der Europäischen Union die Bundesländer betreffen – auch Einfluss nehmen auf Angelegenheiten der EU (Art. 23, 50 GG).

M 16 ● Die Bundesstaatlichkeit im Grundgesetz GRUNDWISSEN

GG Artikel	Was dazu im Grundgesetz steht
20	„Die Bundesrepublik Deutschland ist ein demokratischer und sozialer Bundesstaat"
79	Das bundesstaatliche Prinzip darf nicht aufgehoben oder geändert werden
30	Eigenstaatlichkeit der Länder
50 23	Mitwirkung der Länder an der Gesetzgebung des Bundes und in Angelegenheiten der Europäischen Union durch den Bundesrat
70 – 74	Gesetzgebung: Aufteilung der Zuständigkeiten zwischen Bund und Ländern
83 – 87	Zuordnung der staatlichen Verwaltungsaufgaben
104a – 107	Finanzhoheit. Verteilung des Steueraufkommens zwischen Bund und Ländern

M 17 ● Wer regelt was? – die Aufteilung der Gesetzgebungszuständigkeiten

Gesetzgebung zwischen Bund und Ländern (Auswahl)

Ausschließliche Gesetzgebung des Bundes (Art. 71, 73 GG)	**Konkurrierende Gesetzgebung (Art. 72, 74 GG)**	**Ausschließliche Gesetzgebung der Länder (Art. 70 GG)**
Die Gesetzgebungsbefugnis steht nur dem Bund in folgenden Bereichen zu: • Außenpolitik • Staatsangehörigkeit • Passwesen • Währung • Zoll, Außenhandel • Eisenbahnen des Bundes und Luftverkehr • Bundeskriminalamt • Bundeswehr / Verteidigung • Internationaler Terrorismus • Kernenergie • Waffen- und Sprengstoffrecht	Die Länder haben nur dann ein Entscheidungsrecht, wenn der Bund seine Befugnisse nicht wahrnimmt: • Rechtswesen • Ausländerrecht • Fürsorge • Wirtschaftsrecht • Arbeitsrecht • Ausbildung / Forschung • Straßenverkehr • Umweltschutz • Lebensmittelrecht	Das Recht der Gesetzgebung liegt nur bei den Ländern. Zum Kernbereich gehören: • Kultur und Bildung (Kulturhoheit) • Polizeiwesen • Länderfinanzpolitik • Gesundheitswesen • Gaststätten und Ladenschluss • Flurbereinigung • Gemeinde- und Kommunalrecht • Vereins- und Versammlungsrecht

M 18 ● Kontrovers diskutiert: Schafft den Bundesrat ab!

Wolfgang Schäuble hat viel Widerspruch provoziert und Spott geerntet, als er in der vergangenen Woche gefordert hat, die Enthaltungen im Bundesrat nicht mehr zu zählen. [...] Der Zeitpunkt, den Schäuble gewählt hat, war denkbar ungünstig, sein Anliegen hingegen ist nicht völlig falsch. Denn mit seiner Forderung nach einer Begrenzung der Bundesratsmacht weist er zumindest auf ein veritables Problem der

Der Bundesrat, hier bei einer Sitzung, war nach dem Zweiten Weltkrieg ursprünglich „nur“ als föderales Korrektiv vorgesehen, in dem die Bundesländer ihre Interessen gegenüber dem Gesamtstaat geltend machen sollten. Nach den Erfahrungen mit dem totalen NS-Staat sollte so die Macht der Zentralregierung begrenzt werden. Doch mit der Zunahme der zustimmungspflichtigen Gesetze wandelte sich die Länderkammer Kritikern zufolge seit den 1970er Jahren mehr und mehr zu einem parteipolitisch funktionalisierten Blockadeinstrument.

föderalen Ordnung hin: Deutschland könnte schon in der kommenden Legislaturperiode unregierbar werden. Angesichts eines Fünfparteiensystems und einer noch nie dagewesenen föderalen Vielfalt, droht eine parteipolitisch motivierte Dauerblockade im Bundesrat.

[...] Tatsächlich jedoch hat Wolfgang Schäuble seinen Vorschlag nicht konsequent zu Ende gedacht. Denn statt nur das Abstimmungsverfahren im Bundesrat zu ändern, sollte man den Bundesrat in seiner jetzigen Form ganz abschaffen. Er ist ein politischer Anachronismus. [...] Quasi durch die verfassungsrechtliche Hintertür haben sich die Ministerpräsidenten und die Landesregierungen großen Einfluss auf die Bundespolitik gesichert – mehr, als ihnen die Väter des Grundgesetzes zugedacht hatten. Trotzdem war die föderale Welt lange Zeit noch übersichtlich, weil sich die Parteien und ihre Wähler zwei Lagern zuordnen ließen. Jeder wusste: Schwand die Mehrheit der Parteien, die die Bundesregierung stellten, im Bundesrat und begann die Opposition, dort eine gesetzgeberische Blockade zu organisieren, ob unter Kohl oder später bei Rot-Grün, stand auch der Bund vor einem Machtwechsel. So war es 1982, 1998 und auch 2005. Doch nun droht die Blockade zur Anarchie und zum Dauerzustand zu verkommen. Schon jetzt sind im Bundesrat sechs verschiedene Regierungskonstellationen vertreten, und wenn es in den Bundesländern demnächst auch Dreierbündnisse gibt, könnten es noch mehr werden. Jede der beteiligten Parteien wird versuchen, über die Länderebene Einfluss auf die Bundespolitik zu nehmen, der ihr im Bundestag fehlt. Deutschland würde unregierbar und stünde vor einer veritablen Verfassungskrise. Die Lösung kann jedoch nicht sein, die föderale Macht der kleinen Parteien über einen verfahrenstechnischen Umweg zu begrenzen. Schließlich würden sich die beiden großen Volksparteien so nur mehr Macht sichern, als ihnen angesichts ihrer bröckelnden Verankerung bei den Wählern zusteht. Stattdessen wäre es an der Zeit, dem gewachsenen Einfluss der Länderkammer und der veränderten Parteienlandschaft durch eine echte Bundesrats-Reform Rechnung zu tragen. Die Mitglieder sollten nicht mehr von den Landesregierungen gestellt werden, sondern sie sollten sich alle vier Jahre an einem Termin in allen Ländern gleichzeitig zur Wahl stellen. Endlich erhielte der Bundesrat so eine unmittelbare demokratische Legitimation, die seinem gewachsenen demokratischen Einfluss entspräche. Deutschland bekäme ein echtes Zweikammern-Parlament. Zudem könnte so dem Missstand begegnet werden, dass jede Landtagswahl mittlerweile eine kleine Bundestagswahl ist, und die Landespolitik, für die die Ministerpräsidenten eigentlich gewählt werden, in den Hintergrund treten lässt. Deutschland braucht eine Demokratiereform. Es wird Zeit, den Föderalismus wieder vom Kopf auf die Füße zu stellen.

Christoph Seils, Schafft den Bundestag ab, in: http://www.zeit.de/online/2008/48/bundesrat, Abruf am 18.11.2011

Aufgaben

1. Befragen Sie Ihnen bekannte Schüler, die im Laufe ihrer Schulzeit das Bundesland wechseln mussten, nach ihren „Wechselerfahrungen“. (M 15)
2. Kritiker des Föderalismus fordern die Abschaffung der Bundesländer und die Errichtung eines Zentralstaats. Spekulieren Sie über die Auswirkungen auf das Schulwesen.
3. Recherchieren Sie den aktuellen politischen Stand hinsichtlich des länderübergreifenden Zentralabiturs in bestimmten Fächern und beurteilen Sie diese Reformvorhaben. (M 15–M 17)
4. Der Autor in M 18 fordert, den Bundesrat zu stärken, indem er direkt vom Volk gewählt wird. Ermitteln Sie Pro- und Kontra-Argumente zu dieser Position und nehmen Sie abschließend dazu Stellung.

3.1.5 Staatsprinzipien – wie bedingen sich Rechtsstaat und Sozialstaat?

M 19 ● Rechtsstaat und Sozialstaat im Spannungsverhältnis

Nach: Bergmoser + Höller Verlag *600520*

Die Bundesrepublik Deutschland ist ein Rechtsstaat und ein Sozialstaat. Beide Staatsprinzipien vereinigt der Begriff „sozialer Rechtsstaat“ in Art. 28 GG [...]. Das Grundgesetz erläutert den Begriff nicht näher, es will jedoch dahingehend verstanden werden, dass die Zielsetzung des Rechtsstaates – Freiheit des Einzelnen – mit der des Sozialstaates – soziale Gerechtigkeit für alle – in Einklang gebracht wird. Wichtigste Bestandteile des Rechtsstaatsprinzips sind Rechtssicherheit und Gerechtigkeit. [...] Der Rechtsstaat wurde ursprünglich von der bürgerlichen Gesellschaft zum Schutz der persönlichen Freiheitsrechte ausgebildet. Der Sozialstaat entwickelte sich demgegenüber aus den Ausgleichs- und Hilfebedürfnissen der modernen Industriegesellschaft und aus dem wachsenden Bedarf an öffentlichen Leistungen. Er setzt deshalb die Pflicht zum Ausgleich sozialer Gegensätze und die Sorge für eine gerechte Sozialordnung vor das absolute (Eigentums-) Schutzinteresse des Einzelnen. Die soziale Gerechtigkeit orientiert sich am Gleichheitsprinzip, das zum Freiheitsprinzip des liberalen Rechtsstaats in einem gewissen Spannungsverhältnis steht. Der Grund liegt darin, dass der Rechtsstaat vor allem der Freiheit des Einzelnen und seiner Rechte dient, während der Sozialstaat ausgleichend und umverteilend in das Leben der Bürger eingreift.

Verwirklichung des Rechtsstaates durch

- Gewaltenteilung,
- Bindung der Exekutive und der Rechtsprechung an Gesetz und Recht,
- Gesetzmäßigkeit der Verwaltung: Gegen rechtswidriges Handeln der Verwaltung genießen die Bürger gerichtlichen Schutz.

Aufgabe

1. Erläutern Sie am Beispiel von „Hartz IV“ und der „Pflicht zur Entrichtung von Steuern“, wie Rechtsstaat und Sozialstaat zueinander im Spannungsverhältnis stehen.

Grundgesetz
M 1-M 2

Das Grundgesetz (GG) ist die Verfassung der Bundesrepublik Deutschland. Es enthält Aussagen über

- die grundlegenden Werte, auf denen die Verfassung insgesamt beruht: die Achtung der Menschenwürde und deren Konkretisierung in den Grund- bzw. Menschenrechten,
- die Strukturprinzipien unseres Staates,
- den Aufbau, die Aufgaben und das Zusammenwirken der staatlichen Organe.

Die Grundrechte
M 3, M 5

Die Grundrechte, die wegen ihrer Bedeutung als Schutzrechte, Freiheits- und Gleichheitsrechte am Beginn des Grundgesetzes stehen (Art. 1-19), leiten sich ihrerseits vom zentralen Grundrecht der unveräußerlichen Menschenwürde ab (Art. 1 GG).

Staatsstrukturprinzipien
M 6

Republik	Keine Monarchie, also kein gekröntes oder fürstliches Staatsoberhaupt
Demokratie	Alle Macht geht vom Volke aus, die Volksvertreter werden gewählt.
Bundesstaat	Föderativer Staatsaufbau, Bund und Bundesländer mit unterschiedlichen Komponenten
Sozialstaat	Soziale Gerechtigkeit – die Lebensbedingungen der Staatsbürger sollen ähnlich sein
Rechtsstaat	Rechtssicherheit, Gesetzlichkeit, Exekutive, Legislative und Judikative sind an Recht und Gesetz gebunden

Demokratie
M 10-M 14

Demokratie ist im engeren Sinne eine Herrschaftsform und bedeutet übersetzt: Herrschaft des Volkes. Im weiteren Sinne steht die Demokratie aber auch für eine politische Ordnung, die von Freiheit, Gleichheit und Menschenwürde ausgeht und versucht, den Anspruch der „Regierung des Volkes durch das Volk und für das Volk" (Abraham Lincoln) nicht nur im staatlichen Bereich, sondern in allen gesellschaftlichen Bereichen zu verwirklichen. Zentrales Wesensmerkmal der Demokratie ist die Volkssouveränität. Das bedeutet, dass alle politische Herrschaft vom Volk ausgeht.

Föderalismus
M 15-M 18

Deutschland ist ein aus 16 Bundesländern bestehender Bundesstaat. Die Länder verfügen über eine eigene Staatsqualität, d.h. sie besitzen eigene Verfassungen, Regierungen und Verwaltungen, Parlamente und Gerichte. Zudem besteht eine finanzielle Selbstständigkeit von Bund und Ländern. Die Länder wirken über den Bundesrat an der Gesetzgebung des Bundes mit.

Rechtsstaat und Sozialstaat im Konflikt
M 19

Weil der Rechtsstaat vor allem der Freiheit des Einzelnen und seiner Rechte dient, während der Sozialstaat ausgleichend und umverteilend in das Leben der Bürger eingreift, besteht zwischen beiden Verfassungsprinzipien ein latenter Konflikt.

Verfassungsquiz

Ordnen Sie gedanklich die folgenden Überschriften den nachfolgenden Beschreibungen zu und notieren Sie das Lösungswort auf ein Papier. Bei richtiger Zuordnung ergeben die Buchstaben in den Klammern den Begriff für das Verfahren, mit dem politische Macht übertragen wird.

Demokratie (A) – Republik (W) – Sozialstaat (E) – Bundesstaat (L) – Rechtsstaat (N) – Gewaltenteilung (H)

1. ______________________________

bedeutet wörtlich übersetzt: „Sache der Allgemeinheit" und meint eine Staatsform, in der das Staatsoberhaupt gewählt wird – im Gegensatz zu einer Monarchie, in der das Amt des Staatsoberhauptes in der Regel von einer Königin oder einem König auf die Erben übergeht, also vererbt wird.

2. ______________________________

heißt, dass die Staatsgewalt vom Volke ausgehen soll. Durch Wahlen und Abstimmungen wird diese Staatsgewalt ausgeübt bzw. Repräsentanten auf Zeit übertragen, die im Auftrag des Volkes politische Entscheidungen treffen sollen.

3. ______________________________

bedeutet, dass die Gesetzgebung (Parlamente), die Ausführung der Gesetze (Regierung und Verwaltung) und Rechtsprechung (Gerichte) von verschiedenen, voneinander unabhängigen Personen und Personengruppen durchgeführt werden soll.

4. ______________________________

bezeichnet allgemein die Vereinigung souveräner (selbstständiger) Staaten zu einem Bund, auf den bestimmte Rechte und Aufgaben übertragen werden. In der Bundesrepublik Deutschland haben deshalb die Bundesländer einerseits eigene Länderparlamente, -regierungen und -gerichte, andererseits wirken sie über den Bundesrat an der Bundespolitik mit. Man nennt dieses staatliche Organisationsprinzip auch Föderalismus.

5. ______________________________

verpflichtet den Staat, die sozialen (gesellschaftlichen) Verhältnisse zu gestalten. Dazu gehören wirtschaftspolitische Aktivitäten, um z. B. die Entwicklung der Wirtschaft zu ermöglichen oder Arbeitslosigkeit abzubauen. Ebenso müssen soziale Maßnahmen ergriffen werden, um in Not geratenen Bürgerinnen und Bürgern das Existenzminimum zu sichern. Mit Vorsorgeeinrichtungen sollen die Menschen im Alter, bei Krankheit oder Unfällen geschützt werden (Sozialversicherung, Renten).

6. ______________________________

besagt, dass die staatliche Gewalt an die Verfassung und die Rechtsprechung gebunden ist. Alle Maßnahmen der Staatsorgane können von unabhängigen Richtern überprüft werden. Voraussetzungen für dieses Prinzip sind die in der Verfassung zugesicherten Grundrechte (Freiheitsrechte), die Gewaltenteilung und die Gesetzmäßigkeit der Verwaltung.

Lösungswort: ☐ ☐ ☐ ☐ ☐ ☐

Nach: Lothar Scholz, Grundgesetz für Einsteiger und Fortgeschrittene, bpb, Thema: Unterricht, 2010, S. 10

3.2 Die wehrhafte Demokratie

3.2.1 Rechtsextremismus in Deutschland – ein Problem?

M 1 Einstellungen zur Diktatur

	lehne völlig ab	lehne überwiegend ab	stimme teils zu, teils nicht	stimme überwiegend zu	stimme voll und ganz zu	= ergibt Zustimmung gesamt	Zustimmung im Westen	Zustimmung im Osten
Wir sollten einen Führer haben, der Deutschland zum Wohle aller mit starker Hand regiert.	51,9%	18,9%	15,9%	9,5%	3,7%	13,2%	12,4%	16,1%
Was Deutschland jetzt braucht, ist eine einzige starke Partei, die die Volksgemeinschaft insgesamt verkörpert.	35,3%	20,0%	21,0%	16,3%	7,3%	23,6%	22,6%	27,4%

Oliver Decker u.a., Rechtsextreme Einstellungen in Deutschland 2010, Friedrich Ebert Stiftung 2010

M 2 Wie rechtsextrem ist Deutschland?

Andrang an einem CD-Verkaufsstand bei einer NPD-Veranstaltung in Sachsen

Nicole Asmuth sprach mit Oliver Decker, der für die Friedrich-Ebert-Stiftung eine Studie über den Rechtsextremismus erarbeitet hat, über rechte Ränder, alte Vorurteile und den Einfluss der Familie.

Wie rechtsextrem ist Deutschland, Herr Decker?
Unsere Studie zeigt: Wir haben einmal Menschen mit einem geschlossenen rechtsextremen Weltbild. Und wir haben Menschen, die einzelnen rechtsextremen Aussagen zustimmen. Die geschlossenen rechtsextremen Weltbilder machen nur etwa neun Prozent der Bevölkerung aus, allerdings werden ausländerfeindliche Aussagen von einem großen Teil der Bevölkerung geteilt. Je nach Bundesland zwischen 30 und 50 Prozent. Brandenburg führt hier die Statistik mit knapp 50 Prozent an. Antisemitische Einstellungen wiederum sind im Westen stärker verbreitet als im Osten Deutschlands. [...]

Sind sich die Menschen, die rechtsextremen Aussagen zustimmen, eigentlich bewusst, dass sie damit eine rechtsextreme Haltung an den Tag legen?
Witzigerweise nein. Wir haben in unserer Studie nach der eigenen politischen Position im Sinne einer Links-Rechts-Einordnung gefragt und auch Personen, die sich selber links einordnen, stimmen zum Teil rechtsextremen Aussagen zu. Man muss dazu sagen, dass wir in der Wissenschaft mit dem Begriff des Rechtsextremismus unsere Probleme haben. Der Begriff ist im

Verfassungsschutz eingeführt worden und hat sich auch in der Wissenschaft etabliert. Aber er hat einige Fallstricke, denn er suggeriert, dass es sich dabei um ein Problem der Ränder handelt. Und dass man also eine Mitte klar abgrenzen kann von den Rändern. Das ist absolut nicht der Fall. [...]

Warum vertreten Menschen rechtsextremes Gedankengut?

Wir haben da sehr vielfältige Gründe gefunden: sozialer Abstieg, Arbeitslosigkeit, Erziehungsverhalten der Eltern und die Wertepriorität, also was wichtig ist im Leben. Wir haben in der Studie gesehen, dass sozialer Abstieg und Arbeitslosigkeit zusammen mit Rechtsextremismus häufiger auftritt. Wir haben auch gesehen, dass ein sehr autoritärer Erziehungsstil mit wenig emotionaler Nähe gerade zum Vater, aber auch zur Mutter und mit einem sehr fordernden Verhalten der Eltern ebenfalls häufiger bei Personen auftritt, die rechtsextrem sind. Wir haben hier ein ganzes Bündel von Ursachen. Sie finden aber eben auch rechtsextreme Einstellungen bei Menschen, die in allen Punkten ideale Bedingungen hatten. Die selbstbewusst sind, ein emotional ausgeglichenes Elternhaus erlebt und keinen sozialen Abstieg erfahren haben. Richtig erfolgreiche, ausgeglichene Menschen, die sogar rechtsextrem geschlossene Weltbilder haben. Und das ist eine Sache, die wirklich noch erklärungsbedürftig ist. Wir gehen davon aus, dass gerade auch in Deutschland eine Form der Weitergabe von politischer Haltung von Generation zu Generation wichtig ist. [...]

Welche Konsequenzen muss Ihre Studie haben?

Wir müssen Menschen die Möglichkeit geben, demokratische Erfahrungen zu machen. Wir brauchen eine Anerkennung, dass Deutschland seit Jahrzehnten ein Einwanderungsland ist. In der Gesellschaft muss Migration ein Alltagsthema werden.

Interview von Nicole Asmuth, in: http://www.fluter.de/de/rechtsextremismus/thema/5720/, 10.3.2010

M 3 ● Rechtsextreme Gewalt

Straftaten mit extremistischem Hintergrund aus dem Bereich „Politisch motivierte Kriminalität – rechts"					
Gewalttaten	2008	2009	Sonstige Straftaten	2008	2009
• Tötungsdelikte	2	1	• Sachbeschädigungen	1.197	1.453
• Versuchte Tötungsdelikte	4	5	• Nötigung/Bedrohung	144	146
• Körperverletzungen	893	738	• Propagandadelikte	14.262	13.288
• Brandstiftungen	29	18	• Störung der Totenruhe	32	24
• Herbeiführen einer Sprengstoffexplosion	0	0			
• Landfriedensbruch	46	44	• Andere Straftaten, insbesondere Volksverhetzung	3.217	2.956
• Gefährliche Eingriffe in den Bahn-, Luft-, Schiffs- und Straßenverkehr	4	4			
• Freiheitsberaubung	1	3			
• Raub	10	16			
• Erpressung	6	5			
• Widerstandsdelikte	47	57			
• Sexualdelikte	0	0			
Gesamt	**1.042**	**891**		**18.852**	**17.850**

Die Zahlen basieren auf Angaben des BKA. Die Übersicht enthält – mit Ausnahme der Tötungsdelikte – vollendete und versuchte Straftaten. Nach: http://www.verfassungsschutz.de/download/SHOW/vsbericht_2009.pdf, Abruf am 27.6.2011

Aufgaben

1. Nehmen Sie Stellung zu den Ergebnissen in M 1.
2. Erläutern Sie ausgehend vom Interview M 2 und den Gewalttaten von M 3 Ursachen für Rechtsextremismus in Deutschland.

3.2.2 Linksextremismus in Deutschland – ein Problem?

M 4 „Macht kaputt, was euch kaputt macht!“

Wenn die Exzesse von Sachbeschädigung und Brandstiftung in bestimmten Stadtvierteln von Berlin und Hamburg nicht schon seit Monaten so bitterer Ernst wären, könnte man den Sarkasmus im berühmten Song von Rainhard Fendrich („Es lebe der Sport“) zitieren: „Explodieren die Boliden, ist das Publikum zufrieden ...“ Es geht aber beim Anzünden teurer Autos nicht um schwarzen Humor, schon gar nicht um grenzenlose Sensationslust sportiven Pöbels. Es geht wieder einmal, wie einst in den späten Sechzigern und frühen Siebzigern, um ausufernde Gewalt gegen Sachen. Die jüngere Geschichte der Bundesrepublik Deutschland lehrt seit den Zeiten von Außerparlamentarischer Opposition (APO) und den schwerkriminellen Verschärfungen durch die Rote-Armee-Fraktion (RAF), wohin Gewalt gegen Sachen schlimmstenfalls führen kann – zu Mord. Erst flogen Steine, dann brannten Kaufhäuser, schließlich starben prominente Menschen und deren gar nicht prominente Fahrer nebst hilflosen Beschützern in Uniform. Ende 2009 ist die Rede von einer „neuen Aggression von links“. In manchen Berliner oder Hamburger Seitenstraßen stellt man sein Fahrzeug, so es sich denn nicht um eine verbeulte Blechkiste handelt, besser nicht ab. Berlins Innensenator Ehrhart Körting (SPD) konstatierte jüngst, es seien „rot lackierte Faschisten“ unterwegs. Er meinte eine bestimmte linksextreme Szene, die den Anblick etwa eines Porsche als politische Provokation versteht und dann nach altbekannter scharf-linker Denkungsart handelt: „Macht kaputt, was euch kaputt macht.“ Mehr als 6.000 Aktivisten zählen nach Erkenntnissen der Sicherheitsbehörden zur gewaltbereiten linksextremistischen Szene Deutschlands. Die Tendenz ist steigend. In Berlin und Hamburg ballt oder braut sich etwas zusammen: Vandalismus im öffentlichen Raum, gewaltsamer Widerstand gegen Polizeibeamte sind Kennzeichen einer als neuartig empfundenen Zerstörungswut, die womöglich aber nur die Neuauflage des Straßenterrors vor 30 und 40 Jahren ist.

Reinhold Michels, in: http:/ www.rp-online.de/panorama/deutschland/Gewalt-in-Metropolen_aid_801995.html, 3.1.2010

APO

Die bekannteste außerparlamentarische Opposition (APO) Deutschlands entstand in den 1960er Jahren vor allem aus den Studentenbewegungen gegen die große Koalition aus CDU und SPD sowie aus dem Protest gegen deren Notstandsgesetzgebung.

RAF

Die „Rote Armee Fraktion“ (RAF) war eine linksextremistische Terrororganisation, die seit ihrer Gründung Anfang der 1970er Jahre viele Morde, Überfälle und Sprengstoffattentate verübte. 1998 erklärte sie ihre Selbstauflösung.

M 5 ● Was genau wollen Linksextreme? GRUNDWISSEN

Linksextremisten zielen auf eine Beseitigung unserer bestehenden, freiheitlichen demokratischen Grundordnung ab. An deren Stelle soll – je nach ideologischer Ausrichtung im Einzelnen – eine sozialistische bzw. kommunistische Gesellschaft oder eine „herrschaftsfreie", anarchistische Gesellschaft treten. Das linksextremistische Personenpotenzial hat in den letzten Jahren kontinuierlich zugenommen und lag Ende 2010 bei rund 32.200 Personen. Den zahlenmäßig größten Anteil am o. g. Linksextremismuspotenzial bilden mit etwa 25.800 Personen die Mitglieder und Anhänger revolutionär-marxistisch ausgerichteter Parteien und Organisationen. Die weitaus gravierendere Bedrohung für die öffentliche Sicherheit der Bundesrepublik Deutschland geht hingegen von den restlichen rund 6.800 gewaltbereiten Linksextremisten aus, die ganz überwiegend der autonomen Szene angehören. Autonome lehnen jede Form von staatlichen und gesellschaftlichen Normen ab. Dabei zielen Autonome – wie alle Linksextremisten – im Kern auf die Überwindung des „herrschenden Systems". Die Anwendung von Gewalt – auch gegen Personen – halten Autonome zur Durchsetzung ihrer Ziele für legitim. Sie rechtfertigen Gewalt als angeblich erforderliches Mittel gegen die „strukturelle Gewalt" eines „Systems von Zwang, Ausbeutung und Unterdrückung".

Bundesministerium des Innern / Ref. G I 6 / Oeff. Arbeit, in:http://www.bmi.bund.de/DE/Themen/Sicherheit/Extremismus/Linksextremismus/linksextremismus_node.html, 28.4.2011

Sozialismus
Sozialismus ist eine politische Ideologie, die durch die Vergesellschaftung der Produktionsmittel eine sozial gerechte Wirtschafts- und Gesellschaftsordnung erstrebt.

Kommunismus
Kommunismus ist eine politische Lehre, die eine klassenlose Gesellschaft zum Ziel hat.

Anarchie
Herrschaftslosigkeit

Marxismus
Bezeichnung für die von Karl Marx und Friedrich Engels entwickelte Wirtschafts- und Gesellschaftsordnung

M 6 ● Linksextreme Gewalt

Straftaten mit extremistischem Hintergrund aus dem Bereich „Politisch motivierte Kriminalität – links"					
Gewalttaten	2008	2009	Sonstige Straftaten	2008	2009
• Tötungsdelikte	0	0	• Sachbeschädigungen	1.468	2.091
• Versuchte Tötungsdelikte	3	7	• Nötigung/Bedrohung	57	56
• Körperverletzungen	359	502	• Andere Straftaten	898	1.472
• Brandstiftungen	62	113			
• Herbeiführen einer Sprengstoffexplosion	0	4			
• Landfriedensbruch	149	271			
• Gefährliche Eingriffe in den Bahn-, Luft-, Schiffs- und Straßenverkehr	24	18			
• Freiheitsberaubung	0	2			
• Raub	13	23			
• Erpressung	2	2			
• Widerstandsdelikte	89	173			
• Sexualdelikte	0	0			
Gesamt	**701**	**1.115**		**2.423**	**3.619**

Die Zahlen basieren auf Angaben des BKA. Die Übersicht enthält – mit Ausnahme der Tötungsdelikte – vollendete und versuchte Straftaten. Nach: http://www.verfassungsschutz.de/print/de/arbeitsfelder/af_linksextremismus/zahlen_und_fakten_linksextremismus/zafali_2_straftaten.html, Abruf am 27.6.2011

Aufgaben

1. Sammeln Sie in Gruppen Argumente für die starke Zunahme von Brandanschlägen auf Autos in Berlin und Hamburg. (M 4)
2. Erklären Sie Ihrem Nachbarn, welche Ziele Linksextreme wie verfolgen. Beziehen Sie dabei die Straftaten aus M 6 und die Aussage *„Macht kaputt, was euch kaputt macht"* aus M 4 mit ein.
3. Vergleichen Sie in Gruppen linksextremistische mit rechtsextremistischen Straftaten. Gibt es Gemeinsamkeiten? Welche Unterschiede fallen auf? (M 3, M 6)

3.2.3 Islamismus in Deutschland – ein Problem?

M 7 ● Ein Attentat und viele offene Fragen

Arid Uka hat gestanden, am 2.3.2011 zwei US-Soldaten mit Kopfschüssen getötet und zwei andere schwer verletzt zu haben.

Am 2. März hat Arid U. am Frankfurter Flughafen zwei US-Soldaten mit Schüssen in den Kopf getötet, als diese mit einem Bus nach Ramstein fahren wollten - von dort wäre es weiter nach Afghanistan in den Krieg gegangen. Vom kommenden Mittwoch an muss sich der 21-Jährige dafür vor dem Frankfurter Oberlandesgericht verantworten. Der Vorwurf: zweifacher Mord, dreifacher versuchter Mord. Die Tat gilt als erstes islamistisch motiviertes Attentat in Deutschland. Arid U. war nach Erkenntnissen der Ermittler nicht in eine Gruppe oder gar Terrororganisation eingebunden. Er hat sich vielmehr über das Internet radikalisiert, alleine, zu Hause. Wie aus der Anklageschrift hervorgeht, die der taz vorliegt, fanden sich auf seinem Laptop, seinem Handy und seinem iPod hunderte dschihadistische Texte, Videos und Lieder - darunter ein Buch des einstigen Bin-Laden-Mentors Abdallah Azzam und elf englischsprachige Vorträge des berüchtigten Predigers Anwar al-Awlaki, eines der wichtigsten Ideologen des Al-Qaida-Ablegers im Jemen. [...] In den letzten Monaten vor der Tat hat Arid U. dann aber den Kontakt zu seinen alten Freunden - unter ihnen auch ein Deutsch-Amerikaner - nach und nach abgebrochen. Immer tiefer tauchte er in die Welt der islamistischen Internetpropaganda ab. [...] Am Abend vor der Tat schaute sich Arid U. im Internet wieder einmal dschihadistische Videos an. Gegen 23 Uhr sah er bei „YouTube" einen Clip, in dem neben Ausschnitten aus Terrorvideos die Vergewaltigung einer Muslimin durch US-Soldaten gezeigt wird. Es ist eine Szene aus dem Kinofilm „Redacted" von Brian De Palma. Arid U. hielt die Vergewaltigung für echt, wie er in Vernehmungen sagte. Er müsse „irgendetwas machen", habe er sich am nächsten Morgen gedacht - und das tat er dann auch. Er holt sich aus dem Kleiderschrank eine 9-Millimeter-Pistole, die vermutlich seinem Bruder gehört, fährt mit 22 Patronen raus zum Frankfurter Flughafen. Bis kurz vor der Tat hört er laut Anklage über seinen iPod Dschihadlieder, darunter auch das eines im afghanisch-pakistanischen Grenzgebiet aktiven Bonner Dschihadisten: „Mutter bleibe standhaft, dein Sohn ist im Dschihad." Wenig später schießt Arid U. los. „Er wollte Vergeltung", sagt die Bundesanwaltschaft.

Wolf Schmidt, Ein Attentat und viele offene Fragen, in: http://www.taz.de/!76955/, 27.8.2011

M 8 ● Bundesminister warnt vor Islamisten in Deutschland

Bundesinnenminister Dr. Hans-Peter Friedrich warnt vor dem Islamismus in Deutschland.

Bundesinnenminister Hans-Peter Friedrich (CSU) geht von knapp 1.000 möglichen islamistischen Terroristen in Deutschland aus. „Davon wiederum sind 128 Gefährder, also Personen, bei denen Tatsachen die Annahme rechtfertigen, dass sie erhebliche Straftaten begehen könnten", sagte Friedrich der „Bild"-Zeitung (Onlineausgabe). „Das schließt auch einen Anschlag mit ein." Friedrich sagte, ungefähr 20 dieser Gefährder hätten eine Ausbildung in einem Terroristenlager absolviert. Die Behörden wüssten, wer die Leute sind. „Die größte Gefahr geht heute eher von Einzeltätern aus. Sie sind schwer zu entdecken", sagte Friedrich. Der Minister sagte, der Islamismus missbrauche die Religion als Kampfideologie. „Es gibt deshalb ein gemeinsames Interesse muslimischer Vereine und Einrichtungen sowie der Sicherheitsbehörden, diesen Missbrauch zu stoppen", sagte er.

gxs/dapd, Friedrich warnt vor Islamisten in Deutschland, in: http://www.focus.de/politik/weitere-meldungen/terrorismus-friedrich-warnt-vor-islamisten-in-deutschland_aid_662137.html?drucken=1, 5.9.2011

M 9 Was genau ist „Islamismus"? GRUNDWISSEN

In Abgrenzung zur Religion „Islam" bezeichnet der Begriff „Islamismus" eine religiös verbrämte Form des politischen Extremismus. Zentraler Bestandteil dieser Ideologie ist der totale Geltungsanspruch des islamischen Rechts, der Scharia, in einer sehr strikten Auslegung. [...] Für Islamisten ist die Scharia in ihrer Gänze unantastbares Gesetz Gottes, das idealerweise ohne Begrenzung in Zeit und Raum gelten soll - kein von Menschen gemachtes Gebot oder Gesetz kann an ihre Stelle treten. Weil die Scharia nach Vorstellung der Islamisten sämtliche Lebensbereiche umfassend und abschließend regelt, ist kein Platz für demokratische Mehrheitsentscheidungen und wenig Raum für selbstbestimmte Entscheidungen. Eine islamische Ordnung in diesem Sinn, deren umfassende Einrichtung das Ziel von Islamisten darstellt, ist insbesondere mit der Gleichberechtigung von Mann und Frau, der Religionsfreiheit und dem Demokratieprinzip unvereinbar. Der Islamismus stellt daher nicht erst in seinen terroristischen Handlungsformen eine Bedrohung dar. Vielmehr kann bereits die zugrundeliegende politische Ideologie eine Gefahr für die freiheitlich demokratische Grundordnung bedeuten. Hierbei ist festzuhalten, dass sich der Islamismus nicht in sämtlichen vorhandenen Strömungen völlig gleich darstellt. Vielmehr handelt es sich um eine in sich heterogene politische Ideologie mit gemeinsamen Grundmerkmalen. Um wirksam gegen den Islamismus und seine Verbreitung vorzugehen, werden präventive und repressive Handlungsansätze kombiniert. Zu den repressiven Maßnahmen gehören insbesondere die Bestimmungen, die der Gesetzgeber des Bundes zur Verbesserung des Kampfes gegen den internationalen Terrorismus erlassen hat.

http://www.bmi.bund.de/DE/Themen/Sicherheit/Extremismus/Islamismus/islamismus_node.html, 27.4.2011

Scharia

Die Scharia ist das religiöse Gesetz des Islam, das kultische Pflichten verzeichnet und ethische Normen und Rechtsgrundsätze für alle Lebensbereiche aufstellt.

METHODE

Positionslinie / Streitlinie

Die Positions- oder Streitlinie ist eine Methode, um eine politische Kontroverse räumlich im Klassenzimmer deutlich zu machen. Unterschiedliche Meinungen werden dadurch sichtbar, dass sich Schülerinnen und Schüler auf einer Linie positionieren. Die Streitlinie verläuft quer durchs Klassenzimmer und kann z.B. mit einem Klebeband markiert werden – in den Ecken des Zimmers versammeln sich diejenigen, die die Frage mit „Nein" oder „Ja" beantworten. Auf der Streitlinie stehen die unentschiedenen Schülerinnen und Schüler. Tendiert beispielsweise ein Schüler dazu, die Streitfrage mit „Ja" zu beantworten, ist sich aber nicht sicher, dann kann er sich in einigem Abstand zur „Ja"-Ecke platzieren. Die so entstandenen Gruppen können nun mithilfe weiterer Materialien Argumente für ihre Position sammeln. Anschließend verteilen sie sich erneut im Raum und diskutieren die Streitfrage

Aufgaben

1. Recherchieren Sie in Ihrem Umfeld nach Erfahrungen mit Extremismus (Rechts-, Linksextremismus sowie Islamismus). Vergleichen Sie Ihre Ergebnisse in der Klasse. (M 7–M 8)
2. Markieren Sie eine Positionslinie / Streitlinie und positionieren Sie sich zur Frage: *Stellt der Islamismus in Deutschland eine Gefahr dar?*
3. Formulieren Sie Ihren persönlichen Standpunkt. Wie beurteilen Sie die „Islamismusgefahr" in Deutschland? (M 6–M 9)

3.2.4 Die wehrhafte Demokratie – wie schützt sie die Grundrechte?

M 10 ● Aus!

Karikatur: Mohr, Baaske Cartoons

M 11 ● Das Bundesverfassungsgericht – Hüter der Verfassung GRUNDWISSEN

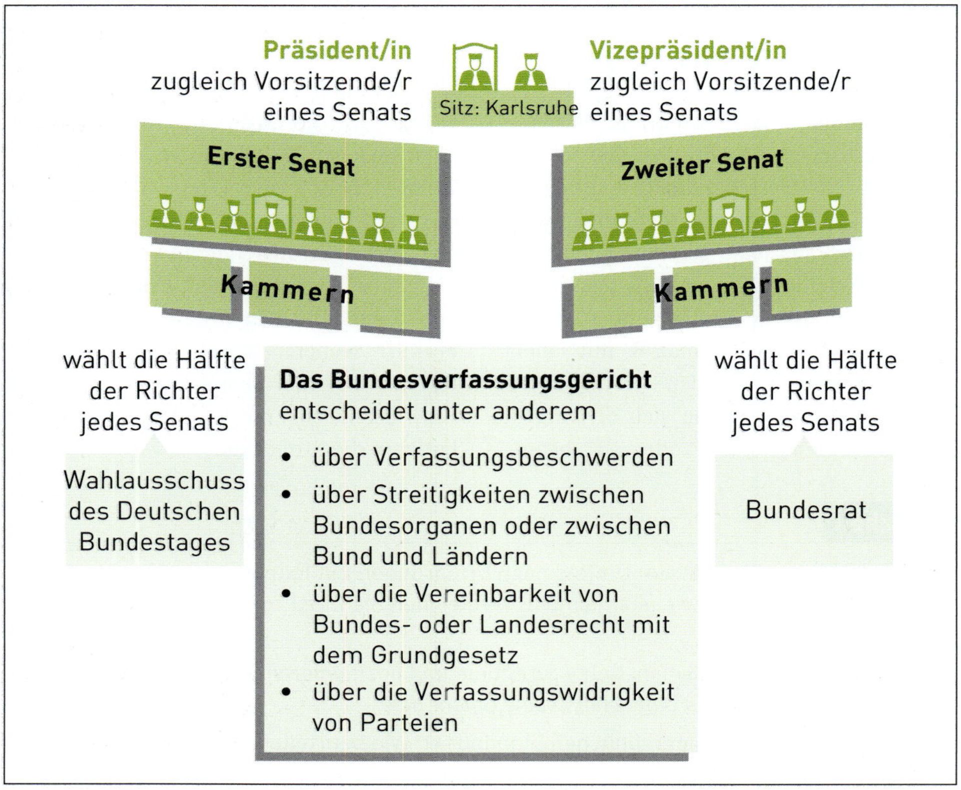

Wie der Staat die Demokratie schützt

Der Aufstieg der Nationalsozialisten, deren erklärtes Ziel die Abschaffung der Demokratie war, warf die Frage auf, wie sich ein demokratischer Staat gegen politischen Extremismus wehren kann, ohne die Freiheitsrechte seiner Bürger zu sehr einzuschränken. Im Zentrum der streitbaren Demokratie steht die sogenannte Ewigkeitsgarantie des Art. 79 Abs. 3 (GG). Darin heißt es: „Eine Änderung dieses Grundgesetzes, durch welche die Gliederung des Bundes in Länder, die grundsätzliche Mitwirkung der Länder bei der Gesetzgebung oder die in den Artikeln 1 und 20 niedergelegten Grundsätze berührt werden, ist unzulässig." Zu den Grundsätzen gehören die Menschenwürde, die Rechts-, Sozial- und Bundesstaatlichkeit sowie das Demokratieprinzip.

Bundesverfassungsgericht als Verfassungsorgan

Wie das Bundesverfassungsgericht mit den anderen Verfassungsorgangen zusammenarbeitet, ist auf Seite 80 erklärt.

M 12 ● Die wehrhafte Demokratie im Grundgesetz GRUNDWISSEN

ARTIKEL 5

(1) Jeder hat das Recht, seine Meinung in Wort, Schrift und Bild frei zu äußern und zu verbreiten und sich aus allgemein zugänglichen Quellen ungehindert zu unterrichten. Die Pressefreiheit und die Freiheit der Berichterstattung durch Rundfunk und Film werden gewährleistet. Eine Zensur findet nicht statt. [...] (3) Kunst und Wissenschaft, Forschung und Lehre sind frei. Die Freiheit der Lehre entbindet nicht von der Treue zur Verfassung.

ARTIKEL 9

(1) Alle Deutschen haben das Recht, Vereine und Gesellschaften zu bilden. (2) Vereinigungen, deren Zwecke oder deren Tätigkeit den Strafgesetzen zuwiderlaufen oder die sich gegen die verfassungsmäßige Ordnung oder gegen den Gedanken der Völkerverständigung richten, sind verboten. [...]

ARTIKEL 18

Wer die Freiheit der Meinungsäußerung, insbesondere die Pressefreiheit (Artikel 5 Abs. 1), die Lehrfreiheit (Artikel 5 Abs. 3), die Versammlungsfreiheit (Artikel 8), die Vereinigungsfreiheit (Artikel 9), das Brief-, Post- und Fernmeldegeheimnis (Artikel 10), das Eigentum (Artikel 14) oder das Asylrecht (Artikel 16a) zum Kampfe gegen die freiheitliche demokratische Grundordnung missbraucht, verwirkt diese Grundrechte. Die Verwirkung und ihr Ausmaß werden durch das Bundesverfassungsgericht ausgesprochen.

Artikel 20

(1) Die Bundesrepublik Deutschland ist ein demokratischer und sozialer Bundesstaat. (2) Alle Staatsgewalt geht vom Volke aus. Sie wird vom Volke in Wahlen und Abstimmungen und durch besondere Organe der Gesetzgebung, der vollziehenden Gewalt und der Rechtsprechung ausgeübt. (3) Die Gesetzgebung ist an die verfassungsmäßige Ordnung, die vollziehende Gewalt und die Rechtsprechung sind an Gesetz und Recht gebunden. (4) Gegen jeden, der es unternimmt, diese Ordnung zu beseitigen, haben alle Deutschen das Recht zum Widerstand, wenn andere Abhilfe nicht möglich ist.

ARTIKEL 21

(1) Die Parteien wirken bei der politischen Willensbildung des Volkes mit. Ihre Gründung ist frei. Ihre innere Ordnung muss demokratischen Grundsätzen entsprechen. [...] (2) Parteien, die nach ihren Zielen oder nach dem Verhalten ihrer Anhänger darauf ausgehen, die freiheitliche demokratische Grundordnung zu beeinträchtigen oder zu beseitigen oder den Bestand der Bundesrepublik Deutschland zu gefährden, sind verfassungswidrig. Über die Frage der Verfassungswidrigkeit entscheidet das Bundesverfassungsgericht. [...]

ARTIKEL 79

(3) Eine Änderung dieses Grundgesetzes, durch welche die Gliederung des Bundes in Länder, die grundsätzliche Mitwirkung der Länder bei der Gesetzgebung oder die in den Artikeln 1 und 20 niedergelegten Grundsätze berührt werden, ist unzulässig.

Aufgaben

1. Arbeiten Sie aus M 10–M 12 die Mittel heraus, die die wehrhafte Demokratie bereithält, um die Grundwerte unserer Demokratie zu schützen.
2. Erklären Sie, warum das Bundesverfassungsgericht als „Hüter der Verfassung“ bezeichnet wird. (M 11)

WISSEN KOMPAKT

Rechtsextremismus
M 1-M 3

Typische Merkmale rechtsextremistischer Gruppen und Ideologien sind Intoleranz, Rassismus, Antisemitismus und Fremdenfeindlichkeit. Rechtsextremistische Bewegungen verfolgen das Ziel eines autoritären, antipluralistischen und antidemokratischen Gesellschaftssystems und bedrohen damit die freiheitliche, demokratische Grundordnung Deutschlands.

Linksextremismus
M 4-M 6

Innerhalb der politischen Linken werden jene Gruppen linksextremistisch eingestuft, die die parlamentarische Demokratie und vor allem den Kapitalismus als Wirtschafts- und Gesellschaftssystem verneinen. Linksextremistische Gruppen streben – teils unter Verwendung von Gewalt – nach einem egalitären, klassenlosen Gesellschaftssystem.

Islamismus
M 7-M 9

Verschiedene extremistische politische Ideologien und Bewegungen, die den Islam zum Fundament haben, werden mit dem Begriff „Islamismus" beschrieben. Allen Strömungen innerhalb des Islamismus liegen u. a. folgende Ansichten zugrunde: Islam als einzige Quelle für das politische System, politische und religiöse Einheit aller Muslime der Welt (Umma), Abschaffung des weltlichen Staats und Einführung der Staatsreligion sowie Widerstand gegenüber fremder, nicht-muslimischer Einmischung.

Bundesverfassungsgericht
M 11

Um einen Missbrauch der Instrumente der wehrhaften Demokratie zu verhindern, wurden diese überwiegend dem Bundesverfassungsgericht übertragen. Das Bundesverfasssungsgericht ist das höchste deutsche Gericht. Es entscheidet verbindlich über die Auslegung des Grundgesetzes. Außerdem kann sich jeder Bürger an das Gericht wenden, wenn er seine Grundrechte durch staatliches Handeln verletzt sieht. Deshalb wird das Bundesverfassungsgericht auch als „Hüter der Verfassung" bezeichnet.

Wehrhafte Demokratie
M 10-M 12

Die freiheitliche demokratische Grundordnung darf nicht gefährdet oder abgeschafft werden. Deshalb wird unsere Demokratie als wehrhafte oder streitbare Demokratie bezeichnet. Zu den Mitteln der wehrhaften Demokratie gehören:

- Auf Antrag können verfassungswidrige Parteien vom Bundesverfassungsgericht verboten werden.
- Vereinigungen, die sich gegen die verfassungsmäßige Ordnung richten, können vom Innenminister verboten werden.
- Die Grundrechte einzelner Personen können vom Bundesverfassungsgericht verwirkt werden, wenn sie diese zum Kampf gegen die Demokratie missbrauchen.
- Bedienstete im öffentlichen Dienst können auf ihre Verfassungstreue verpflichtet werden.
- Als letztes Mittel räumt das Grundgesetz den Deutschen ein Recht zum Widerstand gegen jeden ein, der es unternimmt, die verfassungsmäßige Ordnung zu beseitigen, wenn keine andere Abhilfe möglich ist.

Rechts- und Linksextremismus, Islamismus – Gemeinsamkeiten

Bei allen Differenzen gibt es eine Reihe gemeinsamer Merkmale des modernen politischen Extremismus. Hierzu gehören der Absolutheitsanspruch der eigenen Auffassungen, Dogmatismus[1], die Unterteilung der Welt in Freund und Feind, aber auch Verschwörungstheorien und Fanatismus[2]. Extremistische Ideologien sind geschlossene Denkgebäude, die von ihren Anhängern angewandt oder ausgelegt, nicht aber reflektiert und fortent-wickelt werden. Sie haben einen quasi-religiösen Status, sie werden nicht diskutiert sondern geglaubt. Politik besteht nicht aus einer Programmatik, Politik ist vielmehr Weltanschauung, die alle Lebensbereiche regelt. Sie gilt als ewiggültig oder von Natur aus wahr. Der Glaube an Volksgemeinschaft und Nation oder an die historische Mission der Arbeiterklasse und die Diktatur des Proletariats oder an die Vorschriften des Korans und den islamischen Gottesstaat treten an die Stelle politischer Programmatiken, denen es um die Diskussion und Durchsetzung von rationalen Zielen geht. Der ewige Überlebenskampf – gegen die „Verräter" und „Ungläubigen" oder die „jüdisch-bolschewistische Weltverschwörung" oder die „kapitalistische Ausbeutung" und den „Imperialismus" – und die Utopie einer „homogenen Volksgemeinschaft", einer „klassenlosen Gesellschaft" oder eines „Gottesstaates" gelten nicht als diskussionswürdige Programme, sondern als substanzielle und unverrückbare Grundfesten des politischen Glaubensbekenntnisses. Die demokratische Idee der Herrschaft auf Zeit und der beständigen Legitimation und Kontrolle der politischen Führung durch ein institutionelles System von checks and balances[3] ist dem politischen Extremismus fremd, denn sie unterläuft das Bild eines starken Staates. Das Führerbild der extremen Rechten basiert auf der Idee der organischen Entwicklung der Volksgemeinschaft. Führer ist, wer sich durchsetzt, ihm gebührt unbedingte Treue und Gehorsam. Auch die extreme Linke agiert mit einem Führerbild, das jedoch anders legitimiert ist. Arbeiterführer ist der am meisten klassenbewusste unter den Arbeitern, die Staatsführung soll in den Händen eines Gremiums liegen, das die Interessen der Arbeiterklasse monolithisch verkörpert und repräsentiert. Das Führerbild auf beiden Seiten ist elitär.

Rechtsextreme bei einer NPD-Demonstration

Proteste gegen Mohammed-Karikaturen

1.-Mai-Demo in Hamburg

Nach: Hans-Gerd Jaschke, Politischer Extremismus, Wiesbaden 2006, VS Verlag für Sozialwissenschaften

[1] *Dogmatismus: starres Festhalten an Anschauungen oder Lehrmeinungen*

[2] *Fanatismus: rigoroses Eintreten für eine Sache oder Idee als Ziel, das kompromisslos durchzusetzen ist*

[3] *checks and balances: gegenseitige Kontrolle von Verfassungsorganen eines Staates*

Aufgaben

1. Erstellen Sie in Gruppen zu jeder Form politischen Extremismus eine Mindmap. Wo liegen die Gemeinsamkeiten, wo sind die Unterschiede? Stellen Sie Ihre Ergebnisse der Klasse vor.
2. Recherchieren Sie die im Text angedeuteten Unterschiede der verschiedenen Richtungen politischen Extremismus. Untersuchen Sie dabei folgende Punkte: Entstehungsgeschichte, Mittel, Ziele, Menschenbild.

3.3 Verfassungsorgane – Herrschaft und Kontrolle

3.3.1 Was heißt es, zu regieren?

M 1 Was macht ein Bundeskanzler?

M 2 Regieren? Regieren!

Der ehemalige SPD-Vorsitzende Franz Müntefering sagte einmal: „Opposition ist Mist. Lasst das die anderen machen – wir wollen regieren." Alle Politiker wollen regieren! Sie treten in Wahlkämpfen für ihre Parteien an, um eine Mehrheit zu erreichen und „an die Regierung zu kommen". Denn wer regiert, hat die Macht im Land und kann seine politischen Vorstellungen umsetzen. Die Regierung kann weitreichende Entscheidungen vorbereiten und beeinflussen: Sie kann (zusammen mit den Abgeordneten im Bundestag) entscheiden, ob Steuern erhöht werden, ob die Bundeswehr zu einem Einsatz ins Ausland geschickt wird, ob soziale Leistungen gekürzt werden oder ob man mehr Geld in Bildung investiert. Die Politiker, die nicht an der Regierung beteiligt sind, haben dagegen nur wenig Einfluss auf die Politik. Sie können meist nur in der Öffentlichkeit sagen, dass sie anderer Meinung sind. Allein die Regierung ist berechtigt, den Kurs des Landes zu bestimmen, und deswegen wollen Politiker regieren.

M 3 Wie mächtig ist der Bundeskanzler? GRUNDWISSEN

Der Bundeskanzler wird häufig als mächtigster politischer Akteur in Deutschland bezeichnet. Dies liegt daran, dass er sowohl gegenüber dem Parlament eine besondere Rolle einnimmt als auch innerhalb der Bundesregierung über eine Sonderstellung verfügt. So wird innerhalb der Bundesregierung nur der Bundeskanzler direkt vom Bundestag gewählt. Alle anderen Mitglieder der Regierung werden auf seinen Vorschlag hin vom Bundespräsidenten ernannt. Damit verfügt er über eine besondere demokratische Legitimation. Innerhalb der Bundesregierung besitzt der Bundeskanzler die Richtlinienkompetenz. Das bedeutet, dass er die Grundlinien der Politik, also die allgemeine politische Ausrichtung der Regierungspolitik, bestimmen kann. Gegen den Willen des Kanzlers kann innerhalb der Regierung keine Entscheidung getroffen werden. Das Kabinett kann ihn nicht einfach überstimmen. Wie der Bundeskanzler diese Richtlinienkompetenz ausfüllen kann, hängt entscheidend von seiner Persönlichkeit, seiner Beliebtheit innerhalb der Bevölkerung und seinem Regierungsstil ab. Seine Macht ist natürlich dann beschränkt, wenn er mit einer Koalition aus verschiedenen Parteien regiert, da er auf andere Parteien einen geringeren Einfluss besitzt. Auch gegenüber dem Parlament verfügt er über eine Sonderrolle. Wenn der Bundeskanzler den Eindruck hat, dass die Mehrheit der Abgeordneten im Parlament seine Politik nicht mehr unterstützt, dann kann er im Deutschen Bundestag die Vertrauensfrage stellen. Wird er nicht mehr von der Mehrheit der Abgeordneten unterstützt, so kann er Neuwahlen herbeiführen. Viele Abgeordnete fürchten bei Neuwahlen um ihre Wiederwahl und werden so den Kanzler eher unterstützen. Aber wehrlos ist das Parlament beileibe nicht. Das Parlament verfügt über ein starkes Machtmittel: das konstruktive Misstrauensvotum.

M 4 ● Aufbau und Arbeitsweise der Bundesregierung

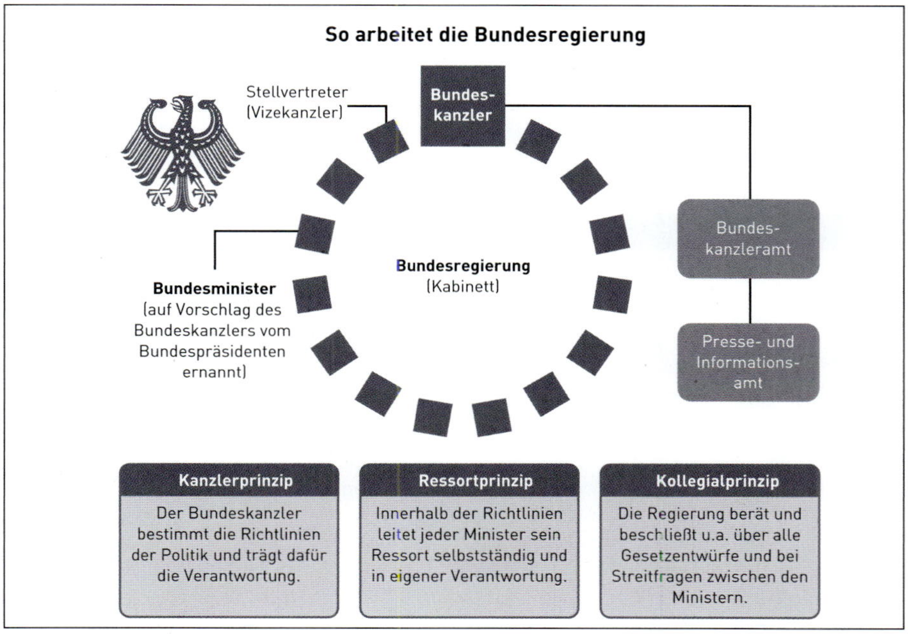

67123 *Bergmoser + Höller Verlag*

Aufgaben

1. Was heißt es, zu regieren? Sammeln Sie Überschriften und Berichte aus aktuellen Zeitungen, die deutlich machen, welche politischen Probleme die Bundesregierung gerade bearbeitet. (M 1)
2. Erklären Sie, welche Prinzipien die Regierungsarbeit leiten. (M 2, M 3)
3. Der Bundeskanzler gilt als mächtiger politischer Akteur. Was kann er tun, um seine Vorstellungen durchzusetzen? Stellen Sie eine Liste der Machtinstrumente des Bundeskanzlers zusammen. Welches Machtinstrument erscheint Ihnen am wirkungsvollsten? Erstellen Sie eine Hierarchie. (M 3)

Legitimation

Rechtfertigung der Ausübung staatlicher Gewalt, hier: durch eine Wahl

Kabinett

Das Kabinett besteht aus den Personen, die die Bundesregierung bilden (Bundeskanzler und seine Minister).

Antrag für das konstruktive Misstrauensvotum

Nach § 97 der Geschäftsordnung des Deutschen Bundestages muss mindestens 1/4 der Mitglieder des Bundestages den Antrag für das konstruktive Misstrauensvotum (Art. 67, 1 GG) unterzeichnen.

Konstruktives Misstrauensvotum

Über das konstruktive Misstrauensvotum kann das Parlament den Kanzler und damit die gesamte Regierung abwählen (Art. 67 GG). Das Parlament muss dazu allerdings einen neuen Kanzler wählen, weshalb das Misstrauensvotum „konstruktiv“ – durch die Wahl eines Nachfolgers – und nicht „destruktiv“ – durch die reine Abwahl eines Kanzlers – ist.

Artikel 65 GG

„Der Bundeskanzler bestimmt die Richtlinien der Politik und trägt dafür die Verantwortung.“

3.3.2 Wer kontrolliert die Regierung?

Opposition

Die Opposition ist im Parlament die Gruppe von Abgeordneten, die der Regierungsmehrheit gegenübersteht.

M 5 Die Opposition – Gegenspielerin der Regierung GRUNDWISSEN

Die politische Grenzlinie verläuft in erster Linie nicht mehr zwischen dem Parlament auf der einen und der Regierung auf der anderen Seite, die entscheidende Trennungslinie liegt in einem parlamentarischen System zwischen der Regierungs- beziehungsweise Parlamentsmehrheit und der Regierung auf der einen sowie der Opposition auf der anderen Seite.

Die Regierungsmehrheit, die heute einen Regierungschef wählt, kann morgen nicht so tun, als ob sie mit dessen Person und Regierung nichts verbinde. Durch eine Verweigerung der Zusammenarbeit mit dem von ihr gestellten Regierungschef würde sie sich selbst einen Fehler bescheinigen – nämlich denjenigen, den falschen Kanzler gewählt zu haben. Die Brücke, über die Parlamentsmehrheit und Regierung im heutigen parlamentarischen Regierungssystem verbunden sind, bilden die Parteien. Jedoch muss dies nicht unbedingt bedeuten, dass Regierung und Parlamentsmehrheit eine absolute Einheit darstellen. Die unterschiedliche Intensität der Beziehungen zwischen diesen beiden Organen hängt in erster Linie ab von der Anzahl der Parteien, die zur Bildung einer Regierung notwendig sind.

Emil Hübner, Parlamentarisches Regierungssystem und Gewaltenteilung, in: Informationen zur politischen Bildung Nr. 227, Parlamentarische Demokratie 1, Neudruck 2000, S. 26 f.

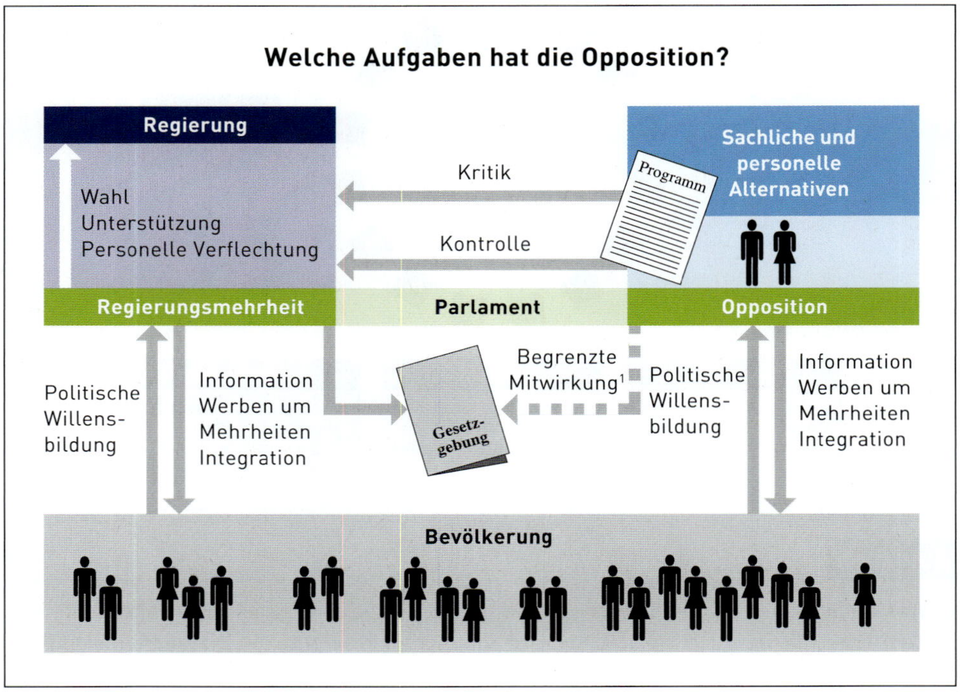

¹ über Ausschüsse, evtl. Bundesrat
Bergmoser und Höller Verlag *95054*

M 6 Wie können Abgeordnete die Regierung kontrollieren?

Stellen Sie sich folgende Situation vor: Die Regierung möchte zur Sicherung der Energieversorgung neue Atomkraftwerke bauen lassen und bringt einen entsprechenden Gesetzesvorschlag in den Bundestag ein. Viele Abgeordnete sind damit nicht einverstanden und möchten ihre Kritik äußern. Folgende Maßnahmen stehen den Abgeordneten zur Verfügung:

- In einer nicht-öffentlichen Versammlung die eigenen Bedenken gegenüber der Parteispitze äußern
- In einer Fernsehtalkshow die Regierung offen und hart kritisieren
- Noch nicht veröffentlichte Informationen heimlich und anonym an die Presse geben
- In einem Fachausschuss des Bundestages hinter verschlossenen Türen Kritik üben
- Im Kreis aller Abgeordneten der eigenen Partei (Fraktion) die Bedenken äußern
- Eine Aktuelle Stunde im Bundestag beantragen, in der in aller Breite und öffentlich Mitglieder der Regierung Stellung zur Kritik nehmen müssen. Die Debatte wird sogar im Fernsehen übertragen
- Auf einem Parteitag eine Rede halten, in der sie die Politik der Regierung geißeln

M 7 Interview mit dem Bundestagsabgeordneten Ernst-Reinhard Beck

Herr Beck, braucht die Regierung eine Kontrolle durch den Bundestag?
Das System der Gewaltenteilung in Legislative, Exekutive und Judikative bedeutet die Aufteilung staatlicher Gewalt in sich gegenseitig kontrollierende und beschränkende Gewalten. Eine der Hauptaufgaben des Bundestages ist die Kontrolle der Bundesregierung, denn Machtmissbrauch wird am besten durch Machtkontrolle verhindert.

Dem Bundestag stehen verschiedene Kontrollinstrumente zur Verfügung. Welche dieser Instrumente halten Sie für besonders wirkungsvoll?
Neben einer „Aktuellen Stunde" haben die Fraktionen die Möglichkeit, die Regierung mittels „Kleiner Anfragen" und „Großer Anfragen" zu kontrollieren. Darüber hinaus können Fraktionen die Einsetzung von Untersuchungsausschüssen beantragen, in denen Verfehlungen geklärt werden sollen. Dem einzelnen Abgeordneten steht die Möglichkeit offen, vier schriftliche Anfragen pro Monat und bis zu zwei mündliche Fragen pro Sitzungswoche zu stellen. Als schärfste Form der Kontrolle steht dem Parlament das konstruktive Misstrauensvotum zur Verfügung. In diesem Fall wählt die Mehrheit der Mitglieder des Bundestages einen neuen Kanzler. All diese Instrumente werden vorwiegend von der Opposition eingesetzt. Die Regierungsfraktionen kontrollieren eher nicht in der Öffentlichkeit.

Nehmen aus Ihrer Sicht auch die Regierungsfraktionen ihr Recht, die Regierung zu kontrollieren, wahr?
Die Mitglieder der Regierungsfraktionen üben ihr Kontrollrecht über ihre eigene Regierung eher intern – in Fraktions- und Arbeitsgruppensitzungen – aus. Selten sind daher schriftliche oder mündliche Fragen an die Regierung.

Inwieweit wird die öffentliche Wirkung bei der Auswahl der Instrumente in der Fraktion berücksichtigt?
Bei der Auswahl der Instrumente ist die öffentliche Wirkung von entscheidender Bedeutung. Die größte Wirkung erzielt man, wenn das Fernsehen das Thema aufgreift.

Interview des Autors mit Ernst-Reinhard Beck über die Wahrnehmung der Kontrollrechte des Bundestages durch die Abgeordneten.

Ernst-Reinhard Beck sitzt für die CDU im Deutschen Bundestag.

Untersuchungsausschuss

Die Abgeordneten des Bundestages können einen Untersuchungsausschuss bilden, wenn mindestens ein Viertel aller Abgeordneten zustimmen. Ziel des Ausschusses ist die Aufklärung politischer Missstände.

M 8 Wie frei ist ein Abgeordneter?

Der Deutsche Bundestag soll entscheiden, ob der Autoführerschein bereits für 17-Jährige eingeführt werden soll. Diese Entscheidung ist nicht unumstritten und die Abgeordneten werden von unterschiedlicher Seite beeinflusst. Irgendwann muss der Abgeordnete aber wissen, ob er dem Gesetz zustimmt oder nicht. Sein Problem ist dabei, dass er es nicht allen recht machen kann.

Fraktionsführer der Regierungspartei

Die Mehrheit der Abgeordneten und auch die Regierung sind dafür, die Altersgrenze abzusenken. Innerhalb der Fraktion gibt es aber einige Abgeordnete, die sich nicht sicher sind, ob sie dem Vorschlag zustimmen. Der Bundeskanzler hat mit Ihnen telefoniert und er wünscht sich, dass die Fraktion im Bundestag geschlossen zustimmt und das Thema damit endlich erledigt ist.

Elterngruppe

Sie vertreten eine Gruppe von Eltern aus dem Wahlkreis des Abgeordneten. Sie haben sich zusammengeschlossen, da Sie davon überzeugt sind, dass es viel zu gefährlich ist, schon 17-Jährige schnelle Autos fahren zu lassen. Erfahrungen aus Österreich haben gezeigt, dass es zu vielen schweren Unfällen kommt. Der Abgeordnete will kommendes Wochenende in den Wahlkreis kommen und Sie planen bereits eine Kundgebung auf dem Marktplatz, um auf Ihre Forderung aufmerksam zu machen.

Einfacher Abgeordneter der Regierungsfraktion

Sie sind Mitglied des Verkehrsausschusses und müssen bald entscheiden, ob Sie für oder gegen den Gesetzentwurf stimmen. Im Vorfeld setzen sich verschiedene Menschen mit Ihnen in Verbindung, um Ihre Entscheidung zu beeinflussen.

Vorsitzender der Handwerkskammer der ländlichen Region

Viele Ihrer Auszubildenden haben große Schwierigkeiten, den Ausbildungsbetrieb oder die Berufsschule mit öffentlichen Verkehrsmitteln zu erreichen. Dies gilt vor allem für die Wintermonate. Ihre Hoffnung ist, dass sich diese Situation entspannen würde, wenn 17-Jährige bereits alleine Auto fahren dürften.

Azubi in einem Betrieb auf dem Land

Sie sind 17 Jahre alt und um in die Berufsschule zu kommen, müssen Sie sehr weit fahren. Mit dem Bus ist das fast nicht zu schaffen. Ein Moped würde Ihnen im Winter viele Probleme bereiten, da die Straßen nicht gesichert sind. Sie haben bereits mit den anderen Berufsschülern gesprochen und dabei gemerkt, dass es sehr vielen von ihnen auch so geht wie Ihnen.

M 9 Die Vertreter des Volkes GRUNDWISSEN

Die Abgeordneten des Deutschen Bundestags sind stellvertretend für die Bürgerinnen und Bürger in Deutschland gewählt, um für das Volk die richtigen Entscheidungen zu treffen. Wir geben ihnen bei der Wahl mit unserer Stimme den Auftrag, die Interessen der ganzen Bevölkerung im Parlament zu vertreten. Mit unserem Votum für einen Abgeordneten ist aber keinesfalls ein konkreter Auftrag verbunden – etwa wie sich ein Abgeordneter bei einer bestimmten Abstimmung verhalten soll. Das ist das Prinzip des freien Mandats – und im Grundgesetz festgeschrieben.

Wenn wir die Abgeordneten für vier Jahre in den Bundestag wählen, dann treffen wir diese Entscheidung aber nicht nur wegen ihrer Person, sondern auch aufgrund ihrer Zugehörigkeit zu einer politischen Partei. Bei der Zweitstimme wird es besonders deutlich: Damit wählen wir eine Partei, keine Person. Das hat einen Grund: Parteien spielen in einer Demokratie eine wichtige Rolle. Wenn wir einen Politiker wählen, dann gibt uns seine Mitgliedschaft in einer Partei Aufschluss über seine politischen Überzeugungen und Ziele. Im besten Fall wissen wir also, für welches politische Programm der einzelne Kandidat steht. Um solche Interessen aber auch im Parlament durchzusetzen, bilden Abgeordnete Fraktionen.

Wenn es nun also um Abstimmungen geht, erwarten die Fraktionen in der Regel von ihren Mitgliedern, dass sie so votieren, wie es zuvor beschlossen wurde. Das bezeichnet man als Fraktionsdisziplin. Einen rechtlichen Zwang, im Sinne der eigenen Fraktion auftreten oder abstimmen zu müssen, gibt es jedoch nicht. Das freie Mandat sichert somit die individuelle Verantwortlichkeit der Abgeordneten und die Fraktionsdisziplin seine kollektive Verantwortlichkeit.

Nach: Deutscher Bundestag, Die Vertreter des Volkes, in: http://www.bundestag.de/btg-wahl/wahlinfos/abgeordnete/index.jeg Abruf am 20.06.2011

Fraktion

Vereinigung im Parlament, die aus den Abgeordneten einer Partei besteht. Auch Mitglieder verschiedener Parteien, die gleichgerichtete politische Ziele verfolgen, können sich zu einer Fraktion zusammenschließen.

Aufgaben

1. Versetzen Sie sich in einen Abgeordneten der Regierungsfraktion und der Opposition. Entscheiden Sie auch mithilfe von M 6, welche Maßnahmen die beiden treffen sollen, um Kritik an der Regierung zu üben. Wählen Sie dazu die Maßnahmen aus, die Ihnen am sinnvollsten erscheinen, und begründen Sie Ihre Auswahl.
2. Überprüfen Sie die folgenden Aussagen zur Kontrolle der Regierung. Stimmen sie? Begründen Sie Ihre Entscheidungen. (M 6, M 7)
   - Hauptaufgabe des Bundestages ist die Kontrolle der Regierung.
   - Bei der Auswahl der Kontrollmöglichkeiten ist die öffentliche Wirkung von entscheidender Bedeutung.
   - Nur die Opposition kontrolliert die Regierung.
   - Regierung und Parlament sind nicht vollständig voneinander getrennt.
3. Formulieren Sie Argumente für bzw. gegen das Absenken der Altersgrenze für den Auto-Führerschein.
4. Bilden Sie Gruppen und teilen Sie die fünf Rollen untereinander auf. Stellen Sie sich vor, der Abgeordnete hat Sie alle in seine Bürgersprechstunde eingeladen. Sie müssen nun versuchen, ihn von Ihrer Meinung zu überzeugen. Im Anschluss an das Streitgespräch muss der Abgeordnete sich entscheiden und seine Entscheidung vor der Klasse begründen. (M 8)
5. In Art. 38, 1 GG steht, dass die Abgeordneten des Deutschen Bundestages in ihren Entscheidungen frei und nur ihrem Gewissen unterworfen sind. Arbeiten Sie heraus, warum der Abgeordnete in der Praxis der Parlamentsarbeit auch die Wünsche seiner Fraktion berücksichtigen muss. (M 9)

Art. 38, 1 GG

(1) Die Abgeordneten des Deutschen Bundestages werden in allgemeiner, unmittelbarer, freier, gleicher und geheimer Wahl gewählt. Sie sind Vertreter des ganzen Volkes, an Aufträge und Weisungen nicht gebunden und nur ihrem Gewissen unterworfen.

3.3.3 Wie arbeitet der Deutsche Bundestag?

M 10 Wo sind die Abgeordneten?

Bundestagsdebatten finden häufig vor leeren Rängen statt. Auch in der Öffentlichkeit werden sie kaum wahrgenommen. Politik-Talkshows erzielen dagegen regelmäßig hohe Einschaltquoten.

M 11 Ist die Kritik am Parlament berechtigt?

Abgeordnete sind verpflichtet, an Ausschusssitzungen zu den Gesetzen teilzunehmen, die ihr Ausschuss (z. B. der Verteidigungsausschuss) gerade bearbeitet. Sie müssen Fachleute hören und umfangreiches Informationsmaterial durcharbeiten, das ihr Mitarbeiterstab oder der wissenschaftliche Dienst des Bundestages zusammengetragen haben; es kostet sie Zeit, etwa im Arbeitskreis ihrer Fraktion eine kritische Anfrage an die Bundesregierung zu formulieren oder sich um Kontakte zu den Medien zu kümmern, ohne die sie ihre Anliegen nicht wirksam vertreten können.
Auch für die Einzelinteressen und Probleme der Bürgerinnen und Bürger setzen sich die Abgeordneten oft in mühsamer Kleinarbeit ein. Die Arbeit im Wahlkreis erfordert zusätzlichen Zeitaufwand.
Da muss die Plenumsdebatte oft zurückstehen. Dort werden nach getaner Ausschussarbeit häufig die allen Abgeordneten bereits bekannten Argumente ausgetauscht, die niemanden, der sich monate-, manchmal jahrelang mit einer Frage auseinandergesetzt hat, noch zu einem Meinungswandel veranlassen können. Trotzdem sind diese Debatten kein überflüssiges Ritual: Die Sprecherinnen und Sprecher der Fraktionen reden bewusst „zum Fenster hinaus“, um der Öffentlichkeit die Gründe für ihre Sachentscheidungen zu vermitteln und so die in der Demokratie wichtige Transparenz zu ermöglichen.
Ein weiteres Stereotyp der Parlamentskritik behauptet, dass die Parlamentarierinnen und Parlamentarier zu viel streiten und zu wenig Einigkeit beweisen. Wie wenig das mit der Realität zu tun hat, zeigt schon die Statistik der Bundestagsgesetzgebung. Die meisten Gesetze werden nämlich im Einvernehmen von den [...] Fraktionen verabschiedet. [...]
Die Präsentation der Politik in den Medien trägt ein Übriges zur kritischen Haltung der Bevölkerung gegenüber der (Partei-)Politik bei: Im Kampf um Einschaltquoten und Verkaufszahlen am Kiosk geben die Medien dem Zwang zu Verknappung, zu Dramatisierung und Zuspitzung immer stärker nach. Sie veranlassen die Politikerinnen und Politiker zu Erklärungen von 30 bis 90 Sekunden Länge – für differenzierte, angemessene Sachaussagen bleibt da kaum noch Raum.

Ursula Münch, in: Information zur politischen Bildung aktuell, Bundestagswahlen 2002 Bonn 2002, S. 7

Transparenz
Durchsichtigkeit, hier: Nachvollziehbarkeit einer Entscheidung

Stereotyp
etwas, was ständig wiederkehrt

Plenumsdebatte
eine Aussprache zwischen den Abgeordneten im großen Parlamentssaal

M 12 ● Die Organisation des Deutschen Bundestags GRUNDWISSEN

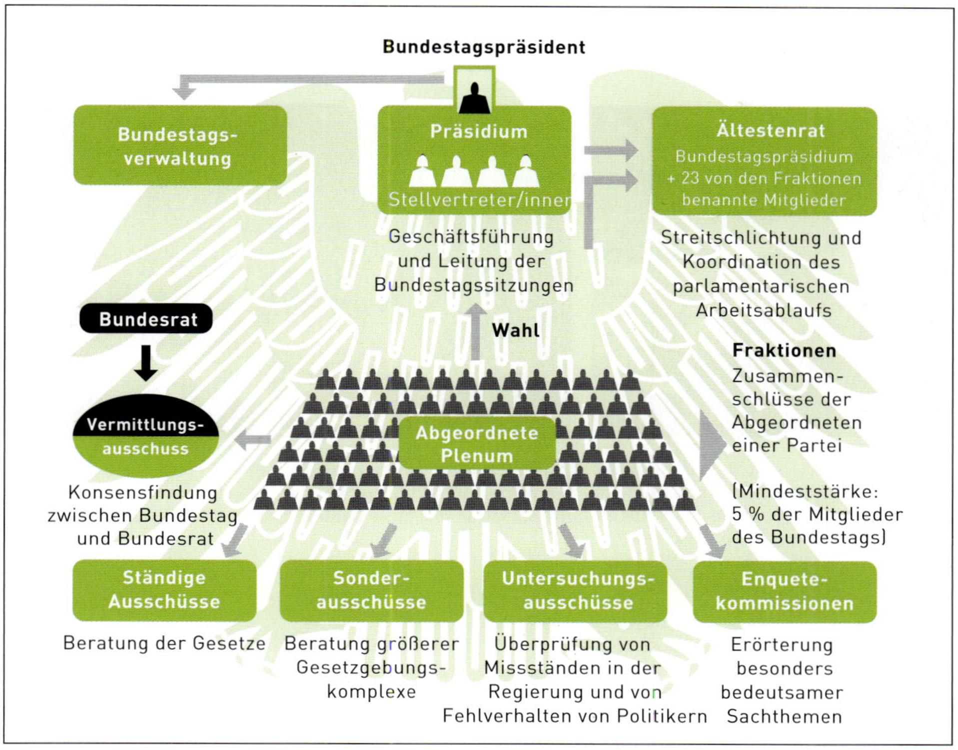

Rede- und Arbeitsparlament

Es gibt zwei Arten von Parlamenten: Im Redeparlament (z. B. das englische Unterhaus) wird die eigentliche Arbeit im Plenum gemacht. Es fehlt ein weit gefächertes Ausschusssystem. Im Arbeitsparlament (z. B. der amerikanische Kongress) gibt es ständige Ausschüsse. Hier findet die eigentliche politische Arbeit statt. Der Bundestag kann als eine Mischform aus beiden Parlamentsformen angesehen werden, wenngleich die Form des Arbeitsparlaments überwiegt.

M 13 ● Aufgaben des Bundestags GRUNDWISSEN

Der Bundestag erfüllt eine Vielzahl von Aufgaben: Im Mittelpunkt steht die Wahlfunktion. An erster Stelle ist die Wahl des Bundeskanzlers zu nennen, den der Bundestag mit absoluter Mehrheit – auch Kanzlermehrheit genannt – wählt. Darüber hinaus wirkt der Bundestag auch an der Wahl des Bundespräsidenten und an der Wahl der Richter des Bundesverfassungsgerichts mit. Die Aufgabe von Parlamenten ist die Verabschiedung von Gesetzen (Gesetzgebungsfunktion). Dazu zählt das Budgetrecht, d. h. die Verabschiedung des Bundeshaushaltes. In einem System der Gewaltenteilung erfüllt das Parlament die Aufgabe, die Regierung zu kontrollieren (Kontrollfunktion). Der Bundestag wird auch als Forum der Nation bezeichnet. Die Abgeordneten diskutieren stellvertretend für ihre Wähler über politische Fragen und bringen so die Wünsche und Vorstellungen der Bürger in das Parlament ein (Repräsentations- und Artikulationsfunktion).

Dramatisierung
Vorentscheidung
Ausschusssitzung
Zuspitzen
Ritual
Fachleute
Gesetze
Einschaltquoten
Wahlkreisarbeit
Plenumsdebatte
Medien

Aufgaben

1. Die beiden Bilder aus M 10 können auch als Vorwurf an die Abgeordneten verstanden werden. Formulieren Sie, welcher Vorwurf hier erhoben wird.
2. Entwerfen Sie mithilfe der nebenstehenden Begriffe eine kurze Rede aus der Sicht eines Abgeordneten, in der er sich gegen die Parlamentskritik zur Wehr setzt. (M 11, M 12)
3. Recherchieren Sie für jede vorgestellte Funktion des Bundestages in M 13 ein aktuelles Beispiel aus der Tagespresse und stellen Sie Ihre Ergebnisse der Klasse vor.

The debating parliament of the UK

M 14 ● House of Commons and House of Lords

House of Commons: Prime Minister David Cameron speaks during Prime Minister's Questions in the House of Commons, London. As it is not allowed to take pictures of the interior of the House of Commons, this picture is taken from a TV screen.

Queen Elizabeth II, accompained by Prince Philip, the Duke of Edinburgh, prepares to deliver her speech in the House of Lords during the State Opening of Parliament on May 9, 2012 in London.

M 15 ● The role of Houses in the Parliament of the UK

issue: Problem
proposal: Vorschlag
to complement: ergänzen

The business of Parliament takes place in two Houses: the House of Commons and the House of Lords. Their work is similar: making laws (legislation), checking the work of the government (scrutiny), and debating current issues. [...] Members of the Commons (MPs) debate the big political issues of the day and proposals for new laws. It is one of the key places where government ministers, like the Prime Minister and the Chancellor, and the principal figures of the main political parties, work. [...] The House of Lords is the second chamber of the UK Parliament, it complements the work of the House of Commons.

M 16 ● The role of debates in the Parliament of the UK

vote: Abstimmung
to conclude: beenden

Both Houses of Parliament hold debates in which Members discuss government policy, proposed new laws and current issues. Debates are designed to assist MPs and Lords to reach an informed decision on a subject. Votes are often held to conclude a debate, which may involve then passing or rejecting a proposed new law (legislation) or simply registering their opinion on a subject. [...]

Debates - General

A similar system for debates applies across the Commons and Lords. Subjects are introduced as a proposal, or motion, by Members, then debated according to strict sets of rules.

Why does Parliament have debates?

Debates are an opportunity for MPs and Lords to discuss government policy, proposed new laws and current issues. It allows MPs to voice the concerns and interests of their constituents, and Members of the House of Lords can speak about issues brought to their attention by the public.

M17 ● The House of Commons

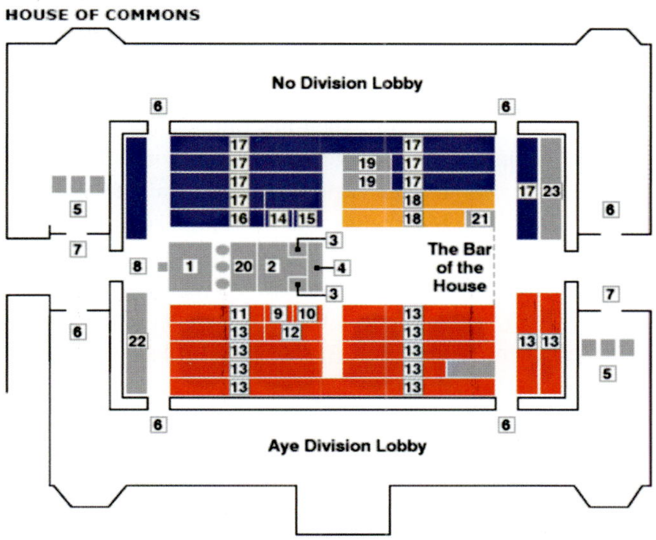

1 Speaker's Chair
2 Table of the House
3 Despatch boxes
4 Mace
5 Division Clerks' Desks
6 Entrances to Lobbies
7 Exits from Lobbies
8 Petition bag
9 Prime Minister
10 Government whips
11 Ministers
12 Parliamentary Private Secretaries
13 Govt. back benches
14 Leader of the Opposition
15 Opposition Whips
16 Shadow ministers
17 Oppostion back benches
18 Liberal Democrats
19 Other small parties
20 Clerks
21 Serjeant at Arms
22 Civil Servants
23 Strangers (public visitors)

BBC NEWS, Guide to parliament, in: http://news.bbc.co.uk/2/hi/uk_news/politics/6999581.stm, 22.5.2012

M18 ● The role of the government in the UK

People sometimes confuse Parliament and government. Both have important powers, but each is responsible for different areas of our democracy.

Government: running the country

The government is in charge of managing the country and deciding how our taxes are spent. Different government departments run different things. For example, there is a department in charge of health and another in charge of transport. Led by the prime minister, the UK government is formed by the political party (or coalition of parties) with the greatest representation in the House of Commons. The prime minister selects a team of MPs and members of the House of Lords to help run the country. [...]

Parliament: lawmaking ... and more

Parliament doesn't get into the business of running the country, but it is responsible for approving and changing the country's laws. Most new laws presented to Parliament are suggested by the government. To pass a new law both the House of Commons and the House of Lords must agree it is a good idea. Members of Parliament are also responsible for keeping an eye on the work of the government, to make sure it's doing a good job.

© Parliamentary Copyright, Parliament and government, in: http://www.parliament.uk/education/online-resources/parliament-explained/parliament-and-government/, 22.5.2012

to confuse so./sth.: verwechseln

get into the business: ins Geschäft eingreifen

in charge of: verantwortlich für

tax: Steuer

Exercises

1. Point out the difference between a "debating" and a "working parliament". (M10-M13, pp. 106-107; M14-M17)
2. Not only the Bundestag but also the European Parliament has structural aspects of a working parliament. Discuss the progress from a "debating parliament" to a "working parliament".

3.3.4 Brauchen wir einen Bundespräsidenten?

Wahl des Bundespräsidenten

Der Bundespräsident wird für eine Amtszeit von fünf Jahren von der Bundesversammlung gewählt. Die Bundesversammlung setzt sich aus allen Abgeordneten des Bundestages und der gleichen Anzahl von Vertretern der Länderparlamente zusammen. Die Landtage bestimmen nach Verhältniswahlrecht, wen sie in die Bundesversammlung schicken. Die Bundesversammlung ist ein nicht-ständiges Staats- bzw. Verfassungsorgan und hat nur eine Aufgabe: die Wahl des Bundespräsidenten.

M 19 Bedeutung und Aufgaben des Bundespräsidenten GRUNDWISSEN

Der Bundespräsident ist das Staatsoberhaupt in Deutschland und hat vor allem folgende Aufgaben:
- Prüfung und Unterzeichnung der Gesetze
- Ernennung und Entlassung von Bundeskanzlern, Bundesministern und Bundesrichtern
- Unterzeichnung von völkerrechtlichen Verträgen
- Entscheidungen über Begnadigungen

Die Aufgaben des Bundespräsidenten sind in der Regel formaler Natur. Nur in politischen Krisenzeiten, etwa bei unklaren Mehrheitsverhältnissen, kommen dem Bundespräsidenten bedeutsame Einflussmöglichkeiten zu: Vorschlagsrecht für das Amt des Bundeskanzlers, Entscheidung über den Antrag auf Auflösung des Bundestages.

M 20 Kontrovers diskutiert: pro und kontra Bundespräsidialamt

a) Das Amt kostet nur Geld und bringt nichts

Das Amt ist verunglückt. Der Präsident soll eine Art demokratischer Kaiser sein, aber schon mit Kaisern hatten wir wenig Fortüne [Glück]. [...] Unser Präsident ist weder reiner Repräsentant wie die Queen, noch hat er politische Macht wie früher in der Weimarer Republik (auch das ging schief) oder wie in Frankreich oder den USA. [...] Der US-Präsident genießt Respekt, weil er mächtig ist. Der Bundespräsident ist hingegen machtlos und soll dafür eine eigene Meinung haben, jedenfalls wird er kritisiert, wenn er nichts sagt. Freilich wird er auch kritisiert, wenn er etwas sagt [...]. Kurz: Wie er oder sie es macht, ist es falsch. [...] Der Präsident – oder die Präsidentin – wird in einer Versammlung gewählt, in der politischer Proporz [die politischen Mehrheitsverhältnisse] den Ausschlag gibt, aber das Volk würde lieber einen Nichtpolitiker im Amt sehen, Günther Jauch etwa. Warum nicht gleich Dieter Bohlen? Er sagt wenigstens die Wahrheit über die Kandidaten bei „DSDS“ und schmeichelt sich nicht beim Volk ein. Der Präsident soll Bürger wie Sie und ich sein, zugleich aber eine höhere Moral verkörpern. [...] In diesem [...] Sinne ist das Amt schlicht überflüssig. Die wenigen politischen Funktionen, die der Inhaber ausüben muss, können durch andere wahrgenommen werden. Gesetze unterschreiben kann der Bundesratspräsident, der sonst nicht viel zu tun hat. Der Parlamentspräsident könnte den Ministern ihre Ernennungs- und Entlassungsurkunden aushändigen. Die Empfänge für das diplomatische Korps und die Auslandsreisen kann – und sollte – der Außenminister übernehmen.

Alan Posener, Brauchen wir einen Bundespräsidenten? Nein, sagt Alan Posener, in: Die Welt, 7.1.2012, S. 2

b) Das Schloss Bellevue verkörpert den Staat

Das Schloss Bellevue, nicht das Bundeskanzleramt, verkörpert den Staat, auf welchen Beamte und Soldaten den Eid leisten. Das ist aus gutem Grund so. [...] Der Bundespräsident prüft, ob ein Gesetz dem Verfahren nach ordnungsgemäß im Bundestag zustande gekommen ist. Er verhindert etwaige politische Tricks. [...] Der Bundespräsident, und zwar er allein, entscheidet außerdem über die Auflösung des Bundestages. Weder die Bundeskanzlerin noch der Bundestag darf das tun, denn sie sind in einer solchen Machtfrage parteilich. Der Bundespräsident kann das Verfassungsgericht hinzuziehen, um rechtlich abgesichert zu sein, aber er muss das nicht tun. Er ist im engen Rahmen des Grundgesetzes in seiner Entscheidung frei. Er sorgt für Stabilität, wenn Parteien sich aus kurzfristigen Interessen nicht zusammenraufen und Kompromisse schließen wollen. Der Bundespräsident ist so gesehen erst in Notfällen wirklich stark. Im Normalfall hat er ein Amt inne, das über der Parteipolitik, aber nicht unpolitisch, das Land nach innen und außen repräsentiert. Es ist ein Amt, das mit der Persönlichkeit schrumpft oder wächst, und zwar keineswegs linear vom Kleinen zum Großen oder vom Schlechten zum Guten. Der Bundespräsident ist ein experimentelles Amt. In ihm erprobt und erfindet sich Deutschland mit jedem Gesicht im Schloss Bellevue auf andere Weise neu. [...] Der Bundespräsident kann Interpret von Gefühlen sein, er kann Tendenzen verstärken oder schaffen oder verändern wie sonst nur die Medien. Er setzt nicht nur seinen Stempel unter Gesetze, er drückt, wenn er gut ist, der deutschen Debatte seinen Stempel auf. Seine Autorität ist nicht kommerziell und nicht wahlkampfbezogen. Der Bundespräsident wird deshalb durch persönliche Eitelkeit nicht gestärkt, sondern geschwächt. In diesem Amt finden Maß und Mitte eine staatliche Verankerung. Deshalb wäre eine Direktwahl schädlich. Für eine solche Wahl würden sich die Eitlen und Lauten interessieren. Sie würden in die Versuchung geraten, Wahlkampf zu führen wie Parteipolitiker. Das Bundespräsidentenamt soll aber über den Wahlkämpfen stehen. Es soll den Wettbewerb nicht mitführen, sondern über ihn wachen. [...] Das Amt ist so gestaltet, dass es Reibungen zwischen Regierung und Staatsspitze vermeidet und starke Kanzler möglich macht. Es enthält aber die nötige Machtfülle, um Größenwahn oder Machtmissbrauch zu bremsen und wenn nötig sogar zu beenden. Der Bundespräsident darf es nämlich ablehnen (auch das wird oft übersehen), dem Bundestag jemanden zum Bundeskanzler vorzuschlagen, der oder die ihm von einer Partei präsentiert wird. Das ist zwar noch nie geschehen. Aber die rechtliche Macht dazu hat er, und niemand im Parteiengefüge sollte das vergessen.

Das Ziel, Debatten nicht einfach nur in der Hoffnung auf Machtgewinn und Machtvorteil zu führen, wird vom Bundespräsidenten verkörpert. In diesem Amt findet ein maßgeblicher Gründungsimpuls der Bundesrepublik seinen Ausdruck: nämlich der Gedanke der bewussten Selbstbeschränkung.

Torsten Krauel, Brauchen wir einen Bundespräsidenten?, Ja meint Torsten Krauel, in: http://www.welt.de/print/die_welt/debatte/article13802742/Brauchen-wir-einen-Bundespraesidenten-Ja-meint-Torsten-Krauel.html, 7.1.2012

Bisherige Bundespräsidenten der Bundesrepublik Deutschland

- 1949-1959
  Theodor Heuss (CDU)
- 1959-1969
  Heinrich Lübke (CDU)
- 1969-1974
  Gustav Heinemann (SPD)
- 1974-1979
  Walter Scheel (FDP)
- 1979-1984
  Karl Karstens (CDU)
- 1984-1994
  Richard von Weizsäcker (CDU)
- 1994-1999
  Roman Herzog (CDU)
- 1999-2004
  Johannes Rau (SPD)
- 2004-2010
  Horst Köhler (CDU)
- 2010-2012
  Christian Wulff (CDU)
- seit 2012
  Joachim Gauck (parteilos)

Aufgaben

1. Teilen Sie Ihre Klassen in Pro-, Kontra- und neutrale Gruppen zu je 3-4 Personen ein, die sich mit der Streitfrage auseinandersetzen. (M19)
2. Sammeln Sie in den Pro-Kontra-Gruppen jeweils entsprechende Argumente. Die neutralen Gruppen setzen sich mit beiden Positionen auseinander.
3. Setzen Sie sich nun zu Diskussionsgruppen zusammen, die aus je einem Vertreter der Pro- und Kontra-Gruppe und einem neutralen Vertreter bestehen. Die Pro-Kontra-Vertreter haben nun die Aufgabe, den neutralen Vertreter jeweils von ihrer Position zu überzeugen.
4. Alle neutralen Vertreter geben nach der Diskussion begründet an, welche Position sie besser überzeugen konnte.

WISSEN KOMPAKT

Regieren
M 2

Die Bundesregierung mit dem Kanzler an der Spitze hat die zentrale Aufgabe der politischen Führung. Einerseits soll der Wille der Parlamentsmehrheit von der Regierung in praktische Politik umgesetzt werden. Andererseits formt die Regierung den Mehrheitswillen des Parlaments auch durch politische Initiativen entscheidend mit.

Stellung des Bundeskanzlers
M 3, M 4

In der Regierung hat der Bundeskanzler eine hervorgehobene Stellung. Er bestimmt nach Art. 65 GG „die Richtlinien der Politik und trägt dafür die Verantwortung" (Kanzlerprinzip), d. h. er legt umfassende Ziele fest (wie z. B. große Reformvorhaben). Darüber hinaus macht er dem Bundespräsidenten Vorschläge zur Ernennung und Entlassung von Kabinettsmitgliedern. Innerhalb der Richtlinien leiten die Minister ihr Ministerium selbstständig (Ressortprinzip). Abgeschwächt wird das Kanzlerprinzip auch durch das Kabinettsprinzip. So berät und beschließt das Kabinett als Ganzes über alle Gesetzesentwürfe und entscheidet bei Streitfragen über die Zuständigkeit zwischen einzelnen Ministerien.

Kontrolle der Regierung
M 5-M9

Gewaltenverschränkung
M 6, M 7

Eine wichtige Aufgabe des Bundestags ist die Kontrolle der Regierung. Dies ist die Hauptaufgabe der Opposition. In der Praxis der Parteiendemokratie bilden nämlich die Regierung mit dem Bundeskanzler und die Regierungsparteien, die ja die Mehrheit im Parlament haben, eine Handlungseinheit. Man spricht in diesem Zusammenhang auch von Gewaltenverschränkung. Zwar üben auch die eigenen Abgeordneten Kritik an der Regierung, doch tun sie dies meist nicht öffentlich. So werden die Kontrollinstrumente des Bundestages wie Kleine und Große Anfragen, Aktuelle Stunden, Fragestunden, Untersuchungsausschüsse etc. hauptsächlich von der Opposition in Anspruch genommen. Außerdem kann die Opposition ihre Kritik wirksam über die Medien äußern und sich dort als die bessere Alternative präsentieren.

Stellung der Abgeordneten
M 9

Abgeordnete, die derselben Partei angehören, schließen sich im Bundestag zu einer Fraktion zusammen. Die Fraktionen sind die politische Heimat für die Abgeordneten und bilden den organisatorischen Rahmen der Arbeit im Bundestag, denn anders wäre der Bundestag wohl kaum entscheidungsfähig. Bei Abstimmungen folgen die Abgeordneten in der Regel der von der Fraktion festgelegten Linie (Fraktionsdisziplin), obwohl sie eigentlich nach Art. 38 GG in ihren Entscheidungen frei sind (freies Mandat).

Arbeitsweise des Bundestages
M 10-M 13

Der Bundestag ist ein Arbeitsparlament, d. h. die Hauptarbeit der Abgeordneten findet nicht im Plenum des Bundestages statt, sondern in den Fachausschüssen, die sich mit der Ausarbeitung von Gesetzen beschäftigen. Dort beraten die Abgeordneten, hören Fachleute an, diskutieren die Gesetzesentwürfe und verändern diese.

Insgesamt 3.299 Kleine Anfragen an die Bundesregierung

In der 16. Wahlperiode (2005-2009) regierte Angela Merkel (CDU) als Kanzlerin einer Großen Koalition aus CDU/CSU und SPD. Grüne, FDP und Linke bildeten die Opposition. Insgesamt stellten die Fraktionen des Deutschen Bundestages in dieser Wahlperiode 3.299 Kleine Anfragen an die Bundesregierung. Mit 1.505 kamen die meisten Anfragen von der Partei Die Linke, die FDP stellte 1.005 Anfragen und Bündnis 90/Die Grünen 788. Große Anfragen gab es insgesamt 63, von denen CDU/CSU und SPD 1, die FDP 17, Die Linke 11 und Bündnis 90/Die Grünen 34 stellten.

Statistik der Parlamentarischen Kontrolltätigkeit, Überblick 16. Wahlperiode, Stand: 21.4.2010

Fragerechte des Bundestags

Große Anfrage

Schriftliche Anfrage zu einem größeren politischen Themenkomplex durch eine Fraktion bzw. mindestens 5 % der Abgeordneten

An die Beantwortung durch die Bundesregierung schließt sich in der Regel eine Debatte vor dem Bundestag an.

Kleine Anfrage

Schriftliche Anfrage zu konkreten Einzelthemen durch eine Fraktion bzw. mindestens 5 % der Abgeordneten

Die Antwort erfolgt schriftlich durch das jeweils zuständige Bundesministerium.

Fragestunde

Einzelfragen zur mündlichen oder schriftlichen Beantwortung, von einzelnen Abgeordneten eingebracht

Mündliche Beantwortung in den beiden wöchentlichen Fragestunden des Bundestags

Möglichkeit für die Abgeordneten, mit Zusatzfragen nachzuhaken

Aktuelle Stunde

Politische Debatte mit Kurzbeiträgen zu einem aktuellen Thema auf Verlangen einer Fraktion bzw. von mindestens 5 % der Abgeordneten oder nach Verein-barung

Redezeit für die Abgeordneten: 5 min; Gesamtdauer: 1 Stunde + Redezeit der Regierung

Haupfunktionen:

- Beschaffung von Informationen
- öffentliche Herausforderung der Regierung durch die Opposition
- Gelegenheit, die Haltung der Opposition darzulegen

Nach: Bergmoser + Höller Verlag *66250*

Aufgabe

Erklären Sie, weshalb die Fraktionen die parlamentarischen Fragerechte so unterschiedlich stark einsetzen. Wählen Sie für Ihre Erklärung Begriffe aus dieser Begriffswolke aus:

Abgeordnete, Bundestag, Öffentlichkeit, Legislative, Gewaltenverschränkung, Gewaltenteilung, Opposition, Wahlen, Kontrollrechte, Kontrolle, Exekutive

3.3.5 Wie entsteht ein Gesetz? – am Fallbeispiel der Energiesicherheit in Deutschland

M 21 Der Streit um die Atomenergie

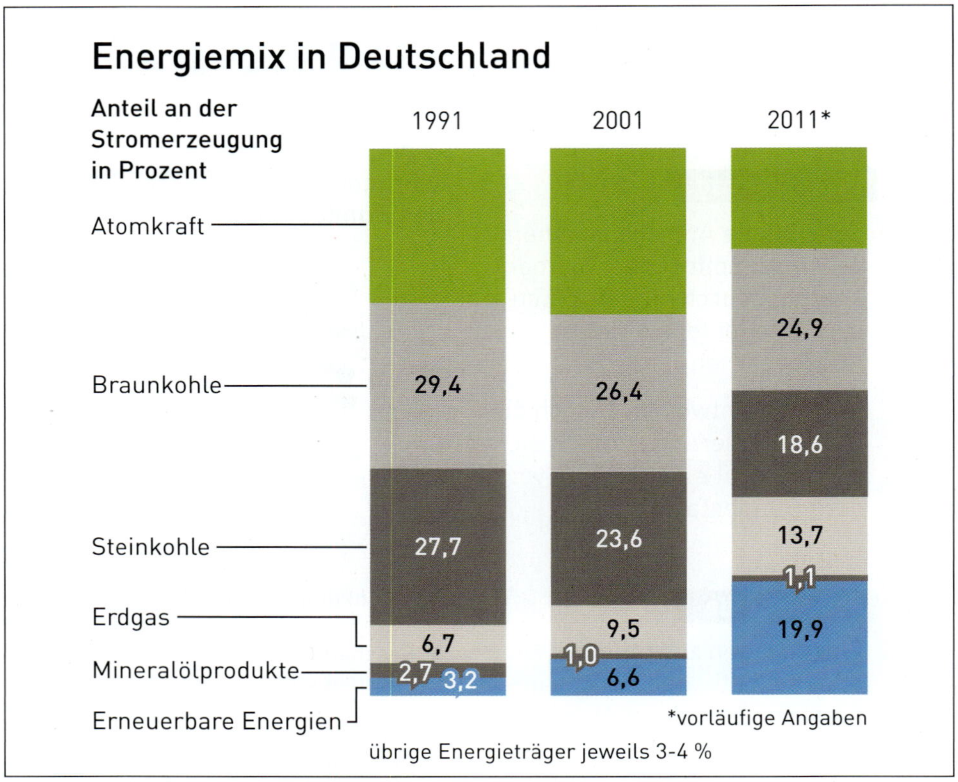

dpa-Grafik 16752; Quelle: Arbeitsgemeinschaft Energiebilanz (AGEB)

M 22 Der Streit um die Atomenergie

Die rot-grüne Bundesregierung unter Bundeskanzler Gerhard Schröder hatte nach ihrem Wahlsieg 1998 die Atomkraft neu bewertet und war zu dem Ergebnis gekommen, dass die Risiken der kommerziellen Nutzung zu hoch sind. 2002 wurde der geordnete Ausstieg aus der Atomkraft beschlossen.

Die Laufzeit der bestehenden Atomkraftwerke wurde auf durchschnittlich 32 Jahre seit ihrer Inbetriebnahme festgelegt. Bis Ende 2005 wurden die Atomkraftwerke Stade und Obrigheim stillgelegt. Nach dem Wahlsieg der CDU/CSU und FDP im Jahr 2009 haben sich die neuen Regierungsparteien im Koalitionsvertrag auf eine Neuausrichtung der Atompolitik geeinigt: „Kernenergie wird als Brückentechnologie gesehen, die erneuerbare Energien bis zu deren verlässlichen Einsatz ersetzen soll. Laufzeiten sollen unter Einhaltung deutscher und internationaler Sicherheitsstandards verlängert werden, das Neubauverbot bleibt bestehen.“ Im Herbst 2010 stellte die Bundesregierung dann ihr neues Energiekonzept vor. Der damalige Bundesumweltminister Norbert Röttgen (CDU) verteidigte das Konzept als „Meilenstein“ der deutschen Wirtschafts- und Umweltpolitik. Der Industriestaat Deutschland bekomme nach Jahrzehnten endlich ein Energiekonzept, sagte Röttgen.

M 23 ● Gesetzentwurf der Regierungsfraktionen (CDU/CSU, FDP)

Die Sicherstellung einer zuverlässigen, wirtschaftlichen und umweltverträglichen Energieversorgung ist eine der größten Herausforderungen des 21. Jahrhunderts. Die Herausforderungen einer nachhaltigen Energieversorgung ergeben sich auch aus den langfristigen globalen Trends. Die weltweit steigende Energienachfrage wird langfristig zu deutlich steigenden Energiepreisen führen. Zudem würde die Abhängigkeit Deutschlands von Energieimporten kontinuierlich steigen. Derzeit verursacht der Energieverbrauch 80 Prozent der Treibhausgasemissionen. Die heutigen Energieversorgungsstrukturen müssen mittel- bis langfristig grundlegend umgebaut werden, damit die Ziele Versorgungssicherheit, Preiswürdigkeit sowie Klimaschutz erreicht werden.

Deutscher Bundestag, Drucksache 17/3051

M 24 ● Das Parlament debattiert und entscheidet

Am 28. Oktober 2010 beriet der Bundestag in einer hitzigen und emotionalen Debatte über die Gesetzesvorlagen der Regierungskoalition zur Änderung des Atomgesetzes.

Der Ausstieg aus dem Atomausstieg ist beschlossene Sache. Der Bundestag billigte [...] das Energiekonzept der schwarz-gelben Regierung und damit die längeren Laufzeiten der 17 deutschen Atomkraftwerke um acht bis 14 Jahre. [...] Die Opposition will weiter für den Ausstieg kämpfen und kündigte den Gang vor das Bundesverfassungsgericht an, um eine Beteiligung des Bundesrates an der Gesetzgebung zu erzwingen. Den Entscheidungen ging eine turbulente Debatte voraus, die deutlich machte, wie aufgeladen die Stimmung zwischen Regierung und Opposition in der Atom-Frage ist. Der Ton in den Reden war rau. [...] Die Abgeordneten von Bündnis 90/Die Grünen erschienen aus Protest in schwarzer Kleidung mit gelben Anti-Castor-Kreuzen am Revers im Plenarsaal. [...] Der Parlamentarische Geschäftsführer der FDP, Jörg van Essen, [...] warf den Grünen vor: „Ihnen fehlt Stil und Anstand“ und sprach von „Affentheater“. Sein Amtskollege von der Linksfraktion, Jörn Wunderlich, beklagte, die Koalition demonstriere eine „bis dato nicht dagewesene Arroganz der Macht“ und schimpfte mit Hinweis auf einen Vertrag der Regierung mit vier großen Energieversorgern: „Die Beteiligung der Atomenergie ersetzt noch nicht die Beteiligung des Parlaments.“ Der Parlamentsgeschäftsführer der Union, Peter Altmaier, wies alle Vorwürfe zurück und warf den Grünen vor, durch „Klamauk“ und zahlreiche, sachlich nicht weiterführende Anträge, eine sachliche Ausschussberatung verhindert zu haben. SPD-Parteichef Sigmar Gabriel warf der Regierung vor, sie schaffe „Wettbewerbsvorteile für vier Energieriesen“ und würde den Ausbau von Arbeit im Sektor der erneuerbaren Energien verhindern. Jürgen Trittin (Bündnis 90/Die Grünen) kritisierte einen „Abgrund von Lobby- und Klientelpolitik“. Er warf der Regierung vor, die Gesellschaft zu spalten. Ähnlich argumentierte Gregor Gysi (Die Linke). Er sprach von einem „schwerwiegenden Fehler“ und „leichtfertiger Politik“.

Sibylle Ahlers, Laufzeit-Turbolenzen, in: Das Parlament, 44/2010, S. 1

Die Fraktion der Grünen erschien zur Debatte in schwarzer Kleidung im Bundestag, mit gelbem Kreuz am Revers, dem Anti-Atom-Symbol aus Gorleben.

Aufgaben

1. Stellen Sie dar, welche Gründe die Regierung für die Änderung des Atomgesetzes anführt und wie die Oppositionsparteien darauf reagieren. (M 21, 22)
2. Die Atmosphäre im Bundestag war sehr angespannt. Erläutern Sie, weshalb Debatten über die Fragen der Atomkraft so heftig verlaufen. (M 22-M 24)

3.3.6 Welche Institutionen durchläuft das Gesetz?

M 25 ● Etappen der Gesetzgebung GRUNDWISSEN

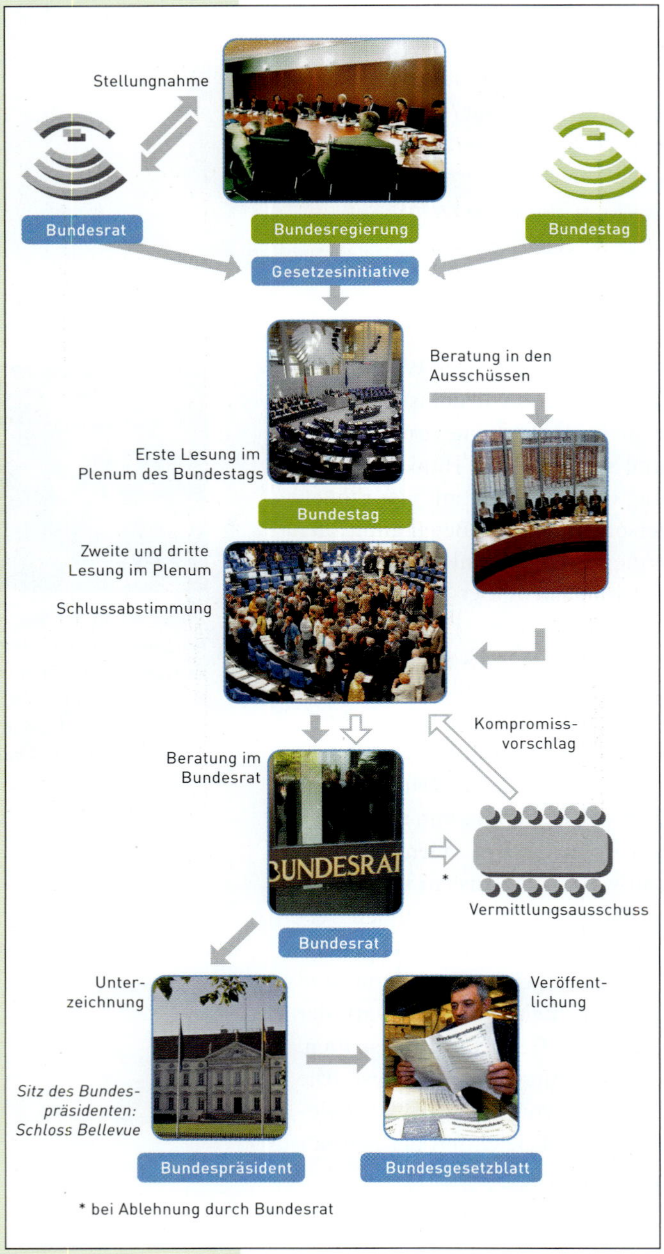

Die meisten Gesetze, die in den Bundestag eingebracht werden, sind Vorlagen der Regierung. Die Entwürfe werden in den zuständigen Fachministerien erarbeitet. Generell können Gesetzentwürfe von der Bundesregierung, aus dem Bundestag oder vom Bundesrat eingebracht werden. Die erste Beratung im Plenum des Bundestages dient der Begründung des Gesetzesvorhabens und der Erörterung der Grundsätze der Vorlage. Es erfolgt noch kein Beschluss. Der Gesetzentwurf wird anschließend an die fachlich zuständigen Ausschüsse überwiesen und dort intensiv beraten. Dort können in sogenannten „hearings" auch Experten von außerhalb zu einem Gesetz gehört werden. Der Ausschuss kann dann dem Plenum eine Abänderung, Annahme oder Ablehnung des Entwurfs empfehlen. Die zweite Lesung (Beratung) des Entwurfs erfolgt auf der Grundlage der Ausschussempfehlung. Über die einzelnen Bestimmungen wird dann abgestimmt. Die dritte Lesung schließt sich unmittelbar an. Anschließend erfolgt die Schlussabstimmung. Das im Bundestag beschlossene Gesetz wird dann dem Bundesrat zugeleitet. Die Zustimmung des Bundesrats ist erforderlich, wenn es sich um ein Zustimmungsgesetz handelt. Bei einem Einspruchsgesetz kann der Bundestag einen Einspruch des Bundesrats in einer weiteren Abstimmung überstimmen. Bei Uneinigkeit über ein Zustimmungsgesetz und einer drohenden Ablehnung kann der Vermittlungsausschuss angerufen werden, der einen Kompromissvorschlag erarbeitet, über den Bundestag und Bundesrat erneut abstimmen. Nach der Verabschiedung des Gesetzes wird es dem zuständigen Minister und dem Bundeskanzler zur Unterzeichnung vorgelegt. Anschließend muss noch der Bundespräsident das Gesetz unterzeichnen. Er kann seine Unterschrift nur verweigern, wenn er der Auffassung ist, dass das Gesetz gegen die Verfassung verstößt. Das Gesetz wird im Bundesgesetzblatt verkündet und tritt in Kraft.

Aufgaben

1. Schildern Sie Vor- und Nachteile dieses Gesetzgebungsverfahrens. (M 25)
2. Erarbeiten Sie in Gruppen Vorschläge für eine Reform des Gesetzgebungsverfahrens. (M 25)

3.3.7 Muss der Bundesrat dem neuen Atomgesetz zustimmen?

M 26 Der Bundesrat im Gesetzgebungsverfahren GRUNDWISSEN

In einem föderalen Staat schließen sich mehrere Gliedstaaten zu einem Bündnis zusammen. So bilden die 16 deutschen Länder (Baden-Württemberg, Bayern, Berlin, Brandenburg, Bremen, Hamburg, Hessen, Mecklenburg-Vorpommern, Niedersachsen, Nordrhein-Westfahlen, Rheinland-Pfalz, Saarland, Sachsen, Sachen-Anhalt, Schleswig-Holstein, Thüringen) gemeinsam einen Bundesstaat, die Bundesrepublik Deutschland. In einem Bundesstaat ist der Gesamtstaat für alles zuständig, was einheitlich geordnet werden muss. Darauf sollte er sich aber auch beschränken, denn die übrigen Angelegenheiten sollen die Gliedstaaten selbst regeln. In Deutschland ist der Bundesrat das Bindeglied zwischen Bund und Ländern. Er ist die Interessenvertretung der Länder auf Bundesebene. Er ist ein Verfassungsorgan des Bundes, besteht aber aus Vertretern der Länder. Über den Bundesrat können die Länder in vielen Fällen die Gesetzgebung des Bundes beeinflussen. Auch in Angelegenheiten der Europäischen Union können die Länder mitwirken. Ihre Mitwirkungsrechte sind dabei genau festgelegt. Der Bundesrat kann keine Änderungen an einem vom Bundestag beschlossenen Gesetz vornehmen. Stimmt er dem Gesetz aber nicht zu, so kann er den Vermittlungsausschuss anrufen. Bei Zustimmungsgesetzen ist die Zustimmung des Bundesrates zwingend erforderlich. Zustimmungsbedürftig sind insbesondere verfassungsändernde Gesetze, aber auch alle Gesetze, die die Finanzen und Verwaltungszuständigkeit der Länder betreffen.

Der Bundesrat besteht aus den Mitgliedern der Regierungen der Länder und hat folgende Stimmverteilung:	
Nordrhein-Westfalen	6
Bayern	6
Baden-Württemberg	6
Niedersachsen	6
Hessen	5
Sachsen	4
Rheinland-Pfalz	4
Berlin	4
Sachsen-Anhalt	4
Thüringen	4
Brandenburg	4
Schleswig-Holstein	4
Mecklenburg-Vorpommern	3
Hamburg	3
Saarland	3
Bremen	3

M 27 Streit um die Mitwirkung des Bundesrates beim Atomgesetz

Die Frage, ob ein Gesetz der Zustimmung des Bundesrates bedarf, ergibt sich normalerweise aus dem Grundgesetz. Da die Atompolitik ausschließlich in die Gesetzgebungskompetenz des Bundes fällt, nahm die Bundesregierung an, dass das Gesetz kein zustimmungsbedürftiges Gesetz sei. Ende Februar 2011 reichten die SPD-regierten Länder (NRW, Rheinland-Pfalz, Berlin, Brandenburg, Bremen) jedoch beim Bundesverfassungsgericht in Karlsruhe eine Verfassungsklage gegen die Verlängerung der AKW-Laufzeiten ein. Nach Auffassung der Kläger hätte die Koalition die Laufzeitverlängerung nicht ohne Mitwirkung des Bundesrats umsetzen dürfen. Diese Länder begründen ihre Forderung nach Mitbestimmung mit der Atomaufsicht, die sie laut Gesetz ausüben sollen, sowie damit, dass sie finanziell mithaften müssen, wenn ein Kernkraft-Unfall passiert. Befürworter und Gegner haben Gutachten in Auftrag gegeben, und wie so oft finden beide Seiten darin ihre jeweilige Position bestätigt.

Aufgaben

1. Wenden Sie den Politikzyklus auf das Problem der Atompolitik an.
2. Der Gesetzgebungsprozess in Deutschland ist kompliziert. Warum wurde diese komplizierte Regel ins Grundgesetz aufgenommen? Überlegen Sie sich Vor- und Nachteile des Verfahrens und beurteilen Sie es mithilfe der Kriterien „Legitimität" und „Effizienz".

METHODE

Wie man politische Prozesse analysieren kann – der Politikzyklus

Modelle sind wichtige Instrumente, mit denen wir die politische Wirklichkeit vereinfacht abbilden können, um sie besser zu verstehen. Im Modell wird nur das Wichtigste dargestellt. Der Politikzyklus ist ein solches Modell und ihm liegt ein gewisses Verständnis von Politik zugrunde: Politik wird hier als eine (endlose) Kette von Versuchen zur Bewältigung gesellschaftlicher Probleme verstanden. Viele Probleme werden von der Politik gelöst. Es gibt aber auch Probleme, die die Politik dauerhaft beschäftigen, wie z. B. die Energiepolitik. Am Beginn des Politikzyklus steht ein Problem, mit dem sich die Politik beschäftigen muss. Es wird öffentlich darüber gestritten, was man tun soll. Dabei spielen auch die Medien eine ganz wichtige Rolle. Es folgt das Gesetzgebungsverfahren in Bundestag und Bundesrat. Ist eine Entscheidung getroffen, dann wird diese wieder in der Öffentlichkeit diskutiert und bewertet. Wenn das Problem damit beseitigt werden kann, dann wird der Politikzyklus nur einmal durchlaufen. Verändert sich das Problem oder sind die getroffenen Maßnahmen nicht wirksam, dann beginnt der Zyklus von vorn. Deshalb spricht man davon, dass Politik eine (endlose) Kette von Versuchen ist, gesellschaftliche Probleme zu lösen.

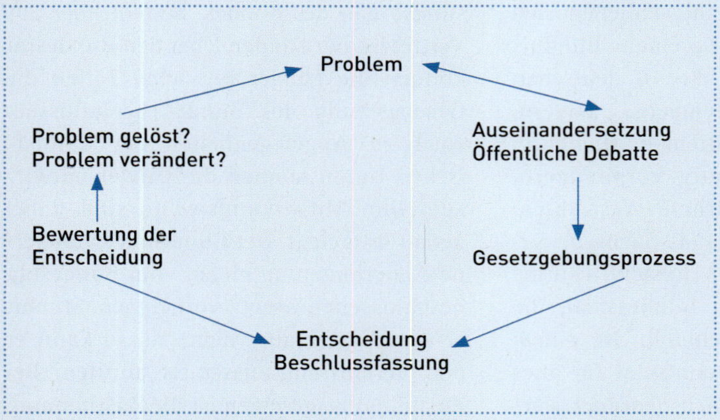

Kategorien	Schlüsselfragen
Problem	Worin besteht das Problem? Welche Aufgabe hat die Politik zu lösen?
Auseinandersetzung Öffentliche Debatte	Was wirkt auf die Auseinandersetzung ein? Welche Interessen haben die Akteure? Welche Interessenkonflikte und Interessenkonstellationen gibt es? Welche Ziele verfolgen die beteiligten Akteure? Welche Lösungsmöglichkeiten werden diskutiert? Wie sind die Machtkonstellationen?
Gesetzgebungsprozess	Greift der Gesetzgeber das Problem auf? Wie versuchen verschiedene Akteure Einfluss auf den Gesetzgebungsprozess zu nehmen?
Entscheidung Beschlussfassung	Zu welchen Ergebnissen hat die Auseinandersetzung geführt? Welche Akteure/Interessen konnten sich durchsetzen?
Bewertung der Entscheidung	Welche Akteure bewerten das Ergebnis positiv? Welche negativ? Welche Interessen und Wertvorstellungen beeinflussen die Bewertung?
Problem gelöst? Problem verändert?	Ist das Problem gelöst oder ist nur die Problemlage verändert? Greift der Vollzug der Entscheidung an den Ursachen an oder werden nur die Folgen bekämpft? Schafft es das Problem erneut auf die politische Agenda?

3.3.8 Nach dem Gesetz ist vor dem Gesetz?

M 28 ● Fukushima liegt auch in Deutschland

Es ist die alte Erzählung der deutschen Atomindustrie, auch jetzt wieder, nach dem Unglück von Fukushima. Schon am Samstag verschickte das Deutsche Atom-forum eine Erklärung: „Eine Verkettung eines derart schweren Erdbebens und eines schweren Tsunamis ist in Deutschland nicht vorstellbar.“ So sah die Industrie das schon immer, wenn irgendwo auf der Welt ein Atomunfall passierte: andere Umstände, bei uns nicht möglich. Doch was beim Super-GAU im sowjetischen Tschernobyl vielen noch einleuchtete, verliert im Fall von Japan seine Überzeugungskraft: Japanische Ingenieure sind nicht schlechter als deutsche, die Sicherheitsstandards dort nicht laxer als hier. Auch aus der deutschen Energiewirtschaft kommen daher selbstkritische Töne. Man müsse die Risikoannahmen überprüfen, sagt der Präsident des Branchenverbands BDEW, Ewald Woste. „Die Sicherheitsstandards sind immer nur so gut wie die zugrunde liegenden Risikoannahmen.“ [...] In der Tat müssen Atomkraftwerke bei der Genehmigung nachweisen, dass sie dem sogenannten Bemessungserdbeben standhalten können. Das ist die größte wissenschaftlich anzunehmende Intensität in der jeweiligen Region. Das AKW Krümmel hält laut Vattenfall zum Beispiel bis zur Stärke 6,0 – ein hoher Wert für die norddeutsche Tiefebene. Aber auch in Japan hielt die Regierung ein Erdbeben der Stärke 8,2 für das größtmögliche. Am vergangenen Freitag waren 9,0 möglich. „Die Natur kann immer noch einen drauflegen“, sagt Greenpeace-Atomexperte Karsten Smid.

Nikolai Fichtner, Fukushima liegt auch in Deutschland, in: http://www.ftd.de/wissen/technik/risiken-bei-akw-fukushima-liegt-auch-in-deutschland/60025830.html, 15.03.2011

Das Kernkraftwerk in Fukushima nach der Reaktorkatastrophe

BDEW

Bundesverband der Energie- und Wasserwirtschaft

M 29 ● Ausstieg vom Ausstieg vom Ausstieg – energiepolitische Kehrtwende

Die Bundesregierung macht Ernst: Das Kabinett beschließt, bis 2022 schrittweise aus der Atomkraft auszusteigen und den Umstieg zu erneuerbaren Energien zu fördern. Damit vollendet die Kanzlerin ihre energiepolitische Kehrtwende. [...] Röttgen nennt das [Gesetzes-, Anm. d. R.] Paket einen „Meilenstein für die wirtschaftliche und gesellschaftliche Entwicklung des Landes“, er schwärmt von einem „gesellschaftlichen Pionierprojekt [...]. Diesen „Meilenstein“ hatte das Bundeskabinett am Montagmorgen verabschiedet – ein umfangreiches Gesetzespaket, das den Atomausstieg bis zum Jahr 2022 regeln und gleichzeitig den Umstieg auf eine alternative Energieversorgung beschleunigen soll.

Wolfgang Jaschensky, Schwarz-Gelb übt sich in Eigenlob, in: http://www.süddeutsche.de/politik/kabinett-beschliesst-atomausstieg-schwarz-gelbes-eigenlob-fuer-das-pionierprojekt-1.1105582, 06.06.2011

Aufgaben

1. Nach dem Gesetz ist vor dem Gesetz: Diskutieren Sie in Gruppen, warum die Reaktorkatastrophe von Fukushima das „neue“ Atomgesetz wieder „alt“ werden ließ. (M 28–M 29)
2. Im Herbst 2010 wurde das neue Energiekonzept vom damaligen Umweltminister als „Meilenstein“ der deutschen Wirtschaft und Umwelt bezeichnet. Nach der Reaktorkatastrophe und ca. einem dreiviertel Jahr später verkündete derselbe Umweltminister wieder einen „Meilenstein für die wirtschaftliche und gesellschaftliche Entwicklung des Landes“ (M 29). Beurteilen Sie die beiden Meilensteine mithilfe der Methode „Politikzyklus“.

Gesetze

Politik beschäftigt sich mit der Lösung von Problemen und Konflikten, die für die Gesellschaft von Bedeutung sind. Damit die Lösung für alle Gesellschaftsmitglieder verbindlich ist, wird sie häufig in Form von Gesetzen herbeigeführt. Gesetze enthalten Regeln, denen sich die Betroffenen nicht entziehen können. Sie schützen die Menschen (z. B. Lebensmittelgesetz), ordnen das gesellschaftliche Zusammenleben (z. B. im Bereich des Luft- und Straßenverkehrs) und steuern das Verhalten der Menschen (z. B. Gesetz zur Verteuerung von Alkopops).

Gang der Gesetzgebung
M 21-M 27

Die Gesetzgebung ist ein langwieriger Prozess, an dem Bundesregierung, Bundestag und Bundesrat mitwirken. Aber auch einzelne Interessengruppen versuchen, über ihre Interessenorganisationen oder die öffentliche Meinung, Einfluss zu nehmen. Das Initiativrecht haben Bundesregierung, Bundesrat und Bundestag (mindestens fünf Prozent der Abgeordneten). Die meisten Initiativen kommen von der Bundesregierung. Die Entwürfe werden von den Fachministerien ausgearbeitet, vom Kabinett abgesegnet und in den Bundestag eingebracht. Nach den Beratungen im Plenum (1. Lesung) wird der Entwurf an die Ausschüsse verwiesen. Dort findet eine intensive Beratung statt. Experten können befragt, strittige Themen ausdiskutiert und Kompromisse gefunden werden. Unter anderem versuchen hier Interessenverbände, Gesetze in ihrem Sinne zu beeinflussen. Der überarbeitete Entwurf kommt zur 2. und 3. Lesung und zur Beschlussfassung ins Plenum zurück. Anschließend wird im Bundesrat beraten und abgestimmt und am Ende muss der Bundespräsident das Gesetz unterzeichnen, damit es in Kraft treten kann.

Politikzyklus
Methode

Politik kann mit dem Modell des Politikzyklus beschrieben werden. Der Politikzyklus beruht auf der Annahme, dass Politik als Prozess der Problembearbeitung zu verstehen ist. Da sich Politik mit der Lösung von Problemen beschäftigt, steht am Anfang des Politikzyklus ein gesellschaftlich relevantes Problem. Ob es sich tatsächlich um ein Problem handelt und wie man es lösen könnte, darüber wird öffentlich diskutiert. Es folgt der Gesetzgebungsprozess und – wenn es eine parlamentarische Mehrheit dafür gibt – die Verabschiedung eines Gesetzes durch den Deutschen Bundestag und gegebenenfalls den Bundesrat. Die Entscheidung wird öffentlich diskutiert und bewertet. Ist das Problem durch das Gesetz beseitigt, dann endet der Politikzyklus an dieser Stelle. Ist das Problem nicht beseitigt, dann beginnt der Politikzyklus von Neuem. Deshalb wird Politik auch als eine Kette von Versuchen zur Lösung von Problemen verstanden.

Schlagzeilen zuordnen

Täglich finden sich in den Medien zahlreiche Meldungen zur Bearbeitung von politischen Problemen. Sie lassen sich alle in das Modell des Politikzyklus einordnen.

Bürgerproteste gegen neues Industriegebiet
Die Ankündigung der Stadtverwaltung, ein neues Industriegebiet auszuweisen, löst eine Flut an Leserbriefen aus.

Mehrwertsteuer für Hoteliers
Abgeordnete der CDU fordern, dass die Entscheidung, Hoteliers nur mit dem ermäßigten Mehrwertsteuersatz zu belasten, zurückgenommen wird.

Entscheidung des höchsten Gerichts
Das Rauchverbot in Bayern verstößt nicht gegen das Grundgesetz. Das Bundesverfassungsgericht verwarf eine Verfassungsbeschwerde gegen die per Volksentscheid beschlossene Regelung.

Autofahren zukünftig mit 17
Bundesregierung macht den Weg frei für das „begleitete Autofahren mit 17". Von der Neuregelung, der Bundestag und Bundesrat noch zustimmen müssen, erhofft sich das Kabinett insgesamt weniger Verkehrsunfälle.

Bundesaußenminister fordert eine Welt ohne Atomwaffen.
Staaten sollen abrüsten.

Volksentscheid in Bayern
Die Bürger Bayerns stimmen per Volksentscheid für ein absolutes Rauchverbot.

Atomkraftwerke sollen länger laufen
Der Bundestag berät darüber, ob die Laufzeiten für Atomkraftwerke verlängert werden sollen.

Viele Schulgebäude in schlechtem Zustand
Zur Sanierung fehlt jedoch in vielen Gemeinden das Geld.

45.000 Lehrer fehlen
Jetzt sollen Pensionäre unterrichten.

Alterung der Gesellschaft
In Ostdeutschland mehr offene Lehrstellen als Bewerber.

Aufgabe

Ordnen Sie die Meldungen den einzelnen Phasen des Politikzyklus zu und begründen Sie Ihre Entscheidung.

3.4 Politische Partizipation

3.4.1 Wählen – warum eigentlich?

M 1 Die Wahlbeteiligung in Deutschland

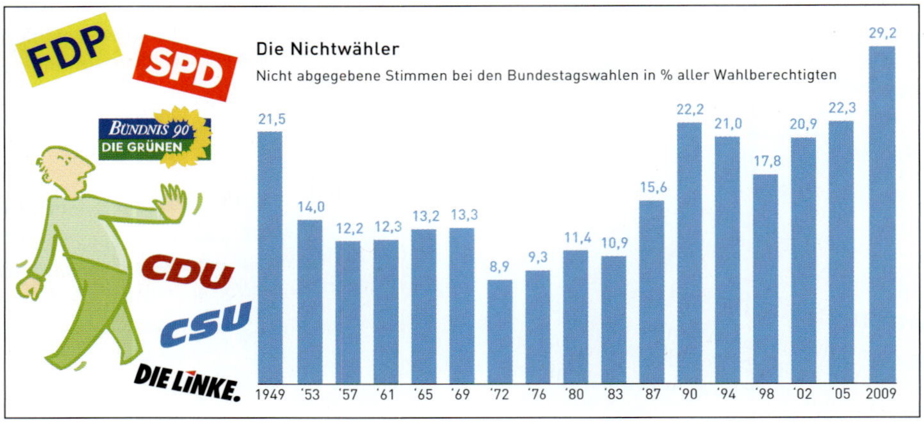

Bergoser + Höller Verlag *88607*

M 2 Das Phänomen Nichtwähler GRUNDWISSEN

Das Superwahljahr 2009 begann mit einem Rekordtief. Jeder vierte wahlberechtigte Bürger nahm nicht an der Landtagswahl in Hessen teil, so wenige waren es dort noch nie. Auch bei der Europawahl erreichte man mit einer Wahlbeteiligung von 43 Prozent einen Tiefpunkt. [...] Die Gründe der mangelnden Wahlbeteiligung sind vielfältig. [...] Glaubte man den gängigen Erklärungen der Parteienforscher noch vor einigen Jahren, dass es sich bei Nichtwählern um desinteressierte Demokratiebefürworter oder ungebildete Bürger der untersten Sozialschichten handelt, ist heute jedoch längst bekannt, dass diese Annahmen überholt sind. [...] Oskar Niedermayer, Politologe [...], erkennt unterschiedliche Typen von Nichtwählern. Er unterscheidet zwischen vier Gruppen: die politischdesinteressierten Nichtwähler, die keinerlei Verbindung zur Politik haben, die rational abwägenden Nichtwähler, die zu wechselhaftem Wahlverhalten tendieren und sich je nach Bedeutung der Wahl kurzfristig gegen eine Wahlbeteiligung entscheiden, die unzufriedenen Protestwähler, welche dem herrschenden politischen System kritisch gegenüberstehen und sich bewusst gegen eine Wahlbeteiligung entscheiden, und schließlich die geringe Gruppe der technischen Nichtwähler, unter denen sich kürzlich verstorbene Bürger sowie jene befinden, die wegen Urlaub oder Krankheit kurzfristig verhindert sind, aber gerne wählen würden.

Diana Kinnert, Das Phänomen Nichtwähler, in: http://www.welt.de, 17.9.2009

M 3 Kontrovers diskutiert: Wählen gehen?

Mirjam (28) hat noch nie eine Wahl verpasst. Warum denn? „In einer Gesellschaft wie der unsrigen müssen sich alle Menschen an die geltenden Gesetze halten. Gesetze bestimmen unser Leben, geben uns Freiheiten, schränken uns aber auch ein.

Die Abgeordneten im Parlament machen diese Gesetze und deshalb möchte ich die Menschen, die im Parlament sitzen, und die Politik, die sie vertreten, mitbestimmen. Das tue ich, indem ich zur Wahl gehe. Die Politiker sind dann zwar auf vier Jahre gewählt, aber wenn es mir nicht gefällt, was sie tun, dann wähle ich sie nach vier Jahren wieder ab und gebe meine Stimme einer anderen Partei oder einem anderen Kandidaten. Und weil wir Wähler alle so denken, richten sich die Politiker nach uns. Ginge ich nicht mehr zur Wahl, dann wäre mein Einfluss auf die Politik dahin."

Klaus (34) hat sich die letzten vier Jahre an keiner Wahl beteiligt.

„Früher bin ich auch immer zum Wählen gegangen, aber irgendwann hatte ich den Eindruck, dass sich die Politiker und die Parteien immer ähnlicher werden. Es gibt nur noch geringe inhaltliche Unterschiede und jeder kann mit jedem zusammenarbeiten. Ich bin nicht unzufrieden mit unserer Gesellschaft und unserem Staat. Auch wehre ich mich gegen Vorwürfe, ich wäre nicht politisch. Ich engagiere mich durchaus für unsere Gesellschaft und arbeite als Jugendtrainer auch ehrenamtlich. Es ist nicht so, dass politisches Engagement sich nur auf das Wählen bezieht. Ich würde auch gerne über politische Streitfragen direkt abstimmen, so wie die Schweizer Bürger das dürfen. Könnte ich das, dann ginge ich auch wieder ins Wahllokal."

M 4 ● Wahlsysteme im Vergleich GRUNDWISSEN

Wenn wie in Deutschland ca. 60 Millionen Menschen wählen dürfen, dann muss es ein Verfahren geben, aus dem hervorgeht, wie die einzelnen Stimmen in Parlamentssitze umgewandelt werden. Dieses Verfahren wird als Wahlsystem bezeichnet.

Die Stimmen der Wählerinnen und Wähler müssen in Parlamentsmandate umgerechnet werden. Hierfür gibt es unterschiedliche Methoden mit Vor- und Nachteilen. Bei der Entscheidung für ein Verfahren gilt es abzuwägen: Das Wahlergebnis soll den politischen Willen der gesamten Wählerschaft im Parlament möglichst korrekt abbilden – es soll aber gleichzeitig eine regierungsfähige Mehrheit hervorbringen. Hier gibt es einen Zielkonflikt, denn beides ist nicht gleichzeitig in idealer Weise zu erreichen. Die meisten Wahlsysteme streben deshalb einen Kompromiss an. Die Folge ist, dass sich große Gruppen der Bevölkerung mit ihren Überzeugungen politisch überhaupt nicht vertreten fühlen. Der Vorteil für das politische System: Eine klare absolute Mehrheit für eine Partei ist die Regel. Die Regierungsbildung ist meist kein Problem. Ein Mehrheitswahlsystem bringt auch ganz andere Parteien hervor: Die Parteien sind weniger mächtig, und die Abgeordneten spielen in ihnen eine wichtige Rolle. Diese sind sehr unabhängig und die Parteizentralen können ihnen kaum etwas vorschreiben.

Grundsätzlich lassen sich zwei Wahlsysteme unterscheiden:

Mehrheitswahlsystem: Je nach Variante ziehen die in den Wahlkreisen mit relativer oder absoluter Mehrheit gewählten Kandidaten in das Parlament ein. Die so bestimmten Mandatsträger bilden je nach Parteizugehörigkeit und Anzahl die parlamentarische Mehrheit oder die Opposition. Die Stimmen der unterlegenen Kandidaten bleiben unberücksichtigt.

Verhältniswahlsystem: Alle Stimmen werden berücksichtigt. Die von den Parteien erreichten Anteile an den abgegebenen Stimmen sind Grundlage für die Berechnung der politischen Zusammensetzung des Parlaments.

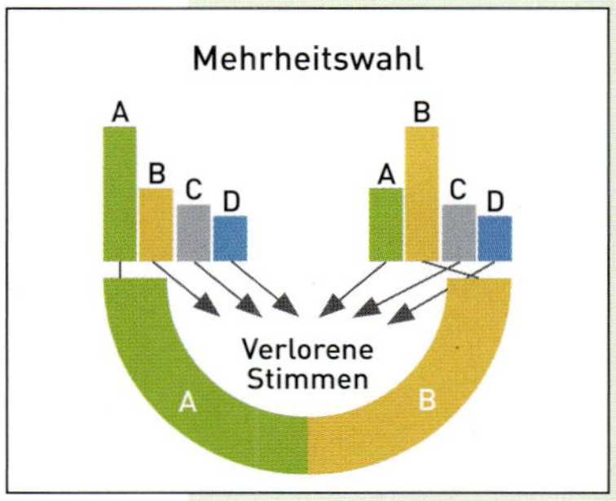

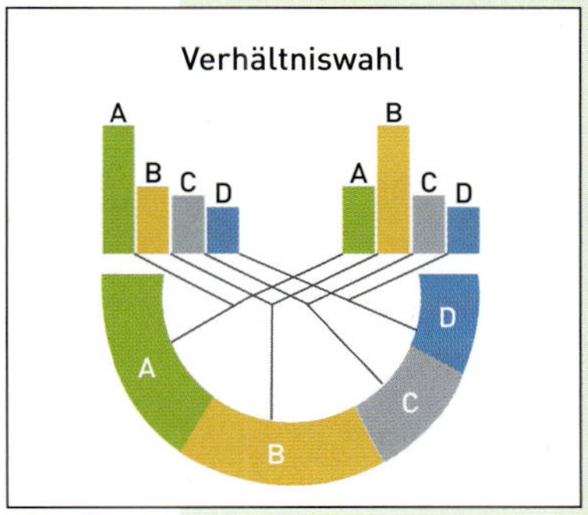

Personalisiertes Verhältniswahlsystem

Das Wahlsystem zum Deutschen Bundestag wird häufig als „personalisiertes Verhältniswahlsystem" bezeichnet. Dies verdeutlicht, dass das Stimmenergebnis auf der Verhältniswahl beruht, durch die Erststimme aber die Möglichkeit besteht, direkt einzelne Personen zu wählen (Personalisierung).

Aktives Wahlrecht

Wahlberechtigt sind im Sinne des Art. 116, 1 GG alle Deutschen, die am Wahltag das 18. Lebensjahr vollendet haben, seit mindestens drei Monaten in der Bundesrepublik Deutschland oder in den übrigen Mitgliedstaaten der Europäischen Gemeinschaft eine Wohnung innehaben oder sich sonst gewöhnlich aufhalten.

Passives Wahlrecht

Wählbar sind alle Deutschen im Sinne des Art. 116, 1 GG, die am Wahltag das 18. Lebensjahr vollendet haben (Ausnahme: Wahl zum Bundespräsidenten erst ab dem 40. Lebensjahr möglich).

M 5 ● Wahlgrundsätze GRUNDWISSEN

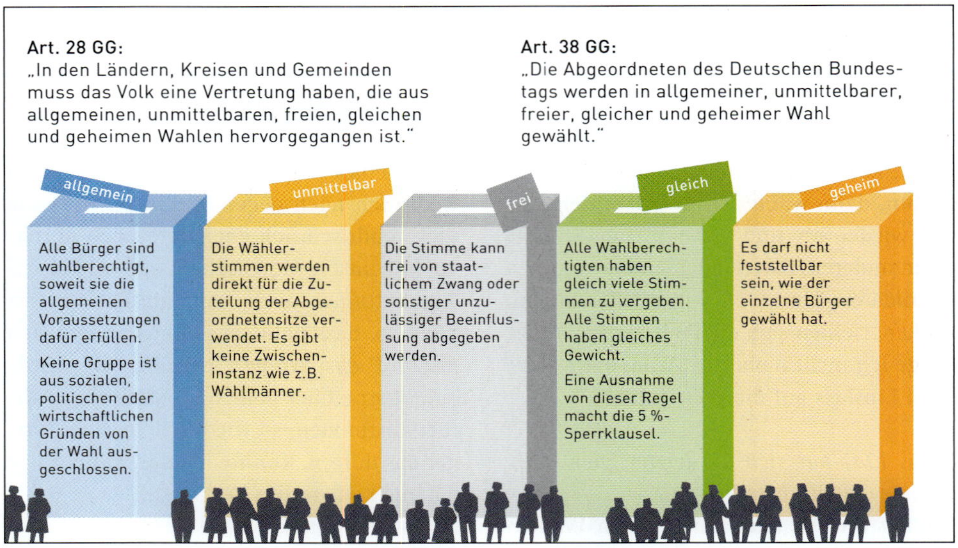

Bergmoser + Höller Verlag *86030*

Das Grundgesetz legt fest, dass die Bundesrepublik Deutschland eine repräsentative Demokratie ist, in der die Bürger nicht ständig über alle Angelegenheiten selbst abstimmen, sondern Abgeordnete wählen, die sie im Parlament vertreten und dort für sie stellvertretend entscheiden. Wahlen sind deshalb die wichtigste Form der politischen Mitbestimmung in der parlamentarischen Demokratie. Damit Wahlen als demokratische Wahlen bezeichnet werden können, müssen die Wahlrechtsgrundsätze des Art. 38 GG erfüllt sein: Wahlen müssen allgemein, unmittelbar, frei, gleich und geheim sein. Das Wahlsystem der Bundesrepublik Deutschland ist im Bundeswahlgesetz festgelegt.

M 6 ● Die Bedeutung von Wahlen – eine optimistische Perspektive

Die Grundfunktion der Wahl in der Demokratie ist darin zu sehen, dass sie das Medium [vermittelndes Element, Anm. d. R.] ist, durch welches die Selbstregierung des Volkes verwirklicht wird. Die Wähler bestimmen Männer und Frauen ihres Vertrauens, die für sie die Staatsgewalt handhaben, die in ihrem Namen und Auftrag „regieren". Die Wahl ist der „Grundvorgang des Verfassungslebens, auf dem alles andere aufbaut": Sie verleiht dem Parlament die erforderliche Legitimität [Rechtmäßigkeit, Anm. d. R.], durch sie wird die Volksvertretung und jeder einzelne Abgeordnete ermächtigt, für die Gemeinschaft zu handeln [...]. Regelmäßige Wahlen bilden daher ein Kernstück jeder demokratischen Verfassungsordnung. Ohne sie ist eine demokratische Herrschaftsausübung, ist Demokratie ausgeschlossen.

Alfred Jüttner, Wahlen und Wahlrechtsprobleme. Geschichte und Staat, Bd. 137, München/Wien 1970, S. 8 f.

M 7 ● Die Bedeutung von Wahlen – eine kritische Perspektive

Die Verselbstständigung der politischen Institutionen (vor allem der Parteien und des Parlaments) von ihren nominellen Trägern, dem Wahlvolk, verkehrt den Sinn und die Bedeutung von Wahlen: Aus einer Demonstration des politischen Willens der Staatsbürger und der Bestimmung ihrer Interessenvertretung wurden sie weitgehend zu Manipulationsveranstaltungen von Parteien, die mit den Methoden des wirtschaftlichen Marktes um die Zustimmung der Wähler konkurrieren und ihre Waren mit Reklametricks und Werbemethoden dem Verbraucher anbieten. [...] Die ideologische [Verklärung] des Wahlaktes verdeckt seine sinkende praktische Bedeutung, seine Wandlung von einem Akt politischer Mitbestimmung in eine formale Veranstaltung und seine reale Machtlosigkeit trotz des Scheins der Macht. Politische Theorie, die mit dem zynischen Argument auftritt, auch bei politischer Apathie der Wähler funktionierten doch die politischen Institutionen, dient [...] der Verschleierung eines Systems, in dem Demokratie zur ideologischen Fassade geworden ist, hinter der sich der Herrschafts- und Machtvollzug der „power-elite" von Kontrolle und Einfluss durch das Wahlvolk weitgehend unberührt abspielt.

Ursula Schmiederer, Wählerverhalten, in: Wolfgang Abendroth, Kurt Lenk (Hrsg.), Einführung in die politische Wissenschaft, Bern / München 1968, S. 352

M 8 ● Die Bedeutung von Wahlen – eine realistische Perspektive

Für eine realistische Einschätzung der Vorzüge und Nachteile unserer parlamentarischen Demokratie sind einige Grundeinsichten nötig. So ist die Vorstellung vom „Volk" oder von der „Gesellschaft" als Subjekt einer einheitlichen Vernunft und eines einheitlichen Willens eine gefährliche Chimäre, die uns Rousseau aufgebunden hat. „Das Volk" oder „die Gesellschaft" ist – zumindest in normalen Zeiten – keineswegs ein konkordanter Verein, sondern eine Pluralität von Interessengruppen mit unterschiedlichen Wertvorstellungen, unterschiedlichen Lösungskonzepten. [...] Auch in einer Basisdemokratie hat nicht jedes Mitglied der Gesellschaft dieselben Interessen und denselben politischen Einfluss. In basisdemokratisch verfassten kleinen Gemeinwesen kommt es normalerweise zur Ausbildung von informellen Herrschaftsstrukturen, insbesondere zur unkontrollierten Machtausübung von Meinungsführern, die über besondere manipulative Fähigkeiten verfügen, niemandem verantwortlich sind und nicht abgewählt werden können. [...] Eine direktdemokratische Entscheidung aller politischen Probleme ist in einer Großgesellschaft ohnehin praktisch unmöglich. Demokratie in einer Großgesellschaft kann im Wesentlichen nur über die Wahl von Repräsentanten mit zeitlich begrenztem, freiem Mandat realisiert werden.

Lothar Czayka, Die ungeliebte Demokratie, in: Der Spiegel 29/1992, S. 42 f.

Jean-Jacques Rousseau (1712–1770)

Jean-Jacques Rousseau war ein frz. Philosoph und Begründer der „Identifikationstheorie der Demokratie". Diese Theorie beschreibt, wie sich innerhalb von Gesellschaften ein a priori (im vorhinein) feststehender „Gemeinwille" (volanté générale) etablieren kann.

Aufgaben

1. Formulieren Sie Hypothesen für die Entwicklung der Wahlbeteiligung in M 1 und überprüfen Sie diese mithilfe von M 2.
2. Vergleichen Sie die Vorteile des Verhältniswahlsystems und des Mehrheitswahlsystems und stellen Sie diesen die in Deutschland verwendete „Personalisierte Verhältniswahl" gegenüber. (M 3, M 4)
3. Jahrhundertelang haben die Menschen um ein allgemeines, unmittelbares, freies, gleiches und geheimes Wahlrecht gekämpft. Erläutern Sie die Gründe dafür und leiten Sie daraus die Funktionen von Wahlen ab. (M 5)
4. Diskutieren Sie die Frage, was (freie) Wahlen mit Machtausübung und Machtkontrolle zu tun haben.
5. Vergleichen Sie die drei Texte M 6 bis M 8 miteinander. Worin unterscheiden sie sich beim Urteil über Wahlen?

3.4.2 Parteien – immer umstritten, unumstritten notwendig?

M 9 Parteien – unbeliebt aber notwendig

Karikatur: Gerhard Mester, Baaske Cartoons

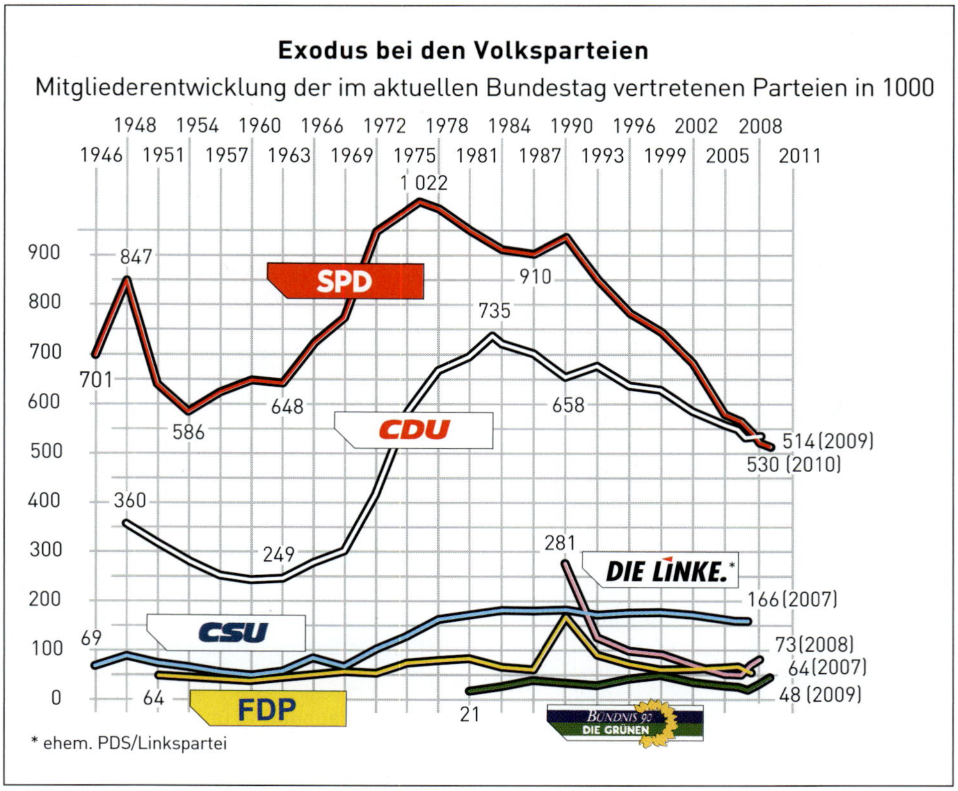

Globus-Grafik 2255 (aktualisiert)
Quelle: Bundeszentrale für politische Bildung, Niedermayer 2008, Parteien

Christdemokratische Parteien
Christdemokratische Parteien betonen das Bekenntnis zum Christentum und sind meist eher konservativ ausgerichtet. Für die Christdemokratie ist die Ordnungsfunktion des Staats zentral. Die Christdemokratie fokussiert nicht nur die Rechte, sondern auch die Pflichten der Bürger. Beispiele: CDU, CSU

Sozialdemokratische Parteien
Sozialdemokratische Parteien wollen soziale Ungleichheit abbauen und einen Teil des gesellschaftlichen Wohlstands zugunsten der sozial Schwachen umverteilen. Beispiel: SPD

M 10 ● Die Demokratie – eine Dampfmaschine?

Stellt man sich die deutsche Demokratie als Dampfmaschine vor, dann sind Parteien der Keilriemen: Sie sorgen dafür, dass Bewegung von einem Teil der Maschine in den anderen kommt – und zurück. Parteien werden deshalb oft auch als demokratisches Bindeglied zwischen Staat und Gesellschaft bezeichnet. Es gibt kaum politische Entscheidungen in Deutschland, an denen sie nicht beteiligt sind. Fast alle Abgeordneten in den Parlamenten gehören einer Partei an [...]. Wozu gibt es Parteien? Parteien sollen der Demokratie beim Funktionieren helfen: Sie sollen sicherstellen, dass die unterschiedlichen Interessen der Bevölkerung in politische Entscheidungen umgesetzt werden und dass umgekehrt die Ideen der Politiker bei den Bürgern ankommen. Zentrale Aufgabe der Parteien ist es, an Wahlen teilzunehmen, politische Ideen und Forderungen in Parteiprogrammen zu bündeln und Personal für politische Ämter bereitzustellen, wie etwa Bundestagsabgeordnete oder Stadträte. Außerdem sollen sie in der Gesellschaft für Akzeptanz der Politiker-Entscheidungen sorgen, die Menschen für Politik interessieren und zum Wählen bewegen. Im Wahlkampf werden Parteien daher besonders aktiv und betonen ihre inhaltlichen und personellen Unterschiede. Sind Parteien nur gut? Ob die Parteien diesen Aufgaben gerecht werden, ist umstritten. Derzeit wenden sich viele Menschen frustriert von der Politik ab: Es herrscht „Politikverdrossenheit". Andere kritisieren, dass Parteien auch dort Macht haben und ausüben, wo sie es gar nicht sollen. So reden Parteien bei der Besetzung von Posten mit, deren Vergabe gar nicht durch eine öffentliche Wahl entschieden wird. Das ist zum Beispiel bei Chefredakteuren im öffentlich-rechtlichen Fernsehen oder wichtigen Posten in Ministerien häufig der Fall. Wie funktionieren Parteien? Im Inneren sind Parteien Zusammenschlüsse von politisch interessierten Menschen, die nach demokratischen Grundsätzen organisiert sind – so schreibt es das deutsche Parteiengesetz vor. In Parteien wird laufend gewählt: Bevor ein politisches Amt zur öffentlichen Wahl steht, wurde schon parteiintern über die Bewerber abgestimmt. Auch die Parteiführung wird in demokratischen Parteien grundsätzlich gewählt. Jeder Bürger kann Mitglied einer Partei werden, aber er muss sich für eine Partei entscheiden: Mehrfachmitgliedschaften sind in den Parteisatzungen in der Regel untersagt. Insgesamt sind in Deutschland etwa 2,5 Millionen Menschen Mitglied einer Partei. Das sind etwa vier Prozent der Wahlberechtigten. [...] Parteien werden vom Staat mit Steuergeldern unterstützt und finanzieren sich außerdem durch Mitgliedsbeiträge und Spenden. Die staatliche Teilfinanzierung richtet sich nach der Summe der Mitgliedsbeiträge und Spenden sowie der Anzahl der Wählerstimmen, die für eine Partei abgegeben wurden. 133 Millionen Euro Steuergelder werden so pro Jahr unter den Parteien verteilt. Ohne Parteien liefe in der deutschen Demokratie also gar nichts und aus der Politik-Dampfmaschine käme nur heiße Luft.

Sebastian Gievert, www.bpb.de, 28.8.2009

Liberale Parteien

gehen davon aus, dass aus der freien Entfaltung des Einzelnen Wohlstand und Fortschritt der Gesellschaft entstehen. Der Staat soll lediglich einen Ordnungsrahmen bilden, um die Freiheit des Einzelnen zu schützen und Rechtssicherheit zu gewährleisten. Diese Parteien treten für eine freie Marktwirtschaft weitestgehend ohne staatliche Eingriffe ein. Beispiel: FDP

„Grüne" Parteien

konzentrieren sich in ihrer Programmatik stark auf die Betonung des Umweltschutzes. In der Gesellschaftspolitik haben sie eine liberale Ausrichtung. Beispiel: Bündnis 90/Die Grünen

Kommunistische Parteien

lehnen die „bürgerliche" Demokratie ab und wollen eine „klassenlose" Gesellschaft. Dazu soll Privateigentum im Produktionsbereich abgeschafft und ansonsten eingeschränkt werden. Beispiele: Deutsche Kommunistische Partei, in Teilen auch Die Linke

Aufgaben

1. Interpretieren Sie die Karikatur und analysieren Sie die Grafik in M 9. Welche politischen Probleme werden hier dargestellt?
2. Diskutieren Sie, wie der Standpunkt der einzelnen Parteien zu folgenden Themen wäre: Senkung der Steuern, Bau einer vierspurigen Autobahn durch den Bayerischen Wald, Anheben der Sozialleistungen, Anheben der Gewerbesteuer.
3. Stellen Sie Vermutungen darüber an, was passiert, wenn die Parteien als Keilriemen der Demokratie geschwächt werden. (M 10)

METHODE

Parteien im Internet – einen Steckbrief erstellen

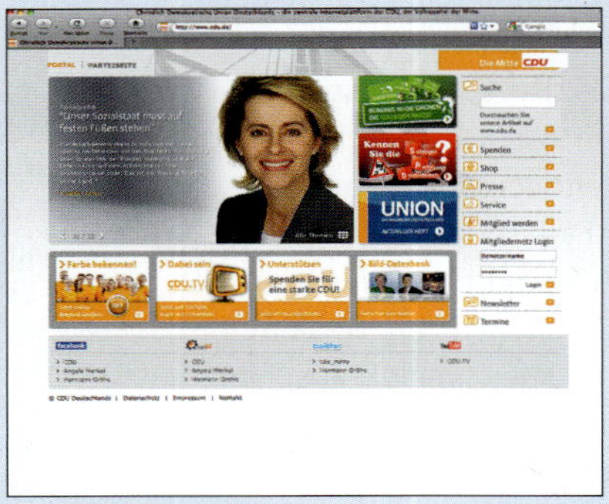

CDU (Christlich Demokratische Union)

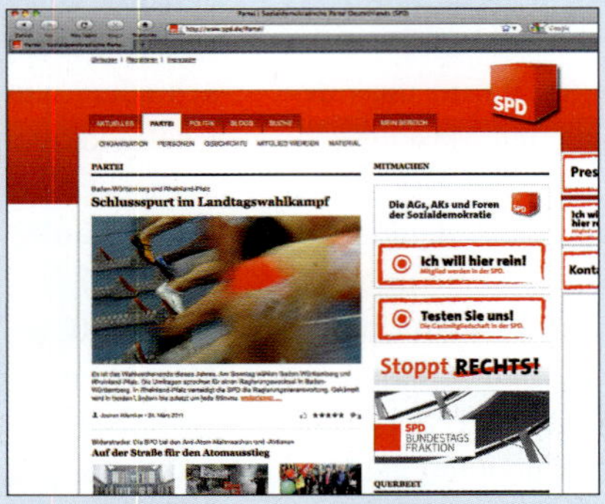

SPD (Sozialdemokratische Partei Deutschlands)

Bündnis 90 / Die Grünen

FDP (Freie Demokratische Partei)

Piratenpartei

Die Linke

Aufgaben

Erstellen Sie einen Steckbrief der Parteien, beachten Sie dabei folgende Fragen:

- Wann wurde die Partei gegründet?
- Welche prominenten Mitglieder hat sie?
- Wann und wo war/ist die Partei an der Regierung beteiligt?
- Hat die Partei eine Jugendorganisation?
- Einigen Sie sich auf ein aktuelles politisches Thema (z. B. Einführung von Ganztagsschulen) und recherchieren Sie, was die Parteien dazu auf ihren Homepages sagen.
- Sie können auch den Internetauftritt der Parteien nach verschiedenen Kriterien bewerten.

3.4.3 Interessenorganisationen und Verbände

M 11 ● Interessenverbände in der Demokratie

Gerhard Mester / Baaske Cartoons

Um ihre Interessen besser vertreten zu können, schließen sich einzelne Bürgerinnen und Bürger in Organisationen zusammen. Interessenverbände haben meist eine auf Dauer angelegte, feste Struktur, während Bürgerinitiativen organisatorisch eher lockere und in der Regel zeitlich begrenzte Zusammenschlüsse mit einem ganz konkreten Anliegen sind. Es gibt kaum Sachbereiche des Lebens, in der sich keine Interessenorganisation gebildet hat. Ein durch Vielfalt gekennzeichnetes Verbändewesen ist Merkmal einer funktionierenden pluralistischen Demokratie. Zu den wichtigsten Interessenverbänden gehören v. a. Gewerkschaften und Arbeitgeberverbände. Sofern die Interessenverbände auf die Gesetzgebung und andere politische Aktivitäten Einfluss zu nehmen suchen, werden sie auch als „Pressure-groups" bezeichnet. Im Unterschied zu Parteien stellen Interessenverbände nicht selbst Kandidaten bei der Wahl auf, sondern sie versuchen, indirekt auf Gesetzgebung und Verwaltung Einfluss zu nehmen.

Nach: Schülerduden Politik und Gesellschaft, 5. Aufl., Mannheim u. a. 2005, S. 201

M 12 ● Tätigkeitsfelder der Interessenverbände GRUNDWISSEN

- **Interessenorganisationen im Wirtschafts- und Arbeitsbereich:**
  - Branchenverbände, z. B. Bundesverband der Deutschen Industrie (BDI)
  - Kammern, z. B. die Industrie- und Handelskammern (IHKs)
  - Arbeitnehmerverbände, z. B. Deutscher Gewerkschaftsbund (DGB)
- **Politische und ideelle Verbände und Vereinigungen,** z. B. Greenpeace, Amnesty International etc.
- **Verbände im sozialen Bereich,** z. B. Wohlfahrtsverbände, Deutsches Rotes Kreuz, Deutscher Caritasverband etc.

Nach: Wolfgang Rudzio, Das politische System der Bundesrepublik Deutschland, 7. Aufl., Wiesbaden 2006, S. 61

Lobbyismus

Der Begriff Lobbyismus bezieht sich auf die Vorhalle des Parlaments, die Lobby. Sie galt insbesondere in US-amerikanischen und britischen Parlamenten als der klassische Treffpunkt von Interessenvertretern und Abgeordneten. Lobbyismus beschreibt eine Methode der Einwirkung auf politische Interessenvertreter. Dabei geht es meist nicht um die Vermittlung allgemeiner Interessen, sondern um die gezielte Einflussnahme auf Gesetzesvorhaben.

M 13 Einflussmöglichkeiten der Interessenverbände GRUNDWISSEN

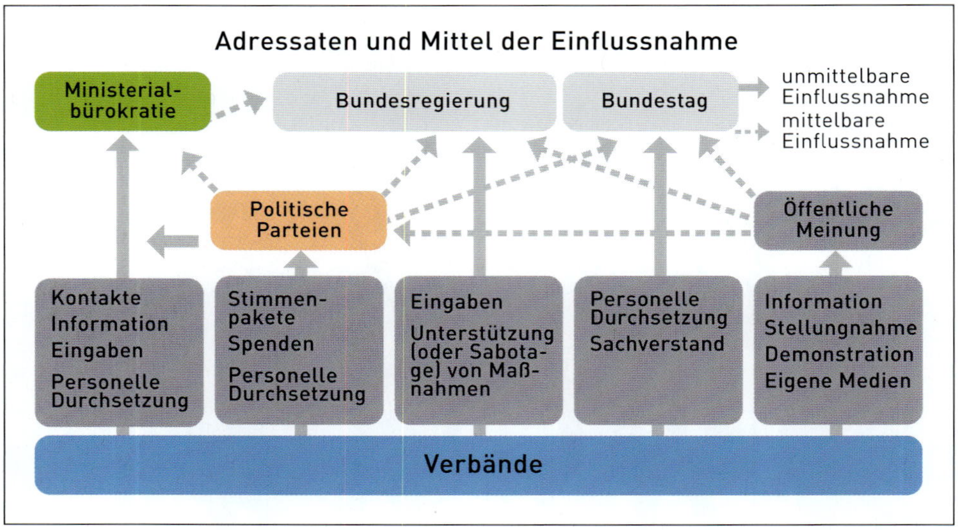

Wolfgang Rudzio, Die organisierte Demokratie, Parteien und Verbände in der Bundesrepublik, Stuttgart 1977, S. 41

M 14 Die Energie der Interessenverbände

Cerstin Gammelin hat zusammen mit Zeit-Redakteur Götz Hamann ein Buch herausgebracht: „Die Strippenzieher. Manager, Minister, Medien – Wie Deutschland regiert wird“

fluter: Wer sind diese Lobbyisten?

Cerstin Gammelin: Man kann grob zwei Typen von Lobbyisten unterscheiden. Da sind zum einen langjährige Politiker/innen oder Referenten/innen, die exzellente politische Kontakte haben und dann in die Wirtschaft wechseln, etwa zu VW. Das gilt auch für Mitglieder der rotgrünen Regierung: Ex-Wirtschaftsminister Wolfgang Clement ist Aufsichtsratsmitglied bei der RWE Power AG, sein Vorgänger Werner Müller sitzt seit seinem Ausscheiden aus der Politik als Vorstandsvorsitzender bei der RAG, der Wirtschaftsexperte der Grünen, Rezzo Schlauch, ist nun Beiratsmitglied bei EnBW und eine BMU Staatssekretärin beriet E.on. Oder eben Gerhard Schröder, der jetzt Aufsichtsratsvorsitzender beim russischen Pipeline-Konsortium NEGP ist. Andere Lobbyisten kommen aus der Medienbranche: wie etwa zwei Kollegen vom Spiegel. Einer von ihnen ist inzwischen Politikchef bei EnBW, der andere bei der Deutschen Umwelthilfe.

In welcher Form werden die Medien denn von den Lobbyisten genutzt?

In der Berliner Zeitung war zum Beispiel einmal ein Interview mit Werner Müller, dem damals schon ehemaligen Wirtschaftsminister, in dem es um die Pensionszahlungen ging, die er zu seiner Ministerzeit von seinem früheren Arbeitgeber E.on erhielt. Ein paar Seiten dahinter gab es große Anzeigen von STEAG und RAG: Sie waren redaktionell gestaltet, das Wort Anzeige stand nur ganz klein oben in der Ecke. Zufall, hieß es bei der Berliner Zeitung. Auch Interviews mit Vorstandschefs werden gern von der „positiven“ oder „negativen“ Berichterstattung abhängig gemacht. Die Energielobby taucht auch gerne zur Bundespressekonferenz auf, wenn entsprechende Themen verhandelt werden. Das ist kein Problem, sie haben ja alle Hausausweise des Bundestages.

Hausausweise?

Lobbyisten melden sich als Interessenver-

Versteckte Form von Lobbyismus?

Der Konzern E.on baut keine Drohkulisse auf, sondern „hilft“ der Politik. E.on gründet in Aachen ein Energieinstitut und schreibt drei Professuren aus. Ganz so, wie Bundeskanzlerin Merkel sich das wünscht: mehr Geld in Forschung investieren und Effizienz erforschen. Und schon ist die Politik in Zugzwang.

treter/innen beim Bundestag an. Sie brauchen eine Bürgschaft von fünf Abgeordneten, dann bekommen sie einen Hausausweis und können in alle Bundesgebäude reingehen. In den Sitzungswochen ist der Bundestag voll mit Interessenvertretern/innen aus der Wirtschaft. Momentan gibt es 5.000 Lobbyisten mit Hausausweisen. Zum Vergleich: Nur 2.000 Journalisten/innen besitzen einen solchen Ausweis. Wenn die Lobbyisten schon vor den Räumen sitzen und warten: Da ist doch sofort klar, dass es Mauscheleien gibt.

Nach: Die Energie der Interessenverbände, in: fluter Nr. 50, Juli/August 2006

M 15 ● Der Kampf für eigene Interessen gehört zur Demokratie

Abgeordnete, Politiker sind immer Teil der Gesellschaft, sie stehen nicht neben ihr oder irgendwie außerhalb. Sie sind immer auch Multiplikatoren der vielfachen Interessenkonflikte, Interessenkollisionen und Interessenkämpfe, die es in der Gesellschaft gibt. Sie können sich nicht heraushalten aus dem, was in ihrem Umfeld geschieht. Wie sollten sie auch? Abgeordnete wollen gestalten. Sie definieren sich selbst als Interessenvertreter – als durch demokratische Wahlen legitimierte Lobbyisten ihrer Wahlkreise nämlich. Kontakte der Abgeordneten zu kundigen Sachwaltern verschiedenster Bereiche sind notwendig, um die Gesetzesarbeit zu qualifizieren. Das Entscheidende an dieser Form von Zusammenarbeit ist die Transparenz, ist die Kontrollierbarkeit. Lobbyismus darf nicht hinter verschlossenen Türen stattfinden. Und für Argumente darf kein Geld fließen. Öffentlichkeit ist das beste Mittel, um gegen Verstöße der politischen Moral vorzugehen. Wir brauchen in der Demokratie eine Kultur der Transparenz, denn erst die ermöglicht den Bürgerinnen und Bürgern qualifizierte Partizipation. Als Beleg für die häufig zu hörende Kritik, dass der Einfluss der Lobbyisten ins Uferlose steige, wird immer wieder die Lobbyliste des Deutschen Bundestages genannt. Auf dieser Liste stehen jene Verbände, die an der Gesetzgebung teilhaben können. Es gibt inzwischen 1.781 Einträge. Gleichwohl: Ich kann diesen Wunsch nach Teilhabe, nach Mitwirkung nicht wirklich kritisieren. Dass sich so viele Lobbyisten an den Bundestag wenden, also an der politischen Kommunikation beteiligt sein wollen, spricht doch nicht gegen das Parlament, sondern für das Parlament, für die Akzeptanz der demokratischen Gesetzgebung und ihrer Verfahren. Der Bundestag ist der zentrale Ort der Demokratie, hier werden die Gesetze beraten und verabschiedet. Es ist doch nur logisch, dass sich die Lobbyisten hier sammeln.

Wolfgang Thierse (SPD), Auszug aus der Rede zur Buchvorstellung „Lobbyismus in Deutschland" am 18.12.2003 in Berlin, Publik-Forum, 03/2004

Aufgaben

1. Beschreiben Sie die Aufgaben der Interessenverbände im politischen System. (M 11–M 13)
2. Nennen Sie drei wichtige Merkmale, durch die sich Interessenverbände von Parteien unterscheiden. (M 11, M 12)
3. Nehmen Sie Stellung zu der Forderung: Ehemalige Regierungsmitglieder sollten direkt nach Beendigung ihrer politischen Tätigkeit nicht in die Privatwirtschaft wechseln dürfen. (M 14, M 15)
4. Erläutern Sie, was Wolfgang Thierse unter einer „Kultur der Transparenz" versteht, und nehmen Sie Stellung zu der Frage: Haben die Interessenverbände zu viel Einfluss? (M 14, M 15)

WISSEN KOMPAKT

Wahlsysteme
M 4, M 5

Grundsätzlich kann man zwischen Verhältniswahlsystem und Mehrheitswahlsystem unterscheiden. Bei der reinen Verhältniswahl erhalten die Vertreter der Parteien genauso viele Mandate im Parlament, wie es ihrem Anteil an den abgegebenen Stimmen entspricht. Beim reinen Mehrheitswahlsystem erhalten nur die Kandidaten ein Mandat, die in einem Wahlkreis die meisten Stimmen auf sich vereinigen konnten. In vielen Staaten gibt es Mischformen der beiden Systeme.

Wahlsystem der Bundesrepublik Deutschland
M 1-M 5

Das Wahlsystem der Bundesrepublik Deutschland ist im Bundeswahlgesetz festgelegt. Für die Wahl der 598 Abgeordneten des Bundestages haben die Wähler zwei Stimmen: Mit der Erststimme entscheidet der Wähler nach dem Prinzip der relativen Mehrheitswahl, welcher Wahlkreisabgeordnete einen Sitz im Parlament erhalten soll. Die Zweitstimme, die nach den Prinzipien der Verhältniswahl abgegeben wird, ist die wichtigere Stimme, denn durch sie wird die Zahl der Sitze festgelegt, die jeder Partei im Bundestag zustehen. Hat eine Partei die Sperrklausel (fünf Prozent der Zweitstimmen oder drei Direktmandate) überwunden, so wird die Gesamtzahl der für sie abgegebenen Zweitstimmen in Mandate umgerechnet. Das Wahlsystem zum Deutschen Bundestag wird häufig als „personalisiertes Verhältniswahlrecht" bezeichnet.

Parteien
M 9, M 10

Unter Parteien versteht man Vereinigungen von Bürgern mit gemeinsamen politischen Überzeugungen, die sie in Parlament und Regierung in den politischen Entscheidungsprozess einbringen wollen. Im Gegensatz zu Interessengruppen wollen sie politische Entscheidungen nicht nur in ihrem Sinne beeinflussen, sondern sie sind bereit, unmittelbare politische Verantwortung zu übernehmen. Zu den Aufgaben der Parteien gehören:

- Mitwirkung: Parteien ermöglichen den Bürgern als Wähler oder als Mitglieder die Teilnahme am politischen Geschehen. Als Parteimitglied kann der Bürger bei Programmformulierungen und bei der Auswahl der Kandidaten mitwirken.
- Meinungsbildung: Parteien nehmen – vor allem mithilfe der Medien – auf die öffentliche Meinung Einfluss.
- Interessenvermittlung: Parteien bündeln gesellschaftliche Interessen und transportieren sie als „Keilriemen der Demokratie" in den politischen Entscheidungsprozess der staatlichen Institutionen.
- Personalbereitstellung: Über Parteien rekrutiert und selektiert sich in Deutschland das politische Personal, das dann die staatlichen Führungsämter einnimmt.

Interessenverbände
M 11-M 15

Interessenverbände sind freiwillige Zusammenschlüsse zur Bündelung und Artikulation von besonderen Interessen mit dem Ziel, die Politik und Gesetzgebung im Sinne der eigenen Absichten zu beeinflussen. Dies erreichen Verbände z. B. dadurch, dass sie Regierungen bei der Vorbereitung von Gesetzentwürfen sachlich beraten.

Das Wahlsystem zum Deutschen Bundestag

Die Erststimme und ihre Bedeutung

Das Gebiet der Bundesrepublik ist in 299 Wahlkreise eingeteilt. Jeder Wähler entscheidet sich für einen Kandidaten seines Wahlkreises. Gewählt ist, wer mindestens eine Stimme mehr hat als jeder andere Bewerber (relative Mehrheitswahl). Ein gewählter Direktkandidat kommt auf jeden Fall ins Parlament, auch wenn seine Partei die 5%-Hürde nicht schafft.

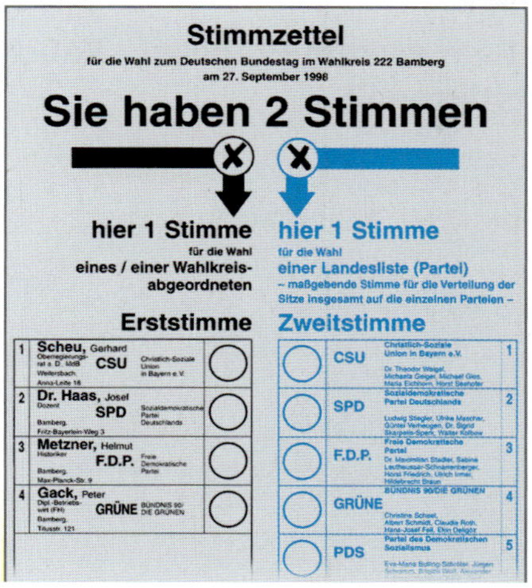

Die Zweitstimme und ihre Bedeutung

Nach der Gesamtzahl der Zweitstimmen, die für eine Partei bei der Wahl abgegeben werden, richtet sich die Anzahl der Sitze, die diese Partei im Bundestag erhält (Verhältniswahl). Die Wähler geben ihre Stimme dabei der Landesliste einer Partei in ihrem Bundesland. 299 Abgeordnete ziehen bei der Sitzverteilung über diese Listen in den Bundestag ein.

Überhangmandate

Hat eine Partei in einem Bundesland mehr Direktmandate errungen als ihr – den Zweitstimmen nach – zustehen, erhält sie Überhangmandate. Beispiel: Die Partei B hat im Bundesland Y 28 Direktmandate gewonnen. Nach Zweitstimmen stehen ihr nur 26 Mandate zu. Die zwei fehlenden Sitze erhält die Partei als Überhangmandate. Die Gesamtzahl der Sitze im Bundestag nimmt um die Überhangmandate zu.

Verteilung der Sitze auf die Parteien (nach „Sainte-Laguë/Schepers"):

Bei der Vergabe der Sitze werden nur Parteien berücksichtigt, die bundesweit mindestens 5% der Zweitstimmen oder drei Direktmandate errungen haben (Sperrklausel). Wie viele Abgeordnetensitze den Parteien zustehen, wird mithilfe der *Divisormethode mit Standardrundung* (Sainte-Laguë/Schepers) berechnet. Die Stimmen der Parteien, die an der Stimmvergabe teilnehmen, werden dazu durch einen Divisor geteilt. Als Divisor eignet sich die Zahl der durchschnittlich auf einen Sitz entfallenen Stimmen. Die Ergebnisse der Division werden anschließend mit Standardrundung zu ganzen Zahlen auf- oder abgerundet. Die ganzen Zahlen entsprechen der Sitzverteilung. Ist die Summe der Sitze größer/kleiner als die zu vergebenden Sitze, so wird das Verfahren mit einem größeren/kleineren Divisor wiederholt. Beispielrechnung:

Partei	Zweit-stimmen	Divisor	Ergebnis	Sitze
A	3.700.000	18.896	195,80	196
B	5.500.000	18.896	291,06	291
C	2.100.000	18.896	111,13	111
598 Sitze zu vergeben	gesamt: 11.300.000	Gesamtstimmenzahl/ Gesamtzahl der Sitze	Stimmen für Partei X/Divisor	nach Standardrundung

Verteilung der Sitze auf die Landeslisten

Der Landesverband einer Partei erhält die Anzahl an Sitzen, die dem Anteil an Zweitstimmen entspricht, der auf seine Landesliste entfiel. Die Anzahl der errungenen Bundestagssitze wird zunächst mit den in dem Bundesland direkt gewählten Wahlkreiskandidaten dieser Partei besetzt (Direktmandate), die verbleibenden Sitze mit Kandidaten der Landesliste (Listenmandate).

Partei	Sitze insgesamt	Zweitstimmen im Bundesland Y	Gesamtzahl der Zweitstimmen der Partei B		Sitze im Bundesland Y
B	291	x 500.000	: 5.500.000	= 26,45	26

Aufgabe

Angenommen, bei der nächsten Bundestagswahl läge folgendes Wahlergebnis in Mio. Zweitstimmen vor: SPD 18,5; CDU/CSU 19,7; Grüne: 3,8; FDP: 2,9; Die Linke: 1,5.

a) Berechnen Sie die Verteilung der Stimmen in Prozent und die Verteilung der Sitze nach dem Sainte-Laguë/Schepers-Verfahren, wenn 598 Sitze zu vergeben sind.

b) Ermitteln Sie, welche Parteien (zusammen) eine absolute Mehrheit der Sitze erringen könnten.

c) Erläutern Sie, unter welchen Bedingungen die Parteien Überhangmandate bekommen würden.

3.5 Plebiszitäre Elemente in Bayern

3.5.1 Wie kam es zum Plebiszit „Rauchverbot in bayerischen Gaststätten“?

M 1 Fallbeispiel: Nichtraucherschutz

Rauchverbot drückt kleine Wirte mächtig
Nürnberger Nachrichten vom 2.8.2011

Volksbegehren: Kommt jetzt der Raucherkrieg?
Münchner Merkur vom 2.12.2009

Rauchverbot verfassungsgemäß – auch für Shisha-Cafés *Passauer Neue Presse vom 16.9.2011*

Rauchverbot: Der Qualm-Kampf ist eröffnet
Münchner Merkur vom 18.5.2010

Rauchverbot: Suche nach Schlupflöchern
Nürnberger Nachrichten vom 2.12.2010

Wirtshaustour dank Rauchverbot
Vilshofener Anzeiger vom 8.7.2011

Bayerns Rauchverbot macht Schule
Münchner Merkur vom 2.2.2011

M 2 Jetzt regieren die Bürger

Das, was die CSU in Bayern treibt, ist schlicht Arbeitsverweigerung. Mit dem Volksentscheid zum Rauchverbot können die Bürger nun direkt in die Politik eingreifen – völlig ohne Fraktionsdisziplin. [...] Mit dem Volksentscheid über den Nichtraucherschutz haben die Bürger in Bayern [die] Möglichkeit, [...] direkt und unverstellt ihren Willen durchzusetzen. Die Bayern können den Politikern am Sonntag vormachen, wie das funktioniert mit den eindeutigen Entscheidungen, die sie immer von der Politik fordern. Die Wähler zwischen Bamberg und Berchtesgaden müssen am Sonntag nur mit „Ja“ oder „Nein“ stimmen - „Ja“ zu einem Rauchverbot, das nicht nur in Restaurants gilt, sondern auch in Bierzelten, Eckkneipen und sogar in den Nebenzimmern von Diskotheken. Oder „Nein“ zu dieser Verschärfung des Gesetzes, sodass die Raucher weiter ihre Ausnahmen genießen können. Das ist nur auf den ersten Blick eine Frage der Gesundheit und des Jugendschutzes. Auf den zweiten Blick ist es viel mehr. Die Bürger ersetzen mit dem Volksentscheid, den sie in großer Zahl erzwungen haben, ihre Regierung [...]. Seit Jahren stümpert die bayerische Staatsregierung beim Nichtraucherschutz herum. 2007 [...] beschloss man bereits den Schutz vor Qualm - mit Ausnahmen. Schon damals murrte die Basis. 2008 dann goss die CSU ihre Politik in ein strenges Nichtraucherschutz-Gesetz - ohne Ausnahmen. Nur um zu erleben, dass sich keiner daran hielt. [...] Als die CSU dann 2008 die absolute Mehrheit verlor, schwenkte sie um - und ließ die alten Ausnahmen wieder zu. [...] Das Hin und Her je nach Opportunität brachte viele Bürger schließlich so sehr auf, dass sie sich in großer Zahl dem Volksbegehren der kleinen ÖDP anschlossen, die ein klares, eindeutiges Rauchverbot fordert. Diese Bürger wollten nun endlich eine konsistente Politik erzwingen, zu der die CSU nach ihrem historischen Fall nicht fähig ist – zumal der Koalitionspartner FDP klar gegen eine Verschärfung des Rauchverbots ist. Selbst Gesundheitsminister Markus Söder, sonst wahrlich nicht auf den Mund gefallen, hat sich einen Maulkorb verpasst. Und Ministerpräsident Horst Seehofer, früher Bundesgesundheitsminister, redet sich aus der Verantwortung: Nun müsse der Souverän entscheiden.

Annette Ramelsberger, Volksentscheid in Bayern – Jetzt regieren die Bürger, Süddeutsche Zeitung, 3.7.2010, S. 4

M 3 ● Kontrovers diskutiert: Rauchverbot in bayerischen Gaststätten

Sebastian Frankenberger (28) von der ÖDP ist mitverantwortlich dafür, dass es zum Volksentscheid kommt. Franz Bergmüller (45) tut als Chef des Vereins zum Erhalt der bayerischen Wirtshauskultur alles, dass Raucher nicht aus bayerischen Lokalen verbannt werden. [...]

Herr Frankenberger, haben Sie nicht den Erfolg schon sicher? Schließlich haben Sie mit den 1,3 Millionen Unterschriften beim Volksbegehren die höchste Hürde bereits genommen.

Frankenberger: Das kann trügerisch sein. Wir können keine großen Materialschlachten führen wie Herr Bergmüller. Es wird sehr knapp werden, auch wenn es 76 Prozent Nichtraucher in Bayern gibt.

Sie sind gegen einen Verbotsstaat, Herr Bergmüller. Zugleich müssen Sie Ihre Anhänger dafür gewinnen, mit Nein zu stimmen. Ist das ein Problem?

Bergmüller: Sie haben den Kern getroffen. Wir müssen beim Volksentscheid ein Nein organisieren, um ein bestehendes Gesetz zu erhalten. Es ist schwierig, das den Leuten zu vermitteln. Wir treten auch für Nichtraucherschutz ein. Wir lassen dem Bürger die Wahl. Die jetzt geltenden gesetzlichen Ausnahmen sind die Basis für ein Gleichgewicht zwischen berechtigten Gesundheitsinteressen und der Entscheidungsfreiheit des Gastronomen.

Wie soll ein strikter Nichtraucherschutz kontrolliert werden? Ist das nicht bereits gescheitert?

Frankenberger: Ja, wegen der Raucherklubs. Das Gesetz ist immer mehr verwässert worden. In anderen Ländern funktioniert's doch auch. Ich darf nur nicht den Eindruck erwecken: Macht's doch, was ihr wollt's.

Bergmüller: Im Kreis Rosenheim, wo ich herkomme, gibt es 1.400 konzessionierte Gaststättenbetriebe – und sechs Lebensmittelkontrolleure. Die sind völlig überfordert. Kontrolliert wird nach Anzeigen. Das Denunziantentum wird blühen. Ich stelle auch eine Abwanderung fest, die jetzt schon sichtbar wird: Eine Abwanderung in nicht konzessionierte Vereinsheime. Die sind von dem Verbot nämlich nicht erfasst. Und es gibt auch eine Abwanderung in den privaten Bereich. 100 Meter von meinem Haus entfernt steht eine Fischerhütte, da trifft man sich, spielt Karten - und raucht. Die Gelackmeierten sind die Wirte.

Ist das totale Rauchverbot in der Gastronomie nicht ein Zeichen für die Unmündigkeit der Bürger? Lassen sich nicht vernünftige Regelungen finden – ohne das gleich staatlich zu regeln?

Frankenberger: Schön wär's. Das Grundgesetz verpflichtet den Staat, für die Unversehrtheit seiner Bürger zu sorgen. Darunter fällt auch der Gesundheitsschutz. Der Staat hatte seine Chance gehabt. Jetzt sind die Bürger an der Reihe. Beim Gesundheits- und beim Jugendschutz darf es keine Kompromisse geben.

Bergmüller: Die andere Seite verkennt, dass sich die Akzeptanz des Rauchens in Speisegaststätten ins Gegenteil verkehrt hat. Es ist Usus, dort nicht mehr zu rauchen. Das mit der Rücksichtnahme klappt.

Interview von Till Hoffmann, in: http://www.augsburger-allgemeine.de/bayern/Rauchverbot-Schutz-oder-Bevormundung-id8036676.html?view=print, 24.6.2010

Plakat für das Rauchverbot in Gasstätten

Plakat gegen das Rauchverbot in Gaststätten

Aufgabe

Ermitteln Sie ausgehend von M 2 und M 3 Vor- und Nachteile eines strikten Rauchverbots in Gaststätten und bilden Sie Pro- und Kontra-Gruppen. Führen Sie mithilfe der Methode eine Fishbowl-Diskussion zum Thema „Rauchverbot in Gaststätten" durch.

METHODE

Fishbowl-Diskussion

Die Diskussion um das Rauchverbot in Gaststätten kann u.a. als Fishbowl-Diskussion erfolgen, d. h. jeweils drei Befürworter und Gegner wie auch die beiden Moderatoren haben feste Plätze am Diskutantentisch. Zwei weitere Plätze können zur Diskussion einzelner Aspekte vom fachkundigen Publikum zeitweise besetzt werden, um neue Gesichtspunkte einzubringen oder konkrete Fragen an einen der Teilnehmer zu stellen. Danach muss man seinen Platz wieder räumen. Der Moderator leitet die Diskussion und sorgt für die Einhaltung der Regeln.

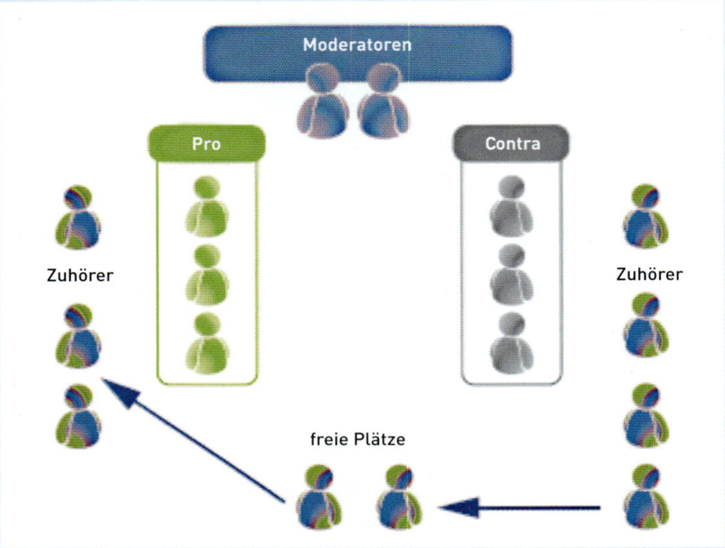

Ablauf einer Fishbowl-Diskussion

1. Im ersten Schritt machen Sie sich mit dem Thema und der Problemstellung vertraut: Worum geht es genau? Führen Sie in einer Abstimmung ein erstes Meinungsbild herbei und halten Sie es fest.
2. Bilden Sie Gruppen für die kontroversen Positionen. Es empfiehlt sich, diese Gruppen per Los oder nach dem Zufallsprinzip zusammenzustellen. Sie sollen nämlich nicht Ihre persönliche Meinung weiter ausführen, sondern sich in unterschiedliche Standpunkte einarbeiten und diese argumentativ vertreten.
3. Mithilfe geeigneter Materialien setzen sich die Gruppen mit „ihren“ Positionen auseinander. Dabei werden auch Gegenargumente gewürdigt. Anschließend verständigen sich die Gruppen auf ihre Vertreter in der Fishbowl-Diskussion. Die anderen fungieren als Beobachter, die sich aber in die Diskussion einschalten können.
4. Zwei bereiten sich auf ihre Aufgabe als Moderatoren vor.
5. Für die Durchführung ist es notwendig, eine geeignete Sitzordnung herzustellen (s. Schaubild).
6. Die Moderatoren führen in das Thema ein, stellen die Vertreter vor und begrüßen die Zuschauer, erklären den Ablauf, eröffnen die Diskussion, erteilen und entziehen das Wort, achten auf die Zeit und beenden die Diskussion. Daraufhin halten die Gruppensprecher jeweils ein kurzes Eingangsstatement (max. 1 Minute). Anschließend erfolgt in Rede und Gegenrede der Austausch der Argumente und Gegenargumente (ca. 20 min.).
7. Möchte einer der Beobachter sich in die Diskussion einschalten, so setzt er sich auf einen freien Stuhl. Nachdem er das Wort erhalten und ggf. eine Antwort bekommen hat, verlässt er diesen wieder.
8. In der Auswertung fordern die Moderatoren die Beobachter auf mitzuteilen, welche Argumente sie überzeugt haben und welche nicht. Auch den Ablauf der Veranstaltung sollen sie bewerten.
9. Abschließend lösen sich alle von ihren Rollen, und es wird eine zweite Abstimmung durchgeführt. Das Ergebnis wird mit dem ersten Meinungsbild verglichen, Unterschiede werden hinterfragt.

3.5.2 Wie kommt es zum Volksbegehren und Volksentscheid?

M 4 ● Der Weg vom Antrag zum Volksentscheid GRUNDWISSEN

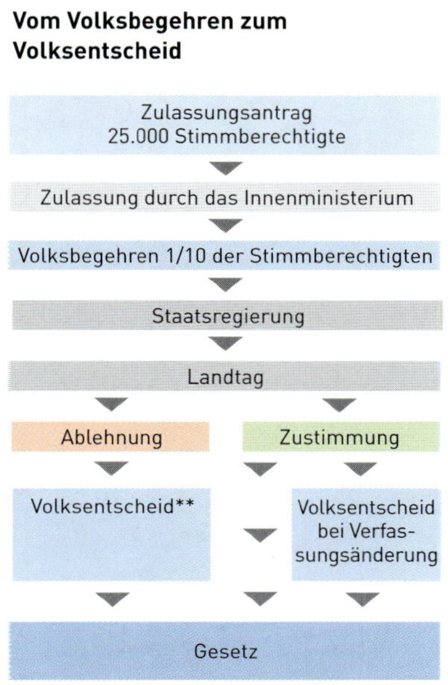

Quelle: Bayerisches Staatsministerium des Innern

M 5 ● Ergebnis des Volksentscheids am 4. Juli 2010

Bayern steht vor der Einführung des bundesweit strengsten Rauchverbots in der Gastronomie. Bei einem Volksentscheid siegten die strikten Rauchgegner klar. Laut vorläufigem amtlichen Endergebnis stimmten 61 Prozent der Wähler dafür, das Qualmen in Kneipen, Gaststätten und Bierzelten ausnahmslos zu verbieten. Das Gesetz tritt am 1. August in Kraft.

Im Freistaat waren am Sonntag knapp 9,4 Millionen Wahlberechtigte aufgerufen, ihre Stimme abzugeben. Die Wahlbeteiligung lag nach dem vorläufigen Endergebnis bei 37,7 Prozent und damit deutlich niedriger als bei Landtags- oder Bundestagswahlen üblich. Es musste aber kein bestimmtes Mindest-Quorum erreicht werden. Bei der Wahl wurde die Initiative „Ja! zum Nichtraucherschutz" von der SPD, den Grünen, regionalen Nichtraucher-Initiativen, Sport- und Ärzteverbänden sowie Umwelt- und Gesundheitsorganisationen unterstützt. Dagegen trat das Bündnis „Bayern sagt Nein!" an - getragen vom Verein zum Erhalt der Bayerischen Wirtshauskultur und der Tabakindustrie. Bei einer Mehrheit der Gegner wäre es bei den geltenden Regeln geblieben. [...] Die Befürworter des strikten Rauchverbots jubilierten. „Liebe Staatsregierung, lieber Herr Seehofer, vielleicht sollten Sie öfter das Volk entscheiden lassen", rief der Sprecher des Aktionsbündnisses „Ja! zum Nichtraucherschutz", Sebastian Frankenberger (ÖDP). Grünen-Landeschefin Theresa Schopper sprach von einem „schönen Tag für den Gesundheitsschutz in Bayern". Und SPD-Generalsekretärin Natascha Kohnen sagte: „Der Verlierer des Tages ist die CSU." Die Bürgerinnen und Bürger hätten deutlich gemacht, dass sie des jahrelangen Hin und Hers der CSU überdrüssig seien. Der Sprecher des Raucher-Aktionsbündnisses „Bayern sagt Nein", Franz Bergmüller, machte für die Niederlage vor allem die geringe Wahlbeteiligung verantwortlich. Wenige Prozent der Bevölkerung hätten einen großen Teil der Menschen „majorisiert". „Das wird nicht zur Befriedung der Gesellschaft beitragen, sondern zu einer weiteren Spaltung und zum Denunziantentum", sagte Bergmüller.

ler/otr/Reuters/dpa, Strikte Rauchgegner siegen in Bayern, in: http://www.spiegel.de/politik/deutschland/0,1518,druck-704602,00.html, 4.7.2010

Aufgabe

1. Nennen Sie die Voraussetzungen für einen Volksentscheid in Bayern. (M 4)
2. Bewerten Sie das Ergebnis des Volksentscheids zum Rauchverbot in Gaststätten und diskutieren Sie die Folgen für Befürworter und Gegner. (M 5)

Zulassungsantrag
Diese Hürde hat das Volksbegehren Nichtraucherschutz bereits Mitte Juli 2009 mit über 40.000 Unterschriften genommen.

Volksbegehren
Insgesamt haben sich 1.298.746 Personen eingetragen – das entspricht 13,9 % der Wahlberechtigten.

Volksentscheid
Am 14. April 2010 wurde das Gesetz zum Nichtraucherschutz mehrheitlich im bayerischen Landtag abgelehnt. Somit kam es zum Volksentscheid am 4. Juli 2010.

3.5.3 Bürgerbegehren in Deutschland – brauchen wir mehr direkte Demokratie?

M 6 Deutschlandkarte – Bürgerbegehren seit 1957

Bürgerbegehren in Deutschland

Nirgendwo gab es so viele Bürgerbegehren wie im Süden. Dort existiert diese Form der Demokratie am längsten, dort sind die Hürden niedrig. [...] Es ist kein Zufall, dass gerade Bürger in reichen Gegenden aufbegehren, wo viele Akademiker leben, sie wissen, wie es geht, und haben mehr als andere das, was Politologen „immate-rielle Wünsche" nennen: Sie wollen weniger Lärm, keine Strahlung von Mobilfunkmasten [...], keine Verunstaltung durch Windräder.

Matthias Stolz, Zeitmagazin, Nr. 49, 2.12.2010

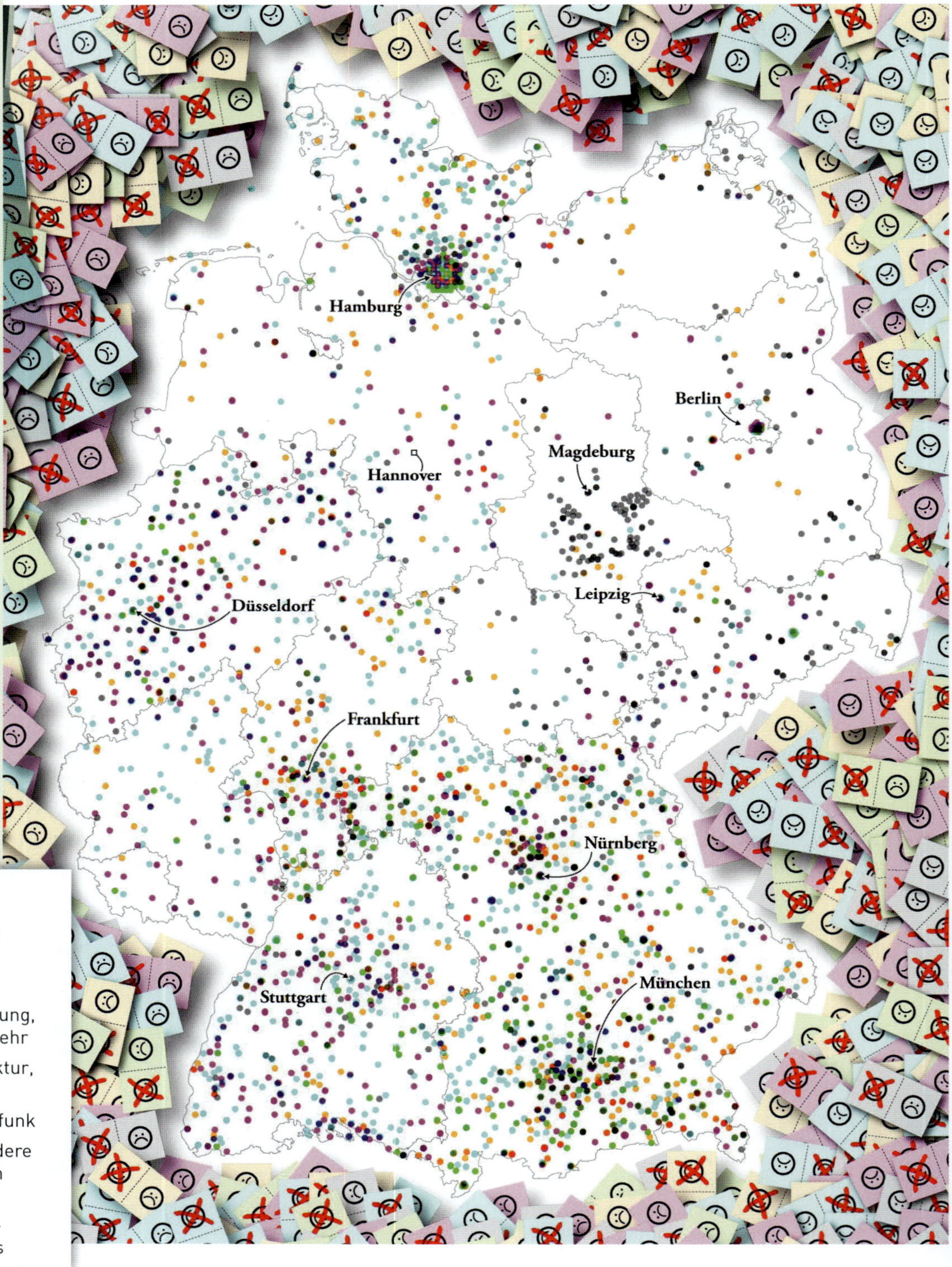

Bürgerbegehren seit 1957 (auch „Ratsreferenden") zu den Themen:

- Öffentliche Infrastruktur, Versorgung, Entsorgung, Verkehr
- Soziale Infrastruktur, Kultur
- Wirtschaft, Mobilfunk
- Wohngebiete, andere Bauleitplanungen
- Abgaben, Hauptsatzung, Gebietsreform, Sonstiges

M 7 Direkte und indirekte Demokratie GRUNDWISSEN

Es gibt unterschiedliche Formen der Demokratie. Eine Form ist die direkte Demokratie, bei der das Volk die Staatsgewalt unmittelbar (das heißt direkt) ausübt. Es entscheidet mit Volksabstimmungen („Plebiszit") über alle politisch wichtigen Anliegen. Auf kommunaler Ebene ist mit dem Bürgerbegehren und dem Bürgerentscheid eine direkte Beeinflussung der kommunalpolitischen Entscheidungen möglich. Mit dem Volksantrag, dem Volksbegehren und dem Volksentscheid können die Bürger auch auf Landesebene unmittelbar Einfluss auf den demokratischen Willensbildungsprozess nehmen. Im Gegensatz zur direkten Demokratie wird die Herrschaft in der repräsentativen Demokratie mittelbar (das heißt indirekt) über vom Volk gewählte „Abgeordnete" ausgeübt. Diese sind „Repräsentanten" des Volkes und sollen für dieses in eigener Verantwortung zeitlich befristet handeln.

Direkte Demokratie auf Bundesebene

Das Grundgesetz sieht derzeit eine direktdemokratische Mitwirkung des gesamten deutschen Volkes nur bei einer Neugestaltung bzw. einer in seinen Grundfesten verändernden Umgestaltung des Grundgesetzes (Art. 146 GG) sowie bei der Neugliederung des Bundesgebietes (Art. 29 Abs. 2 ff. GG) vor. Letzterer Artikel bestimmt allerdings, dass es sich nicht um eine bundesweite Abstimmung, sondern lediglich um ein Territorialplebiszit in den betroffenen Bundesländern handelt. Dabei können die Landesvölker den Zusammenschluss oder die Aufteilung ihrer Länder in einem Volksentscheid bestätigen oder ablehnen.

M 8 Kontrovers diskutiert: Brauchen wir mehr direkte Demokratie?

a) Um Gottes Willen!

Volksentscheide sind eines der gefährlichsten Mittel, die auch eine Demokratie, die ja vom Volke ausgeht, zugrunde richten kann. Wir leben in einer Republik, und diese ist auch dadurch definiert, dass wir bestimmte Personen wählen, von denen wir glauben, dass sie uns am besten vertreten. Nun, wo liegt der Unterschied, ob ich nun selbst meine Meinung kundtue, indem ich zum Volksentscheid gehe, oder ob ich jemanden beauftrage, für mich zu reden und abzustimmen (im kleineren Kreis)? Der Unterschied liegt schlicht und ergreifend darin, dass Politiker [...] Politikwesen in der Regel studiert haben, es ihr Beruf ist, sich ständig mit der Politik auseinanderzusetzen und Schlüsse aus der Vergangenheit zu ziehen. Als Normalbürger hat man diese Zeit schon gar nicht! Fehlentscheidungen, die auf unwissenschaftlicher Basis, Emotionalität, Unwissenheit und Populismus basieren, [...] sind die Folge. Lassen Sie mich ein Beispiel nennen: Würden wir abstimmen, ob Kinderschänder, Terroristen oder sonstige in vielerlei Augen „Unpersonen" misshandelt, gefoltert oder mit der Todesstrafe bestraft werden sollten, so wären die Ergebnisse mehr als bedenklich.

Lucas Müller, Um Gottes Willen, in: http://blog.zdf.de, 18.7.2010, 15:09 Uhr

b) Eine super Idee

Es gibt ein Land, welches erfolgreich vom Volk regiert wird – die Schweiz. Wir haben unsere Rechte an das Parlament abgegeben, die Schweizer können von der Politik Gesetze verlangen und einfordern. Ist die Schweiz damit schlechter dran als Deutschland? Nein. In der Schweiz steht das Volk über allem und es regiert gut. Die Politiker sind nur Beauftragte des Volkes, denen notfalls die Gesetze diktiert werden. In Deutschland sind wir nur Stimmvieh, welches seine Rechte bei der Wahl abgibt und delegiert. Wir sollten uns die einzige vollendete Demokratie der Welt als Vorbild nehmen.

Stefan Thiem, Eine super Idee, in http://blog.zdf.de, 18.7.2010, 15:47 Uhr

Aufgaben

1. Ermitteln Sie mögliche Gründe für die teilweise starken Abweichungen in der Anzahl der Bürgerbegehren in Nord-, West-, Ost- und Süddeutschland. (M 6)
2. Diskutieren Sie folgende These: Wir brauchen in Deutschland mehr direkte Demokratie. (M 8)

WISSEN KOMPAKT

Antrag auf ein Volksbegehren in Bayern
M 4, M 5

Mit einem Volksbegehren „begehren" die Bürger in Bayern einen Volksentscheid über einen politischen Sachverhalt herbeizuführen. Das Volksbegehren kann von jedem Bürger und Wähler aus Bayern initiiert werden. Hierfür bedarf es der Unterschriften von 25.000 stimmberechtigten Bürgerinnen und Bürgern. Meist werden hierfür sogenannte Bürgerinitiativen gegründet, die eine Entscheidung des Landtags verhindern bzw. erwirken möchten. Gelingt es der Bürgerinitiative, das Quorum von 25.000 Stimmberechtigten der Bürgerinnen und Bürger zu erreichen, wird das Volksbegehren schriftlich dem Innenministerium übergeben. Letzteres entscheidet über die Zulässigkeit des Volksbegehrens. Im Fall der Zulassung des Antrags muss das Volksbegehren innerhalb von acht bis zwölf Wochen durchgeführt werden.

Volksbegehren
M 4, M 5

Das Volksbegehren wird dann angenommen, wenn sich innerhalb von zwei Wochen mindestens 10 Prozent (zurzeit etwa 950.000) der Stimmberechtigten in Bayern in amtlichen Eintragungsräumen in Listen eintragen lassen. Die Ergebnisse der gültigen Eintragungen und der Stimmberechtigten werden von den Gemeinden sofort nach Ende der zweiwöchigen Eintragungsfrist festgestellt und an den Landeswahlleiter gemeldet. Während der Landeswahlleiter das vorläufige Ergebnis bekannt gibt, teilt der Landeswahlausschuss etwa zwei Wochen später das endgültige Ergebnis des Volksbegehrens mit. Kommt es zur ausreichenden Unterstützung seitens des Volkes, ist das Volksbegehren angenommen. Dann kann einem Volksentscheid nichts mehr im Wege stehen.

Volksentscheid
M 4, M 5

Der Volksentscheid muss spätestens drei Monate nach dem Beschluss des Landtags, wie er mit dem Volksbegehren umgeht – *Umsetzung des Begehrens ohne Volksentscheid, Durchführung eines Volksentscheids, Ablehnung des Begehrens wegen fehlender Rechtsgültigkeit* –, stattfinden. Ein Volksentscheid gilt als angenommen, wenn er mehr gültige Ja- als Nein-Stimmen erhält. Das Gesetz muss wie im Volksbegehren „begehrt" umgesetzt werden. Im Falle von verfassungsändernden Gesetzentwürfen müssen die Ja-Stimmen eines Volksentscheides mindestens 25 % der Stimmberechtigten in Bayern entsprechen.

Direkte Demokratie
M 6-M 8

Durch direkte Bürgerbeteiligung – z. B. in den Gemeinden – kann unmittelbar auf die politischen Entscheidungsprozesse Einfluss genommen werden. In Deutschland sind die Möglichkeiten direkter Demokratie auf Bundesebene allerdings äußerst begrenzt. Deshalb wird immer wieder gefordert, auch hier direktdemokratische Elemente einzuführen. Im Gegensatz zur direkten oder plebiszitären Demokratie wird in der repräsentativen Demokratie die politische Entscheidung nicht direkt von den Bürgern, sondern von gewählten Politikern, den Repräsentanten, im Parlament getroffen.

Bürger- und Volksentscheide in anderen Staaten

Wenn in der wissenschaftlichen Fachliteratur oder in den Medien von politischer Partizipation und Elementen direkter Demokratie geschrieben und berichtet wird, werden oft Beispiele aus der Schweiz zitiert. Aus gutem Grund: Die weltweit meisten Volksabstimmungen finden in der Schweiz statt. Das Votum gegen den „Minarett-Bau" wurde in der internationalen Presse zum Anlass genommen, kontrovers über Vor- und Nachteile direkter Demokratie zu diskutierten.

Schweizer stimmen gegen Minarett-Bau

Überraschendes Votum für ein Minarettverbot: Die Eidgenossen haben in einer Volksabstimmung gegen den Bau von Gebetstürmen auf Moscheen votiert. Zwei rechtspopulistische Parteien hatten die Initiative auf den Weg gebracht.

Bern – Die Schweizer haben die Volksinitiative „Gegen den Bau von Minaretten" angenommen: Nach dem am Sonntag veröffentlichten Endergebnis stimmten mehr als 57 Prozent für die Initiative zweier rechtspopulistischer Parteien. Umfragen vor der Abstimmung hatten noch eine Niederlage der Minarettgegner erwarten lassen. Daher ist das Ergebnis eine Überraschung. Die Wahlbeteiligung betrug rund 54 Prozent. Die von Anhängern der rechtskonservativen Schweizerischen Volkspartei (SVP) und der rechtsnationalen Kleinpartei Eidgenössische Demokratische Union (EDU) lancierte Volksinitiative konnte damit offenbar nach einem zum Teil scharf geführten Abstimmungswahlkampf zuletzt Boden gutmachen. Bislang gibt es in der Schweiz lediglich vier Moscheen mit Minaretten. [...]

Mit Ausnahme der SVP haben sich sämtliche etablierte Parteien der Schweiz gegen das Minarettverbot ausgesprochen. Die Regierung in Bern hatte den Stimmberechtigten empfohlen, mit Nein zu votieren. Sie befürchtet, ein Minarettverbot werde „im Ausland auf Unverständnis stoßen und dem Ansehen der Schweiz schaden". Das Schweizerische Forum für die Integration von Migrantinnen und Migranten (FIMM) und die Gewerkschaft Unia bedauerten die Entscheidung. Den fremdenfeindlichen Kräften sei es gelungen, eine Mehrheit der Stimmberechtigten mit ihrer Angstkampagne zu überzeugen. Die Bemühungen um Integration und interkulturelle Öffnung in der Schweiz hätten damit einen Rückschlag erlitten.

cte u. a., Schweizer stimmen gegen Minarett-Bau, in: http://wwwspiegel.de, 29.11.2009

Aufgabe

Obwohl sich fast alle etablierten Parteien gegen ein Minarettverbot aussprachen, stimmten die Schweizer Bürgerinnen und Bürger für das umstrittene Minarettverbot. Erörtern Sie ausgehend von diesem Beispiel allgemeine Vor- und Nachteile der direkten Demokratie und nehmen Sie dazu Stellung.

Konfliktkarte 2011

Länder, in denen 2011 Krieg herrschte:
Afghanistan, Ägypten, Elfenbeinküste, Irak, Jemen, Libyen, Mexiko, Myanmar, Nigeria, Pakistan, Somalia, Sudan, Südsudan, Syrien, Türkei

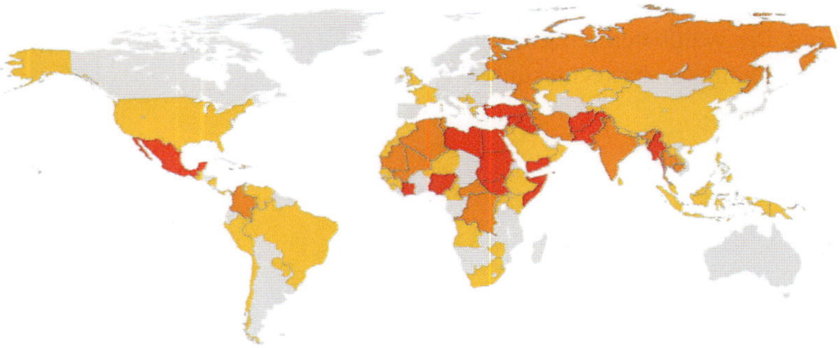

- Kein Gewaltkonflikt
- Krise
- Ernste Krise
- Krieg

Die von mehr als einem Konflikt betroffenen Länder sind entsprechend der höchsten Intensität eingefärbt.

Nach: HIK, Konfliktbarometer 2011

Globale Einflüsse auf das Individuum

4

Europäische Politik, NATO-Entschlüsse, UN-Resolutionen, Wirtschafts- und Umweltkatastrophen bestimmen nahezu tagtäglich unser Leben – mehr als wir denken. Allein die EU-Richtlinien, die immer weiter in unseren Alltag reichen, oder die Verteidigung unserer nationalen Interessen am Hindukusch rufen uns immer mehr ins Bewusstsein, dass wir im „globalen Dorf" leben. Die zahlreichen Kriege und Konflikte auf der Welt zeigen, dass unser Frieden und unsere Sicherheit alles andere als selbstverständlich sind. Umweltzerstörung und Klimaveränderungen, Kriege und Konflikte, Hunger und Armut bedrohen die Menschen weltweit. Durch die Globalisierung, die sich auch als Entgrenzung der Welt bezeichnen lässt, wirken sich Krisen irgendwo auf der Welt auf die gesamte Weltgemeinschaft aus. Wir sind also direkt betroffen, wenn in den USA eine Banken- und Finanzkrise ausbricht; wir merken sehr schnell, wenn Kriege z. B. in Afghanistan geführt werden und unsere Soldaten Teil einer von der UN genehmigten NATO-Einsatztruppe sind; unsere Regierungen schwanken, wenn in Arabien Revolutionen stattfinden und wir uns entscheiden müssen, wie wir helfen und sie unterstützen können. Aber auch Umweltkatastrophen, wie die Atomreaktorschmelze von Fukushima, beeinflussen unsere politischen Entscheidungen maßgebend.
Als deutsche Bürger sind wir integriert in der EU, in der NATO, in der UNO und in vielen anderen wirtschaftlichen, politischen und ökologischen Organisationen. Unser Leben und unsere täglichen Entscheidungen richten sich danach aus, Teil des Ganzen zu sein.

Was wissen Sie schon?

Interpretieren Sie die links stehenden Bilder und arbeiten Sie in Gruppenarbeit für jedes Bild heraus, wie die dargestellten Inhalte auf Ihr Leben Einfluss ausüben.

Am Ende dieses Kapitels sollten Sie u. a. Folgendes können

- Bedeutung der Globalisierung für das eigene Leben erkennen
- Vielfalt der internationalen Verflechtungen unseres Staates analysieren
- wichtige internationale Institutionen (EU, NATO, UN) und deren Bedeutung für unser tägliches Leben untersuchen
- Notwendigkeit einschätzen, Frieden zu schaffen und zu sichern
- Lösungsstrategien für ökologische Herausforderungen beurteilen

4.1 Die Europäische Union

4.1.1 Wer oder was ist die Europäische Union?

M 1 Die Europäische Union – aus Sicht der Kunst

M 2 Die Europäische Union – aus Sicht der Politiker

a) *Winston Churchill:* I am honoured today by being received in your ancient university and by the address which had been given to me on your behalf and which I greatly value. I wish to speak to you today about the tragedy of Europe. This noble continent, comprising on the whole the fairest and the most cultivated regions of the earth, enjoying a temperate and equable climate, is the home of all the great parent races of the western world. It is the fountain of Christian faith and Christian ethics. It is the origin of most of the culture, the arts, philosophy and science both of ancient and modern time. If Europe were once united in the sharing of its common inheritance, there would be no limit to the happiness, to the prosperity and the glory which its three or four million people would enjoy. Yet it is from Europe that have sprung that series of frightful nationalistic quarrels, originated by the Teutonic nations in their rise to power, which we have seen in this twentieth century and even in our own lifetime, wreck the peace and mar the prospects of all mankind.

Winston Churchill in einer Rede an Studenten der Universität Zürich am 19.9.1946, in: http://www.zeit.de/reden/die_historische_rede/200115_hr_churchill1_englisch, Abruf am 12.4.2012

b) *Jean Monnet:* „Wir einigen keine Staaten, wir führen Menschen zusammen."

c) *Edgar Morin* (geb. 1921), französischer Philosoph, verfasste als Zeitzeuge ein Buch über Deutschlands Stunde Null nach dem Zweiten Weltkrieg. „Europa beginnt zu verschwimmen, wenn man versucht, eine klar definierte Vorstellung davon zu erlangen; es zerfällt, sobald man es als eine Einheit zu erkennen glaubt. Wenn wir nach

Winston Churchill (1874-1965)

Winston Churchill regierte Großbritannien als britischer Premierminister während des Zweiten Weltkrieges. 1946 formulierte er als einer der ersten Politiker die Idee der heutigen Europäischen Union.

Jean Monnet (1888-1979)

Jean Monet gilt als einer der Gründungsväter der Europäischen Gemeinschaften. Er wird als „Vater Europas" bezeichnet, weil er u. a. die Idee hatte, die westeuropäische Montanindustrie (Kohle, Eisen- und Stahlindustrie) zusammenzuschließen.

dem Zeitpunkt der ‚Gründung' Europas oder nach seiner unverwechselbaren Eigenheit suchen, dann entdecken wir, dass es nichts gibt, was von Anfang an charakteristisch für Europa gewesen wäre, und nichts, was man heute als ausschließlich europäisch bezeichnen könnte. Der Begriff Europa muss in seiner vollen, vielgestaltigen Komplexität erfasst werden."

Edgar Morin, Europa denken, Frankfurt/M., New York 1991, S. 20

d) *Jean-Claude Juncker:* Wer an Europa zweifelt, wer an Europa verzweifelt, der sollte Soldatenfriedhöfe besuchen! Nirgendwo besser, nirgendwo eindringlicher, nirgendwo bewegender ist zu spüren, was das europäische Gegeneinander an Schlimmstem bewirken kann. Das Nicht-Zusammenleben-Wollen und das Nicht-Zusammenleben-Können haben im 20. Jahrhundert 80 Millionen Menschen das Leben gekostet. Jede Stunde des Zweiten Weltkrieges hat 1.045 Tote gebracht.

Gedenkrede im Deutschen Bundestag anlässlich des Volkstrauertages am 16. November 2008

Edgar Morin (*1921)

Edgar Morin ist französischer Philosoph und verfasste als Zeitzeuge ein Buch über Deutschlands Stunde Null nach dem Zweiten Weltkrieg.

Jean-Claude Juncker (*1954)

Jean-Claude Juncker ist Premierminister von Luxemburg und Vorsitzender der Euro-Gruppe.

M 3 ● Die Europäische Union – aus Sicht der Religion

Bischof Wolfgang Huber und Kardinal Karl Lehmann haben zum 50. Jahrestag der Unterzeichnung der Römischen Verträge am Sonntag an die historischen, kulturellen und geistigen Grundlagen Europas erinnert. „Sie alle sind ganz wesentlich durch das Christentum geprägt." [...] „Den Kirchen war und ist der europäische Einigungsprozess, der zu Frieden und Gerechtigkeit, Sicherheit und Wohlstand für viele Menschen beiträgt, ein großes Anliegen", so Lehmann und Huber. Europa müsse aber auch für die Gerechtigkeit in anderen Regionen der Erde eintreten. Der Kardinal und der Bischof verwiesen besonders auf das Europa prägende christlich-jüdische Menschenbild. Daraus ergebe sich die „unantastbare, unveräußerliche Würde des Menschen und die Notwendigkeit, eine gerechte, solidarische und freiheitliche Gesellschaftsordnung zu gestalten". Das Christentum erkenne die Unterscheidung von Staat und Religion auf der Grundlage gegenseitigen Respekts „und die daraus resultierende religiös-weltanschauliche, gleichwohl auf Kooperation ausgerichtete Neutralität des Staates" an.

EKD, Huber und Lehmann erinnern an christliche Wurzeln Europas, in: http://www.ekd.de/aktuell_presse/news_2007_03_23_2_europa.html, Abruf am 23.5.2012

Aufgaben

1. Curt Stenvert nimmt auf seinem Gemälde „Europa – Vision 3000" (1987) Bezug auf den antiken Europa-Mythos. In ihm verliebt sich der griechische Göttervater Zeus in die Königstochter Europa (aus Phönikien, heute Libanon) und entführt sie auf die Insel Kreta. Diskutieren Sie mögliche Botschaften des Bildes. (M 1)
2. Erklären Sie, wie die Autoren in M 2 Europa definieren und welche Aspekte sie hervorheben. Wie definieren Sie Europa?
3. Erschließen Sie aus M 3, welche Rolle die christlichen Wurzeln nach Ansicht der Geistlichen für Europa spielen.
4. Definieren Sie Europa unter folgenden Gesichtspunkten: *EU als Kulturraum, EU als historische Gemeinschaft, EU als geografischer Raum, EU als Wertegemeinschaft*. Fertigen Sie eine Mindmap zur jeweiligen Sicht an und verständigen Sie sich in der Klasse darauf aufbauend, welche Themenschwerpunkte Sie vertieft bearbeiten möchten.

4.1.2 Was sind die wichtigsten Etappen der Europäischen Integration?

M 4 ● Die Europäische Union heute

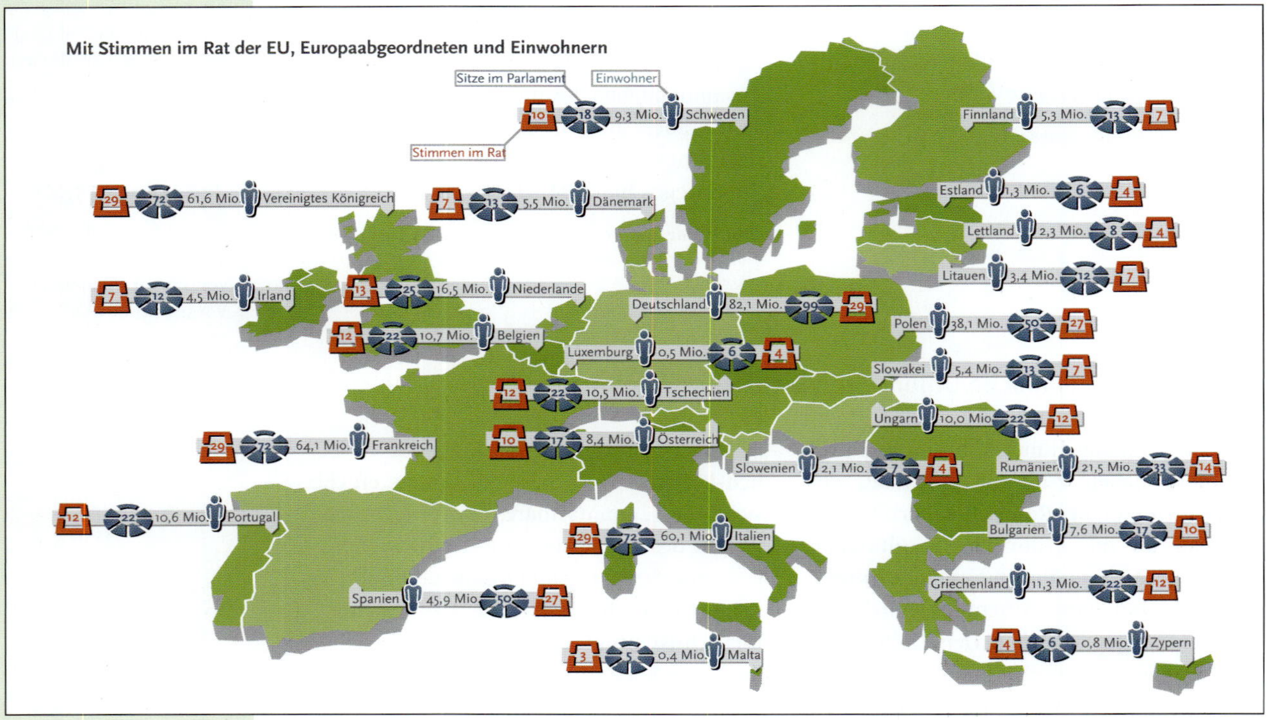

Nach: Bundeszentrale für politische Bildung 2009, www.bpb.de, Abruf am 19.11.2011

M 5 ● Meilensteine der Europäischen Integration

Wie wird man Mitglied der EU?

In Art. 6 Abs. 1 des Vertrags von Lissabon heißt es, dass jedes Land, das die Grundsätze der Freiheit, der Demokratie, der Achtung der Menschenrechte und Grundfreiheiten sowie die Rechtsstaatlichkeit achtet, Mitglied der EU werden kann. Im Jahr 1993 wurden die sogenannten Kopenhagener Kriterien eines EU-Beitritts verabschiedet.

Im Jahr 1951 gründeten sechs Staaten die „Europäische Gemeinschaft für Kohle und Stahl" (EGKS), auch „Montanunion" genannt. Mitten in Rom am 25. März 1957, 18 Uhr. Draußen, auf dem Kapitolsplatz, hat sich trotz strömenden Regens eine riesige Menschenmenge versammelt. Drinnen, im festlichen Saal des alten Konservatorenpalasts, herrschen Stolz, Freude und auch etwas Erleichterung: Noch bis zur allerletzten Minute hat man um die Einzelheiten gefeilscht. Jetzt sitzen die Vertreter Belgiens, Deutschlands, Frankreichs, Italiens, Luxemburgs und der Niederlande an einem langen Tisch und unterzeichnen die Verträge zur Gründung der Europäischen Wirtschaftsgemeinschaft (EWG). Zum Abschluss schenkt der Bürgermeister von Rom allen Teilnehmern eine goldene Medaille. In den Dokumenten, die „Römische Verträge" genannt werden, steht, dass die sechs Länder nicht nur bei Kohle und Stahl, sondern in der gesamten Wirtschaft zusammenarbeiten wollen. Am gleichen Abend gründeten die sechs Länder übrigens auch die Europäische Atomgemeinschaft (EAG oder Euratom). Damit wollten sie erreichen, dass die Kernkraft in Europa friedlich genutzt würde, also zum Beispiel in Kernkraftwerken, und nicht etwa zur Herstellung gefährlicher Atomwaffen. In den folgenden Jahren traten immer mehr Länder den Europäischen Gemeinschaften (EG) bei, wie sich das Bündnis ab 1967 nannte. 1992 vereinbarten die mittlerweile zwölf Mitgliedsländer in der niederländischen Stadt Maastricht, sich nicht nur wirtschaftlich, sondern auch politisch enger zusammenzuschließen. 1993 trat dieser „Vertrag von Maastricht" in Kraft und begründete die „Europäische Union". „Union" kommt vom lateinischen Wort „unio", „Vereinigung". Mit dieser Namensänderung wollten die Europäer zeigen, dass sie nun noch näher zusammengerückt waren. 2002 führte die EU eine gemeinsame Währung ein und machte damit einen weiteren großen Schritt: Heute klimpert in 17 EU-Ländern der Euro im Geldbeutel. Am Anfang, mit nur wenigen Mitgliedern, konnte die EU leicht und schnell Entscheidungen treffen. Als immer mehr Länder der EU beitraten, die alle eine eigene Meinung hatten, wurde das immer schwieriger. Doch wie sollte die EU handlungsfähig bleiben, wenn in Zukunft sogar noch mehr Länder beitreten würden? Der Versuch, in einer eigenen „Verfassung" neue Spielregeln für die EU festzulegen, klappte nicht. Die Wähler in Frankreich und in den Niederlanden waren dagegen. 2007 nahmen die 27 EU-Staaten einen neuen Anlauf und unterzeichneten in der portugiesischen Hauptstadt schließlich den „Vertrag von Lissabon". Mit 287 Seiten ist der ganz schön umfangreich. Im Vertrag stehen nicht nur neue Abstimmungsregeln. Der Vertrag stärkt auch die Rolle des Europäischen Parlamentes, in dem die direkt gewählten Abgeordneten sitzen. Er gibt auch den Auftrag, die Grundrechte jedes einzelnen Bürgers zu schützen, beispielsweise das Recht auf Bildung oder Gesundheit. Außerdem kann jeder EU-Bürger ein neues Gesetz auf den Weg bringen – vorausgesetzt, er hat vorher eine Million Unterschriften gesammelt. Inzwischen haben alle 27 EU-Länder „Ja" dazu gesagt. Am 1. Dezember 2009 ist der Vertrag von Lissabon in Kraft getreten.

Nach: Europa kinderleicht, Europäische Gemeinschaften 2009, S. 18 ff.
© Europäische Union, 1995-2012

M 6 ● Die EU nach dem Vertrag von Lissabon (2009) GRUNDWISSEN

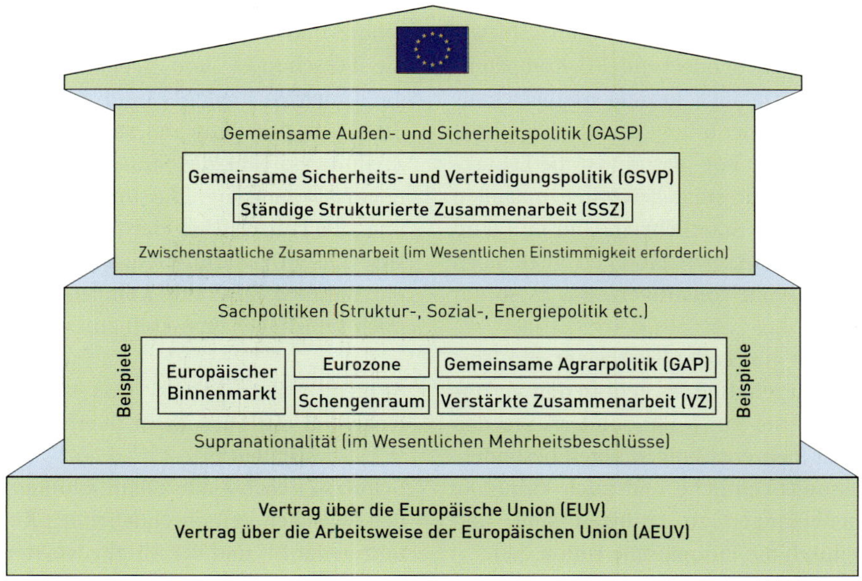

CRP-Infotec, 1.10.2011

Erweiterungen der EU

1973 Dänemark, Großbritannien, Irland
1981 Griechenland
1986 Spanien und Portugal
1995 Finnland, Österreich, Schweden
2004 Estland, Lettland, Litauen, Malta, Polen, Slowakei, Slowenien, Tschechische Republik, Ungarn, Zypern
2007 Bulgarien, Rumänien
geplant
2013 Kroatien

Maastricht 1992: die Säulen der EU

Das Bild von den drei „Säulen der EU" ist ein geläufiges Bild gewesen, um das politische System der EU in der Zeit von 1992 bis 2009 abzubilden. Die damalige EU galt als eine „Dachorganisation", die den drei Bereichen *GASP*, *Europäische Gemeinschaften* und *Zusammenarbeit in den Bereichen Justiz und Inneres* (ZJI) einen Rahmen bot. Dem Bild entsprechend bestand die erste Säule aus den Europäischen Gemeinschaften EG, EGKS und Euratom. Auf der Ebene der zweiten Säule strebten die Regierungen nach einer Gemeinsamen Außen- und Sicherheitspolitik (GASP). Die dritte Säule beschrieb schließlich die Zusammenarbeit in den Bereichen Justiz und Inneres (ZJI).

Martin Schulz (*1955), EU-Parlamentarier, Vorsitzender der Fraktion der Sozialdemokratischen Partei Europas (SPE), seit 2012 Präsident des Europäischen Parlaments

Peter Gauweiler (*1949), seit 2006 Parlamentarier des Deutschen Bundestages für die CSU

M 7 ● Kontrovers diskutiert: der Vertrag von Lissabon

Der SPD-Europaparlamentarier Martin Schulz und der CSU-Bundestagsabgeordnete Peter Gauweiler über das Demokratiedefizit der Europäischen Union […].

Gauweiler: […] Dieser Vertrag überschreitet die verfassungsrechtliche Grenze für die Übertragung von Hoheitsrechten. Er hat die Aufgabe der souveränen Staatlichkeit zur Folge und sieht den absoluten Vorrang des EU-Rechts vor. Außerdem bedeutet er eine Verschiebung der Macht zwischen Bundesregierung und Bundestag und schränkt unseren Grundrechtsschutz wesentlich ein. Das kann nicht gutgehen.

SPIEGEL: Herr Schulz, ist Herr Gauweiler mit seinen Ansichten Europas Staatsfeind Nummer eins?

Schulz: Nein, er ist weitgehend isoliert, auch in seiner eigenen politischen Familie. Die Europäische Union ist kein Staat. Es sind die souveränen Mitgliedstaaten, die die EU bilden. Diese sorgen ganz im Gegenteil sehr konsequent dafür, dass ihre hoheitlichen Rechte nicht durch Brüssel eingeschränkt werden. […]

Gauweiler: Tatsache ist, dass es inzwischen fast flächendeckend EU-Kompetenzen gibt, jetzt auch in dem unüberschaubaren Bereich der Innen- und Rechtspolitik. Nach dem Lissabon-Vertrag ist die EU faktisch ein Bundesstaat geworden mit allen Elementen der Staatlichkeit. Und nun wird mit dem Abkommen plötzlich auch noch ein Unionsvolk konstituiert, das es so gar nicht gibt. […]

Schulz: Es gibt keinerlei Absicht, ein Unionsvolk zu schaffen. Es geht in den Verträgen nicht um ein Volk, sondern um den Verbund mehrerer Völker, deren besondere verfassungsrechtliche und auch kulturelle Voraussetzungen zu schützen sind, und zwar durch die Europäische Union. […]

Gauweiler: Im Lissabon-Vertrag steht expressis verbis, die „Unionsbürgerschaft" trete nun „zur nationalen Staatsangehörigkeit hinzu". Wenn Sie diesen radikalen Integrationsweg weitergehen wollen, müssten Sie eine verfassungsgebende Entscheidung eben dieses Unionsvolks herbeiführen.

Schulz: Da bin ich anderer Meinung. Die Ratifikation eines solchen Vertrags durch das Parlament ist nicht niederwertiger als eine Volksabstimmung.

Gauweiler: Ihr Kollege, der EU-Parlamentarier Jo Leinen, hat zum Lissabon-Vertrag gesagt, bei einer Volksabstimmung hätte er in Deutschland auch mit einem Nein gerechnet. Aber es hilft doch nichts, dass wir uns in Spekulationen ergehen. Wenn das Grundgesetz wirklich durch eine andere Verfassung abgelöst werden soll, muss darüber der Souverän – das ist nicht die politische Klasse, sondern das Volk – entscheiden. Was aber jetzt passiert, ist mit dem Grundgesetz nicht vereinbar. […] Ich will einmal festhalten, wofür die EU nach Lissabon zuständig ist. Das ist ja nicht nur der Gemeinsame Markt. Dazu gehören entscheidende Bereiche der Wirtschafts- und die gesamte Währungspolitik, die Gesundheits-, Industrie-, Regional-, Bildungs- und Jugendpolitik. Außerdem der Verbraucherschutz und Bereiche der Daseinsvorsorge, die Forschungs- und Technologiepolitik, die Umwelt-, Energie- und Klimapolitik, die Asyl- und Einwanderungspolitik, das Zivilprozessrecht, das Strafrecht, die Terrorismusbekämpfung, die Innere Sicherheit und die Polizei. Und darüber hinaus soll sich die EU mithilfe einer sogenannten Flexibilitätsklausel ihre Kompetenzen auch noch selbst ausbauen können.

SPIEGEL: Herr Schulz, was können die einzelnen Nationen denn überhaupt noch selbst bestimmen?

Schulz: Zunächst muss man ja unterscheiden zwischen den abschließenden Kompetenzen der EU und der Mitgliedstaaten und den geteilten Kompetenzen, bei denen beide am Entscheidungsprozess beteiligt sind. Der Lissaboner Vertrag lehnt sich stark an die Föderalstruktur der Bundesrepublik

Deutschland an. Viele Kompetenzen, von denen Herr Gauweiler so tut, als seien sie von der raffgierigen EU an sich gezogen worden, sind geteilte Kompetenzen. [...]

SPIEGEL: Die EU regelt über diese geteilte Zuständigkeit sogar den Zahnersatz.

Schulz: Und warum? Weil wir Gott sei Dank die Freizügigkeit und die Niederlassungsfreiheit haben, was dazu führt, dass ein Mensch auch gut versorgt ist, wenn er in einem anderen Land der Europäischen Union arbeitet. Natürlich muss man in jedem Einzelfall fragen, ist es nötig, die Kompetenz an Brüssel zu übertragen? [...]

Gauweiler: Der frühere Verfassungsrichter und spätere Bundespräsident Roman Herzog hat gesagt: Wenn dem Vertrag zugestimmt wird, stellt sich die Frage, ob Deutschland nur noch eingeschränkt als parlamentarische Demokratie zu bezeichnen sei. Nach einer Datenbankabfrage des Bundesjustizministeriums sind in den Jahren 1998 bis 2004 insgesamt 18.167 EU-Verordnungen und 750 EU-Richtlinien erlassen und auf Bundesebene im selben Zeitraum 1.195 Gesetze sowie 3.055 Rechtsverordnungen verkündet worden.

Schulz: Das Bundesverfassungsgericht hat bereits verlangt, dass mit solchen Kompetenzerweiterungen auch die demokratischen Grundlagen der EU auszubauen sind. Das geschieht im Lissaboner Vertrag wie nie zuvor.

SPIEGEL: Reicht das Ihrer Meinung nach aus?

Schulz: Nein, natürlich nicht. Ich hätte mir deutlich mehr gewünscht, zum Beispiel, dass auch das Parlament oder der Rat eine Gesetzesinitiative ergreifen könnten. So kann das Parlament leider nicht unmittelbar tätig werden, wenn ihm etwa – wie zuletzt – die Rechtsprechung des Europäischen Gerichtshofs möglicherweise zu unsozial ist. Ich hätte mir auch eine klarere Wahl des Kommissionspräsidenten gewünscht, ohne dass das Parlament an den Vorschlag des Rates gebunden ist. Dennoch wird es eine größere parlamentarische Legitimation geben, auch auf der nationalen Ebene.

Gauweiler: Wir bekommen sowohl im Land weniger Demokratie als auch auf europäischer Ebene. Die Verhältnisse zwischen Bundestag und Bundesregierung werden faktisch gedreht. Roman Herzog hat dafür den plastischen Begriff des Über-die-Bande-Spielens geprägt. Wenn die Bundesregierung etwa für die Abschaffung von Glühbirnen im Parlament keine Mehrheit erhalten würde, macht sie halt dasselbe via Brüsseler Rat als europäische Richtlinie. Dem Bundestag bleibt dann nur, diese Richtlinie zu vollziehen. [...] Das ist weniger Demokratie im eigenen Land.

Aus: Der Spiegel vom 11.8.2008. Das Gespräch führten Dirk Kurbjuweit und Dietmar Hipp.

Fakten zur Europäischen Union (Stand 2012)

- (Inoffizielle) Hymne: Ode an die Freude (Beethoven)
- Fläche: 4 Mio. km^2
- Einwohner: ca. 500 Mio.
- Mitglieder der EU: 27
- Amtssprachen: 23
- Beitrittskandidaten (Stand 2012): Kroatien (Beitritt 2013 geplant), Mazedonien, Türkei
- Euro-Staaten: 17

Aufgaben

1. Ermitteln Sie die wichtigsten Etappen der Europäischen Integration von Rom bis nach Lissabon. Wählen Sie ein Ereignis aus, das Ihrer Meinung nach das wichtigste der Europäischen Integration darstellt. (M 4 und M 5)
2. Beschreiben Sie, auf welche Defizite des Verfassungsvertrages der Vertrag von Lissabon reagiert. (M 6)
3. Inwieweit stimmen Sie der Aussage zu, die EU bewirke in ihrer jetzigen Verfasstheit „weniger Demokratie im eigenen Land"? Formulieren Sie eine Gegenposition (M 7).

4.1.3 Die Organe der EU – wer bestimmt was?

M 8 ● Fallbeispiel: die Spielzeugrichtlinie

Diese Nachricht dürfte in Deutschland nicht nur kleine Kinder erfreuen: Das Überraschungsei, eine völker- und generationenverständigende Süßigkeit, wird nicht verboten. **Die Europäische Kommission** hat [...] zwar vorgeschlagen, allerlei andere Spielsachen vom Markt zu nehmen, die mit Lebensmitteln verbunden sind. Das Überraschungsei darf jedoch weiter den Ess- und Spieltrieb von Jung und Alt befriedigen. Denn in Brüssel sind die zuständigen Beamten zum Schluss gekommen, dass keine gesundheitliche Gefährdung vorliegt, wenn ein Kind eine Schokoladenverpackung öffnen muss, um an ein Spielzeug zu gelangen. Muss die Schokolade dagegen aufgegessen werden, um an das Spielzeug zu gelangen, dann besteht die Gefahr des Erstickens, weshalb solche Produkte verboten werden sollen. In Großbritannien und Irland etwa werden zu Halloween Schmuck oder Münzen in Kuchen eingebacken.
Diese Vorschläge sind Teil einer geplanten neuen Europäischen Richtlinie über die Sicherheit von Spielzeug, die die Kommission jetzt angenommen hat. Die bestehende Richtlinie stammt aus dem Jahr 1988 und soll nun an die Weiterentwicklung des Spielzeugmarktes angepasst werden. [...] Nach dem 70 Seiten starken Vorschlag der Kommission, dem sowohl **die Regierungen der Mitgliedstaaten (im Europäischen Rat)** als auch **das Europäische Parlament** zustimmen müssen, sollen künftig in Spielsachen sämtliche Stoffe verboten werden, die Krebs erregen, das Erbgut verändern oder die Fortpflanzung gefährden können.

Nikolas Busse, Das Überraschungsei wird nicht verboten, in: FAZ, 25.1.2008

Das Überraschungsei – Gegenstand einer EU-Richtlinie

Europäische Richtlinie

Europäische Richtlinien sind Rechtsakte der EU. Die Mitgliedstaaten müssen sie umsetzen, wobei es ihnen selbst überlassen ist, wie sie dies tun. Die Umsetzung in Deutschland erfolgt in der Regel durch ein förmliches Gesetz.

Europäische Verordnung

Anders als die EU-Richtlinie gilt die EU-Verordnung unmittelbar. EU-Verordnungen werden ohne nationale Rechtsakte verbindlich.

Organe der EU

Seit dem Vertrag von Lissabon gibt es folgende Organe der Europäischen Union: Europäischer Rat, Rat der Europäischen Union (Ministerrat), Kommission, Parlament, Gerichtshof und Zentralbank.

M 9 ● So funktioniert die Europäische Union GRUNDWISSEN

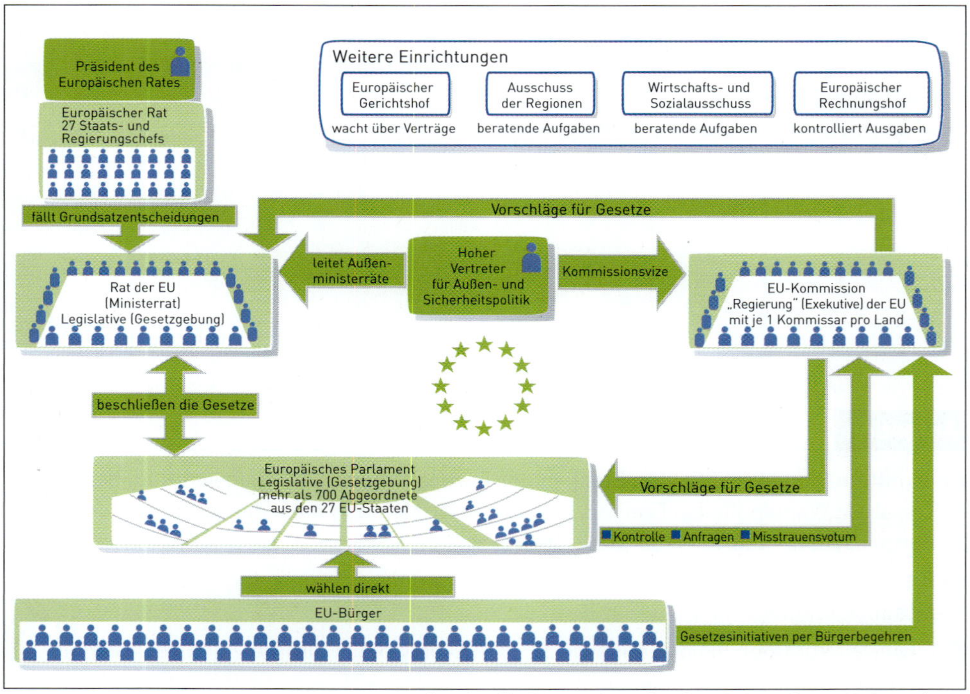

dpa-Grafik, Die EU, in: poliTicker, C. C. Buchners Verlag, 1/2010

M 10 ● Europäischer Rat GRUNDWISSEN

Der Europäische Rat trifft sich mindestens zweimal im Jahr in Brüssel.

Im Europäischen Rat treffen sich die Staats- und Regierungschefs der EU-Mitgliedstaaten, der Präsident des Europäischen Rates und der Präsident der Europäischen Kommission. Der Europäische Rat ist die höchste Repräsentanz der Europäischen Union. Er bestimmt durch das besondere Gewicht seiner Mitglieder die EU-Politik. Bei regelmäßigen Gipfeltreffen werden die Leitlinien der EU-Politik festgelegt und Fragen, die auf unterer Ebene – Ministerebene im (Minister-)Rat der EU – nicht geregelt werden konnten, gelöst. Seit Inkrafttreten des Lissabon-Vertrags (1.12.2009) ist der Europäische Rat ein vollwertiges EU-Organ, dessen Vorsitz nicht mehr halbjährig wechselt, sondern vom EU-Ratspräsidenten für zweieinhalb Jahre übernommen wird.

M 11 ● Rat der Europäischen Union GRUNDWISSEN

Im Rat der Europäischen Union, der seinen Sitz in Brüssel hat, treffen sich die (Fach-) Minister aus den Mitgliedstaaten. Da die Themen, die im Ministerrat besprochen werden, aus den unterschiedlichen Politikbereichen kommen, treffen sich die jeweiligen Ressortminister der Mitgliedstaaten in unterschiedlichen Formationen. Wird über außenpolitische Themen verhandelt, kommen die Außenminister der Mitgliedstaaten zusammen, geht es um innenpolitische Themen, entsenden die Staaten ihre Innenminister. Entsprechend gibt es neun Ratsformationen:

- Allgemeine Angelegenheiten und Außenbeziehungen
- Wirtschaft und Finanzen
- Zusammenarbeit in den Bereichen Justiz und Inneres
- Beschäftigung, Sozialpolitik, Gesundheit und Verbraucher
- Wettbewerbsfähigkeit
- Verkehr, Telekommunikation und Energie
- Landwirtschaft und Fischerei
- Umwelt
- Bildung, Jugend und Kultur

Der Ministerrat stellt das eigentliche Machtzentrum der Europäischen Union dar. Er ist – in der Regel gemeinsam mit dem Europäischen Parlament – der Gesetzgeber der Europäischen Union. Mittlerweile muss im Rat nur noch selten einstimmig beschlossen werden. Um Blockaden einiger weniger Mitglieder zu verhindern, wird in über 180 Politikbereichen mit qualifizierter Mehrheit (etwa 74%) abgestimmt. Darüber hinaus kontrolliert er gemeinsam mit der Kommission die Einhaltung und Umset-

Präsident des Europäischen Rates (PER)

Der Präsident des Europäischen Rates wird vom Europäischen Rat für zweieinhalb Jahre mit qualifizierter Mehrheit gewählt. Der PER darf kein nationales Amt ausüben und kann einmal wiedergewählt werden. Sein Aufgabengebiet umfasst v. a. die Vorbereitung der Arbeit des Europäischen Rates und die Außenvertretung der Union in Angelegenheiten der Gemeinsamen Außen- und Sicherheitspolitik (GASP).

Rat der EU

Die Wahl des Namens dieser Institution ist nicht sehr glücklich. Es kommt immer wieder zu Verwechslungen, wenn nur vom Rat gesprochen wird. Allerdings wird in der Berichterstattung meist schnell klar, um welchen Rat es sich handelt.

Doppelte Mehrheit

Ab 2014 ist anstelle der qualifizierten Mehrheit nur noch die sogenannte „doppelte Mehrheit" erforderlich, d. h. die Mehrheit an Stimmen im Ministerrat (55 %), die zugleich eine Mehrheit der Bevölkerung (65 %) repräsentiert.

zung der beschlossenen Richtlinien und Verordnungen. Gemeinsam mit dem Parlament trägt er die Verantwortung für den EU-Haushalt.

Rechtsakte/Gesetze der EU:
- EU-Verordnungen
- EU-Richtlinien
- EU-Entscheidungen und Beschlüsse
- Empfehlungen

EU-Verordnungen werden ohne nationale Rechtsakte verbindlich. EU-Richtlinien müssen von den Mitgliedstaaten umgesetzt werden, wobei es den Mitgliedstaaten selbst überlassen ist, wie sie dies tun. EU-Entscheidungen und Beschlüsse sind verbindliche Festlegungen im Einzelfall. EU-Empfehlungen sind nicht verbindlich.

M 12 ● Die Europäische Kommission GRUNDWISSEN

Das ausführende Organ der Europäischen Union ist die Kommission. Sie ist als supranationales Exekutivorgan mit weit reichenden Befugnissen ausgestattet und gilt deshalb auch als „Motor der Integration" und „Hüterin der Verträge". Die Kommission besteht aus 27 Kommissaren, die von den einzelnen Mitgliedstaaten bestimmt werden und jeweils für einen Aufgabenbereich zuständig sind, z. B. für Verkehr oder Klimapolitik, Gesundheits- oder Entwicklungspolitik. Die Kommission hat einen Präsidenten, der vom Europäischen Rat vorgeschlagen und vom Parlament bestätigt wird. Der Präsident setzt dann die Kommissare ein. Er kann zwar auswählen, muss aber weitestgehend Rücksicht auf die Mitgliedstaaten nehmen, die die Kommissare vorschlagen. Die gesamte Kommission wird dann noch einmal vom Parlament für fünf Jahre bestätigt. Die Kommissare sind keine Vertreter ihrer Staaten und nicht an die Weisungen der Regierungen ihrer Heimatländer gebunden. Sie sind der europäischen Sache verpflichtet und für die Umsetzung der Gemeinschaftspolitik der Union in den verschiedenen Bereichen – entsprechend der Zuständigkeit der Kommissare – verantwortlich. Zusätzlich unterstützt die Kommission den Europäischen Gerichtshof bei der Überwachung des EU-Rechts. Darüber hinaus gestaltet die Kommission die Entwicklung der Europäischen Union aktiv mit. Sie besitzt nämlich das alleinige Initiativrecht für Gesetze, d. h. der Rat und das Parlament können nur das beschließen, was die Kommission ihnen vorgeschlagen hat. Sie kann also Beschlüsse dadurch beeinflussen, dass sie bis auf wenige Ausnahmen die Vorschläge erarbeitet. Rat und Parlament können die Vorstellungen der Kommission verändern, aber der erste Zug wird von ihr ausgeführt.

M 13 ● Das Europäische Parlament GRUNDWISSEN

Das Europäische Parlament ist die Vertretung aller Bürgerinnen und Bürger der Europäischen Union. Diese wählen seit 1979 alle fünf Jahre in direkten Wahlen – über Listen – ihre Repräsentanten. Die Anzahl der Abgeordneten richtet sich nach der Größe der Länder. Hier gibt es eine generelle Bevorzugung der kleineren Staaten. Deutschland stellt mit 99 Abgeordneten die größte Gruppe, gefolgt von Frankreich, Großbritannien und Italien. Die wenigsten Abgeordneten hat Malta, hier werden fünf Personen gewählt. Wie nationale Parlamente hat auch das EU-Parlament drei traditionelle Kompetenzbereiche: Gesetzgebung, Haushalt und Kontrollbefugnisse. Das Parlament ist gemeinsam mit dem Rat der Europäischen Union der Gesetzgeber der Union. Es beschließt die Verordnungen und Richtlinien.

Allerdings kann es selbst keine Gesetze initiieren – dieses Recht hat alleine die Kommission – es kann aber die Kommission auffordern, Vorschläge zu erarbeiten. Auch wenn das Parlament ein Recht auf Anhörung besitzt, ist die Reichweite in einigen Kompetenzbereichen (z.B. GASP) stark eingeschränkt. Das Europäische Parlament ist allein für die Entlastung der Kommission zuständig. Es kann der Kommission eine Annahme des Haushalts verweigern oder ihr die Entlastung versagen. Bei groben Verstößen kann das Parlament auch ein Misstrauensvotum gegen die Kommission aussprechen. Dies geschah z. B. 1999 und führte dazu, dass eine neue Kommission benannt werden musste. Abstimmungen verlaufen im Parlament, im Gegensatz zum Rat, mit einfacher Mehrheit. Bei der Zustimmung zu Gesetzen wird in der Regel die absolute Mehrheit benötigt. Galt das Europäische Parlament zu Beginn noch als machtlos, so hat es sich zu einem selbstbewussten und machtvollen Organ entwickelt. Gut zwei Drittel der Gesetzgebungsvorhaben der EU werden von den Parlamentariern „mitentschieden". Zwar wird der Rat weiterhin das mächtigere Organ bleiben, doch er muss sich immer öfter mit dem Parlament verständigen, um seine Ziele zu erreichen. Seit dem Inkrafttreten des Vertrags von Lissabon wählt das Europaparlament zudem den Präsidenten der Europäischen Kommission auf Vorschlag der Staats- und Regierungschefs. Auch bei der Besetzung der Position des Hohen Vertreters für die Außen- und Sicherheitspolitik sowie internationalen Verträgen braucht der Rat die Zustimmung der Abgeordneten des Parlaments.

Plenarsitzung des Europäischen Parlaments in Straßburg

Sitz des Europäischen Parlaments

Der offizielle Sitz des Europäischen Parlaments ist in Straßburg. Hier finden zwölfmal im Jahr die Plenarsitzungen statt. Die Ausschüsse und Fraktionen tagen allerdings in Brüssel, wo ebenfalls Plenarsitzungen stattfinden. D. h. an vier Tagen im Monat müssen alle Parlamentarier (derzeit 785, Stand 2012) samt Mitarbeitern und Akten nach Straßburg reisen. Historische Gründe sind für die verschiedenen Arbeits- und Tagungsorte verantwortlich.

M 14 ● Europäische Zentralbank (EZB) GRUNDWISSEN

Die Europäische Zentralbank legt die Geldpolitik für den Euroraum fest und achtet darauf, dass die Inflation in den Staaten, die den Euro eingeführt haben, gering bleibt. Ziel ist eine Inflationsrate von weniger als zwei Prozent. Die Zentralbank steuert die Geldmenge, die im Umlauf ist, und legt die Zinsen fest, die die Geschäftsbanken bezahlen müssen, wenn sie bei ihr Geld aufnehmen – den europäischen Leitzins. Sie steuert so das Zinsniveau im Euroraum. Der Rat der EZB setzt sich aus den (derzeit 17, Stand 2012) Präsidenten der Nationalbanken der Euroländer zusammen. Darüber hinaus gibt es noch sechs Mitglieder des Direktoriums – sozusagen der Vorstand –, die verschiedenen Ländern entstammen. Das Direktorium führt die laufenden Geschäfte und setzt die Beschlüsse der Europäischen Zentralbank um. Die Mitglieder werden einstimmig von den Staats- und Regierungschefs für acht Jahre ernannt. Um die Unabhängigkeit zu gewährleisten, können die Mitglieder nicht erneut benannt werden.

Aufbau des Gerichtshofes der EU

Seit Inkrafttreten des Vertrags von Lissabon bezeichnet der „Gerichtshof der Europäischen Union" das gesamte Gerichtssystem der EU, das sich aus dem Gerichtshof (EuGH), dem Gericht (zur Entlastung des Gerichtshofes eingeführt) sowie dem Gericht für den öffentlichen Dienst zusammensetzt.

M 15 ● Europäischer Gerichtshof GRUNDWISSEN

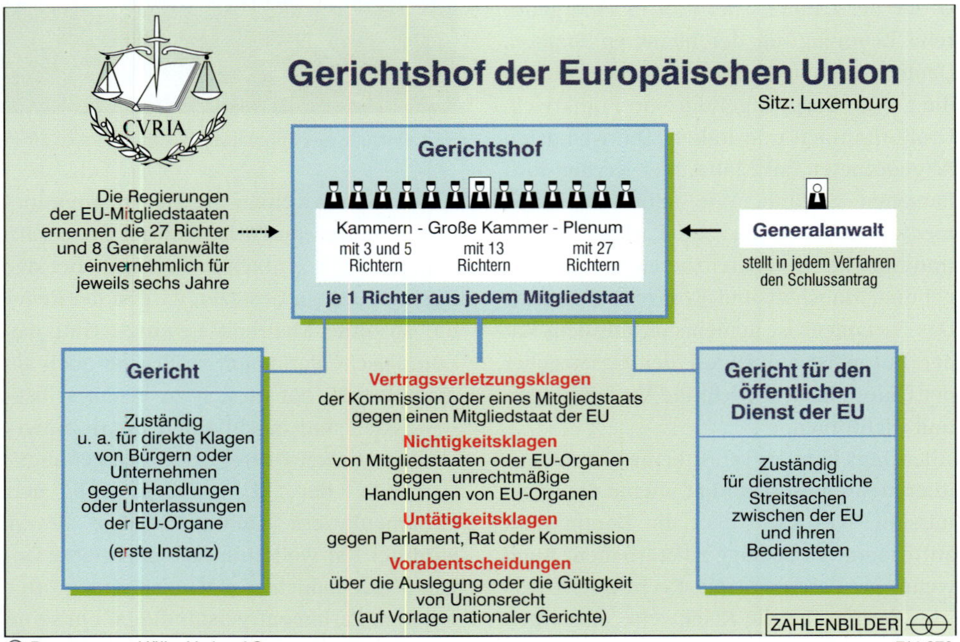

 714 070

Aufgaben

1. Entwerfen Sie ein Strukturmodell zur Frage: „Wie entsteht eine Spielzeugrichtlinie in der EU?" Die Skizze sollte die beteiligten Gremien enthalten, der Verlauf soll durch Pfeile deutlich gemacht werden. (M 8)
2. Führen Sie mithilfe der nebenstehenden Methode eine Eishockey-Debatte durch und streiten Sie über die Frage: „Hat die EU aufgrund ihrer Organe und deren Kompetenzen ein Demokratiedefizit?" Bearbeiten Sie dazu die Materialien M 1–M 5 und recherchieren Sie im Internet, um Ihre Position zu stärken.
3. Diskutieren Sie die Bedeutung der Institutionen in der EU im Verhältnis zu ähnlichen Institutionen der Bundesrepublik Deutschland.
4. Der Rat der Außenminister hat einen „Hohen Vertreter für Außen- und Sicherheitspolitik", der Europäische Rat hat einen Präsidenten, der die EU nach außen vertreten soll, die Kommission als sogenannte Exekutive verfügt schließlich über einen Kommissar für die Europäische Nachbarschaftspolitik, einen für die Entwicklungspolitik und einen Handelskommissar. Erläutern Sie die Konsequenzen dieser Ämter für die Außenansicht der EU.

Streitgespräche führen – Eishockey-Debatte

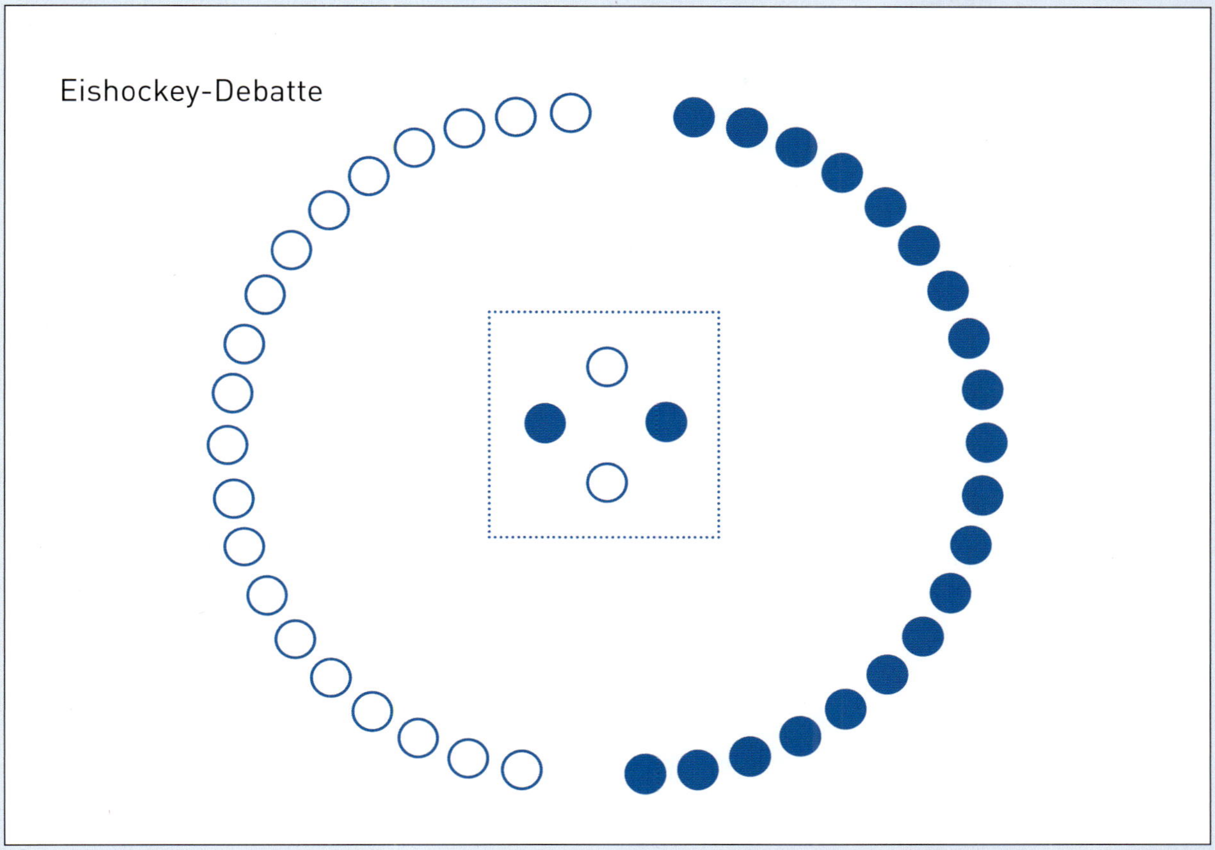

Der Streit um die richtige Lösung politischer Konflikte gehört zum Kern der Politik. Die öffentliche Debatte, die in den Medien, in den Parteien und Parlamenten, aber auch in den Familien und in der Schule geführt wird, ist eine wichtige Vorstufe zur Entscheidungsfindung.

Eine Möglichkeit, eine geordnete Debatte zu führen, ist die „Eishockey-Debatte". Sie erlaubt es, eine Diskussion zu führen, ohne dass ein Einzelner dabei im Mittelpunkt steht, da sich die Diskussionsmannschaften gegenüberstehen. Kein Spieler kann ein gesamtes Eishockeyspiel absolvieren, denn das Tempo des Spiels ist viel zu hoch. Deshalb wechseln sich die Spieler immer ab und sobald sie sich wieder stark fühlen, können sie erneut auf das Eis.

Je mehr Leute mitstreiten, desto mehr Argumente und Ideen gibt es. In der „Eishockey-Debatte" diskutieren immer nur vier Schülerinnen und Schüler miteinander: zwei aus der Pro- und zwei aus der Kontra-Gruppe. Das gesamte Team steht aber jederzeit bereit, in die Diskussion einzugreifen. Hat ein Mitglied aus dem Diskussionsteam eine gute Idee oder ein schlagkräftiges Argument, dann wird er „eingewechselt": Der bisherige Diskutant geht zurück ins Publikum und der andere nimmt auf einem der Diskussionsstühle Platz – nun geht die Debatte weiter. Die Debatte ist zu Ende, wenn keine neuen Argumente genannt werden bzw. wenn sich niemand mehr einwechseln lassen will.

WISSEN KOMPAKT

Mitgliedstaaten der EU
M 1-M 5

Seit den frühen 1950er Jahren sind die Staaten Europas auf dem Weg zu einer politischen Union, der Europäischen Union. Ausgehend von sechs Gründerstaaten (Frankreich, Italien, Belgien, Luxemburg, die Niederlande und Deutschland) ist diese Gemeinschaft mittlerweile auf 27 europäische Staaten angewachsen. Als nicht unproblematisch erweisen sich jedoch die Unterschiede zwischen diesen Staaten, z. B. in Größe, Einwohnerzahl und Wirtschaftskraft, sowie ihre verschiedenartigen Erwartungen an eine politische Gemeinschaft. Während einige Staaten mit einem lockeren Bündnis souveräner Einzelstaaten zufrieden sind und sich Vorteile eher in einer wirtschaftlichen Kooperation erhoffen, drängen andere Staaten auf eine noch stärkere Integration auch in politischer Hinsicht.

Von Maastricht nach Lissabon
M 6-M 7

In Maastricht wurde 1992 die Europäische Union gegründet. Das politische System der EU von 1992–2009 konnte als „Drei-Säulen-Modell" dargestellt werden. Die erste Säule beschrieb die Europäischen Gemeinschaften, die sich aus der EU, Euratom und EGKS zusammensetzten. Hier wurde eine supranationale Gemeinschaftspolitik betrieben. Die zweite Säule diente der Gemeinsamen Außen- und Sicherheitspolitik. Die politische und justizielle Zusammenarbeit fand auf der Ebene der dritten Säule statt. Die EU galt als Dachorganisation, die einen institutionellen Rahmen bot. 2003 legte der Europäische Rat fest, die Europäische Union müsse demokratischer, transparenter und effektiver werden. Sie berief einen Konvent ein, dessen Ziel eine gemeinsame Europäische Verfassung war. Diese Verfassung scheiterte. Erst durch den **Vertrag von Lissabon** wurde die Europäische Union institutionell reformiert. Mit dem Vertrag wurden die meisten Reformen des Verfassungsvertrages gerettet und somit das Ziel, die Europäische Union demokratischer, transparenter und effizienter zu machen, erreicht.

Organe der EU
M 10-M 15

Europäische Kommission: Die Kommission ist die Exekutive der EU. Sie vertritt und wahrt die Interessen der gesamten EU. Die Kommission erarbeitet Vorschläge für neue europäische Rechtsvorschriften, die sie dem Parlament und dem Rat vorlegt. **Europäisches Parlament:** Das Europäische Parlament bildet mit dem Ministerrat die Legislative, die gesetzgebenden Organe der EU. Das Parlament wird von den Bürgern der Europäischen Union alle fünf Jahre gewählt, um ihre Interessen zu vertreten. **Der Ministerrat:** Der Ministerrat ist neben dem Parlament das wichtigste Entscheidungsgremium der EU. Er vertritt die Mitgliedstaaten, und an seinen Tagungen nimmt je ein Minister aus den nationalen Regierungen der EU-Staaten teil. **Europäischer Rat:** Im Europäischen Rat versammeln sich die Staats- und Regierungschefs der Mitgliedstaaten und legen die Richtlinien für die europäische Zusammenarbeit fest. Weitere wichtige Organe der EU sind der **Europäische Gerichtshof**, der die Einhaltung der Gesetze sichert, und der **Europäische Rechnungshof**, der die rechtmäßige Verwaltung des EU-Haushaltes kontrolliert.

Europa – jenseits der EU

Wer heute von Europa spricht, meint zuvorderst die Europäische Union. Doch Europa ist mehr als die EU. Einige andere europäische Institutionen nahmen bzw. nehmen ebenfalls Einfluss auf unser Leben in Deutschland und Europa. Hier sind einige Beispiele aufgeführt.

a) Diese Institution hat heute 47 Mitglieder und ist eine europäische internationale Organisation mit Sitz in Straßburg. Sie ist im Jahr 1948 gegründet worden und dient den Mitgliedern als Forum für allgemeine europäische Fragen und dient der Förderung von wirtschaftlichem und sozialem Fortschritt. Berühmtestes Abkommen dieser Institution ist die Konvention zum Schutz der Menschenrechte im Jahr 1953. Die Institution wird oft mit Institutionen der EU verwechselt.

1) Europarat

4) EGMR

c) Alle europäischen Staaten (außer Vatikanstadt und Weißrussland) haben Anfang der 1950er Jahre eine Konvention zum Schutze der Menschenrechte beschlossen. Jeder Bürger Europas kann diese Institution in Anspruch nehmen, wenn er sich in einem Recht der Konvention zum Schutze der Menschenrechte verletzt sieht. Diese Institution wurde 1959 gegründet und hat ihren Sitz in Straßburg.

e) Diese Organisation ist im Jahre 1960 gegründet worden und hat seine Organe in Genf, Brüssel und Luxemburg sitzen. Ziel dieser Organisation war Anfang der 1960er Jahre zum einen die Förderung von Wachstum und Wohlstand und die Vertiefung der wirtschaftlichen Zusammenarbeit durch Schaffung einer Freihandelszone sowie das Etablieren eines Gegenpols zur damaligen Europäischen Gemeinschaft. Nachdem Großbritannien und weitere Mitglieder dieser Organisation in die EU eingetreten waren, verlor sie mehr und mehr an Bedeutung. Heute gehören ihr noch vier Staaten an. Nachdem Island ebenfalls einen Antrag auf eine EU-Mitgliedschaft gestellt hat, geht diese Organisation ihrem Ende entgegen.

3) OSZE

b) Diese Organisation ist aus dem sogenannten „Brüsseler Pakt“ hervorgegangen und diente als kollektiver militärischer Beistandspakt. Der „Brüsseler Pakt“ wurde von den Ländern Frankreich, Großbritannien und den Beneluxstaaten im Jahre 1948 geschlossen, um gemeinsam militärisch entweder gegen einen Vormarsch der Sowjets bzw. ein Wiedererstarken der Deutschen vorgehen zu können. Nach dem Scheitern der Europäischen Verteidigungsgemeinschaft im Jahre 1954 wurde Deutschland in diese Organisation aufgenommen. Im Juni 2011 wurde diese Organisation aufgelöst.

2) EFTA

d) Eine perpetuierte Friedenskonferenz, die ausnahmslos alle europäischen Staaten und einige außereuropäische Staaten wie USA, Kanada oder Russland vereinigt, um über die Sicherung des Friedens zu verhandeln. Die Organisation sieht sich selbst als stabilisierenden Faktor in Europa und hat ihren Sitz in Wien. Vor allem die Schlussakte der Konferenz in Helsinki von 1975 war von bedeutender Wichtigkeit: Die Staaten des Warschauer Paktes erreichten eine Anerkennung ihrer Grenzen seitens der westlichen Staaten. Im Gegenzug machten die osteuropäischen Staaten Zugeständnisse bei den Menschenrechten. Viele Bürgerrechtsbewegungen der sozialistischen Länder beriefen sich auf diese Schlussakte, die damit letztlich zum Zusammenbruch des Ostblocks beitragen konnte.

5) WEU

Aufgaben

1. Ordnen Sie die Erklärungen den verschiedenen Institutionen zu.
2. Recherchieren Sie jeweils die Hintergründe der verschiedenen Institutionen und stellen Sie, falls möglich, ihre Verbindungen und Gemeinsamkeiten zu den Institutionen der EU dar.

4.2 Leben in der Europäischen Union

4.2.1 Wie nimmt Europa auf uns Einfluss?

M 1 ● Ich und die EU

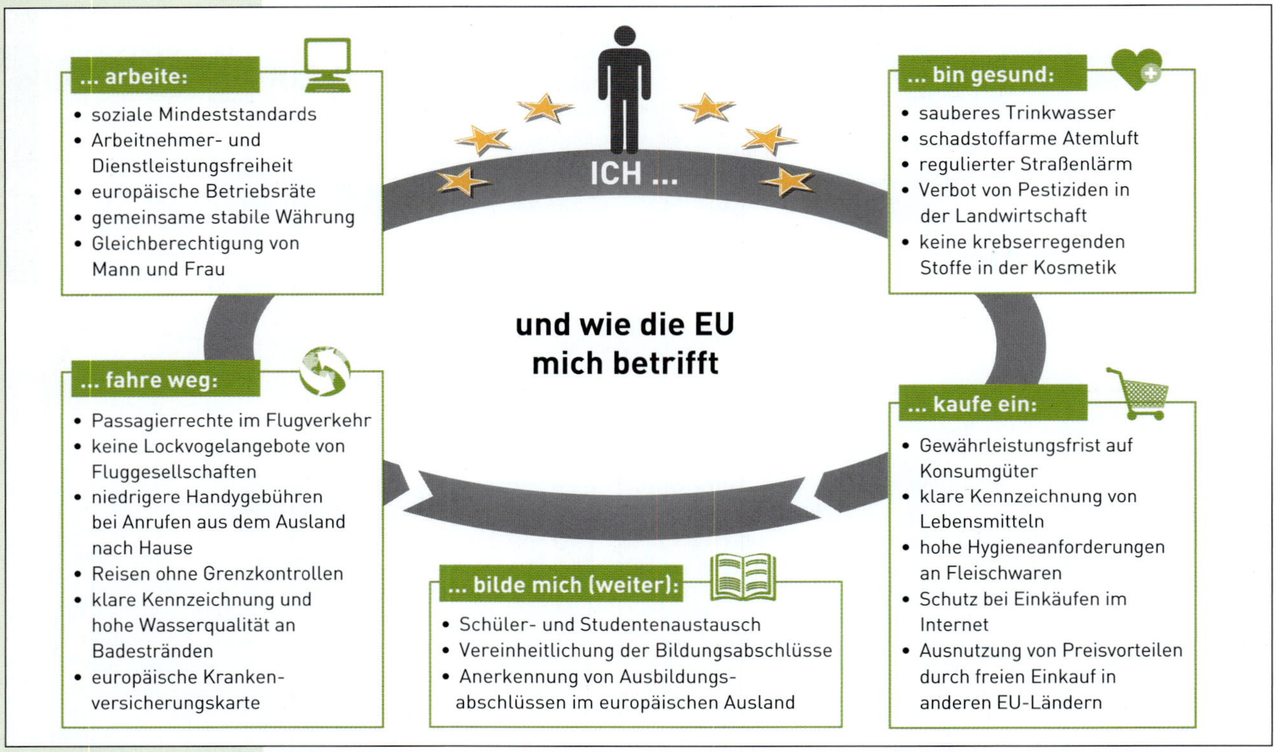

Nach: Bundeszentrale für politische Bildung, Stand: 30.1.2012

M 2 ● Der Europäische Binnenmarkt – ein Markt für 500 Millionen Bürger

Man kann sich die EU wie einen riesigen Marktplatz vorstellen. Da können sich Personen, Waren, Geld und Dienstleistungen frei bewegen. Diesen gemeinsamen Markt, den sogenannten „Binnenmarkt", gibt es seit 1993. Er hat dazu geführt, dass die EU heute der größte Wirtschaftsraum der Welt ist. Auf keinem anderen Gebiet arbeitet die Europäische Union so eng zusammen wie in der Wirtschaft. Der Binnenmarkt hat viele Vorteile. So können EU-Bürger ohne Probleme in einem anderen Mitgliedsland wohnen, studieren, arbeiten, ein Unternehmen gründen oder ihre Rente genießen. EU-Bürger und -Unternehmen dürfen ein Bankkonto im europäischen Ausland eröffnen, ein Haus kaufen, Kredite aufnehmen oder Geld investieren. Ganz wichtig für den gemeinsamen Markt ist, dass die EU-Länder untereinander keine Zölle mehr verlangen. Spezielle Behörden überwachen den Wettbewerb, dass sich die Unternehmen nicht heimlich zusammensetzen und gemeinsam einen überhöhten Preis festlegen, zu dem dann alle Bürger die Waren kaufen müssen.

Europa kinderleicht, Europäische Gemeinschaften 2009, S. 42

M 3 Die vier Freiheiten im Binnenmarkt GRUNDWISSEN

Bergmoser + Höller Verlag

M 4 Arbeitnehmerfreizügigkeit konkret

Steigende Arbeitslosigkeit in Deutschland – ist es das, was dem Land blüht, wenn am 1. Mai 2011 die letzten Hürden für die östlichen EU-Nachbarn fallen? [...] In Polen herrscht große Vorfreude: „Die Deutschen warten mit offenen Armen auf uns", titelte kürzlich die Tageszeitung „Gazeta Wyborcza" und führte aus: „Das ist eine Chance für Krankenschwestern, Pflegekräfte, Ingenieure und Facharbeiter auf dem Bau, die bei uns keine Beschäftigung finden." Und tatsächlich suchen viele deutsche Betriebe händeringend nach qualifiziertem Personal. Doch die Befürchtungen wachsen, dass die polnischen Nachbarn den Druck im Lohngefüge erhöhen. [...] Nicht zuletzt Mittelständlern graut vor einer Konkurrenz, die ihre Lohnkosten durch polnische Leiharbeiter senken und ihre Preise so unterbieten könnte. Daher wird nun die Forderung nach einem Instrument immer lauter [...]: den Mindestlohn. [...]. Helmut Uder, Arbeitsmarktexperte beim Deutschen Gewerkschaftsbund, prophezeit einen Verdrängungswettbewerb, wenn die volle Freizügigkeit gilt. [...] Allein die Einführung flächendeckender Mindestlöhne könne das Schlimmste verhindern.

Martthias Kaufmann, Bollwerk gegen östliche Billigheimer, in: http://www.manager-magazin.de/politik/konjunktur/0,2828,720375,00.html, 30.9.2010

Aufgaben

1. Entscheiden Sie mithilfe der Grafik aus M 1, welche Regelungen Sie für hilfreich oder für überflüssig halten.
2. Beschreiben Sie die Vorteile des Binnenmarktes. (M 2-M 4)
3. Nehmen Sie Stellung zu der These: „Die Arbeitnehmerfreizügigkeit für osteuropäische EU-Staaten gefährdet den hiesigen Arbeitsmarkt." (M 4)

Schengener Abkommen

Eng verbunden mit dem Binnenmarkt regelt das Schengener Abkommen den kontrollfreien grenzüberschreitenden Verkehr zwischen den meisten Staaten der Europäischen Union sowie einigen weiteren Ländern, die sich dem Abkommen angeschlossen haben. Bereits 1985 unterzeichneten Frankreich, Deutschland, Belgien, Luxemburg und die Niederlande in dem kleinen luxemburgischen Ort Schengen den Vertrag. Es dauerte jedoch noch zehn Jahre bis die Voraussetzungen dazu geschaffen worden waren, dies zu realisieren.

Arbeitnehmerfreizügigkeit für die östlichen EU-Mitgliedstaaten

Für die im Jahr 2004 beigetretenen EU-Mitgliedstaaten (- S. 147, Randspalte) wurde aus Sorge um steigende Arbeitslosigkeit und Sozialdumping auf dem Arbeitsmarkt das EU-Recht der Arbeitnehmerfreizügigkeit bis zum 1. Mai 2011 eingeschränkt.

4.2.2 Wie nehmen wir auf Europa Einfluss?

M 5 Europawahl 2009 – wie haben junge Erwachsene gewählt?

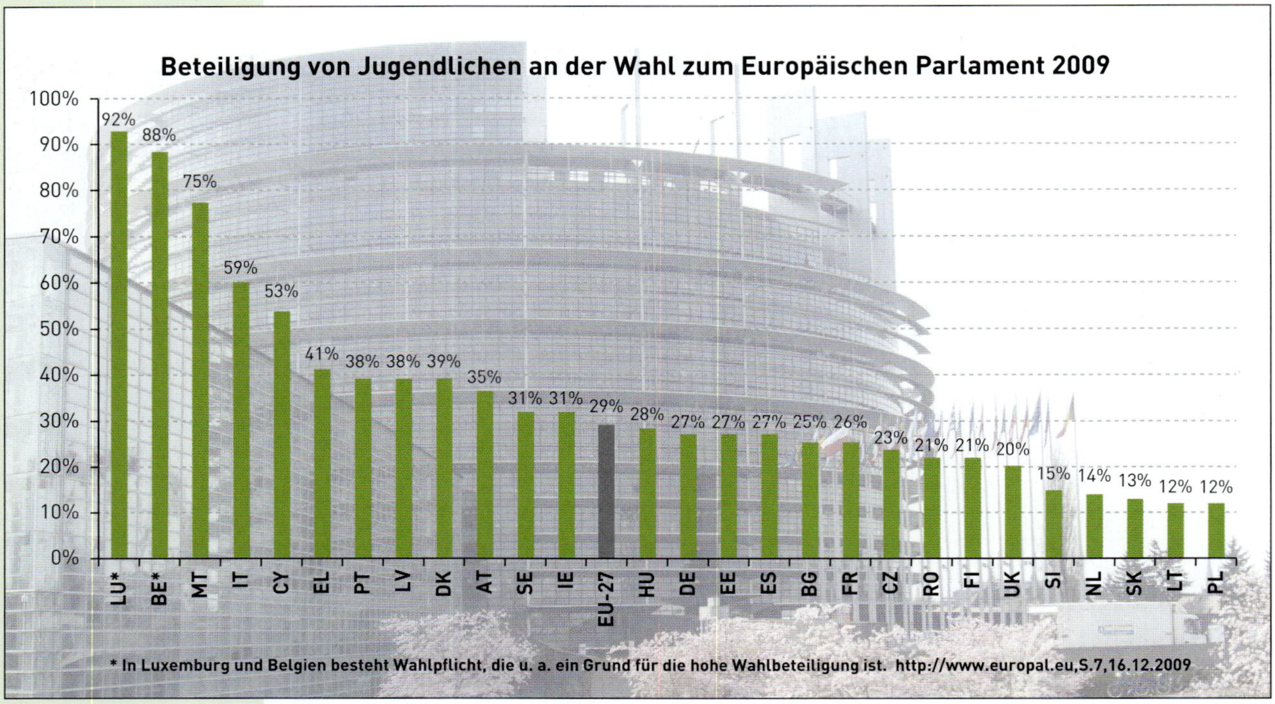

Während die durchschnittliche Wahlbeteiligung auf EU-Ebene bei 43 % liegt, beträgt sie bei den 18-24-Jährigen lediglich 29 %, bei den Personen im Alter von 55+ dagegen 50 %. Im Jahr 2004 entsprach die Wahlbeteiligung bei beiden Altersgruppen noch 33 % bzw. 59 %. Hinter diesem europäischen Durchschnittswert von 29 % für die jüngste Altersgruppe verbergen sich große nationale Unterschiede, die zwischen +2 und -28 Prozentpunkte gegenüber dem nationalen Durchschnitt rangieren. Das Gleiche trifft auch auf die eigentliche Wahlbeteiligung der 18-24-Jährigen zu, die zwischen 75 % und 12 % liegt.

Nach: http://www.europarl.europa.eu/ndf/eurobarometre/postelectoral/EB71.3_Focusontge-DE.ndf, S. 2, 16.12.2009

Europäische Bürgerinitiative

Mit dem Vertrag von Lissabon wurde die europäische Bürgerinitiative eingeführt. Finden sich eine Million Bürger aus „einer erheblichen Anzahl" von Mitgliedstaaten zur Unterstützung einer Initiative zusammen, können sie die Kommission auffordern, neue politische Vorschläge zu einem bestimmten Thema zu unterbreiten. Diese müssen dann im Rat der Europäischen Union und im Europäischen Parlament behandelt werden.

M 6 Bürger gesucht – ein Diskussionsbeitrag

Dass es der Europäischen Union selbst schwer fiele, die demokratischen Mindeststandards für eine Aufnahme zu erfüllen, ist inzwischen ein gern zitiertes Bonmot. Vor allem verweist es auf ein Demokratiedefizit der EU, das sich bei näherem Hinsehen als ein europäisches Demokratiedilemma entpuppt: „Demokratisches Regieren" ist nämlich erst in einer Gemeinschaft möglich, die sich auch als solche versteht. Denn nur dann sehen sich Bürger überhaupt motiviert, jene ihnen offen stehenden demokratischen Partizipationskanäle auch tatsächlich auszufüllen, nur dann sind Minderheiten gewillt, Mehrheitsbeschlüsse als auch für sie bindend anzuerkennen, und nur dann können sozialpolitische (Um-)Verteilungsmaßnahmen allgemeingültige Akzeptanz finden. Sprich: Abseits der institutionellen Ausgestaltung bedarf auch eine europäische Demokratie vorrangig eines europäischen Bürgers [...]. Dieser zeichnet sich im Idealfall dadurch aus, dass er neben seinen nationalen, regionalen wie lokalen Bindungen zunehmend auch eine europäische Identitätskomponente ausbildet und dabei immer stärker die grenzüberschreitende, europäische Öffentlichkeitssphäre als Bezugspunkt für seine politische Aufmerksamkeit wie auch sein gesellschaftspolitisches Engagement anerkennt. Die Erfahrung, dass dem Ziel eines „europäischen Bürgers“ weder durch politische Bildungsarbeit, noch durch identitätspolitische Maßnahmen hinreichend beizukommen ist, gilt als Gemeinplatz. Insofern müssen Erwägungen in den Vordergrund rücken, ob und wie dieses Defizit durch pragmatische institutionelle Reformen behoben werden kann. Eine entsprechende Strategie baut auf der These auf, dass sich die gewünschte Integration der Bürger effektiv durch die Steigerung des politischen Wettbewerbs forcieren ließe. Auf diese Weise intensivierte sich die mediale wie bürgerschaftliche Aufmerksamkeit für Europa, es würden rein europäische Bezugs- und Identifikationspunkte geschaffen und damit grenzüberschreitende gemeinschaftsbildende Prozesse aktiviert. Würde hingegen europäische Politik nach wie vor vorrangig konsensuell [übereinstimmend, Anm. d. R.] – gleichsam am runden Tisch – betrieben, entfachte sie auch fortan kaum die notwendigen identitätsbildenden und öffentlichkeitsstiftenden Potenziale: Europa bliebe weiterhin ein Projekt der Eliten, das nachhaltig den Anschluss an seine Bürger verpasste. Um angesichts der bestehenden Vielfältigkeit Europas den Zusammenhalt der Union nicht zu gefährden, ist allerdings der konsensorientierte Gesamtcharakter der europäischen Herrschaftsordnung zu wahren. Vor diesem Hintergrund bietet es sich geradezu an, die Europäische Kommission vom Europäischen Parlament als „Regierung auf Zeit“ wählen zu lassen. Dabei soll der Kommissionspräsident vom Parlament autonom (hier: unabhängig, Anm. d. R.) per Mehrheitsbeschluss bestimmt werden, um das konkurrenzdemokratische Element zu stärken. Die vom Präsidenten vorgeschlagene Kommission soll hingegen einer deutlich höheren Zustimmung bedürfen, um einen breiteren Konsens unter den Parlamentariern notwendig zu machen. [...] Unter dem Strich bewirkte der so forcierte Gegensatz von Mehrheits- und Konsensregierung sowohl die verstärkte Einbindung des Bürgers in europäische Zusammenhänge als auch die Steigerung der demokratischen Glaubwürdigkeit des Parlamentes wie auch der Kommission.

Ondřej Kalina, Die EU und ihr langer Weg zum (europäischen) Souverän, in: http://www.elitenetzwerk.bayern.de, 29.10.2009

Aufgaben

1. Nennen Sie mögliche Gründe, worauf die starke bzw. extrem schwache Wahlbeteiligung junger Erwachsener an den Wahlen zum Europäischen Parlament 2009 in einzelnen Ländern zurückzuführen ist. (M 5)
2. Diskutieren Sie in Ihrer Klasse, welche Möglichkeiten die EU hat, junge Erwachsene dazu zu animieren, sich an den Wahlen zu beteiligen. (M 5-M 6)
3. Erarbeiten Sie die Thesen Ondrej Kalinas bezüglich einer demokratischeren Zukunft eines vereinten Europa. (M 6)
4. Erklären Sie, warum bei der EU bisher eher von einer Konsensdemokratie als von einer Konkurrenzdemokratie gesprochen werden kann. (M 6)
5. Diskutieren Sie, inwieweit Kalinas Vorschläge mittelfristig umgesetzt werden können. (M 6)

Petitionen an das Europäische Parlament

Bürger der EU können sich mittels Petitionen direkt an das Europäische Parlament wenden.

Bürgeranfragen

Alle EU-Bürger können Bürgeranfragen an das Europäische Parlament stellen, Informationen abfragen oder Vorschläge unterbreiten. Sie haben das Recht, in ihrer Muttersprache eine Antwort zu erhalten, also in einer der 23 offiziellen Amtssprachen der Union.

Bürgerbeauftragter der EU

Eine Möglichkeit, Kontakt mit den Handelnden der Europäischen Union aufzunehmen, bietet der Ombudsmann der EU. Falls sich Bürger, Vereine oder Unternehmen durch die Verwaltungspraxis der Gemeinschaftsorgane benachteiligt fühlen, können sie dort Beschwerde einreichen.

4.2.3 Wie nimmt Bayern in der EU Einfluss? – Fallbeispiel von Regionalisierungen

M 7 Die Euregio Bayerischer Wald-Sumava (Böhmerwald)

Die Euregio „Bayerischer Wald-Sumara" gilt als Erfolgsprojekt von europäischer Regionalisierungspolitik.

Mit dem Beitritt Tschechiens (zum Schengener Abkommen) im Dezember 2007 wurden die Personenkontrollen an der gemeinsamen Grenze aufgehoben und der freie Grenzübertritt zwischen beiden Staaten zum Bürgerrecht. Diese „grenzenlose Freizügigkeit" in einem zusammenwachsenden Europa kann allerdings dort eingeschränkt werden, wo das nationale Naturschutzrecht zweier Staaten das freie Betreten der Natur zur Vermeidung gravierender Beeinträchtigungen von Fauna und Flora im Sinne einer Besucherlenkung einschränkt. Dies steht auch nicht im Widerspruch zum Geist von Schengen, denn das Europäische Naturschutzrecht verlangt von den Mitgliedstaaten, für Natura 2000 Gebiete wie die Nationalparke Bayerischer Wald und Sumava, eine Beeinträchtigung ihrer Naturwerte (Verschlechterungsverbot) durch geeignete Maßnahmen zu verhindern. Seit Herbst 2007 haben zunächst die Nationalparkverwaltungen Bayerischer Wald und Sumava im Dialog mit den Kommunen, zuletzt die beiden Umweltministerien Bayerns und Tschechiens intensiv verhandelt, um für die Menschen und Gäste in den Ortschaften beidseits der Grenze neue Wandermöglichkeiten zu den Nachbarn zu ermöglichen. [...] Das Ergebnis dieses gemeinsamen Ringens nach dem Prinzip des „Gebens und Nehmens", das soeben durch die Novellierung der einschlägigen Betretungsrechtsverordnungen abgesichert wurde, kann sich sehen lassen. Ab 15. Juli können Einheimische und Besucher, neben den bereits bestehenden Übergängen Ferdinandsthal, Gsenget und Buchwald, im gemeinsamen Kernbereich der beiden Nationalparke Bayerischer Wald und Sumava drei zusätzliche markierte grenzüberschreitende Besucherwege zu einer Wanderung ins Nachbarland nutzen. Eine weitere nicht markierte Grenzübertrittsmöglichkeit besteht im Lackenberggebiet. Diese Routen schaffen neue Zugänge zu attraktiven Zielen im Nachbarland und erweitern gleichzeitig die Vielfalt des Besucherangebots. [...]

Um die Grenzberge Lusen, Rachel und Mittagsberg, dort wo einst der Eiserne Vorhang die politischen Machtblöcke ebenso trennte wie Mensch und Natur, können die Besucher heute faszinierende Waldwildnis erleben. Hier darf die Natur selbst bestimmen, wie sie sich entwickeln will: Ein faszinierendes Wechselspiel zwischen Tieren und Pflanzen, Werden, Wachsen und Vergehen im Verlauf der vier Jahreszeiten.

http://www.nationalpark-bayerischer-wald.de/detail/grenzueberschreitend/index.htm, Abruf am 19.11.2010

Natura 2000

Natura 2000 ist die offizielle Bezeichnung für ein zusammenhängendes Netz von Naturschutzgebieten innerhalb der EU. Nach der seit 1992 existierenden „Fauna-Flora-Habitat-Richtlinie" gilt es, in diesen Gebieten die natürlichen Lebensräume der Pflanzen und wildlebenden Tieren zu erhalten.

Info

Euregio

Euregios (Europäische Regionen) sind grenzüberschreitende Zusammenschlüsse mehrerer europäischer Staaten auf kommunaler Ebene. Ihr Ziel ist eine bessere Zusammenarbeit auf sozialem, kulturellem, wirtschaftlichem und infrastrukturellem Gebiet durch Information, Beratung, Vernetzung und Durchführung von Projekten in den Grenzgebieten. Dahinter steckt die Einsicht, dass benachbarte Regionen oft mit den gleichen oder ähnlichen Problemen (z. B. Umweltprobleme, Arbeitslosigkeit) zu kämpfen haben und gemeinsame Lösungsversuche oft besser zum Ziel führen. Aber auch die kulturellen Gemeinsamkeiten und sozialen Kontakte in den Grenzregionen sollen durch die Euregios gefördert werden. Derzeit gibt es in Europa mehr als 160 Euregios, etwa 25 davon mit deutscher Beteiligung.

M 8 Zusammenarbeit konkret: auf Samtpfoten unterwegs im Grenzgebiet

Über 150 Jahre lang galt der Luchs im Bayerischen Wald als ausgestorben. Als Gefahr für Nutztiere und angebliche Bedrohung für den Menschen wurde ihm massiv nachgestellt. Noch 1950 wurde die Mähr des mordlustigen Luchses verbreitet. [...] Was der Tiger in den Wildnissen und Dschungeln Indiens, das war er, der Luchs, in den Dickichten der Wälder und in den Lichtungen, wo das Vieh weidete.
Die Wildnis soll mit dem 1970 gegründeten Nationalpark wieder in den Bayerischen Wald zurückkehren. So bietet sie auch dem „Tiger des Bayerwaldes“ seit der Wiederansiedlung in den 1980er Jahren auf tschechischer Seite, wieder ein Dickicht der Wälder und damit Lebensraum.
Im Luchs-Reh-Rothirsch-Projekt beschäftigen sich die Wissenschaftler des Nationalparks Bayerischer Wald in Zusammenarbeit mit den Kollegen des Nationalparks Sumava mit der Ökologie und den Interaktionen zwischen diesen Wildtierarten.

http://www.nationalpark-bayerischer-wald.de, Abruf am 16.11.2010

M 9 Luchsprojekt in der Euregio – Zwischenbilanz

Karl-Friedrich Sinner und Frantisek Krejcí, Leiter der Nationalparke Bayerischer Wald und Sumava/Tschechien, zogen auf einer Pressekonferenz in München eine Zwischenbilanz zu dem grenzüberschreitenden Luchsprojekt [...]. „Dank des Einsatzes modernster Kommunikationstechnologie und der guten Zusammenarbeit mit dem tschechischen Nationalpark Sumava konnten wir wertvolle Erkenntnisse gewinnen, die uns jetzt helfen, dem Luchs einen Lebensraum in Mitteleuropa zu erhalten“, erklärt Karl Friedrich Sinner [...]. Aufgrund der Besenderung der Luchse zeigte sich, dass die Streifgebiete der Tiere über 30.000 ha groß sind und somit über die Fläche beider Nationalparks hinausreichen. Um den einzigartigen Naturraum des Bayerischen und Böhmerwalds möglichst naturnah zu erhalten, wurde der Abschuss von Rehen im Bayerischen Wald 2007 für zunächst drei Jahre eingestellt. Weil der Anteil von Rothirschen an der Nahrung des Luchses größer ist als bislang angenommen, soll auch deren Bejagung eingeschränkt werden. „Das Projekt ist ein wichtiger Schritt für die grenzüberschreitende Zusammenarbeit und die modellhafte Abstimmung des Umgangs mit großen Wildtieren, da diese sich nicht an von Menschen gezogene Grenzen halten. Dadurch wird verdeutlicht, wie wichtig es ist, den Bayerischen Wald und den Böhmerwald als ein Ökosystem zu betrachten, das von Tschechen und Deutschen gemeinsam geschützt und weiterentwickelt werden muss. Durch die Erarbeitung von Standards in diesem Bereich kommen die Nationalparkverwaltungen ihrer Zielsetzung näher, beide Nationalparke wie ein Schutzgebiet zu pflegen“, sagt Frantisek Krejcí, Leiter des tschechischen Nationalparks Sumava.

http://www.nationalpark-bayerischer-wald.de, Abruf am 16.11.2010

Besenderung der Luchse

Zur Erfassung der Streifgebiete und weiterer Erkenntnisse wurden Luchse mit sogenannten Peilsendern ausgestattet.

Aufgaben

1. Erschließen Sie aus M 7–9, welche Ziele die Euregio Bayerischer Wald-Sumara hat, und begründen Sie an diesem Beispiel, warum die Zusammenarbeit vor Ort durch Euregios sinnvoll ist.
2. Recherchieren Sie, welche weiteren Euregios mit Beteiligung bayerischer Regionen es gibt und in welchen Bereichen hier zusammengearbeitet wird.

4.2.4 Herausforderungen für die Zukunft – spaltet, rettet oder eint der Euro die Europäische Union?

Der Euro

Im Dezember 1995 kamen die EU-Finanzminister in Madrid zum Entschluss, das Großprojekt der gemeinsamen europäischen Währung unter dem Namen „Euro" zu vollenden. Alle Mitgliedstaaten – mit Ausnahme von Großbritannien und Dänemark – sind verpflichtet, die gemeinsame Währung einzuführen. Anfang 2002 wurde der Euro als Währung in Umlauf gebracht. Der Euro ist das alleinige gesetzliche Zahlungsmittel in Deutschland und derzeit 16 weiteren EU-Staaten.

M 10 ● Die Euroländer GRUNDWISSEN

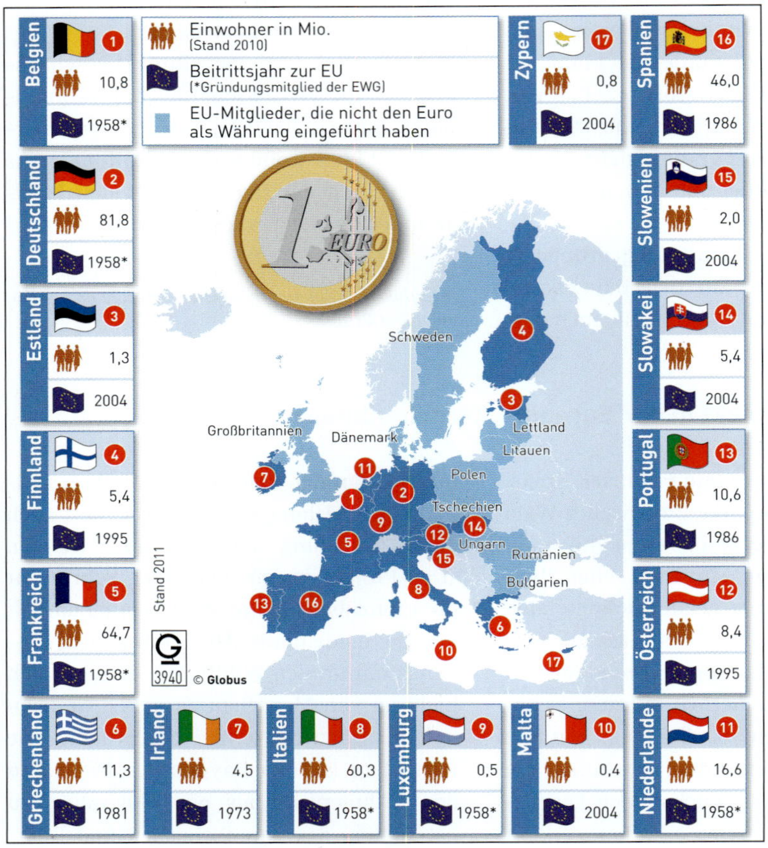

Globus-Grafik 3538

M 11 ● Stationen und Formen der wirtschaftlichen Integration

Integrationsform	Inhalt	Beispiel
Freihandelszone	Zollfreiheit im Inneren	EFTA (European Free Trade Association), 4.1.1960
Zollunion	Zollfreiheit im Inneren und gemeinsamer Außenzoll	EWG (1968 vollendet), Vertrag von Rom, 20.3.1957
Binnenmarkt	Vier Freiheiten	EU (seit 1993), Einheitliche Europäische Akte, 17.2.1986
Wirtschafts- und Währungsunion	Kooridnierte Wirtschaftspolitik und gemeinsame Währung	EU (seit 1999/2000), Vertrag von Maastricht, 7.2.1992

M 12 Die Debatte um die Einführung des Euros

Befürworter	Gegner
Der Euro fördert die Vertiefung der europäischen Integration durch die Vergemeinschaftung der Geldpolitik und den daraus erwachsenden weiteren Koordinierungsbedarf in anderen Politikfeldern wie Arbeitsmarkt-, Sozialpolitik etc.	Eine gemeinsame Währungspolitik funktioniert nur dann, wenn auch eine gemeinsame Wirtschaftspolitik vorhanden ist.
Der Euro schafft ein Gegengewicht zur weltweiten Dominanz des US-Dollars und der amerikanischen Wirtschaft.	Das wirtschaftliche Gefälle der Mitgliedstaaten führt dazu, dass die ärmeren Staaten durch die wohlhabenden gestützt werden müssen.
Der Euro ist ein Symbol der europäischen Integration und fördert eine gemeinsame europäische Identität. Er ist ein entscheidender Schritt hin zu einer politischen Union.	Durch die Übertragung der Geldpolitik auf die Europäische Zentralbank gibt es keine nationale Kontrolle über die Geldpolitik mehr, obwohl dies angesichts unterschiedlicher wirtschaftlicher Entwicklungen in den Euroländern notwendig wäre.
Der Euro fördert den Wettbewerb. Dies führt zu sinkenden Preisen für die Verbraucher.	Durch den einheitlcihen Zinssatz der EZB gelten z. B. auch in Staaten niedrige Zinssätze, die aufgrund ihrer wirtschaftlichen Entwicklung eigentlich hohe Zinsen bräuchten. So werden falsche Anreize gesetzt und wirtschaftliche Risiken verstärkt.
Durch die gemeinsame Währung entfallen Umtauschkosten und Währungsrisiken.	

M 13 Die Zukunft Europas im Zeichen der Eurokrise

Angela Merkel, Bundeskanzlerin, in der Regierungserklärung vom 19. Mai 2010:
Bringen wir es auf den Punkt. Der Euro, der zusammen mit dem Binnenmarkt das Fundament für Wachstum und Wohlstand auch in Deutschland darstellt, ist in Gefahr. Wenden wir diese Gefahr nicht ab, dann sind die Folgen für Europa unabsehbar [...]. Europa steht am Scheideweg, und es liegt jetzt an uns, den richtigen Weg einzuschlagen, um die existenzielle Bewährungsprobe zu bestehen, in der Europa sich befindet. Wir wissen, dass wir Europa brauchen, um die großen Zukunftsaufgaben, die wir als Mitgliedstaaten nicht alleine bewältigen können, mit Erfolg anzugehen. Ein Weg zurück aus Europa ist in Zeiten der Globalisierung kein Weg. Die europäische Einigung war, ist und bleibt die bestechendste, die großartigste und die verheißungsvollste Idee, die Europa je gesehen hat. Sie ist das Vermächtnis der politischen Generationen vor uns. Der Auftrag unserer politischen Generation heute ist es, dieses Vermächtnis zu schützen und das 21. Jahrhundert zu Europas Jahrhundert zu machen.

http://www.bundesregierung.de, 19.5.2009

Konvergenzkriterien – Voraussetzungen für die Teilnahme an der Währungsunion

Preisniveaustabilität
Um einen stabilen Geldwert zu sichern, soll die Inflationsrate eines Landes dauerhaft nicht mehr als 1,5 Prozentpunkte über der Inflationsrate des Vorjahres der drei preisstabilsten EU-Länder liegen.

Niedrige langfristige Zinsen
Die langfristigen Zinssätze für Staatsschuldverschreibungen zugunsten von Anlegern sollen um nicht mehr als 2 Prozentpunkte über den Zinssätzen der drei preisstabilsten Länder liegen.

Stabile Wechselkurse
Die Währung eines Landes muss die vorgegebenen Bandbreiten im Europäischen Währungssystem mindestens zwei Jahre ohne Abwertung eingehalten haben.

Solide Staatsfinanzen
Der gesamte Schuldenstand des Staates soll 60 % des Bruttoinlandsprodukts (BIP) nicht überschreiten, und die jährliche Neuverschuldung, also das Haushaltsdefizit, soll nicht mehr als 3 % des BIP betragen.

Eurokrise

Die Medien sprechen von der Eurokrise und meinen streng genommen eine Staatsschuldenkrise im Euroraum. Der Euro als Währung hat keine Krise. Ausgelöst durch das Platzen der Immobilienblase in den USA in den Jahren 2007 und 2008 und der damit verbundenen Bankenkrise, sahen sich viele Eurostaaten gezwungen, ihre Banken mit massiven Geldmitteln zu stützen. Diese Finanzkrise und vor allem die enorme Verschuldung einiger Euroländer – man spricht von den PIGS-Staaten: Portugal, Italien, Griechenland und Spanien – führten zu schlechteren „Bonitäts-Bewertungen" seitens der Ratingagenturen. Letztere vergeben für Staaten und Unternehmen Bonitätspunkte, um Gläubigern eine Orientierung zu geben, wie sicher ihre Investitionen in bestimmte Objekte bzw. Staaten (Staatsanleihen) sind. Im Zuge der herabgestuften Bonität gelingt es den „PIGS-Staaten" nur unter sehr hohen Zinsaufschlägen, frisches Geld am Kapitalmarkt zu bekommen, um den gegenwärtigen Haushalt und die Zinsen der aufgehäuften Schulden zu bedienen. Einigen Staaten droht die Insolvenz, die sich auf den ganzen Euroraum auswirken würde.

M 14 ● Der Europäische Rettungsfonds GRUNDWISSEN

Ab Sommer 2013 gibt es einen dauerhaften Krisenfonds. Damit ist sichergestellt, dass künftig nicht mehr in Nacht- und Nebelaktionen Hunderte Milliarden Euro zusammengekratzt werden müssen. Außerdem sendet die Politik an die Finanzmärkte das Signal: „Spekulieren ist sinnlos." Die Beschlüsse im Detail:

- Der Europäische Stabilitätsmechanismus (ESM) soll maximal 500 Milliarden Euro verleihen können. Dafür statten ihn die Euroländer mit 700 Milliarden Euro aus. Um die Top-Noten der Ratingagenturen zu bekommen, wird der ESM neben Garantien in Höhe von 620 Milliarden Euro als zusätzliche Sicherheit auch mit einem Grundkapital von 80 Milliarden Euro ausgestattet. Damit fließt für die Eurorettung erstmals richtiges Geld des deutschen Steuerzahlers. [...]
- Deutschland muss rund 168 Milliarden Euro an Bürgschaften und fast 22 Milliarden an Grundkapital beisteuern. [...]
- Notleidende Staaten sollen aus dem ESM nur dann Kredite erhalten, wenn die „Finanzstabilität des Euroraums als Ganzes" gefährdet ist und wenn die betroffenen Länder sich auf eine Haushaltssanierung und wirtschaftliche Reformen einlassen.

Fazit: Der Krisenfonds soll nur die Ultima Ratio sein und behält das bereits beim temporären Krisenfonds etablierte Prinzip „Fördern und Fordern" bei. Das ist durchaus ein Erfolg.

Sven Böll, Euro-Retter schmieden neue Wirtschaftsordnung, in: http://www.spiegel.de/wirtschaft/soziales/0,1518,753135-2,00. html, 25.3.2011

M 15 ● Wir müssen den Euro retten, um das Projekt Europa zu retten

Sieht so eine gelungene Rettung aus? Ein gutes Jahr nach dem ersten Hilfspaket braucht Griechenland schon wieder frisches Geld. Und es sieht ganz so aus, als würden die Griechen die Milliarden auch erhalten. Wieder wird es heißen, dass die Rettung alternativlos sei. Und diesmal stimmt es sogar. Die deutsche Debatte über die europäische Staatsschuldenkrise ist so verlogen, weil sie eine Wahlfreiheit behauptet, die es in der Realität nicht gibt. Einen Pleitestaat einfach mal eben flott umschulden, wie es vor allem die Euroskeptiker in der FDP fordern – das funktioniert vielleicht in Lateinamerika oder Afrika, aber nicht in einem Europa, das sein Geld vergemeinschaftet hat. Wir teilen mit den Griechen nicht nur die Währung, sondern auch die Zentralbank. Das ist ein entscheidender Punkt, denn daraus folgt: Wenn die Parlamente den Geldhahn zudrehen, verschwinden die Risiken nicht einfach. Sie verlagern sich über die Refinanzierungsgeschäfte der griechischen Banken auf die Bilanz der Europäischen Zentralbank. Die ist für die Rettung ganzer Länder aber nicht zuständig – und wenn etwas schiefgeht, muss auch für die Notenbank der Steuerzahler geradestehen. Jede geordnete Umschuldung müsste schon aus diesem Grund mit einem milliardenschweren Hilfspaket kombiniert werden, das der Zentralbank die Last abnimmt. Sie würde also Geld kosten. Die Frage „Umschulden oder retten?" ist falsch gestellt. Jede Umschuldung ist eine Rettung. Am Ende bezahlt der Steuerzahler – so oder so. [...] Die Wahrheit ist: Der Euro ist eine Einbahnstraße. Wer ihn einmal eingeführt hat, der kommt so leicht nicht mehr raus. Und wer ihn behalten will, der muss immer mehr Kompetenzen abgeben. Die Hoffnung, die gemeinsame Währung sei ohne einen weitreichenden Verzicht auf nationale Souveränität zu haben, hat sich zerschlagen. Die ökonomische Integration erzwingt als List der Vernunft die politische Einheit. Für die Demokratie ist das ein harter Belastungstest. Der Vorwurf des Rechtsbruchs steht im Raum, weil die europäischen Verträge die Nothilfe verbieten. Die Macht der europäischen Institutionen wächst, die nationalen Parlamente verlieren an Einfluss, die Rettungspakete sind den Bürgern immer schwerer zu vermitteln. Das sind große Hürden, aber keine unüberwindbaren. Verträge sind einzuhalten, aber es ist nicht unlauter, sie zu ändern. Die Demokratie ist historisch an den Nationalstaat gekoppelt, logisch ist sie es nicht. Und es spricht einiges dafür, dass mit dem Euro in Europa mehr Demokratie möglich ist als ohne.

Mark Schieritz, Die List des Geldes, in: http://www.zeit.de/2011/25/P-Griechenland-Eurorettung, 16.6.2011

M 16 ● How did Britain wind up on the fringe of Europe?

"Auf Wiedersehen, England!" was how the German magazine Der Spiegel reacted in the early hours of Friday. "Der Euro ist wichtiger als die Briten," (the euro is more important than the British) concluded the German tabloid, Bild. It was as much in sorrow as in anger that the Germans and French bid a weary farewell to the UK as part of the European mainstream and waved it over into the EU's slow lane. Indeed, Le Monde devoted an editorial to all that it admired in its neighbour – from the BBC, to John le Carré, to Elizabethan poetry and Liverpool FC. But its conclusion was blunt: "As dawn broke on 9 December, Europe was right to say No to London." [...] Around 4am on Friday the EU finally ran out of patience with the UK and David Cameron ran out of road. Under intense pressure from his Eurosceptic party to show the "bulldog spirit" he applied the veto and found himself suddenly alone. Although the UK originally thought it had the support of others including Hungary, in the end it turned out to be the only EU member state to refuse to sign a new intergovernmental accord designed to save the euro. The talks broke down when Cameron failed to get the assurances he was seeking for the City of London and Britain's place in the single market. The prime minister insisted upon a legally binding "protocol" to protect the City from more EU financial regulations. He didn't get one so he blocked a deal. [...] The UK is now likely to be out of the loop at the outset of crucial EU debates for years to come. Our partners now have a forum in which to seal alliances on single-market issues in advance of votes being taken. But the UK will be locked out.

Toby Helm, u.a., David Cameron's EU treaty veto: seven key questions Britain must face, in: http://www.guardian.co.uk/world/2011/dec/11/cameron-veto-key-questions-britain?WTCMP=SRCH, 10.12.2011

Britain's prime minister, David Cameron, vetoed a new EU-wide treaty on fiscal union at the EU summit in Brussels on 8 December 2011.

Aufgaben

1. Diskutieren Sie die Vor- und Nachteile der Währungsunion aus Sicht verschiedener Staaten: Griechenland, Italien, Deutschland. (M 10-M 12)
2. „Europa steht am Scheideweg und es liegt an uns, den richtigen Weg einzuschlagen, um die existenzielle Bewährungsprobe zu bestehen, in der Europa sich befindet." Beurteilen Sie aus heutiger Sicht, ob dies mit dem Rettungsfonds gelungen ist.
3. Der britische Premierminister David Cameron legte beim EU-Gipfel am 8.12.2011 in Brüssel gegen eine Lissabon-Vertragsänderung ein Veto ein. Um der Schuldenkrise Herr zu werden, sollten Reformen, die zu einer Finanzunion führen, vertraglich vereinbart werden. Nun soll die Finanzunion ohne Großbritannien realisiert werden. Recherchieren Sie die Ziele dieser Finanzunion und die Auswirkungen der britischen Isolation auf Europa. (M 13-M 16)

POLITICS IN ENGLISH

Two-speed Europe – fact or fiction?

M 17 Just a question of courage?

M 18 EU leaders agree fiscal pact, falter on treaty change

to falter: straucheln

be enshired in sth.: in etwas verankert sein

fiscal compact: Fiskalpaket, Schuldenbremse

to insulate sth.: vor etwas schützen

After 10 hours of talks there was little concrete progress among the leaders, apart from their commitment to work towards a new "fiscal compact" – the term used for a tougher deficit and debt regime to insulate the euro zone against the debt crisis. [...] German Chancellor Angela Merkel and French President Nicolas Sarkozy had wanted to get the whole EU to agree to change the Lisbon treaty so that stricter budget and debt rules for euro zone states could be enshrined in the bloc's basic law. But Britain, which is outside the euro zone, refused to back the move, saying it wanted guarantees in a protocol protecting its financial services industry. Sarkozy described British Prime Minister David Cameron's demand as unacceptable.

Reuters, EU leaders agree fiscal pact, falter on treaty change, in: http://www.timeslive.co.za/world/2011/12/09/eu-leaders-agree-fiscal-pact-falter-on-treaty-change, 9.12.2011

M 19 What has happened?

to scrutinise: hinterfragen, genau überprüfen

penalties: Sanktionen

In 2011 UK Prime Minister David Cameron blocked changes to the EU's existing Lisbon Treaty which would affect all 27 member states, arguing it was not in Britain's interests. [...]

What is the agreement other EU states are pursuing?

It's called a "fiscal treaty" but under EU law it's an intergovernmental agreement, not yet written into EU treaties. The aim is to co-ordinate euro zone budget policies and impose penalties on rule breakers. For euro zone countries, it means they will have to enshrine in their own national constitutions tougher budget rules. [...]

What is the row about EU institutions?

The new fiscal pact will also empower the European Court of Justice to monitor compliance and impose fines on rule-breakers and spells out the enhanced role of the European Commission in scrutinising national budgets.

BBC NEWS, David Cameron and the EU summit on the eurozone, in: http://www.bbc.co.uk/news/uk-politics-16086019 , 2.2.2012

M 20 ● What does it mean for UK financial services?

That is a matter for debate. [...] However, the new group is likely to discuss tax and financial regulation for the euro zone which could potentially undermine the UK's position. Without knowing what measures will be discussed - it is hard to say what the danger is. Labour say Britain has been left exposed because it will no longer be "in the room" when issues are discussed and none of Mr Cameron's safeguards were secured. Mr Cameron [...] said his actions had resulted in an "important safeguard" – arguing that a treaty "outside the EU cannot do anything that cuts across European treaties or European legislation".

BBC NEWS, David Cameron and the EU summit on the euro zone, in: http://www.bbc.co.uk/news/uk-politics-16086019 , 2.2.2012

safeguard: Sicherheitsklausel

M 21 ● The debate on the treaty: Pros and Cons

a) British Foreign Secretary William Hague:
"The United Kingdom is not in the eurozone, we are not giving up any more of our sovereignty. On this subject or any other subject, we are not going to give up more of our power from the United Kingdom to the European Union. In that sense we stand aside from that activity. But in so many other ways, in pushing forward policies of economic growth, in foreign policy issues, [...] it's the United Kingdom that sets the pace and leads the way, so it doesn't leave us outside any club [...] I don't accept at all the idea of a two-speed Europe – one could debate who would move at a faster speed, and certainly no-one should make the assumption the eurozone moves at a faster speed than the United Kingdom."

BBC NEWS, EU treaty reaction, in: http://www.bbc.co.uk/news/uk-politics-16105400, 9.12.2011

b) Deputy Prime Minister Nick Clegg
Deputy Prime Minister Nick Clegg says David Cameron's veto of EU treaty changes was "bad for Britain" and could leave it "isolated and marginalised". But he blamed French and German "intransigence" and pressure from Eurosceptic Conservatives for putting the PM in "a very difficult position". [...] As leader of the Liberal Democrats, Mr Clegg is far more pro-European than his Conservative coalition colleagues. He told the BBC's Andrew Marr programme: "I'm bitterly disappointed by the outcome of last week's summit, precisely because I think now there is a danger that the UK will be isolated and marginalised within the European Union. I don't think that's good for jobs, in the City or elsewhere, I don't think it's good for growth or for families up and down the country." He said he would now be doing "everything I can to ensure this setback does not become a permanent divide".

BBC NEWS, EU treaty reaction, in: http://www.bbc.co.uk/news/uk-16129004, 11.12.2011

William Hague, British Foreign Secretary

Nick Clegg, Deputy Prime Minister

Exercises

1. Point out what is meant by the "two-speed Europe".
2. "Britain remains a full member of the EU, and the events of the last week do nothing to change that," Prime Minister David Cameron stated. Comment on that statement and analyze the appraisal of Vice-Premier Clegg.
3. Discuss the result of the EU-summit from Foreign Secretary Hague's perspective.
4. How does the German government appraise the reaction of the British Prime Minister? For your answer assess the statements of the German Chancellor.

WISSEN KOMPAKT

Die Wirtschaftsunion – der Binnenmarkt
M 1–M 4

Durch den Europäischen Binnenmarkt werden wir tagtäglich in unserem Leben (positiv wie negativ) beeinflusst. Mit der Einführung des Europäischen Binnenmarktes entstand ein Wirtschaftsraum, in welchem der freie Verkehr von Waren, Personen, Dienstleistungen und Kapital gewährleistet sein sollte (die „vier Freiheiten" des EG-Binnenmarktes). Der Binnenmarkt
- fördert den innergemeinschaftlichen Handel,
- steigert die Produktivität,
- senkt die Kosten durch erhöhten Wettbewerb und die Abschaffung von Zöllen (Zollunion) und
- bringt den EU-Bürgern zahlreiche Erleichterungen und Freiheiten.

Der ungehinderte Warentransport über unsere Binnengrenzen ist heute ebenso selbstverständlich geworden wie ungehindertes Reisen und Niederlassungsfreiheit für die EU-Bürger innerhalb der Gemeinschaft.

Partizipation in der EU
M 5–M 6

Mit dem Vertrag von Lissabon erhält die Stimme des EU-Bürgers ein Stück weit stärkeres Gewicht. Ihm stehen mehrere Instanzen zur Verfügung, sich auf europäischer Ebene einzubringen und Gehör zu verschaffen. Zu nennen sind hier vor allem folgende Partizipationsformen:
- Wahl zum Europäischen Parlament
- Bürgeranfragen
- Europäische Bürgerinitiative
- Bürgersprechstunden der EU-Parlamentarier
- Kontakt zum Bürgerbeauftragten der EU (Ombudsmann)

Der Euro und die Eurokrise
M 10–M 16

Für die Bürger der Europäischen Union ist die Einführung des Euro als einheitliche Währung 2002, sichtbarstes Zeichen gemeinsamer europäischer Politik; die Europäische Währungsunion vervollständigt den Binnenmarkt. Bedingungen und Effizienz des Wirtschaftens wurden verbessert durch:
- Wegfall von Wechselkursrisiken und Umtauschkosten,
- erhöhte Transparenz der Preise für Waren und Dienstleistungen.

Die Währungsunion bedeutete für die europäischen Volkswirtschaften eine gestärkte Position im internationalen Wettbewerb und einen wichtigen Schritt der Vertiefung europäischer Integration hin zu einer politischen Union. Im Zuge der Schuldenkrise einiger Euroländer treten aber immer mehr Zweifel auf, ob eine Wirtschafts- und Währungsunion ohne die Verwirklichung einer Finanz- bzw. Politikunion für alle Staaten von Vorteil ist. Um den Erfolg der Wirtschafts- und Währungsunion zu sichern, vereinbarten die EU-Mitgliedstaaten (ohne Großbritannien) in Brüssel im Dezember 2011 die Schaffung einer „Finanzunion". Dies bedeutet de facto eine Abtretung finanzpolitischer Hoheitsrechte an die EU-Kommission, die ein Mitspracherecht in nationalen Haushaltsfragen erhält, falls ein EU-Mitglied seine vertraglich garantierten Ziele verfehlt.

Die Nase voll von Europa?

Die Türkei ist zu einer beeindruckenden Regionalmacht herangereift [...]. Von den kaukasischen und zentralasiatischen Republiken über die arabische Halbinsel bis nach Nordafrika und auf den Balkan, lassen sich die Spuren ihrer neuen Außenpolitik verfolgen. Nur eine Adresse fehlt zunehmend, wenn Ankara den Globus dreht: Brüssel. Schon überschlagen sich die Spekulationen über die Motive Ankaras, und westliche Partner der Türkei fragen irritiert: Ist die Türkei dem Westen verlorengegangen? Oder gar: Sind es die Türken selbst, die vom Westen und seinen Institutionen, der NATO und der Europäischen Union, die Nase voll haben? Das European Council on Foreign Relations, ein unabhängiger außenpolitischer Thinktank, und drei Partnerorganisationen stellten gerade in einer umfangreichen Studie fest: Die Türkei ist jetzt ein Akteur, ein Wirtschaftspol und vielleicht ein aufstrebender regionaler Hegemon. Einen amerikanischen Beobachter zitiert die Studie mit den Worten: „Die Türkei will nicht nach Osten oder Westen, sie will nach oben." [...] Die Zustimmungsraten für einen EU-Beitritt sinken in der Türkei. Erdogan stichelte erst bei seinem jüngsten Besuch neben Kanzlerin Angela Merkel stehend, dass die EU doch den Beitrittsprozess ehrlicherweise beenden sollte. Umgekehrt bremsen vor allem die Franzosen die Beitrittsverhandlungen bei jeder sich bietenden Gelegenheit. Probleme gibt es unzählige, nur keiner macht sich mehr die Mühe, sie zu lösen. So beobachten beide Seiten einander misstrauisch, manchmal vielleicht in der Hoffnung, dass der andere doch als erster die mühselige Annäherung für beendet erklären möge. Die EU musste lernen, dass sich türkischer Nationalismus und türkischer Stolz schwer mit einem Grundgedanken der Union vertragen, nämlich: sich der Gemeinschaft zu fügen und Souveränität abzugeben. Die Türkei wiederum genießt ihre neue Stärke. Oder, wie ein hoher Berater von Premierminister Tayyip Erdogan unlängst sagte: „Europa – vielleicht ist das Thema für uns zu klein geworden. Irgendwie ist die Türkei über Europa hinausgewachsen."

Stefan Kornelius, Türkei und der Westen – die Nase voll von Europa, in: Süddeutsche Zeitung, 11.6.2011, S. 4

Aufgaben

1. Sollte die Türkei in die EU eintreten (dürfen)? Stimmen Sie in der Klasse ab.
2. Schon 1957 stellte die Türkei einen Mitgliedsantrag zur damaligen EG. Aber erst seit 2005 finden die offiziellen (ergebnisoffenen) Beitrittsverhandlungen statt. Von 35 Verhandlungskapiteln konnte nach fünf Jahren 2010 das erste Kapitel abgeschlossen werden. Sammeln Sie in Gruppenarbeit Pro und Kontra-Argumente für einen EU-Beitritt der Türkei.
3. Stellen Sie Ihre Ergebnisse in der Klasse vor und stimmen Sie erneut ab, ob die Türkei EU-Mitglied werden soll. Hat sich das Meinungsbild verändert?

4.3 Internationale Organisationen

4.3.1 Die UNO – Garant für den Weltfrieden?

M 1 ● Die UN in der Karikatur

Rolle der UN?

Karikatur: Gerhard Mester, Baaske Cartoons

M 2 ● Funktionen der UNO GRUNDWISSEN

Die Hauptaufgaben der Vereinten Nationen bestehen in der Sicherung des Friedens und der Beseitigung von Friedensbedrohungen, der Verständigung der Völker untereinander, der internationalen Zusammenarbeit zur Lösung wirtschaftlicher, kultureller, sozialer und humanitärer Probleme u. a. m. – dies alles auf der Grundlage der Gleichberechtigung der Staaten und Völker (Art. 1 UN-Charta).

Es wird zwischen der Hauptorganisation der UN und den Sonder- und Unterorganisationen (mit eigenen Satzungen, Mitgliedschaften und Finanzhaushalten) unterschieden. Die wichtigsten Organe der UN sind:

1. die jährlich stattfindende Vollversammlung (jeder Mitgliedstaat hat eine Stimme) und deren Ausschüsse (Sicherheit, Finanzen, Soziales, Verwaltung, Recht, u. a.)
2. der Sicherheitsrat der UN mit z. z. fünf ständigen Mitgliedern (China, Russland, Frankreich, Großbritannien, USA, die über ein Veto-Recht verfügen, Deutschland bemüht sich um eine Aufnahme) und zehn jeweils für zwei Jahre gewählten Mitgliedern sowie dessen Ausschüsse (z. B. Ständiger Militärausschuss)
3. das Generalsekretariat mit einem Generalsekretär an der Spitze (auf fünf Jahre von der Vollversammlung gewählt) sowie sechs Untergeneralsekretäre und der Hochkommissar für Menschenrechte
4. der Wirtschafts- und Sozialrat (ECOSOC) mit 54 Mitgliedern [...]
5. der Internationale Gerichtshof (15 Richter, die von der Vollversammlung und dem Sicherheitsrat für neun Jahre gewählt werden)

Klaus Schubert, Martina Klein, Das Politiklexikon, Dietz, Bonn 2011, 5. Aufl., S. 309f.

Vereinte Nationen

Die UN (engl.: United Nations) wurde 1945 als Nachfolgeorganisation des Völkerbundes in San Francisco gegründet. Heutiger Hauptsitz der UN ist New York. 2011 waren faktisch alle Staaten der Welt (193 Staaten) Mitglied der UN.

Ban Ki-moon ist seit dem 1.1.2007 Generalsekretär der UN.

M 3 Zusammensetzung und Kompetenzen des Sicherheitsrates

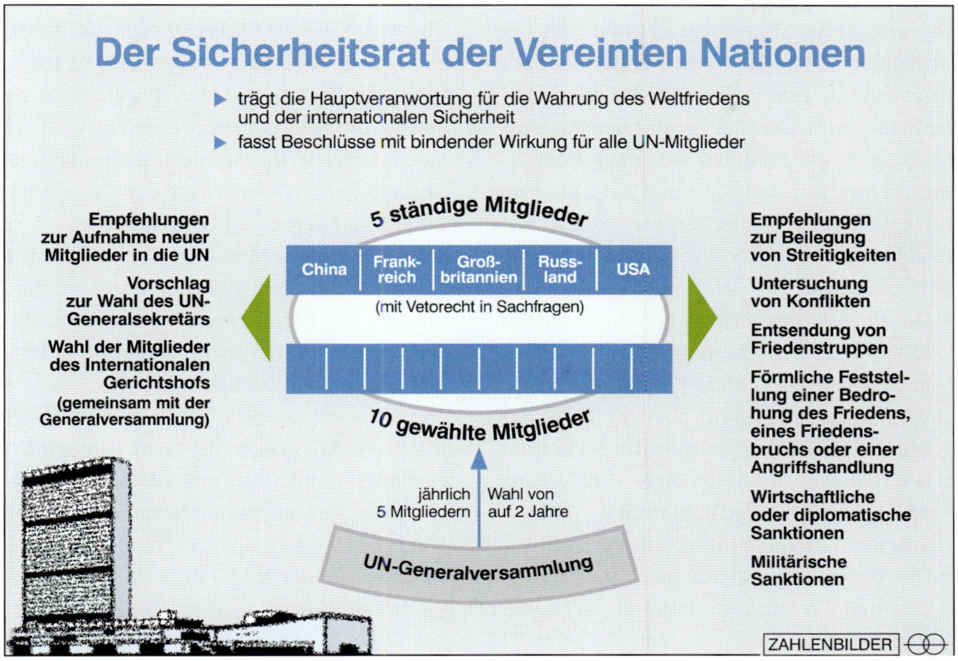

Bergmoser + Höller Verlag *615 124*

M 4 Mögliche Maßnahmen der UNO

Friedensschaffende Maßnahmen
Diplomatische Maßnahmen zur friedlichen Lösung eines Konflikts. Neben der Bereitstellung guter Dienste, Vermittlung und Schlichtung können sie auch diplomatische Isolationsmaßnahmen und Sanktionen umfassen.

Friedenserzwingende Maßnahmen
Maßnahmen zur Wiederherstellung des Friedens in Konfliktgebieten unter Einsatz militärischer Mittel. Die Zustimmung der Konfliktparteien ist nicht erforderlich.

Friedenserhaltende Maßnahmen
Aktivitäten zur Eindämmung, Entschärfung und/oder Beendigung von Feindseligkeiten zwischen Staaten oder in Staaten durch Intervention einer neutralen dritten Partei unter internationaler Organisation und Leitung. Militärische Streitkräfte und zivile Organisationen können die politische Streitbeilegung ergänzen und für die Wiederherstellung und Wahrung des Friedens sorgen. Friedenserhaltende Maßnahmen beinhalten die Stationierung einer Friedenstruppe im Krisengebiet. Die Zustimmung der Konfliktparteien ist erforderlich.

Friedenskonsolidierende Maßnahmen
Maßnahmen zur Bestimmung und Förderung von Strukturen, die geeignet sind, den Frieden zu festigen und zu konsolidieren, um das Wiederaufleben eines Konflikts zu verhindern. Diese können sowohl militärisches als auch ziviles Eingreifen erfordern.

Eine klare Grenzziehung zwischen den einzelnen „Typen" von Maßnahmen ist häufig schwierig. Friedenserhaltung setzt in vielen Fällen zunächst einmal die Schaffung von Frieden voraus, zugleich können vorausgehende oder begleitende „friedenserzwingende Maßnahmen" unerlässlich sein.

UN-Charta

Die Charta der Vereinten Nationen aus dem Jahr 1945 (Kapitel I, Artikel 2) verbietet Gewalt. Es gelten nur zwei Ausnahmen: das Recht zur Selbstverteidigung im Fall eines bewaffneten Angriffs und der Einsatz von Waffengewalt, der vom UN-Sicherheitsrat durch eine sogenannte Resolution legitimiert wird. Eine UN-Resolution kommt jedoch nur zustande, wenn die fünf ständigen Mitglieder des UN-Sicherheitsrats (USA, Russland, China, Großbritannien und Frankreich) zustimmen.

M 5 Markenzeichen der UN – Blauhelme GRUNDWISSEN

Die bekannten „Blauhelmsoldaten" der UN übernehmen in der Regel Aufgaben der Friedenserhaltung (Peace-Keeping). Dies bedeutet im Gegensatz zur Friedenserzwingung, dass die Soldaten den nach Beendigung eines Konflikts in einer Krisenregion oft brüchigen Frieden sichern sollen. Für das klassische Peace-Keeping gelten folgende Leitsätze:

- Die Entsendung erfolgt nur im Konsens mit den Konfliktparteien. Die Konfliktparteien müssen den Konflikt beenden wollen und sich einig über die Rolle der Blauhelmsoldaten sein (z.B. Sicherung der Grenze, Bildung einer Pufferzone zwischen den Konfliktparteien, Polizeiaufgaben, Beobachtung von Wahlen).
- Die Verantwortung für den Einsatz liegt bei den Vereinten Nationen, genauer beim UN-Generalsekretär, der die politische und operative Verantwortung trägt.
- Für die Blauhelmsoldaten gilt, dass sie strikt unparteiisch sein müssen, weshalb sich Länder, die in der Region eigene Interessen verfolgen, an den Missionen nicht beteiligen sollten.
- Die Blauhelmsoldaten dürfen nur leichte Waffen zur Selbstverteidigung tragen, um keiner Partei einen Vorwand zu bieten, die Soldaten in die Kampfhandlungen miteinzubeziehen.

Neben diesen reinen UN-Missionen gibt es noch viele Missionen, die zwar von den UN legitimiert sind (also ein UN-Mandat haben), aber von einzelnen Staaten (z. B. den USA), Bündnissen oder regionalen Organisationen wie der NATO oder der EU durchgeführt werden.

M 6 Blauhelme – im Einsatz weltweit

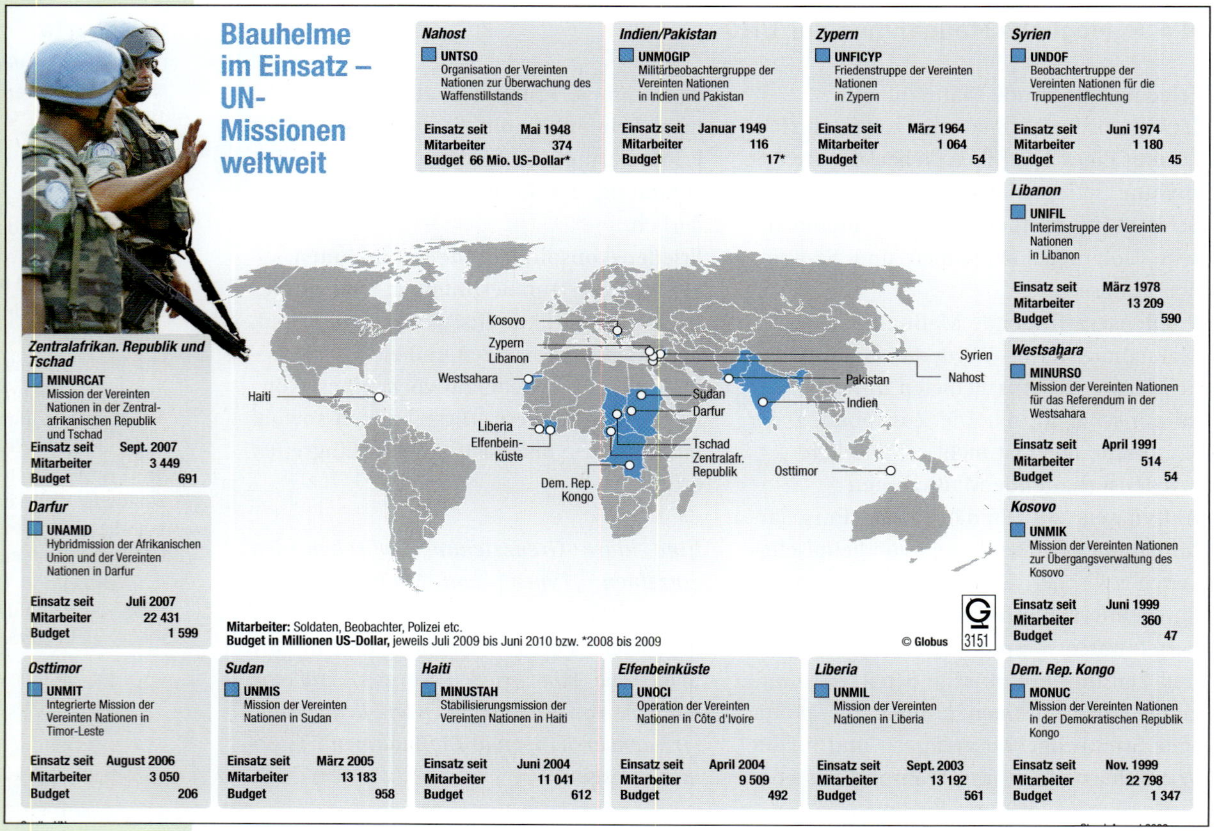

M 7 ● Probleme der Friedenssicherung durch die Vereinten Nationen

Welche Rolle werden nun die Vereinten Nationen in der Welt des 21. Jahrhunderts spielen? Zunächst ist das Spannungsverhältnis zwischen den Zielen und Grundsätzen der UN-Charta auf der einen und der politischen Realität auf der anderen Seite offenkundig. [...]

Ziele und Grundsätze der Charta	Politische Realität
souveräne Gleichheit aller Mitgliedstaaten	ausgeprägtes Machtgefälle zwischen Staaten und Regionen
Erfüllung der mit der UN-Charta übernommenen Verpflichtungen	Verweigerungen von Beiträgen und Leistungen je nach nationaler Interessenlage
Verpflichtung zur friedlichen Streitbeilegung	allgegenwärtige Gewalt im internationalen System
allgemeines Gewaltverbot	praktiziertes Recht einzelner Staaten auf unilaterale Gewaltanwendung
Weltfrieden und internationale Sicherheit als kollektive Aufgabe aller Mitgliedstaaten	Interessendominanz der Industriestaaten und vergessene Konflikte in Entwicklungsländern
Verbot der Einmischung in innere Angelegenheiten der Mitgliedstaaten	Globalisierung grundlegender Probleme relativiert staatliche Souveränität

Der anhaltende Reformbedarf der Weltorganisation sollte aber nicht den Blick dafür verstellen, dass die Vereinten Nationen für die Stabilität des internationalen Systems unverzichtbar sind. Zwar hält die politische Praxis nur recht selten mit den Erfordernissen einer immer komplexer werdenden internationalen Problemagenda Schritt. Tragfähige Antworten auf die zentralen Menschheitsprobleme sind im 21. Jahrhundert allenfalls multilateral zu geben, und in dem Geflecht multilateraler Regime und Organisationen spielen die Vereinten Nationen eine herausragende Rolle.

Sven Bernhard Gareis, Johannes Varwick, Die Vereinten Nationen, 4. Auflage, Opladen 2006, S. 314-319

Aufgaben

1. Erarbeiten Sie einen Steckbrief der Vereinten Nationen. Er sollte die wesentlichen Informationen über Aufgaben, Ziele und Aufbau der Organisation enthalten. (M 1-M 4)
2. Erläutern Sie, unter welchen Bedingungen die Blauhelmsoldaten der UNO eingesetzt werden können. (M 4-M 6)
3. Wenn die UNO kritisiert wird, dann vor allem wegen ihrer nicht-demokratischen Struktur im Sicherheitsrat. Einigen Sie sich in Gruppen auf eine Reform des Sicherheitsrates und präsentieren Sie Ihren Vorschlag in der Klasse. (M 1-M 7)
4. Diskutieren Sie in Gruppen jeweils eine der folgenden Thesen: „Wenn es die UNO nicht gäbe, müsste man sie erfinden, denn immerhin schafft sie es, alle Staaten an einem Tisch zu vereinen" und „Der Weltsicherheitsrat blockiert sich doch oft durch das Veto-Recht, das jedem der fünf ständigen Mitglieder zusteht". Vergleichen Sie Ihre Gruppenergebnisse in der Klasse.
5. Analysieren Sie mithilfe der umseitigen Methode folgende internationalen Konflikte: *Afghanistan, Darfur, Irak, Libyen, Syrien.*

METHODE

Analyse eines internationalen Konflikts

Weil Konflikte vielschichtig sind, kann die Definition dessen, was unter einem Konflikt verstanden wird, sehr unterschiedlich ausfallen. Dennoch: Die meisten Definitionen benennen eine Reihe von Elementen, die mehr oder weniger allen Konflikten eigen sind. Dabei spielt es keine Rolle, ob sie sich auf der intrapersonalen, der gesellschaftlichen oder auf der (zwischen)staatlichen Ebene abspielen. In jedem Konflikt lassen sich idealtypisch drei Komponenten ausmachen:

- ein Widerspruch, d.h. eine Unvereinbarkeit von Zielen, Interessen bzw. Bedürfnissen,
- ein den Konflikt anzeigendes und allzu oft verschärfendes Verhalten (z.B. Konkurrenz, Aggressivität, Hass, Gewalt) der Konfliktparteien sowie
- eine auf den Konflikt bezogene und diesen – bewusst oder unbewusst – rechtfertigende Einstellung/Haltung. Diese ist eng verbunden mit den Wahrnehmungen und Annahmen der Konfliktparteien in Bezug auf ihre eigene Stellung im Konflikt, die Bewertung der anderen Parteien (z.B. Feindbilder) und ihre Vermutungen zu den Konfliktursachen.

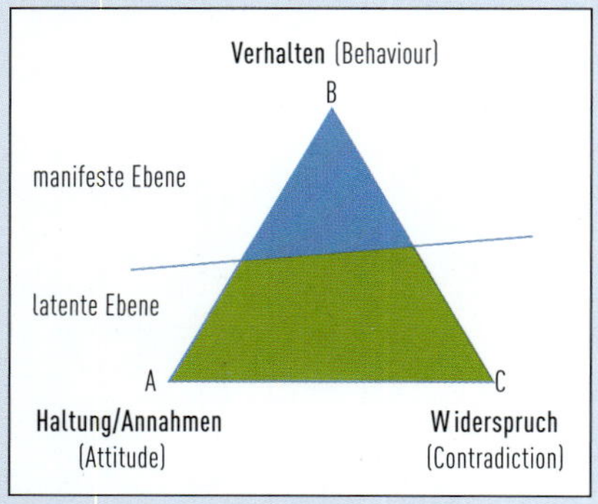

Die drei Komponenten können im sogenannten Konfliktdreieck anschaulich dargestellt werden. Dieses weit verbreitete Werkzeug der Konfliktanalyse wurde von Johan Galtung entwickelt, einem der Mitbegründer der Friedens- und Konfliktforschung: Das Dreieck verdeutlicht den unauflöslichen Zusammenhang zwischen den drei Komponenten jedes Konflikts. Es wird erkennbar, dass ein „objektiver" Widerspruch allein nicht ausreicht, um einen Konflikt zu begründen. Mindestens eine Partei muss sich auch dieses Widerspruchs, konkret der Unvereinbarkeit ihrer Bedürfnisse, subjektiv bewusst sein und in ihrem Verhalten und ihrer Haltung auf eine Veränderung der für sie unbefriedigenden Situation dringen.

Konfliktzirkel

Der Konfliktzirkel zeigt verschiedene Eskalationsstufen eines Konflikts und nennt Maßnahmen, die in der jeweiligen Stufe geeignet sind, um eine (kurzfristige) Beendigung des Konflikts zu erreichen. Das Konfliktmodell oben zeigt, dass eine gelingende langfristige Konfliktbearbeitung alle Konfliktursachen berücksichtigen muss.

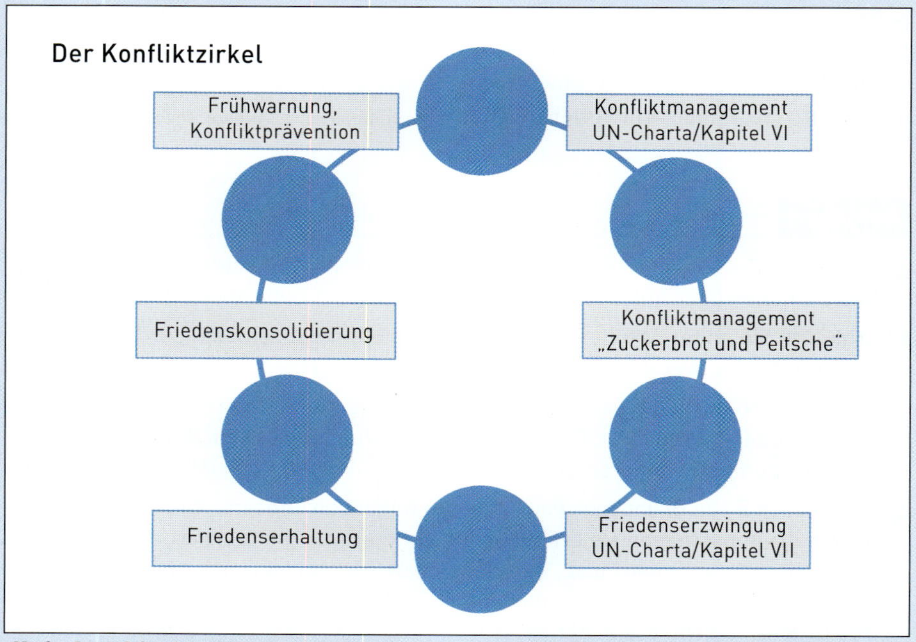

Nach: Lutz Schrader, www. bpb.de und Frank Pfetsch, Christoph Rohloff, Global Trends of Conflicts 1945 -1995, London 1999

METHODE

Leitfragen zur Analyse eines internationalen Konflikts

Internationale Konflikte können als innerstaatliche Konflikte beginnen (Darfur-Konflikt) und sich auf Nachbarstaaten ausweiten. Dadurch kommt es zu Interessenkonflikten im UN-Sicherheitsrat. Neben der Analyse der Konfliktursachen zwingen der Verlauf der Konflikte und die Folgen für die Zivilbevölkerung geradezu, über die Reaktionen der internationalen Gemeinschaft, speziell über die Rolle der Vereinten Nationen, nachzudenken. Selbstverständlich wird bei jeder Analyse eines bestimmten Konflikts eine sinnvolle Auswahl unter den möglichen Fragen getroffen werden müssen.

Fragen	Tipps und Überlegungen
Wer sind die Konfliktparteien, und worum wird politisch/militärisch gestritten?	Bestimmung der Konflikte und Konfliktparteien: Die Frage – wer ergreift welche Partei? – zielt sowohl auf die Parteinahme von Staaten als auch auf die Situation in Klasse/Kurs und in der Gesellschaft insgesamt.
Wie ist der Konflikt entstanden, und welche Argumente und Interessen liegen miteinander im Streit?	Die Vorgeschichte betrachten und die Positionen der Konfliktparteien erklären: Eine knappe Vorgeschichte ist in der Regel hilfreich, um die Konfliktparteien verstehen zu können.
Welche Mittel haben die Konfliktparteien, ihre Interessen durchzusetzen, und welche Folgen ergeben sich daraus für die Konfliktlösung?	Machtverhältnisse einschätzen und Folgen abschätzen: z. B: politische, ökonomische, militärische Stärke.
Wie reagiert die internationale Gemeinschaft auf diesen Konflikt? (vgl. den Konfliktzirkel)	Den Konflikt in seinem Zusammenhang mit Problemfeldern internationaler Politik sehen und beurteilen: Dieser Schritt schafft Distanz zum konkreten Konflikt, denn er lenkt die Aufmerksamkeit auf Probleme der internationalen Politik, die sich im Hintergrund der jeweiligen Konflikte abzeichnen und auf die die Interessen der Konfliktparteien bereits verweisen.
Welche Kompromisse sind möglich, und wie sind diese politisch zu beurteilen?	Kompromisse suchen und beurteilen: z. B. Verhandlungen, Verständigung, Kooperation, gemeinsame Projekte.
Welches Ergebnis wurde erzielt, und wie ist dieses politisch zu beurteilen?	Ergebnisse beschreiben und Entwicklungstendenzen der internationalen Politik beurteilen: z. B. Verträge, Boykott, Krieg.
Wie können internationale Organisationen aussehen, die auf eine Prävention von Weltgefährdungen zielen?	Die Struktur des internationalen Systems überdenken: Was ist die angemessene politisch-institutionelle Reaktion auf die Internationalisierung der wirtschaftlichen und soziokulturellen Probleme?
Was folgt aus der Bearbeitung dieses politischen Konflikts für mich und mein eigenes Verhalten?	Die Frage zielt auf eine Rationalisierung eigener Betroffenheit und dokumentiert das Bemühen, Theorie und Praxis zusammenzubringen. Der Begriff „Verhalten" ist pragmatisch und umfassend gemeint: Es geht um Konsequenzen für das weitere Lernverhalten, das zukünftige Sozial- und Alltagsverhalten sowie um mögliche Folgen für das eigene politische Handeln oder politische Nichthandeln.

4.3.2 Die NATO – wie beeinflusst sie unseren Alltag?

NATO-Basiswissen

- Hauptsitz: Brüssel
- Mitgliedstaaten: 28
- Gründung: 4.4.1949
- Generalsekretär seit 2009: Anders Fogh Rasmussen

M 8 ● Die NATO-Staaten GRUNDWISSEN

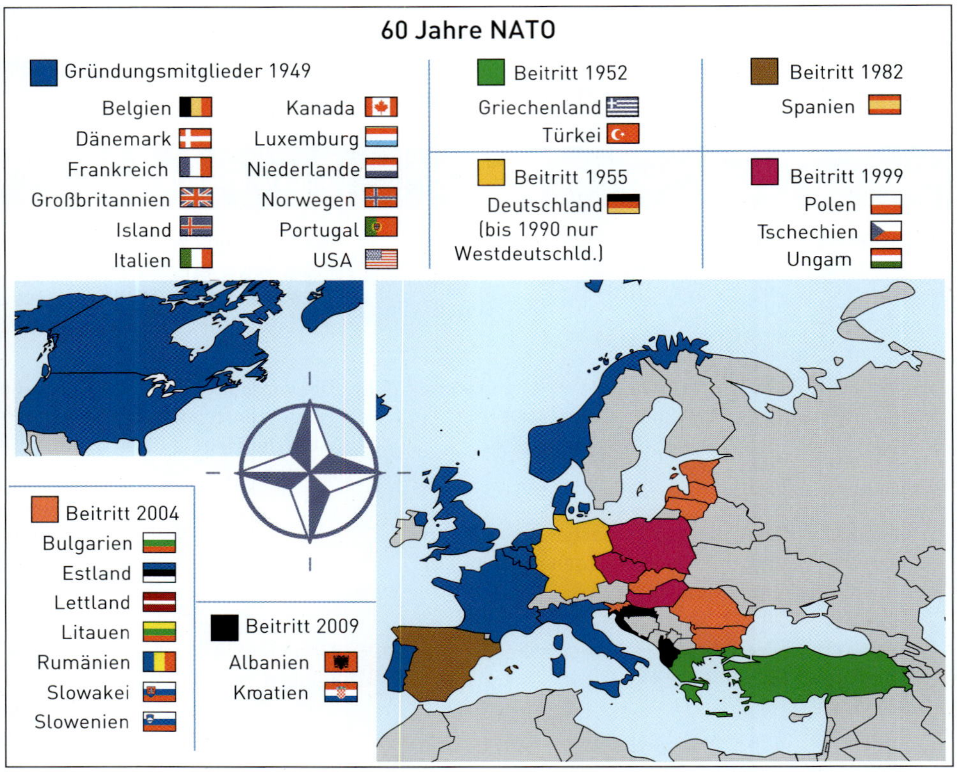

M 9 ● Aus dem NATO- Vertag

Artikel 1

Die Parteien verpflichten sich, in Übereinstimmung mit der Satzung der Vereinten Nationen, jeden internationalen Streitfall, an dem sie beteiligt sind, auf friedlichem Wege so zu regeln, dass der internationale Friede, die Sicherheit und die Gerechtigkeit nicht gefährdet werden, und sich in ihren internationalen Beziehungen jeder Gewaltandrohung oder Gewaltanwendung zu enthalten, die mit den Zielen der Vereinten Nationen nicht vereinbar sind.

Artikel 5

Die Parteien vereinbaren, dass ein bewaffneter Angriff gegen eine oder mehrere von ihnen in Europa oder Nordamerika als ein Angriff gegen sie alle angesehen wird; sie vereinbaren daher, dass im Falle eines solchen bewaffneten Angriffs jede von ihnen in Ausübung des in Artikel 51 der Satzung der Vereinten Nationen anerkannten Rechts der individuellen oder kollektiven Selbstverteidigung der Partei oder den Parteien, die angegriffen werden, Beistand leistet, indem jede von ihnen unverzüglich für sich und im Zusammenwirken mit den anderen Parteien die Maßnahmen, einschließlich der Anwendung von Waffengewalt, trifft, die sie für erforderlich erachtet, um die Sicherheit des nordatlantischen Gebiets wiederherzustellen und zu erhalten.

Artikel 6

Im Sinne des Artikels 5 gilt als bewaffneter Angriff auf eine oder mehrere der Parteien jeder bewaffnete Angriff auf das Gebiet eines dieser Staaten in Europa oder Nordamerika, auf das Gebiet der Türkei oder auf die der Gebietshoheit einer der Parteien unterliegenden Inseln im nordatlantischen Gebiet nördlich des Wendekreises des Krebses; auf die Streitkräfte, Schiffe oder Flugzeuge einer der Parteien, wenn sie sich in oder über diesen Gebieten oder irgendeinem anderen europäischen Gebiet, in dem eine der Parteien bei Inkrafttreten des Vertrags eine Besatzung unterhält, oder wenn sie sich im Mittelmeer oder im nordatlantischen Gebiet nördlich des Wendekreises des Krebses befinden.

http://www.nato.int/docu/other/de/treaty-de.htm, Abruf am 11.12.2011

M 10 ● Die Entstehung der NATO GRUNDWISSEN

Am 4. April 1949 unterzeichneten in Washington zehn westeuropäische Staaten sowie die USA und Kanada den Nordatlantikvertrag und gründeten damit die NATO (North Atlantic Treaty Organization). Der Kalte Krieg zwischen den von der Sowjetunion dominierten kommunistischen Staaten Osteuropas und dem nichtkommunistischen Westen war bereits voll entbrannt. Sieben weitere Staaten, unter ihnen die Bundesrepublik Deutschland, traten in den Folgejahren dem Bündnis bei. Zu Zeiten des Kalten Krieges galt die NATO bei den Staaten des Warschauer Pakts, die bereits wenige Jahre nach seinem Ende ihr Interesse an einer Mitgliedschaft bekundeten, als aggressives Bündnis. Ziemlich genau 40 Jahre lang war es die Hauptaufgabe der NATO, einen potenziellen Gegner durch die eigene militärische Stärke abzuschrecken. Etwaige Angriffsabsichten sollten angesichts der Vergeltungsmöglichkeiten der Nordatlantischen Allianz von vornherein entmutigt werden. Als Voraussetzung für einen Erfolg dieser Politik galt, dass die Mitglieder der NATO weitaus höher gerüstet waren, als das etwa heute der Fall ist.

Informationen zur politischen Bildung Nr. 274, Internationale Beziehungen II, Bonn 1/2002, S. 18 ff.

Kalter Krieg

So wird der Konflikt zwischen den Westmächten unter Führung der USA und dem Ostblock unter Führung der Sowjetunion bezeichnet, den diese von 1945 bis in die 1980er Jahre mit allen Mitteln unterhalb der Schwelle eines offenen Krieges austrugen.

Warschauer Pakt

Militärbündnis der damaligen „Ostblock"-Staaten unter Führung der Sowjetunion (14.5.1955 – 1.7.1991)

M 11 ● Politische und militärische Organisation der NATO

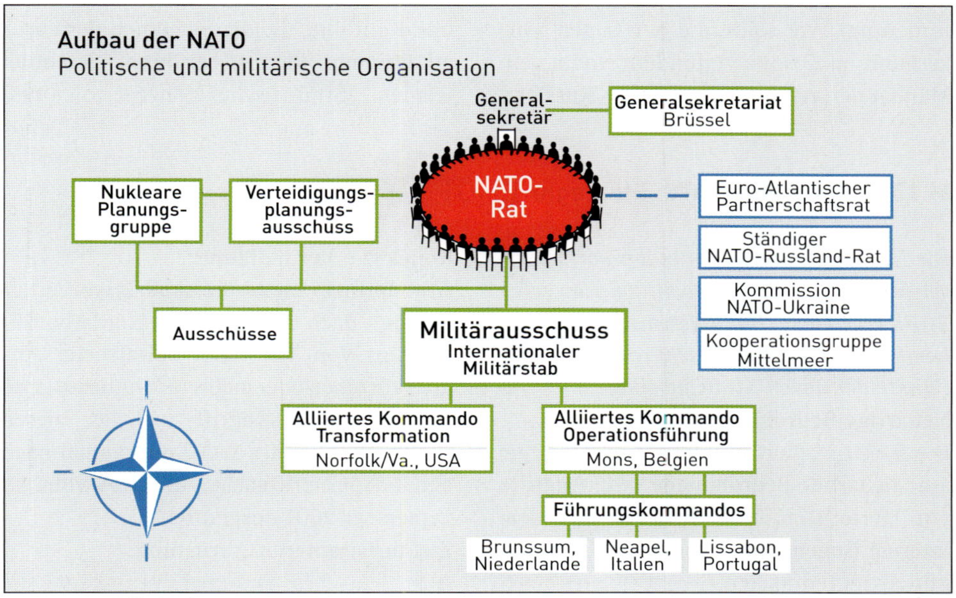

Bermoser + Höller Verlag 621 101

Bundeswehrbeteiligung an NATO-Missionen

30.6.1995 – 19.6.1996
Ex-Jugoslawien SHARP GUARD (WEU/NATO-Operation)

20.12.1996 – 19.6.1998
Bosnien-Herzegowina JOINT GUARD/ SFOR

24.3.1999 – 10.6.1999
Ex-Jugoslawien ALLIED FORCE

13.4.1999 – 10.6.1999
Albanien und Mazedonien ALLIED HARBOUR

10.6.1999 – heute
Kosovo JOINT GUARDIAN/ KFOR

12.6.1999 – 24.8.1999
Adria ALLIED HARVEST

27.9.2001 – 15.12.2002
Mazedonien AMBER FOX

12.10.2001 – 16.5.2002
Nordamerika EAGLE ASSIST (AWACS)

26.10.2001 – heute
Mittelmeer ACTIVE ENDEAVOUR

1.1.2002 – heute
Afghanistan ISAF ISAF

16.12.2002 – 31.3.2003
(Übergabe an EU) Mazedonien ALLIED HARMONY

M 12 ● NATO –ein Bündnis im Wandel

Nach dem Ende des Ost-West-Konfliktes und dem Zusammenbruch des Warschauer Paktes sah sich die NATO einem völlig neuen internationalen Umfeld gegenüber, das das Selbstverständnis und die strategische Ausrichtung des Verteidigungsbündnisses grundsätzlich in Frage stellte. Drei Entwicklungen waren für den Wandel und den Fortbestand der NATO prägend: Mit dem Ende des Kalten Krieges stellte sich die Frage, wie die NATO mit ehemaligen, nun unabhängigen Staaten des Warschauer Paktes umgehen sollte. Diese strebten nun eine Mitgliedschaft in der NATO an, um Sicherheit vor dem aus ihrer Sicht (über)mächtigen Russland zu erhalten. Die NATO vergrößerte ihr Bündnisgebiet nach und nach immer weiter nach Osten und versuchte gleichzeitig, das Verhältnis zu Russland nicht zu stark zu belasten. Gleichzeitig brach vor den Toren Westeuropas ein Krieg im ehemaligen Jugoslawien (1991–1999) aus. Die NATO entschloss sich erstmals zum Eingreifen auch außerhalb ihres eigenen Bündnisgebietes. Von den Vereinten Nationen wurde das Eingreifen legitimiert. So erfolgte der erste Kampfeinsatz in der Geschichte der NATO im August 1995 in Bosnien-Herzegowina. Schon einige Jahre später stellte sich eine neue Herausforderung: Wie sollte die NATO den Völkermord im Kosovo verhindern, wenn kein Mandat der Vereinten Nationen – Russland hatte in diesem Fall ein Veto im UN-Sicherheitsrat eingelegt – die NATO zum Eingreifen ermächtigte? Angesichts der sich abzeichnenden humanitären Katastrophe entschloss sich das Bündnis 1999, nunmehr auch ohne Mandat der Vereinten Nationen, Mord und Vertreibungen mit militärischen Mitteln zu verhindern. Spätestens nach dem Eingreifen im Kosovo zeigte sich, dass die NATO neben der Verteidigung des Bündnisgebietes ihre Aufgabe nun darin sah, in ganz Europa für Sicherheit und Stabilität zu sorgen, in Ausnahmefällen auch dann, wenn kein Mandat der Vereinten Nationen den Einsatz legitimierte. Die Anschläge vom 11. September 2001 auf die USA ließen auch diese Strategie als veraltet erscheinen. Zum ersten Mal in der Geschichte der NATO wurde der Bündnisfall festgestellt und die NATO engagiert sich seitdem auch im fernen Afghanistan. Insgesamt hat sich die NATO damit zu einer globalen Sicherheitsorganisation gewandelt, die ihre Ziele folgendermaßen definiert: „Der wesentliche und fortdauernde Zweck der NATO [...] besteht darin, die Freiheit und Sicherheit aller ihrer Mitglieder mit politischen und militärischen Mitteln zu erreichen [...]. Die Verwirklichung dieses Ziels kann durch Krisen und Konflikte, die die Sicherheit des euro-atlantischen Raums berühren, gefährdet werden.“ (Strategisches Konzept von 1999)

M 13 ● Die neue NATO-Strategie GRUNDWISSEN

Die NATO-Staaten haben in der portugiesischen Hauptstadt Lissabon im November 2010 eine neue Bündnisstrategie für das kommende Jahrzehnt beschlossen. Zentrale Punkte der neuen Strategie sind:

Neuartige Bedrohungen:
Die NATO reagiert mit der neuen Strategie auf „neuartige Bedrohungen“ wie Angriffe von Terroristen, von Hackern aus dem Internet (sogenannte Cyber-Attacken) oder Mittelstreckenraketen.

Kollektive Verteidigung:
Grundprinzip bleibt die „kollektive Verteidigung“ nach Artikel 5 des Nordatlantik-Vertrags von 1949. Ein bewaffneter Angriff auf einen oder mehrere Mitgliedstaaten ist danach ein Angriff auf alle. Diesen Bündnisfall hat die NATO nur einmal nach den Terrorangriffen auf die USA vom 11. September 2001 ausgerufen.

Ziel der atomaren Abrüstung:
Auf deutsches Drängen verankerte die

NATO erstmals das Ziel der atomaren Abrüstung in ihrer Strategie. Dazu heißt es: „Wir sind entschlossen, eine sicherere Welt für alle anzustreben und die Bedingungen für eine Welt ohne Atomwaffen zu schaffen."

Festhalten am Prinzip der Abschreckung:
Atommächte wie Frankreich und die USA setzten durch, dass das Prinzip der Abschreckung ein zentrales Element der Strategie bleibt: „Solange Atomwaffen existieren, wird die NATO eine nukleare Allianz bleiben", heißt es in dem Text.

Neue Raketenabwehr:
Ein neuer NATO-Raketenschirm soll weite Teile Europas schützen. Dazu heißt es: „Wir entwickeln unsere Fähigkeit, unsere Bevölkerung und unser Territorium gegen einen Angriff mit ballistischen Raketen zu schützen." Der Iran wird auf Druck der Türkei nicht ausdrücklich als Bedrohung genannt.

Annäherung an Russland:
Die Allianz betont, die NATO stelle „keinerlei Bedrohung für Russland dar". Dies hatte Moskau angesichts der Osterweiterung des Bündnisses so empfunden. Kooperieren will das Bündnis beim Raketenschirm: „Wir suchen aktiv eine Zusammenarbeit mit Russland und anderen euro-atlantischen Partnern im Bereich der Raketenabwehr", heißt es in dem Text.

Krisenbewältigung:
Bei internationalen Krisen will die Allianz auch künftig eine Rolle spielen, allerdings will sie die Lehren aus dem blutigen Einsatz in Afghanistan ziehen. „Die NATO wird sich engagieren, wenn es möglich und nötig ist, um eine Krise zu verhindern oder zu bewältigen", heißt es in dem Text, ohne den bisher größten NATO-Einsatz ausdrücklich zu nennen.

AFP, Die neue NATO-Strategie, in: http://www.n-tv.de/politik/dossier/Die-neue-Nato-Strategie-article1972961.html, 19.11.2010

M 14 ● Die NATO in der Kritik

Die NATO ist den modernen Herausforderungen nicht gewachsen. Im Kern ist die Allianz auf die Verteidigung des Bündnisgebietes angelegt – was ihr fehlt, ist eine Möglichkeit, in die Welt hinaus zu wirken, wenn die NATO-Länder ihre Sicherheit auch durch weit entfernte Vorgänge gefährdet sehen. Dass diese Anpassung trotz einiger Versuche noch nicht gelungen ist, hat einen einfachen Grund. Sobald es darum geht, konkrete Antworten auf die Herausforderungen zu formulieren, brechen Gegensätze in der Allianz auf. Die Frage etwa, wie der Kampf gegen den Terror zu führen ist, spaltet die NATO immer noch, auch wenn die Kluft seit der Wahl Barack Obamas zum amerikanischen Präsidenten geringer geworden ist. Ein anderes Beispiel ist das Verhältnis zu Russland. Während die USA und die westeuropäischen Staaten in Moskau einen Partner sehen, dringen die osteuropäischen NATO-Länder, allen voran die baltischen, auf eine gegen Russland gerichtete Verteidigungsplanung. Wie dies alles auf einen Nenner gebracht werden kann, weiß derzeit niemand.

Martin Winter, Süddeutsche Zeitung, 1.8.2009

Aufgaben

1. Beschreiben Sie, wie und warum sich die NATO im Lauf der Geschichte verändert hat und welchen Einfluss sie auf uns ausübt. (M 8-M 13)
2. Erklären Sie die Funktionsweise der NATO als Verteidigungsbündnis. (M 9)
3. Erklären Sie mithilfe von M 14, mit welchen Problemen die NATO derzeit konfrontiert ist.
4. Diskutieren Sie die Forderung von NATO-Kritikern, dass die NATO abgeschafft werden sollte.

WISSEN KOMPAKT

Die Vereinten Nationen
M 1-M 7

Die Vereinten Nationen wurden am 24.10.1945 von 51 Staaten als globale Friedensorganisation gegründet. Heute sind fast alle Länder der Welt Mitglied der UN. Zu ihren Zielen gehört insbesondere die Wahrung des Weltfriedens und der internationalen Sicherheit durch ein allgemeines Gewaltverbot. Der Sicherheitsrat ist das wichtigste Organ der UN. Allein seine Beschlüsse (Resolutionen) sind für alle Staaten bindend. Der Sicherheitsrat besteht aus fünf ständigen Mitgliedern (USA, Großbritannien, Frankreich, China und Russland) und zehn nichtständigen Mitgliedern. Jedes ständige Mitglied ist mit einem Veto-Recht ausgestattet, kann also Entscheidungen des Sicherheitsrates blockieren.

In der Generalversammlung haben alle Mitgliedstaaten eine Stimme. Die Generalversammlung kann jedoch nur Empfehlungen verabschieden, die völkerrechtlich nicht verbindlich sind. Die Handlungsmöglichkeiten der UN lassen sich folgendermaßen umschreiben:

- friedensschaffende Maßnahmen (diplomatische Aktivitäten, Vermittlung, Schlichtung, politische Isolierung);
- friedenserzwingende Maßnahmen (wirtschaftliche Sanktionen, Einsatz von Waffengewalt);
- friedenserhaltende Maßnahmen (Überwachung eines Waffenstillstandes, Trennung der Konfliktparteien, Wahrnehmung von Polizeiaufgaben);
- friedenskonsolidierende Aufgaben (Aufbau zivil- und rechtsstaatlicher Strukturen, gemeinsame Projekte, Durchführung von Wahlen).

Die NATO
M 8-M 14

Nach dem Zweiten Weltkrieg gründeten 1949 zehn europäische Staaten sowie die USA und Kanada die NATO (North Atlantic Treaty Organization) als Reaktion auf die gewaltsame Expansion des sowjetischen Machtbereichs in Mittel- und Osteuropa. Die Bundesrepublik Deutschland trat dem Verteidigungsbündnis 1955 bei. Im Jahr 2008 hatte die NATO 26 Mitglieder. Die Mitgliedsländer gehen eine gegenseitige Beistandsverpflichtung bei einem bewaffneten Angriff auf ein Mitglied ein. Der Beistand muss jedoch nicht automatisch in militärischer Form geleistet werden. Die NATO versteht sich über das Militärbündnis hinaus als Wertegemeinschaft: Alle Mitglieder verpflichten sich zur Bewahrung einer freiheitlich-demokratischen Ordnung im Inneren und gegen Angriffe von außen.

Diesem doppelten Charakter des Bündnisses entspricht die Zweiteilung der Organisationsstruktur in einen zivilen und in einen militärischen Bereich. Entscheidungsorgan ist der NATO-Rat, in dem die Staats- und Regierungschefs oder die Außen- bzw. Verteidigungsminister zweimal jährlich zusammentreten. Damit ist der Vorrang der Politik über das Militär gesichert; letzteres berät im Militärausschuss den Rat in allen militärischen Fragen. Alle Entscheidungen im NATO-Rat müssen einstimmig getroffen werden, sodass kein Mitglied gegen seinen Willen zu verteidigungspolitischen Maßnahmen gezwungen werden kann.

North Atlantic Treaty Organization

NATO-Flag

The North Atlantic Treaty Organization was created in 1949 as the military instrument of the common stand by the United States and Western Europe against Soviet expansionism. But the cold war ended with the collapse of the U.S.S.R., and NATO has shifted to redefine itself and its mission. In the wake of the Sept. 11 attacks, it focused on terrorism, especially Islamic radicalism and its militant offshoots. Several NATO allies, while not playing a decisive military role, have been engaged with the United States in the war in Afghanistan since 2001.

In 2011, NATO took new steps in expanding its mission, most notably when it took responsibility for enforcing a United Nations-sanctioned no-fly zone in Libya, where rebels are warring against Col. Muammar el-Qaddafi. It also used its military muscle in Ivory Coast when Laurent Gbagbo, the defeated president, refused to step down and ordered a violent crackdown on the civilian population.

But NATO allies have often been at odds over policy and direction. To some extent, its problems can be traced to changes since the end of the cold war. The organization has become less an alliance than a coalition of like-minded nations, analysts say. American Defense Secretary Robert M. Gates bluntly criticized the organization for what he said were shortages in military spending and political will, warning of "a dim if not dismal future" unless more member nations scaled up their participation in the alliance's activities.

The sending of advisers to Libya by individual nations in April 2011 was the latest in a series of signs of trouble for the NATO campaign, which began in earnest with a stinging, American-led attack but has seemed to fizzle since operational command was transferred to NATO on March 31. After that, a rebel offensive was smashed by Colonel Qaddafi's forces, which sent the rebels reeling toward the eastern city of Ajdabiya.

Only six of the 28 member countries are participating in the airstrikes, with France and Britain doing half of them and Denmark, Norway, Belgium and Canada the rest. NATO will never be what it was, said Tomas Valasek, a defense expert at the London-based Center for European Reform. "NATO will become more of a transactional place in the future, so, as in Libya, more often than not there will be coalitions of the willing, with NATO support."

allies: Alliierten

dim: dunkel, matt
dismal: düster

to fizzle: kläglich scheitern

The New-York times, the north atlantic-treaty-organization, in: http://topics.nytimes.com/top/reference/timestopics/organizations/n/north_atlantic_treaty_organization/index.html, 10.6.2011

Aufgaben

1. Ermitteln Sie Beispiele, die die These des Autors, die NATO sei nicht mehr das, was sie einmal war, bestätigen/widerlegen.
2. Recherchieren Sie ausgehend vom Text die Hintergründe, warum die NATO „nur" mit sechs Mitgliedern eine Flugverbotszone in Libyen einrichtete.
3. Nehmen Sie Stellung zur Rolle Deutschlands innerhalb der NATO in Bezug auf den Libyen-Einsatz im Frühling 2011.

4.4 Globalisierung – wirtschaftliche Herausforderungen

4.4.1 Standort Deutschland – global wettbewerbsfähig?

M 1 ● Standort Deutschland – aus Sicht der Karikaturisten

Karikatur: Walter Hanel

M 2 ● Standortwettbewerb GRUNDWISSEN

Deutschlands wirtschaftliche Zukunft hängt maßgeblich von seiner Attraktivität als Standort für Unternehmer und Unternehmen ab. Denn sie schaffen die zukunftsfähigen Arbeitsplätze für die Menschen und erwirtschaften die Wertschöpfung, mit der ein modernes Gemeinwesen finanziert wird. Unternehmer machen ihre Standortentscheidung – auch den Verbleib dort – davon abhängig, welche Ressourcen verfügbar sind und welche staatlichen Rahmenbedingungen gegeben sind. Ein entscheidender Aspekt der Globalisierung in ihrer modernen Ausprägung ist, dass die Unternehmen mit zunehmender Mobilität von Kapital und Technologie ihre Standorte besser wählen können. Bestimmt wird ihre Wahl durch „Standortfaktoren“, d.h. durch die an einem bestimmten Standort gegebenen Bedingungen, die für den Erfolg des Unternehmens als entscheidend angesehen werden. Unter ihnen gibt es „harte“ und „weiche“. Zu den harten Faktoren zählen die Ergiebigkeit des zu bedienenden Marktes, die Ausstattung mit Infrastruktur, die Verfügbarkeit qualifizierter Arbeitskräfte, die Flexibilität des Arbeitsmarktes, die Höhe der Lohn- und Energiekosten und die zu erwartenden Abgabenlasten. Zu den weichen Faktoren zählen Kontakte mit anderen Unternehmen und mit Forschungseinrichtungen, das kulturelle Umfeld, der Freizeitwert und die Kooperationsbereitschaft der Behörden.

M 3 ● Deutschland als Standort – Stärken und Schwächen

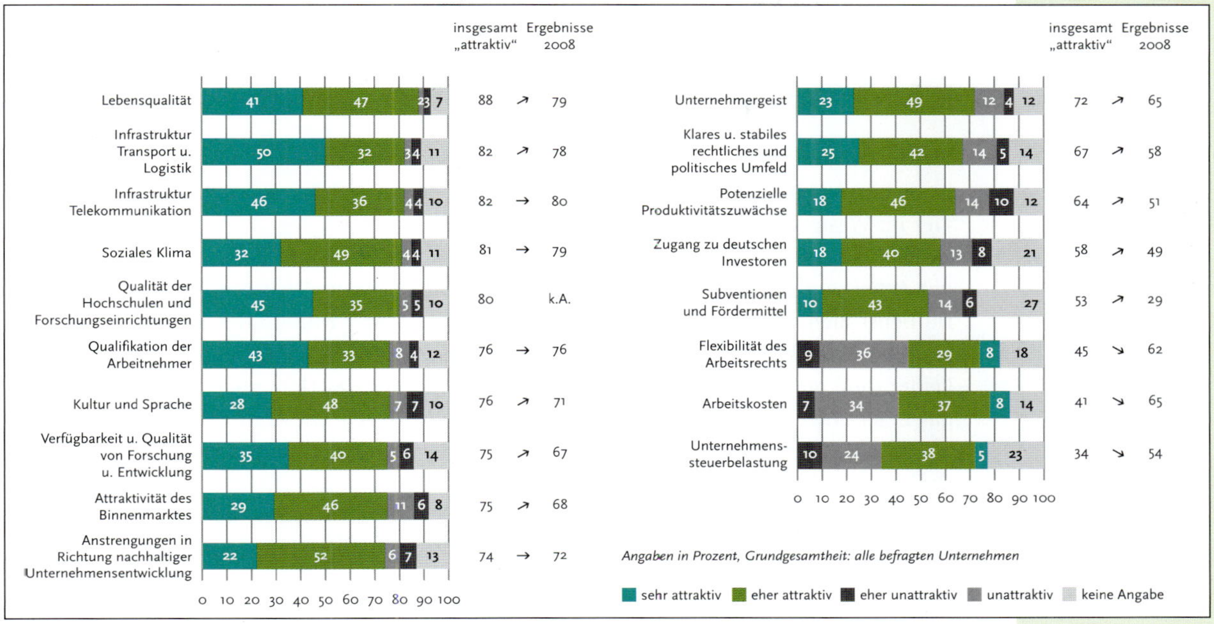

M 4 ● Warum Deutsche auswandern?

Die Zahl der Fortzüge deutscher Bürger hat sich zwischen 2001 und 2006 „drastisch“ erhöht, nämlich um 42 Prozent auf 155.000 Personen. Der Anteil Deutscher an allen Fortzügen hat sich von 18 auf 24 Prozent erhöht. 65 Prozent dieser Auswanderergruppe gehören in die Altergruppe zwischen 25 und 65 Jahren. [...] Ausschlaggebende Motive für die Auswanderer sind – das ist nicht besonders überraschend – die wirtschafts- und arbeitsmarktpolitischen Gründe, die hohe Steuer- und Abgabenlast und schlechte Beschäftigungs- und Einkommensperspektiven. Das Prognos Institut ordnet die befragten Auswanderer fünf Kategorien zu:

1.) Unzufriedene Fachkräfte auf der Suche nach mehr Lebensqualität

2.) Die beruflich unzufriedenen Akademiker

3.) Junge Akademiker auf der Suche nach Herausforderungen

4.) Beruflich etablierte Elite auf der Suche nach Perspektive

5.) Familienorientierte Fachkräfte

Die meisten Auswanderer sehen ihre Erwartungen erfüllt. 55 Prozent der Auswanderer waren mit den Lebensbedingungen in Deutschland zufrieden. Im Ausland sind es 84 Prozent. [...] Nur etwa ein Fünftel der Befragten gibt an, in ihr Lebensumfeld nicht gut integriert zu sein. Für den Großteil der Befragten war der Gang ins Ausland mit beruflichem Aufstieg verbunden.

Gérad Bökemkanp, Warum Deutsche auswandern, in: http://liberalesinstitut.wordpress.com/2010/02/19/warum-deutsche-auswandern/, 19.2.2010

Prognos Institut

Das Prognos Institut ist ein kommerzielles Beratungsinstitut und forscht im Auftrag von Unternehmen und politischen Institutionen zu gesellschaftspolitischen Zukunftsthemen. Das Prognos Institut hat 2008 für eine Studie über Gründe von deutschen Auswanderern 1.410 ausgewanderte Fach- und Führungskräfte zwischen 20 und 65 Jahren befragt, die mindestens seit zwei Jahren für einen unbefristeten Zeitraum im Ausland leben.

Aufgaben

1. Beschreiben Sie die Karikatur in M 1, und nehmen Sie Stellung zu der dargestellten Aussage. Ziehen Sie dazu auch M 3 heran.
2. Ein amerikanischer Investor möchte in Deutschland eine Firma gründen. Nennen Sie Gründe, warum Deutschland ein guter Standort wäre. Berücksichtigen Sie dabei auch die Entwicklung der Standortfaktoren und die Gründe deutscher Staatsbürger, ins Ausland abzuwandern. (M 2, M 4)

4.4.2 Fallbeispiel Strukturwandel – wie verändert die Globalisierung das Ruhrgebiet?

M 5 ● Herbert Grönemeyer: Bochum 1984

Tief im Westen, wo die Sonne verstaubt,
ist es besser, viel besser, als man glaubt.
Tief im Westen. Tief im Westen.
Du bist keine Schönheit,
vor Arbeit ganz grau,
Du liebst dich ohne Schminke,
bist 'ne ehrliche Haut,
Leider total verbaut, aber grade
das macht dich aus.

Du hast'n Pulsschlag aus Stahl.
Man hört ihn laut in der Nacht.
Du bist einfach zu bescheiden.
Dein Grubengold hat uns wieder
hochgeholt,
du Blume im Revier.
Bochum, ich komm' aus dir,
Bochum, ich häng' an dir. Glück auf!
Bochum.

Du bist keine Weltstadt.
Auf deiner Königsallee finden
keine Modeschauen statt.
Hier, wo das Herz noch zählt,
nicht das große Geld.
Wer wohnt schon in Düsseldorf!?

Bochum, ich komm' aus dir,
Bochum, ich häng' an dir.
Glück auf!
Bochum. [...]

Herbert Grönemeyer, Bochum, Grönland Musikverlag, Berlin 1984

M 6 ● Das Ruhrgebiet – eine Region verändert sich

Kumpel in der Zeche Hannover-Hannibal im Ruhrgebiet, 1956

Dortmund [hat sich] den Ruf als „Musterstadt" für die wirtschaftliche Neuorientierung der Region hin zu völlig montanfremden Branchen erworben. In der [...] bevölkerungsreichsten Stadt des Ruhrgebiets läuft der Strukturwandel besonders konzentriert ab. Dortmund beheimatete einst mit Kohle, Stahl und Bier gleich ein „klassisches" Branchen-Dreigestirn der Montanzeit. Inzwischen sind Stahl und Kohle Vergangenheit, und von ehemals elf Brauereien sind lediglich zwei Braustätten mit gerade noch rund 600 Beschäftigten übrig geblieben. Stattdessen sind nun Hightech mit den Schwerpunkten Informationstechnologie (IT) und Mikrotechnik sowie auch Logistik zu den wichtigsten neuen Wirtschaftszweigen der Stadt aufgestiegen. Antreiber dieser Entwicklung war und ist der Technologiepark Dortmund, der 1985 auf einer Fläche von 35 Hektar in unmittelbarer Nachbarschaft zur Universität entstanden ist. [...] Moderne Medizin in der Heimat von Kohle und Stahl? Der Aufstieg des Gesundheitswesens ist der vielleicht erstaunlichste Part beim wirtschaftlichen Wandel des Ruhrgebiets. Relativ wenig beachtet hat sich dieser Zweig zur beschäftigungsintensivsten Branche mit rund 280.000 Arbeitsplätzen entwickelt und dem Revier die sogar im internationalen Vergleich dichteste medizinische Versorgung beschert. [...] In nur drei Autostunden Entfernung können rund um das Ruhrgebiet geschätzte 50 Millionen Verbraucher erreicht werden. Das macht die Region zu einem der strategisch wichtigsten Standorte für Logistikunternehmen in ganz Europa – sowohl für Straße, Schiene oder Schifffahrt – und die Logistik damit auch zu einem weiteren Motor des Strukturwandels. Im Zuge des Strukturwandels hat sich auch die Kultur- und Kreativwirtschaft zu einer wichtigen Standortgröße im Ruhrgebiet entwickelt. Mit dem Begriff umschrieben sind im Wesentlichen die Branchen Musik, Werbung, Software, Computerspiele, Design und Kunst sowie Film, Fernsehen,

Buch und Presse. Rund 10.000 Betriebe sind im Revier in diesen Sparten aktiv, die insgesamt rund 42.000 Menschen eine sozialversicherungspflichtige Arbeitsstelle geben und darüber hinaus rund 10.000 Freiberufler beschäftigen. [...] Der Niedergang der Montanindustrie hat auch dem Tourismus in der Region auf die Sprünge geholfen – und damit eine weitere wichtige Branche des „neuen" Reviers geschaffen. Die „Industriekathedralen" von Kohle und Stahl haben als Zeu-gen der industriellen Vergangenheit den Grundstein für diesen Trend gelegt. [...] Noch steht das Revier nicht nur wegen der Kohle energiewirtschaftlich weiter unter Strom. Wie schon in der Vergangenheit ist die Region auch heute Deutschlands größter Energieproduzent – mit Kraftwerken, die sowohl mit Kohle wie auch mit Gas oder Öl betrieben werden. Die gesamte Energiebranche ist darüber hinaus im Revier ein bedeutender Umsatzbringer und Wachstumsmotor. So ist Essen das Zentrum der deutschen Energiewirtschaft mit Sitz der Branchenriesen RWE, Evonik und Europas führender Ferngasgesellschaft Ruhrgas. In Essen werden rund 60 Prozent des deutschen Energieverbrauchs abgerechnet. Wo früher in erster Linie Energie produziert wurde, wird heute Energie vor allem auch verwaltet und im Zuge der internationalen Aktivitäten der hiesigen Energiekonzerne europaweit verteilt.

Frank Bretschneider, Das Ruhrgebiet im Umbruch. Strukturwandel einer Region, o.O. 2009

M 7 ● Entwicklung des Steinkohlebergbaus im Ruhrgebiet

Jahr	Zahl der Förderanlange	Beschäftigte (in 1.000)	davon Arbeiter unter Tage	Förderung in Mio. t
1958	140	489	305	122
1961	120	388	231	116
1966	61	287	161	103
1971	55	197	108	91
1978	31	146	81	67
1981	28	143	79	70
1988	22	114	64	56
1991	19	95	53	51
1998	11	59	30	32
2001	8	42	19	20
2009	4	21	k. A.	10

www.kohlenstatistik.de (20.11.2010)

M 8 ● Entwicklung der Beschäftigtenstruktur im Ruhrgebiet

Als Strukturwandel bezeichnet man die langfristigen Veränderungen innerhalb der Wirtschaft eines Landes. Diese Veränderungen werden durch die Entstehung neuer und das Verschwinden alter Wirtschaftszweige bzw. Wirtschaftssektoren hervorgerufen. So hat es in den letzten Jahrzehnten in den meisten Ländern die Entwicklung von der Agrar- (Landwirtschaft) zur Industrie- und schließlich zur Dienstleistungsgesellschaft gegeben.

Wirtschafts-sektoren

Die Wirtschaftswissenschaften unterteilen die Produktionsbereiche einer Volkswirtschaft in drei Wirtschaftssektoren: Der Primäre Sektor beinhaltet die Produktgewinnung der Land- und Forstwirtschaft sowie Fischerei. Im Sekundären Sektor werden Produkte verarbeitet (Industrie und Handwerk, Bergbau und Baugewerbe).
Der Tertiäre Sektor umfasst die Dienstleistungen, z. B. Handel, Verkehr, Kultur Kommunikation, Verwaltung, Bildung, Wissenschaft, Beratung, Gesundheits- und Sozialwesen. Mit dieser Einteilung kann man die langfristigen Veränderungen einer Volkswirtschaft beschreiben und erklären.

Dienstleistungs-gesellschaft

So bezeichnet man eine Gesellschaft, in der der größte Teil der Bevölkerung nicht mehr im landwirtschaftlichen und industriellen, sondern im Tertiären Sektor tätig ist.

Entwicklungen der Beschäftigungsstruktur im Ruhrgebiet 1960 – 2009 in %							
	1960	1970	1980	1991	1999	1999	2000
Primärer Sektor	2,4	1,5	1,4	1,3	1,3	2,8	1,22
Sekundärer Sektor	61,0	58,4	51,7	44,0	33,6	33,4	33,35
Tertiärer Sektor	36,6	40,1	47,0	54,7	65,0	63,8	65,43
	2001	2002	2003	2004	2005	2006	2009
Primärer Sektor	1,13	1,27	1,25	1,08	1,24	1,08	0,9
Sekundärer Sektor	31,55	31,54	30,15	29,22	28,06	27,20	27,8
Tertiärer Sektor	67,32	67,19	68,60	69,70	70,70	71,72	71,2

www.kohlenstatistik.de (20.11.2010)

M 9 ● Wie Unternehmen sich verändern: von der Ruhrkohle AG zu Evonik Industries

1969 Gründung der Ruhrkohle AG (RAG), Zusammenschluss des gesamten Steinkohlebergbaus im Ruhrgebiet, dazu Immobilienbesitz (Zechenwohnungen)

1970 Erwerb der Aktienmehrheit des Stromerzeugers STEAG

1995 Ruhrkohle AG besitzt Aktienmehrheit der Rütgers Chemicals

1998 Übernahme der Saarbergwerke AG (Energieerzeugung)

1999 Übernahme der Preussag Anthrazit GmbH (Kohlebergbau)

2003 Übernahme der Degusa AG (Spezialchemieunternehmen)

2007 Aufspaltung des Unternehmens in zwei neue Unternehmen, in einen „schwarzen" (Steinkohle) und einen „weißen" (Chemie, Energie, Immobilien) Bereich. Das neue „weiße" Unternehmen erhielt den Namen Evonik Industries, das alte „schwarze" Unternehmen trägt den Namen RAG weiter.

Nach: http://geschichte.evonik.de/sites/geschichte/de/Pages/evonik.aspx (3.7.2010)

Aufgaben

1. Der Song „Bochum" von Herbert Grönemeyer aus dem Jahr 1984 war einst so etwas wie die Hymne des Ruhrgebiets. Beschreiben Sie, welches Bild vom Ruhrgebiet Grönemeyer mit dem Lied zeichnet. (M 5)
2. Stellen Sie die Ursachen und Folgen der Krise in der Kohle- und Stahlerzeugung und den Strukturwandel in einem Schaubild dar. (M 7)
3. Setzen Sie die Tabellen M 7 und M 8 in Schaubilder um und fassen Sie die wichtigsten Entwicklungstendenzen zusammen.
4. Erarbeiten Sie aus dem Text M 6 die neuen „Standbeine" des Ruhrgebiets.
5. Zeigen Sie am Beispiel der Ruhrkohle AG und ihrer Geschäftsfelder den Strukturwandel in dem Unternehmen auf. (M 9)
6. Recherchieren Sie die Strukturveränderungen in Ihrer Region / Ihrer Umgebung und stellen Sie Ihre Ergebnisse mithilfe der nebenstehenden Methode in einem Referat der Klasse vor.

Referate verständlich präsentieren

Vorüberlegungen bei einer Präsentation

Was ist Ziel einer Präsentation? Wer sind die Adressaten? Welcher Informationsstand kann vorausgesetzt werden? Welche Inhalte sollen weitergegeben werden? Welche Möglichkeiten der Veranschaulichung kommen in Frage?

Aufbau einer Präsentation

Die Dreigliederung – Einleitung, Hauptteil, Schluss – bewährt sich als Grundriss eines Vortrags.

Einleitung: Wichtig ist, beim Zuhörer Interesse und Neugier für das Vortragsthema zu wecken, z.B. durch eine witzige, themenbezogene Anekdote, eine überraschende Frage, eine provozierende Aussage oder eine passende Karikatur. In der Einleitung sollte auch die Zielsetzung des Vortrags genannt werden.

Der amerikanische Präsident Barack Obama gilt als erfolgreicher Redner. Seine Art, Reden und Vorträge zu halten, waren Kritikern zufolge ausschlaggebend für den Gewinn der amerikanischen Präsidentschaftswahl 2008.

Hauptteil: Die Informationen müssen strukturiert werden, sodass ein „roter Faden" erkennbar wird. Die Zuhörer müssen den Ausführungen folgen können. Zwischenüberschriften etwa auf einer Folie oder Tafel sind hilfreich.

Schluss: Eine Kurzzusammenfassung und ein Rückgriff auf die in der Einleitung aufgeworfenen Fragen runden den Vortrag ab. Provokative Aussagen können eine sich anschließende Diskussion in Gang bringen.

Medieneinsatz

Informationen werden in erster Linie über die Augen aufgenommen. Visuelle Informationen wie Diagramme, Tabellen oder Karikaturen, die auf sorgfältig erstellten Overhead-Folien präsentiert werden, machen den Vortrag anschaulich und unterstützen den Vortrag. Durch die Möglichkeit, Informationen zu digitalisieren, ist mit dem Computer ein Medium entstanden, das unterschiedliche Darstellungsformen auf eine Plattform vereinigt und in einer multimedialen Präsentation zusammenführt. Texte, Bilder, Ton und Video können am Computer bearbeitet und mit einem Präsentationsprogramm den Zuhörern vorgeführt werden. Neben dem Computer ist ein Video-Beamer erforderlich.

Rhetorische Grundregeln

- Die Zuhörer benötigen Zeit zur Aufnahme der Informationen. Es ist daher auf ein langsames Sprechtempo und deutliche Aussprache zu achten. Wichtiges lässt sich durch Änderung der Sprechgeschwindigkeit (schnell/langsam) oder der Lautstärke (laut/leise) hervorheben. Gelegentliche Sprechpausen erhöhen die Aufmerksamkeit.
- Freie Rede ist zwingend notwendig. Das Manuskript sollte nur Stichworte enthalten.
- Augenkontakt mit wechselnden Personen erhöht die Aufmerksamkeit.
- Brille zurückschieben, Nase reiben, auf die Lippen beißen, spielen mit dem Kugelschreiber: Situationsunabhängige, häufig wiederkehrende Körperbewegungen, die meist unbewusst ausgeführt und selbst nicht wahrgenommen werden, irritieren den Zuhörer. Durch Videoaufnahmen und Selbstkontrolle kann dies verhindert werden.
- Auch der Körper „spricht". Natürliche, eher sparsame Mimik und Gestik machen glaubwürdig, überzogene Gestik wirkt aufgesetzt und peinlich. Eine aufrechte Körperhaltung strahlt Sicherheit aus. Einüben lässt sich Körpersprache durch bewusste Selbstwahrnehmung in Situationen, durch Beobachtung anderer oder Videoaufnahmen von selbst gehaltenen Referaten.

4.4.3 Nord-Süd-Gefälle – profitieren die Ärmsten?

M 10 Wohlstand – ungleich verteilt?

	Anteil der Armen[1] in %		Kindersterblichkeit[2]		Lebenserwartung (in Jahren)		BIP pro Kopf (in USD)	
Region	1990	2008	1990	2008	1990	2008	1990	2008
Ostasien und Pazifik	54,7	16,8	55	29	67	72	2.536	6.466
Lateinamerika und Karibik	11,3	8,2	53	23	68	73	2.589	7.189
Naher Osten und Nordafrika	4,3	3,6	76	34	64	71	1.987	5.726
Südasien	51,7	40,3	125	76	58	64	357	1.043
Afrika südl. Sahara	57,6	50,9	185	144	50	52	585	1.115
OECD (wohlhabende)	–	–	12	7	76	80	18.543	37.364

Weltbank; World Development Indicators 2010; [1]weniger als 1,25 USD/Tag zur Verfügung; [2]so viele von 1.000 überleben nicht das 5. Lebensjahr

M 11 Armut und Reichtum in der Welt GRUNDWISSEN

Armut beschreibt allgemein einen Mangel an Gütern, die zum Überleben benötigt werden. Es wird unterschieden zwischen absoluter und relativer Armut: Als absolut arm gelten Menschen, die in einer existenzbedrohenden Mangelsituation leben (Mangel an Gütern wie Wasser, Nahrung, Kleidung und Wohnung). Relative Armut bezeichnet einen Zustand, in dem zwar das physische Existenzminimum gesichert ist, der Lebensstandard aber erheblich unter dem Durchschnitt der eigenen Gesellschaft liegt (soziokulturelles Existenzminimum). Relative Armut ist auch in Industrieländern verbreitet, absolute Armut ist vor allem ein Problem in Entwicklungsländern. Dort besteht eine enge Wechselwirkung zwischen Hunger und Armut. Der Interessengegensatz, der sich aus der unterschiedlichen ökonomischen Lage zwischen dem reichen Norden (vor allem Europa, Japan, Nordamerika) und dem armen Süden (vor allem Afrika, Südasien) ergibt, bestimmt auch die politischen Beziehungen und wird als Nord-Süd-Konflikt bezeichnet. Dabei umfasst der „Norden" die industrialisierten Länder, während der „Süden" die Entwicklungsländer meint.

Ab wann ist man arm?

Für UNO und Weltbank gelten Menschen als absolut arm, wenn sie weniger als den Gegenwert eines US-Dollars am Tag zur Verfügung haben. Dies trifft UN-Angaben zufolge auf 1,2 Milliarden Menschen zu, also etwa auf 15 Prozent der Weltbevölkerung (2008).

M 12 Die Kluft zwischen Arm und Reich

Der weltweiten Armut steht ein extremer, globaler Reichtum gegenüber: Laut Forbes erhöhte sich das Nettovermögen der Milliardäre von Anfang 2005 bis Anfang 2006 um 18 Prozent auf 2,6 Billionen US-Dollar. Die Zahl der Personen, die über ein Vermögen von über einer Milliarde US-Dollar verfügen, ist in nur zwanzig Jahren von 140 auf 793 gestiegen. Die zehn Reichsten dieser Welt haben ein Vermögen von etwa

275 Milliarden US-Dollar. Die ärmsten 40 Prozent der Weltbevölkerung beziehen dagegen nur fünf Prozent des weltweiten Einkommens. Die reichsten 10 bzw. 20 Prozent verfügen hingegen über 54 bzw. 74 Prozent des weltweiten Einkommens; die Schere zwischen Arm und Reich öffnet sich weltweit.

Nach: www.bpb.de, Dossier Globale Armut, 30.6.2008

M 13 ● Chancen und Risiken der Globalisierung für Entwicklungsländer

Trotz der insgesamt unverändert schlechten Situation für die Dritte Welt gibt es aber Länder, die die Chancen der Globalisierung nutzen können. China ist ein Beispiel, aber auch weitere Staaten in Ostasien wie Südkorea und Singapur. Selbst einige wenige afrikanische Länder wie Botswana oder Uganda entwickeln sich gut. Diese wirtschaftlichen Erfolge sind zunächst durch die strikte Orientierung am Weltmarkt möglich. Bei dem Versuch, sich dem Wettbewerb auf dem Weltmarkt zu stellen, haben allerdings insbesondere die erfolgreichen asiatischen Länder den eigenen Binnenmarkt durch Zölle und andere Maßnahmen vor ausländischer Konkurrenz geschützt. Weitere wichtige Erfolgsfaktoren sind Investitionen in Bildung und Infrastruktur, Rechtsstaatlichkeit und nicht zuletzt „gutes Regierungshandeln“ (Good Governance). Unter Letzterem sind unter anderem politisch-strukturelle Reformen wie die Effizienzsteigerung der öffentlichen Verwaltung und die Bekämpfung von Korruption zu verstehen.
Auf der Seite der Verlierer finden sich auch Länder, die auf den ersten Blick gute Chancen für eine erfolgreiche wirtschaftliche Entwicklung gehabt hätten. [Manche Staaten] verfügen über enorme Bodenschätze: Nigeria und Kasachstan vor allem über Erdöl, Südafrika und das frühere Zaire über mineralische Bodenschätze. Bei den Gewinnern findet sich, abgesehen von Botswana, das über reiche Diamantenvorkommen verfügt, hingegen kein ausgesprochen rohstoffreiches Land. Damit zeigt sich, dass die landläufige Annahme, eine gute Ausstattung mit Rohstoffen sei hilfreich bei einer erfolgreichen wirtschaftlichen Entwicklung, nicht bestätigt werden kann. In Nigeria und Südafrika ist die nationale Wirtschaftspolitik und nicht die Globalisierung für die schlechte wirtschaftliche Entwicklung verantwortlich. So ist in der nigerianischen Gesellschaft Korruption weit verbreitet. Die nigerianischen Regierungen der letzten Dekaden haben dies entweder toleriert oder selbst praktiziert. Der Elitenwechsel in Südafrika nach Ende der Apartheid hat zwar zur Entstehung einer neuen schwarzen Mittelschicht geführt, aber zugleich nahmen Korruption und Vetternwirtschaft zu.
Für den wirtschaftlichen Erfolg oder Misserfolg eines Landes sind also weder die Globalisierung noch die Ausstattung mit natürlichen Rohstoffen entscheidend, sondern neben Weltmarktorientierung und Bildung vor allem handels- und finanzpolitische Weichenstellungen, die es ermöglichen, die jeweilige Volkswirtschaft in angemessener Weise an den Weltmarkt heranzuführen.

Heribert Dieter, in: Informationen zur politischen Bildung. Globalisierung, Bonn 2003, Heft Nr. 280

Aufgaben

1. In M 10–M 12 wird das Problem der globalen Ungleichheiten dargestellt. Vergleichen Sie die Daten, und nehmen Sie Stellung zu der These: *„Die Globalisierung führt zu einer Verschärfung der Ungleichheit auf der Welt.“*
2. Ermitteln Sie anhand von M 13 mögliche Gründe für Armut in den Entwicklungsländern und diskutieren Sie mögliche Lösungsvorschläge.

WISSEN KOMPAKT

Wirtschaftliche Globalisierung
M 1-M 4

Im wirtschaftlichen Bereich führt die Globalisierung zu einer immer engeren Verflechtung der Volkswirtschaften und der Entstehung eines weltweiten Marktes für Waren, Kapital und Dienstleistungen. Die entscheidende Triebkraft der Globalisierung ist der internationale Handel, deshalb nimmt der Grad der Globalisierung zu, wenn die Weltexportquote, also der Anteil der Exporte an der Weltproduktion, zunimmt. Heute schätzt man diesen Wert auf ca. 30 %. Die Intensivierung der internationalen Arbeitsteilung wurde politisch ermöglicht durch den weltweiten Abbau der Handelsbeschränkungen. Die Mikroelektronik als kommunikationstechnische Basistechnologie sowie gesunkene Kommunikations- und Transportkosten (technologische Faktoren) versetzen Unternehmen in die Lage, den Produktionsprozess global zu organisieren. Damit treten die Produktionsstandorte und Unternehmen weltweit in Konkurrenz zueinander.

Strukturwandel
M 5-M 9

Die Qualität des Wirtschaftsstandorts Deutschland hat sich in den letzten Jahren verbessert. Stärken sind u. a. eine hervorragende Infrastruktur, stabile politische und soziale Verhältnisse, Rechtsstaatlichkeit, sehr gut qualifizierte und produktive Arbeitnehmer und eine insgesamt hohe Lebensqualität. Als positiv gilt auch die geografische Lage im Herzen Europas. Zu den Schwächen des Standorts zählen die im internationalen Vergleich hohen Arbeitskosten, die starke Reglementierung des Arbeitsmarkts sowie eine hohe Steuerbelastung der Unternehmen. Deutsche Produkte, insbesondere aus dem Fahrzeug- und Maschinenbau, genießen auf den Weltmärkten immer noch ein hohes Ansehen. Unter den führenden Exportnationen der Welt nimmt Deutschland deshalb seit Jahren eine herausragende Position ein.

Die Arbeitswelt unterliegt einem ständigen Wandel. Sie hat sich durch den Strukturwandel der Wirtschaft völlig verändert: Mehr als 70 % aller Beschäftigten arbeiten mittlerweile im Dienstleistungssektor, die Tendenz ist steigend. Ursache des Strukturwandels sind vor allem die rasante technologische Entwicklung und die Globalisierung. Für die Arbeitswelt bedeutet dies zum Beispiel, dass viele Berufe mittlerweile verschwunden sind oder sich vollkommen verändert haben. Wo früher viele Menschen tätig waren, haben mittlerweile Computer oder computergestützte Maschinen die Arbeit übernommen. Dies hat dazu geführt, dass im Zuge des Strukturwandels viele Menschen ihre Arbeit verloren haben, andererseits aber auch viele moderne Arbeitsplätze neu entstanden sind und dadurch die Arbeitsbedingungen verbessert werden konnten.

Nord-Süd-Gefälle
M 10-M 13

Wohlstand und Entwicklungschancen auf der Welt sind nach wie vor ungleich verteilt. Ob die Globalisierung zu einer Verstärkung dieser Ungleichheit führt oder den ärmeren Ländern Chancen eröffnet, am Wohlstand teilzuhaben, wird unterschiedlich beurteilt. Auch entwickeln sich die einzelnen Regionen in der Welt nicht einheitlich.

Globalisierung gerecht gestalten durch Entwicklungszusammenarbeit

Entwicklungszusammenarbeit muss sich ständig den Auswirkungen der Globalisierung, wie dem Klimawandel, der Migration oder der Verbreitung neuer Krankheiten, stellen. Staatliche wie nichtstaatliche Entwicklungsorganisationen stehen vor riesigen Problembergen, und ihre Erfolge werden von vielen als „Tropfen auf den heißen Stein" abgetan. Sie müssen sich also die Frage stellen, wie sie ihre Arbeit so gestalten können, dass Ziele und Umsetzung übereinstimmen.

Entwicklungsziele – das magische Sechseck

Aufgabe

Entwicklungszusammenarbeit will geplant sein. Entscheidungen, wo und in welche Projekte Geld investiert wird, werden nicht nach Lust und Laune getroffen, sondern nach vorher festgelegten Kriterien. In diesem Spiel sind Sie die Entscheider in Entwicklungsorganisationen und tragen die Verantwortung für die sinnvolle Verteilung des Geldes.

1. Phase: Bilden Sie Gruppen. Stellen Sie sich vor, Sie gründen eine deutsche Entwicklungsorganisation. Geben Sie Ihrer Organisation einen Namen und formulieren Sie ein oberstes Ziel der Organisation.
2. Phase: Beurteilen Sie die Projektbeschreibungen in den Kästen bezüglich der Ziele und Dringlichkeit. Sie können nur eine begrenzte Anzahl von Projekten fördern. Überlegen Sie, nach welchen Kriterien Ihre Entwicklungsprojekte ausgewählt werden sollen (vgl. Entwicklungsziele). Halten Sie die Kriterien schriftlich fest.
3. Phase: Jetzt geht es darum zu entscheiden, welche der vorliegenden Projektanträge bewilligt werden können. Laut Budgetplan können in diesem Jahr drei Projekte finanziert werden. Vergleichen Sie Ihre Ergebnisse in der Klasse.

Projekt A unterstützt den Wiederaufbau kriegszerstörter Dörfer in Angola. Dabei entscheiden die Dorfbewohner selbst, was sie am dringendsten brauchen: einen Brunnen, ein Schulhaus oder Geräte für die Feldarbeit.	**Projekt D** errichtet ein Naturschutzgebiet zum Erhalt des Regenwaldes auf den Philippinen und bildet Mitglieder der lokalen Bevölkerung darin aus, für den nachhaltigen Schutz und den Erhalt der natürlichen Ressourcen Sorge zu tragen.
Projekt B errichtet ein Ausbildungszentrum für junge benachteiligte Menschen in Rumänien. Sie können dort verschiedene Ausbildungsberufe erlernen und sich somit in Zukunft ihren Lebensunterhalt selbst verdienen.	**Projekt E** unterstützt und begleitet Frauen im Iran bei Scheidungsfällen vor Gericht und hilft den Frauen dabei, sich zu vernetzen und für ihre Rechte einzutreten.
Projekt C bildet AIDS-Beraterinnen und -Berater in Südafrika aus. Sie besuchen Familien und helfen AIDS-Waisen, ihr Leben ohne Eltern zu meistern. In Jugendgruppen und Schulen klären sie über die Krankheit auf.	**Projekt F** hilft Kleinbauern in Ecuador, Bio-Bananen zu produzieren, und integriert sie in ein Netzwerk zum Fairen Handel, sodass sie ihre Produkte auch in Deutschland verkaufen können. Die Bauern haben so die Möglichkeit, für ihren Lebensunterhalt zu sorgen.

4.5 Globalisierung – ökologische Herausforderungen

4.5.1 Beeinflussen die Auswirkungen des Klimawandels unser Leben?

M 1 ● Erwartete Klimafolgen für Deutschland bis 2040

Wetterelement	Erwartete Änderung	Verlässlichkeit	Auswirkungen
Temperatur	1,7 Grad wärmer als 1900, v. a. Winter und Nächte wärmer	sehr gut	früherer Pflanzenaustrieb, vermehrter Hitzestress, Rückgang des Permafrosts in den Alpen (mehr Felsstürze)
Hitzeperioden	häufiger, stärker	sehr gut	hohe Gesundheitsbelastung und Stress für die Biosphäre, mehr Waldbrände
Alpengletscher	60 % Flächen- und 80 % Massenverlust gegenüber 1850	sehr gut	extreme Abflussschwankungen
Meeresspiegelanstieg	ca. 10 cm gegenüber heute	sehr gut	Gefährdung der Nord- und Ostseeküste
Niederschlag	Sommer trockener, Herbst und Winter nasser mit mehr Regen statt Schnee, Ergiebigkeit von Einzelereignissen deutlich höher als bekannt	gut	erhöhte Überschwemmungsgefahr (u. a. wegen unterdimensionierter Entwässerungssysteme)
Trocken- bzw. Dürreperioden	häufiger	befriedigend	Land- und Energiewirtschaft sowie Binnenschifffahrt betroffen, erhöhtes Waldbrandrisiko
Gewitter	intensiver	befriedigend	erhöhte Risiken durch Starkregen, Hagel, Sturmböen
Sturmfluten	bis zu 20 cm höher auflaufend	gut	stärkere Gefährdung der Nordseeküste

Quelle: DMG; Spiegel/Online, 12.10.2007 (http://www.spiegel.de/wissenschaft/natur/0,1518,511106,00.html)

M 2 ● Hilferuf aus Alaska

Das Dorf Kivalina in Alaska ist vom Klimawandel bedroht.

Dass man ihn „Eskimo" nennt, „Rohfleischesser", stört Enoch Adams nicht. [...] Der 48-Jährige lebt in einer der unwirklichsten Regionen der Erde, in Alaska. Sein Dorf Kivalina zählt nur 400 Einwohner und liegt 200 Kilometer nördlich des Polarkreises. [...] „Für andere ist die globale Erwärmung eine Theorie, für uns nicht", sagt Enoch Adams. „Wir haben Angst." Das Häuschen, das er mit seiner Frau und drei kleinen Kindern bewohnt, ist wie alle aus Holz gebaut und kaum größer als ein Container. Neben dem Fernseher trocknen Felle. In Kivalina liegt neun Monate im Jahr Schnee, von November bis Juni ist das Meer vereist. Im Winter fallen die Temperaturen auf bis zu 50 Grad minus. Normalerweise. Hinter dem Haus zerlegen Enochs Mutter, seine Schwester und seine Nichte eine drei Zentner schwere Bartrobbe. Mit scharfen Messern trennen die Frauen das Fell vom Fett und das Fett vom Fleisch. Eine blutige Arbeit. Fast alles wird verwertet. Aus dem Fell wird Großmutter Lucy Stiefel nähen. Die Nichte, die ebenfalls Lucy heißt, schneidet das Fett in Streifen, um daraus Tran zu gewinnen. Und Schwester Colleen filetiert das dunkle Fleisch und hängt es zum Trocknen in ein überdachtes Holzgerüst, in dem schon Dutzende Lachse baumeln. Die Frauen lachen über Witze und stöhnen über ihre schmerzenden Rücken. Fünf Robben haben sie in den letzten Tagen zerlegt, für die Wintervorräte brauchen sie aber zehn bis zwölf. Auch Walfleisch sollte auf ihrem Speiseplan stehen. Doch den letzten Grönlandwal haben die Männer von Kivalina vor 15 Jahren „geerntet", wie sie sagen. Die Wanderrouten der Tiere sind nur im

Frühjahr über das Packeis zu erreichen. Das aber war in den letzten Jahren zu dünn, als dass es die Schneemobile mit den Booten im Schlepptau tragen könnte. Die Frauen ahnen, dass die vielen Jahre mit zu dünnem Eis kein Zufall sind. „Das Klima hat sich geändert“, sagt Colleen. „Die Sommer sind länger, die Winter wärmer. Alles ist durcheinander.“ Die Eisausdehnung der Arktis lag am Ende des Sommers nur noch bei etwa 70 Prozent des üblichen Mittelwertes. Prognosen gehen davon aus, dass der Arktissommer im Jahr 2037 eisfrei sein wird. Manche Modelle sehen diesen Zustand schon für 2013 voraus. Erholung ausgeschlossen, sagen die Forscher. Aber vielleicht kann man die Entwicklung noch bremsen oder gar stoppen. Auf die Probleme angesprochen, zuckt Lucy junior mit den Schultern. Sie habe noch nicht so viel darüber nachgedacht. Macht sie sich Sorgen? Die Antwort ist ein schüchternes Nicken. Viele im Dorf versuchen den Wandel, der ihre Lebensweise, wenn nicht gar ihr Leben bedroht, zu verdrängen. Dabei sprechen die Behörden Alaskas von 183 Gemeinden, die aktuell vom Klimawandel betroffen sind. Kivalina zählt zu den sechs Siedlungen, die am dringendsten geschützt werden müssen. Colleen zeigt aufs Wasser. „Vor ein paar Jahren lag unser Haus noch 70 Meter vom Ozean entfernt. Jetzt sind es 20.“ Ingenieure der US-Armee haben erklärt, dass Kivalina von einer Überflutung bedroht ist. „Im Herbst 2004 fing es an“, erzählt Enoch. „Das Meer war nicht gefroren wie sonst immer zu diesem Zeitpunkt.“ Und als die Herbststürme kamen, fehlte das Eis, das die Insel schützt. Die Wellen fraßen 30 Meter Strand. Die Menschen mussten fliehen. Eine dramatische Evakuierung mitten in der Nacht. Das Problem mit dem zu späten Eis ist geblieben. „2005 war es das Gleiche und 2006, 2007, auch im letzten Jahr. Und jetzt? Wir wissen es nicht.“

Jörn Klare u. a., Hilferufe aus aller Welt, in: Die Zeit, 3.12.2009, Nr. 50

M 3 ● Der Klimagipfel 2015

Karikatur: Thomas Plaßmann, Baaske Cartoons

Tipp

Die Zeitung „Die Welt“ hat auf ihrer Homepage eine Karte veröffentlicht, die beschreibt, wie sich der Klimawandel auf einzelne Regionen in Deutschland auswirkt. Recherchieren Sie, wie sich die betroffenen Regionen in Bayern darauf einstellen.

M 4 Meilensteine internationaler Umweltpolitik GRUNDWISSEN

- 1972: Stockholmer Umweltkonferenz: Gründung des Umweltprogramms der Vereinten Nationen (UNEP) mit Sitz in Nairobi. Seit 1972 kann man von internationaler Umweltpolitik sprechen.
- 1979: Genfer Übereinkommen gegen weiträumige grenzüberschreitende Luftverschmutzung in Europa (mit nachfolgenden Protokollen zur Schadstoffminderung)
- 1983: Weltkommission für Umwelt und Entwicklung. Ihre Leiterin Gro Harlem Brundtland prägte den Begriff „Nachhaltige Entwicklung („sustainable development"), der bis heute die internationale Diskussion bestimmt.
- 1985/87: Wiener Übereinkommen und Montrealer Protokoll zum Schutz der Ozonschicht
- 1992: Konferenz der Vereinten Nationen über Umwelt und Entwicklung in Rio de Janeiro, Verabschiedung der Klimarahmenkonvention
- 2002: Weltgipfel für Nachhaltige Entwicklung in Johannesburg
- 2005: Kyoto-Protokoll tritt in Kraft

M 5 Schmelzendes Grönlandeis lässt Meeresspiegel schneller steigen

Grönlands Gletscher schmelzen – nur wie schnell? US-amerikanische Forscher haben das Abtauen des Eisschilds nun genau untersucht. Das Ergebnis: Der Meeresspiegel wird doppelt so schnell steigen wie bisher gedacht. Auf Grönland liegen gewaltige Wassermengen – zu Eis gefroren. Im Schnitt zwei Kilometer dick ist der Eisschild, der die Insel fast vollständig bedeckt. Würde Grönlands Eis vollständig abschmelzen und das Wasser in die Meere fließen, stiege der Meeresspiegel um sieben Meter an. Die Frage lautet nicht mehr ob, sondern nur noch: Wie schnell wird Grönlands Eis schmelzen, werden die Meeresspiegel steigen? Der Weltklimarat der UNO (IPCC) hat berechnet, dass es bis zum Ende des 21. Jahrhunderts bis zu 59 Zentimeter sein werden. Andere Forscher glauben, dass diese Prognose viel zu niedrig ist. Grönlands Eisschild ist die große Unbekannte in allen bisherigen Klimamodellen zur Berechnung des Meeresspiegelanstiegs. Wie schnell und wie stark er schmelzen wird, wird maßgeblich über Geschwindigkeit und Ausmaß des Meeresspiegelanstiegs entscheiden. Eine US-amerikanische Forschergruppe um Bea Csatho von der University of Buffalo hat nun das Schmelzverhalten und die Dynamik der Grönland-Gletscher erstmals genau untersucht. Ihre Ergebnisse sind alarmierend: Der Meeresspiegel, so schreiben Csatho und ihre Kollegen im „Journal of Glaciology", wird bis zum Ende des Jahrhunderts um 36 bis 118 Zentimeter ansteigen – das ist doppelt so viel wie bislang vom IPCC vorhergesagt.

Thomas Langkamp, Der Spiegel, 19.2.2008

Aufgaben

1. Welche der genannten Entwicklungen (M 1) hat Ihrer Meinung nach die größten Auswirkungen auf das Leben der Menschen? Nehmen Sie Stellung.
2. Sie machen mit Ihren Freunden eine Arktis-Kreuzfahrt und begegnen Enoch Adams. Er konfrontiert Sie mit seinem Schicksal. Was sagen Sie ihm? Schreiben Sie einen kurzen Aufsatz. (M 2)
3. Interpretieren Sie die Karikatur im Hinblick auf den letzten Klimagipfel in Kopenhagen. (M 3)
4. Stellen Sie mögliche Folgen eines Anstiegs des Meeresspiegels dar und überlegen Sie, welche Gegenmaßnahmen z. B. betroffene Städte ergreifen könnten. (M 5)

4.5.2 Welche ökologischen Probleme werden diskutiert?

M 6 ● Sauberes Trinkwasser – Mangelware

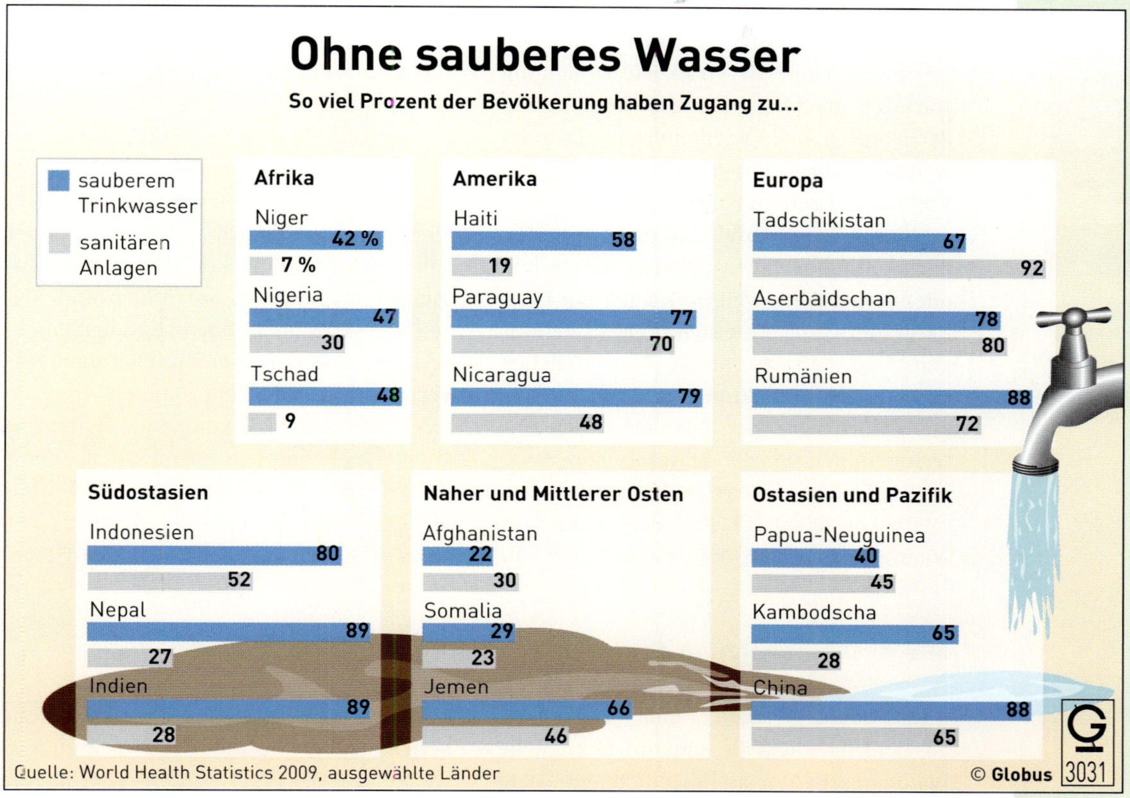

M 7 ● Täglich sterben Tier- und Pflanzenarten aus GRUNDWISSEN

Täglich sterben, je nach Schätzung, zwischen 100 und 150 größtenteils unerforschte Pflanzen- und Tierarten aus. Wissenschaftler gehen davon aus, dass gegenwärtig mindestens 1.000-mal mehr Arten pro Jahr sterben, als es ohne den Einfluss des Menschen der Fall wäre. Ein anschauliches Beispiel bietet der Laubfrosch: Er wurde im Jahr 2008 nicht nur zum „Lurch des Jahres" gekürt, sondern das gesamte Jahr wurde weltweit zum „Year of the Frog" erklärt. Der Froschbestand ist auch in Deutschland mittlerweile stark gefährdet. Der Naturschutzbund Hessen berichtet, warum das so ist: Laubfroschgewässer entstanden früher in den Auen unserer Flüsse und Bäche immer wieder neu in den Überschwemmungsflächen. Der Laubfrosch war vielerorts häufig, und jeder kannte den kleinen grünen Frosch. Auch die Brüder Grimm hatten ihn vor Augen, als sie den „Froschkönig" niederschrieben. Heute werden Flussläufe kanalisiert und Auenlandschaften durch Verfüllung, Bebauung, Flurbereinigung und intensive Landnutzung weitreichend zerstört. Der Laubfrosch ist zu einem König ohne Reich geworden.

Nach: http://hessen.nabu.de, 13.3.2010

Der Laubfrosch – vom Aussterben bedroht

Ein philippinischer Junge watet in der Bucht von Manila durch angeschwemmten Müll auf der Suche nach Verwertbarem.

M 8 ● Müll – wie Sand am Meer

Plastik, Styropor und Schaumgummi: Die Müllbelastung der Nordsee macht den Experten des Forschungs- und Technologiezentrums Westküste der Uni Kiel Sorgen. Demnach gehört die Westküste zu den am stärksten mit Müll belasteten Regionen in der Nordsee – die wiederum als eines der weltweit am meisten vermüllten Meere gilt. Viele Seevögel verletzen sich beim Verschlucken von Abfall, werden von den darin enthaltenen Chemikalien geschwächt oder verhungern, weil ihr Magen mit Plastik gefüllt ist oder sie sich im Müll verfangen. Und: Mikroskopische Plastikteilchen können über Plankton und Fisch in den menschlichen Körper gelangen. Auch Untersuchungen vor der schwedischen Westküste ergaben, dass es im Meerwasser von mikroskopischen Plastikteilchen nur so wimmelt. Zwischen 200 und 100.000 solcher Teilchen pro Kubikmeter Meerwasser fand man bei Stichproben, bei denen Siebe und Netze mit Öffnungen von unter 0,01 Millimeter – viel kleiner als bislang üblich – benutzt wurden. Laut dem Marinebiologen Fredrik Norén sind diese Mikroteilchen eine Vergiftungsquelle für Tier und Mensch, die man bislang noch so gut wie gar nicht erforscht hat: „Wir haben keinerlei Ahnung, welchen Effekt das haben kann." Die Mikroteilchen stammten hauptsächlich vom Abrieb von Tauen und Netzen, wie sie in der Fischerei und im Schiffsverkehr verwendet werden, aber auch von Verpackungsresten und anderen Konsumprodukten – etwa Kleidung aus Nylon und anderen chemischen Materialien, deren Abrieb über Waschmaschinen und Kläranlagen im Meer landet.

Reinhard Wolff, die tageszeitung, 12.3.2008

M 9 ● Die Abholzung der Regenwälder GRUNDWISSEN

Amazonas-Regenwald – dabei denkt man an tiefgrüne, feuchte und unzugängliche Waldlandschaften, an noch nicht entdeckte Arten und an eine riesige biologische Vielfalt. Mittlerweile ist das Waldgebiet aber auch zu einem Symbol für die Abhängigkeit des Klimas von natürlichen Ökosystemen geworden. Der Amazonas umfasst etwa 4,1 Millionen Quadratkilometer und bedeckt fast 60 Prozent der Fläche Brasiliens. Man geht davon aus, dass jetzt schon ein Fünftel des Waldes zerstört ist. Illegale Rodungen und Bebauungen könnten den Regenwald am Amazonas bis zum Jahr 2030 um weitere 20 Prozent verkleinern, berichtet die brasilianische Zeitung „O Globo". [...] Der WWF spricht sogar davon, dass bis zu 55 Prozent des Regenwaldes in den nächsten 20 Jahren beschädigt oder zerstört werden könnten. Umweltschützer sehen den Grund vor allem in der gestiegenen Nachfrage nach Soja und Rindfleisch. Für die Bauern und Viehzüchter wird es reizvoller, Waldgebiete in Acker und Nutzflächen umzuwandeln. Also vergrößern sie ihre Felder, indem sie Waldstücke roden und als neue Anbauflächen nutzen.

Nicole Simon, Der Spiegel, 6.2.2008

Aufgaben

1. Wählen Sie eine der geschilderten Herausforderungen (M 6–M 9), recherchieren Sie dazu weitere Informationen. Halten Sie ein Kurzreferat zu den Ursachen und Folgen der genannten Umweltprobleme.
2. Entwerfen Sie eine Skizze, in der Sie die Querverbindungen (Ursache/Wirkung) zwischen den einzelnen Umweltproblemen darstellen. Konzentrieren Sie sich auf ein Problem und laden Sie mithilfe der nebenstehenden Methode dazu einen Experten ein, der Ihnen Hintergrundinformationen liefert. (M 1–M 9)

METHODE

Expertenbefragung

Experten sind fachlich qualifizierte und meist wissenschaftlich ausgebildete Spezialisten, im weiteren Sinne aber auch alle, die in einem Problembereich Beteiligte, Betroffene, Partei sind. Es kann sehr interessant sein, Experten aus Umweltorganisationen wie Greenpeace, BUND, NABU oder Robin Wood etc. in die Schule einzuladen und genau zu befragen. Auf eine „Expertenbefragung" sollten Sie sich gut vorbereiten. Die folgenden Punkte helfen dabei.

1. Vorinformationen sammeln und geben

- Zu welchem Problemfeld / Thema sollen Informationen / Beurteilungen eingeholt werden.
- Welche Informationen besitzen wir schon?
- Welche Fragen haben wir zum Problemfeld?
- Welcher Experte ist geeignet? Was können wir von einem Experten zu unserem Thema erwarten?
- Wo liegen Schwerpunkte seiner Arbeit?
- Vertritt der Experte ein bestimmtes Interesse?
- Den Experten über die Ziele und Erwartungen informieren

2. Vorbereitung

- Wie soll die Befragung strukturiert werden? (Leitfaden erstellen: z. B. Informationen, Einschätzungen, Bewertungen erfragen; vom Allgemeinen zum Besonderen, von offenen zu geschlossenen Fragen; Kontakt, Information, Ausklang)
- Konkrete Fragen formulieren
- Wer stellt die Fragen?
- Wo wird die Befragung durchgeführt? Sitzordnung?
- Wie wird die Befragung aufgezeichnet? (Video, Tonband, Mitschrift)
- Testbefragung durchführen (simulieren)

3. Durchführung

a) Kontaktphase

- Kontakt herstellen: begrüßen, sich vorstellen, Ziele und Ablauf erläutern

b) Informationsphase

- Eröffnungsfragen: „Wir interessieren uns für ...", Können Sie uns sagen ...?"
- Informationsfragen (wer, wo, was, wann, wo, wieviel ...?)
- Sondierungsfragen: „Das ist interessant. Können Sie das ein wenig ausführen?"

c) Einschätzungsphase

- Einschätzungsfragen: „Was halten Sie von ...?", „Woran könnte das liegen?", „Welche Erfahrungen haben Sie damit gemacht?"
- offene Fragen: „Wie haben Sie das gemacht?" (warum, wozu?)

d) Bewertungsphase

- Bewertungsfragen: „Wie beurteilen Sie?"
- rhetorische Fragen: „Sie sind davon wohl nicht überzeugt?"

4. Schriftliche Auswertung (Bericht)

Zielsetzung der Befragung, Leitfaden, Ergebnisse und Beurteilung müssen zusammengefasst werden nach den Kriterien:

- beschreiben: Ziele, Leitfaden, Rahmenbedingungen, Inhalt
- untersuchen: Alle Sachverhalte beantwortet?
- beurteilen: Aussagewert der Expertenbefragung; welche Interessen vertritt der Experte? Andere Interessen hören?

Nach: Elisabeth Mehrmann, Vom Konzept zum Interview, Düsseldorf 1995

WISSEN KOMPAKT

Unsere Erde in Gefahr
M 1

Die durchschnittliche Bilanz der Umweltzerstörung für jeden Tag zeigt folgendes Bild – Tendenz steigend: Jeden Tag

- belasten 65 Millionen Tonnen CO_2 die Atmosphäre,
- werden 260.00 Hektar Tropenwald vernichtet,
- werden 9,1 Milliarden Kubikmeter Frischwasser verbraucht,
- sterben über 70 Tier- und Pflanzenarten aus,
- werden 253.000 Tonnen Fische gefangen,
- nimmt das verfügbare Ackerland um 27.000 Hektar ab.

Der Klimawandel und seine Auswirkungen
M 2-M 5

Das drängendste Problem ist vermutlich der Klimawandel: Die Klimaforschung kommt zu dem Schluss, dass sich die Temperatur der Erdatmosphäre im Laufe dieses Jahrhunderts um rund drei Grad Celsius erhöhen wird. Und diese Erwärmung wird zumindest teilweise durch menschliches Handeln – wie Abholzung der Tropenwälder und Verbrennung fossiler Brennstoffe – verursacht. Klimawandel heißt nicht nur höhere Temperaturen. Wissenschaftler gehen davon aus, dass eine Vielzahl anderer Auswirkungen dazukommt: Anstieg des Meeresspiegels, heftigere Stürme, Niederschlagsverschiebungen, häufigere Überschwemmungen und Dürreperioden, Lebensmittelknappheit sowie Massenabwanderung von Menschen aus den betroffenen Gebieten. Die Arktis erweist sich als eine Art Vorreiter des Klimawandels: Die Erwärmung dort hat bereits heute ernsthafte Auswirkungen für Mensch und Tier.

Weitere ökologische Herausforderungen
M 6-M 9

Neben dem Klimawandel gibt es weitere ökologische Herausforderungen für Politik und Wirtschaft. Dazu gehört insbesondere die Bedrohung der Artenvielfalt. Biologische Vielfalt ist eine Grundlage allen Lebens, doch sind viele Tier- und Pflanzenarten weltweit bedroht. Nach Schätzungen sterben täglich ca. 130 Arten aus. Um auf den weltweit drohenden Verlust der biologischen Vielfalt von Tieren und Pflanzen aufmerksam zu machen, haben die Vereinten Nationen 2010 zum „Internationalen Jahr der Artenvielfalt" erklärt. Damit verbunden ist das Problem des Verlustes von Waldflächen. Der Wald ist Lebensraum für zahlreiche Tier- und Pflanzenarten und hat die Eigenschaft, das klimaschädliche Gas CO_2 in Sauerstoff umwandeln zu können. Dass die Vereinten Nationen das Recht auf sauberes Wasser jüngst in die Erklärung der Menschenrechte aufgenommen haben, zeigt, dass hier eine weitere Herausforderung liegt. Sauberes Trinkwasser ist in vielen Regionen der Welt knapp. Auch der Müll und die mit ihm einhergehende Vermüllung stellen ein Problem dar, wie sich zum Beispiel an der Verschmutzung der Weltmeere zeigt: Tonnenweise lagern sich Plastiktüten, Styroporreste oder alte Fischernetze ab. Allein in der Nordsee befinden sich schätzungsweise 600.000 Kubikmeter Müll auf und im Meeresboden.

Welches Wachstum braucht die Welt?

Der Ökonom Hans Diefenbacher im Interview über die Schwächen etablierter Wirtschaftsindikatoren und über einen neuen Nationalen Wohlfahrtsindex.

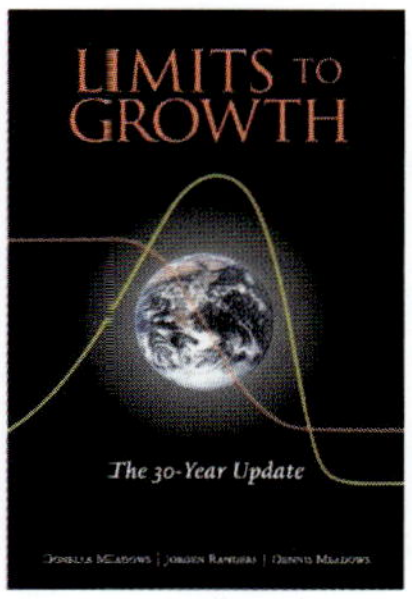

Die Studie „Grenzen des Wachstums" wurde 1972 im Auftrag des Club of Rome veröffentlicht. Im Jahr 2004 erstellten die Autoren das 30-Jahre-Update. In den meisten der errechneten Szenarien ergibt sich ein Überschreiten der Wachstumsgrenzen und ein anschließender Kollaps („overshot and collapse") bis spätestens 2100.

Der Freitag: *Wie tief wir in der Krise stecken, wird vor allem mit einer Zahl verbunden: dem Bruttoinlandsprodukt. [...] Was sagt der Index wirklich über die Lage in Deutschland aus?*

Hans Diefenbacher: Das Bruttoinlandsprodukt ist eine Möglichkeit, die Wirtschaftsleistung darzustellen. Allerdings handelt es sich um eine Methode mit einigen Schwächen. [...] Ein beachtlicher Teil der Wertschöpfung wird nicht einbezogen. Das betrifft etwa ehrenamtliche Tätigkeiten und Hausarbeit. Andere Teile der Wertschöpfung, die nicht über den Markt vermittelt werden, gehen dagegen in die Berechnung des BIP ein, etwa ein Schätzwert für selbst genutztes Wohneigentum. Fragen des sozialen Zusammenhalts wiederum bleiben außen vor, weil zum Beispiel die Einkommensverteilung keine Rolle spielt. Dasselbe gilt für Umweltgebrauch und Naturzerstörung. Über den tatsächlichen Wohlstand in einer Gesellschaft kann man aus dem BIP also nur bedingt etwas lernen.

Reden Politiker, Medien und Wirtschaftsexperten die ganze Zeit über die falsche Zahl?

Nicht der Indikator ist das Problem, sondern die überragende Rolle, die er in der öffentlichen Diskussion spielt. Die Summe der Werte aller im Inland hergestellten Güter gibt uns ein Bild davon, wie es ökonomisch um die Volkswirtschaft steht. Wenn sich die Regierung davon ausgehend aber allein auf Maßnahmen konzentriert, die das BIP wachsen lassen, wird eine rein quantitative statistische Betrachtung in praktische Politik umgesetzt. Darin sehe ich eine Gefahr. Ein Konjunkturprogramm ist nicht schon allein dadurch „gut", dass es auf eine Verbesserung des BIP zielt.

Aber das ist die Botschaft, die wir derzeit immer wieder hören: Wachstum löst Probleme.

Wachstum verursacht jedoch auch Probleme. Das muss man berücksichtigen. Zerstörung der Umwelt zum Beispiel. Und die ungleiche Verteilung von Reichtum hat ein erhebliches Maß erreicht, wenige haben sehr viel Geld zur Verfügung, aber sehr viele sehr wenig. Eine weltweit steigende Wirtschaftsleistung hat in der Vergangenheit soziale Probleme und Naturzerstörung oft eher verschärft. Auch die ausgeprägte Orientierung an materiellen Gütern und am Konsum als Wohlfahrtsmotor wird durch das BIP gestützt. Das sind Prioritäten, die angesichts schwindender natürlicher Ressourcen keine tragfähige Grundlage für ein zukunftsfähiges Wirtschaftsmodell mehr sein können.

Sie haben gemeinsam mit Roland Zieschank für das Umweltbundesamt einen neuen „Nationalen Wohlfahrtsindex", kurz: NWI, entwickelt. Was ist anders an diesem Indikator?

Wir haben uns an bereits vorliegenden alternativen Indikatoren orientiert [...]. Statt nur die reine Produktion von Gütern zu erfassen, haben wir unter anderem die Verteilung der Einkommen berücksichtigt und in den „Nationalen Wohlfahrtsindex" auch Hausarbeit und ehrenamtliche Tätigkeit als wichtigen Teil der Wertschöpfung eingerechnet. Außerdem werden die Kosten von ökologischen Schäden und unumkehrbarem Naturverbrauch abgezogen.

Interview: Tom Strohschneider, Der Freitag, 23.4.2009

Aufgaben

1. Ermitteln Sie Stärken und Schwächen des „Bruttoinlandsprodukt-Indikators".
2. Erklären Sie Ihrem Nachbarn die Vor- und Nachteile eines „Nationalen Wohlfahrtsindex" (NWI).
3. Diskutieren Sie die Konsequenzen, die ein Staat in Kauf nehmen müsste, wollte der den „Nationalen Wohlfahrtsindex" (NWI) als alleinigen Index für die Ermittlung der Wirtschaftsleistung einführen.

4.5.3 Was kann die Politik gegen den Klimawandel tun?

Kohlekraftwerke emittieren große Mengen des klimaschädlichen Gases CO_2.

Negative externe Effekte

Ein negativer externer Effekt tritt auf, wenn die von einer individuellen Handlung verursachten Kosten von der Allgemeinheit getragen werden müssen (verschmutzte Luft eines Kraftwerks, Lärm eines Flugzeuges ...).

M 10 ● Der Markt als Lösung – Emissionshandel GRUNDWISSEN

Manchmal hat die wirtschaftliche Aktivität von Unternehmen und Privatleuten Nebeneffekte für Dritte. Ein solcher Effekt kann die Umweltverschmutzung sein. Autos und Fabriken blasen zum Beispiel das klimaschädliche Gas Kohlendioxid in die Luft. Wissenschaftler glauben inzwischen, dass dadurch die Erde sehr warm wird, Flüsse austrocknen, Gletscher verschwinden und Quellen versiegen. Das könnte den Menschen schaden. Der Schaden für die Umwelt spielt für den Unternehmer zunächst keine unmittelbare Rolle. Er ist auch schwierig zu ermitteln. Aber der Staat hat ein Interesse, dass diese Schäden nicht zu groß werden. [...] Die Unternehmen müssen diszipliniert werden. Unternehmer und Privatleute würden die Umweltverschmutzung erst stoppen, wenn sie das schlechte Gewissen plagt, wenn es ihnen verboten oder zu teuer ist. Auf das schlechte Gewissen will der Staat lieber nicht vertrauen, also wird er eher Verbote festlegen. Aber es gibt inzwischen auch moderne Ideen, die Verbote und Marktwirtschaft miteinander verbinden. Das geht über den Handel von Verschmutzungsrechten. Jedes Unternehmen, das Dreck in die Luft pusten will, muss dafür ein Verschmutzungsrecht vom Staat kaufen. Diese Rechte werden von der Regierung knapp gehalten. Wenn ein Unternehmen nun eine Filteranlage einbaut, die den Dreck aus der Abluft herausfiltert und deswegen weniger Kohlendioxid ausstößt, kann sie ihr Verschmutzungsrecht an einen Betrieb verkaufen, der noch nicht so sauber produziert. Der darf dann zwar weiterhin Abgase im alten Maße ausstoßen, aber muss für dieses Recht teuer bezahlen. Jedes Unternehmen steht so vor der Wahl, eine neue Technik einzubauen, um die Verschmutzung der Umwelt zu verringern, oder mehr Verschmutzungsrechte zu kaufen.

Winand von Petersdorff, Das Geld reicht nie, 2. Aufl., Frankfurt a.M., 2008, S. 111 ff.

M 11 ● Der Handel mit Verschmutzungsrechten

Handel-Beispiel

Papierfabrik

Zuteilung Emissionsrechte	**900.000 t**
Produktionsbedingte Emission (Die Produktion wurde gegenüber 2000 ausgeweitet)	**1.000.000 t**
Zukauf von Emissionsrechten	**100.000 t**

Kohlekraftwerk

Zuteilung Emissionsrechte	**500.000 t**
Produktionsbedingte Emission	**400.000 t**
Verkauf von Emissionsrechten	**100.000 t**

1 t CO_2-Äquivalent kostet z. Bsp. 8 Euro; Kaufpreis 800.000 Euro

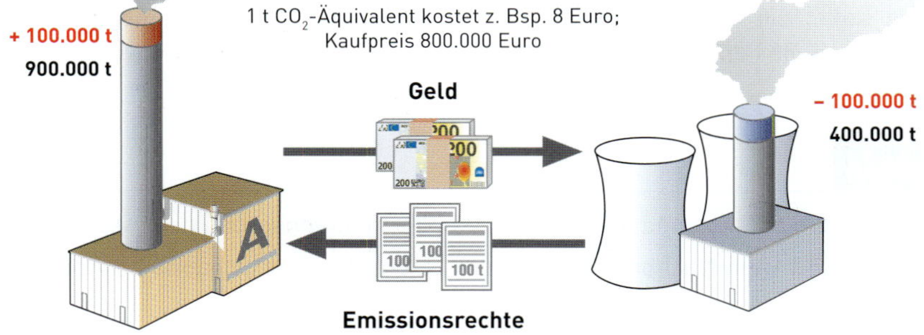

M 12 ● Ein Preis für die Umwelt? Der Wert von Ökosystemen

Die Dienste und Ressourcen der Natur kosten nichts. Ihre Ausbeutung für private Interessen verursachen Schäden, die von der Allgemeinheit getragen werden müssen. Deshalb fordern deutsche Forscher, dass für die Nutzung der Ökosysteme ein Preis entrichtet werden sollte, der alle ökonomischen und ökologischen Folgen beinhaltet. Dazu messen die Forscher etwa die negativen Auswirkungen der menschgemachten Veränderungen an Ökosystemen auf den Wohlstand der Menschen. Sie nennen ein Beispiel aus Thailand. Dort brachte die Umwandlung von Mangrovenwäldern in Shrimpsfarmen den Besitzern einen Privatgewinn von mehr als 1.200 Dollar pro Hektar, wozu 8.400 Dollar staatliche Subventionen kamen. Die natürlichen Wälder aber brachten einen Nutzen von 12.000 Dollar pro Hektar durch Holz, Fischerei und die Verhinderung von Küstenschäden. Die Wiederherstellung des ursprünglichen Zustands würde 9.000 Dollar pro Hektar kosten. Fazit: Die Abholzung der Mangroven ist nicht nur ökologisch, sondern auch ökonomisch eine schlechte Investition. Die Ökonomisierung (Bewertung) von Ökosystemen trägt dazu bei, dass bessere Entscheidungen getroffen werden. Politiker, Landbesitzer und Investoren würden überzeugt, neue Instrumente zum Schutz der Natur einzuführen und zu akzeptieren.

Nach: Ferdinand Knauß, Handelsblatt, 17.11.2009

M 13 ● Umweltpolitische Instrumente – Übersicht

Umweltpolitisches Instrument	Beispiele
Instrumente, die auf **Freiwilligkeit** beruhen, wie z. B. moralische Appelle	- Aufforderung zur Mülltrennung mit der Einführung des „dualen Systems" (DSD) - Informationen durch Gütesiegel: z. B. Blauer Umweltengel
Marktwirtschaftliche Instrumente d. h. unerwünschtes Verhalten (z. B. Umweltverschmutzung) mit einem Preis belegen bzw. verteuern, erwünschtes Verhalten bezuschussen. Politisch erwünschtes Verhalten lohnt sich für Unternehmen und private Haushalte, wenn dadurch Kosten gesenkt (und Gewinne erhöht) werden können.	- Umweltsteuern wie die Ökosteuern - Subventionen wie bei Einführung des geregelten Drei-Wege-Katalysators - Umweltzertifikate und deren Handel, z. B. das europäische Emissionshandelssystem
Bürokratische Instrumente, d. h. Gebote und Verbote werden gesetzlich verankert	- das gesetzliche Verbot der Verwendung bestimmter Stoffe, wie von DDT oder FCKW - die Vorschrift bestimmter ASU-Grenzwerte für Pkw - Umweltzonen in Städten

Aufgaben

1. Beschreiben Sie den Emissionshandel als Instrument zur Lösung von Umweltproblemen. (M 10, M 11)
2. Umweltökonomen fordern, den Wert von Ökosystemen in Euro und Cent auszudrücken. Stellen Sie dar, welche Vorteile damit verbunden wären und welche Probleme sich bei diesem Verfahren ergeben können. (M 12)
3. Recherchieren Sie Beispiele erfolgreicher Umweltpolitik.
4. Eine Klebstoff- und eine Stahlfabrik emittieren Rauch mit einer chemischen Substanz, die krank macht, wenn man sie in größere Mengen einatmet. Stellen Sie dar, wie der Staat dagegen vorgehen kann und worin jeweils Pro und Kontra jeder Lösung besteht. (M 13)

4.5.4 Was kann die Wirtschaft gegen den Klimawandel tun?

M 14 ● Die ökologische Verantwortung des Unternehmens

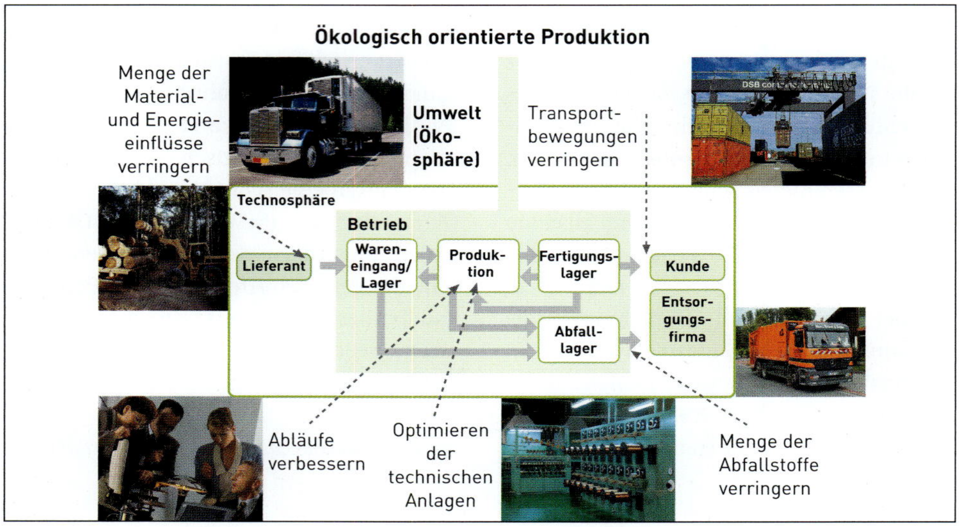

Bei jedem betrieblichen Produktionsprozess entstehen Ergebnisse, die nicht Ziel des Produktionsprozesses sind, also nicht zum eigentlichen Produkt gehören. Dies sind oft umweltbelastende Nebenprodukte wie z. B. Abgase oder Abfälle (Rückstände, Reststoffe). Wie kann vermieden werden, dass diese Nebenprodukte entstehen und die Umwelt beeinträchtigen? Hier setzt die ökologische Verantwortung des Betriebs an. Die grundlegenden Rahmenbedingungen für eine umweltgerechte Produktion sind dabei durch eine Vielzahl gesetzlicher Regeln (z. B. Kreislaufwirtschafts- und Abfallgesetz) festgelegt. Um das Ziel einer möglichst umweltschonenden Produktion zu erreichen, muss der Produktionsprozess so gestaltet werden, dass möglichst wenig oder kein Müll entsteht. Das Deponieren, das Filtern oder das Verbrennen von freigesetzten Stoffen soll damit vermieden werden. Viele Maßnahmen zielen daher auf das vollständige Verwerten von Werkstoffen oder das Zurückbringen in den Produktionsprozess (Kreislaufwirtschaft/Recycling). Entstehen Abfälle, so bedeutet dies auch, dass eingesetzte Rohstoffe und Energien unwirtschaftlich verwertet wurden. Aber auch die Ansprüche an das Endprodukt selbst verändern sich. So wird heute der gesamte Lebensweg eines Produktes von der Entstehung über den Gebrauch bis hin zur Entsorgung unter ökologischen Gesichtspunkten betrachtet.

M 15 ● Betrieblicher Umweltschutz

Umweltaspekt	Dimension	Ist Ø 2008	Ist Ø 2009	Ziel 2010
Stromverbrauch	(kWh/Fzg)	1.071	1.135	1.035
Erdgasverbrauch	(kWh/Fzg)	397	392	360
Gesamt Wasserverbrauch	(m^3/Fzg)	2,273	2,347	2,155
Industriewasserverbrauch	(m^3/Fzg)	1,827	1,876	1,709
Produktionsabfall (ohne Schrotte)	(kg/Fzg)	34,1	32,1	30
Lösemittelemissionen	(g/m^3)	15,56	13,7	14,9

M 16 ● Es grünt so grün – Umweltmanagement in Unternehmen

Im Labor riecht es nach Spaghetti. Ein Roboter greift sich einen schwarzen Teller vom Stapel und füllt ihn mit etwas Nudelwasser, das er in elegantem Schwung verteilt. Daneben spritzt ein Automat starken Schwarztee in Tassen. Nach einigen Minuten saugt er die schmierige Brühe in kleinen Schlucken wieder ab – alle 5 Minuten 20 Milliliter, sodass braune Ränder entstehen. Der Schmutz hat System und dient einem guten Zweck. Mit seiner Hilfe entwickelt Henkel, Hersteller von Waschmitteln, Kosmetika und Klebstoff, einen neuartigen Reiniger für die Spülmaschine. Der sorgt für glänzend sauberes Geschirr bei 40 Grad Wassertemperatur und spart – je nach Programm – rund 20 Prozent Energie. Ein hübscher Werbegag zum In-Thema Klimaschutz? Sicher, Umweltmarketing ist auch für Henkel wichtig, aber der Düsseldorfer Mischkonzern ist geradezu grün durchwirkt. 1994 erhob er „Eco-Leadership" zum Unternehmensziel. Seither integrierte die Führung den Umweltschutz als Managementaufgabe in sämtliche Abläufe – von der Produktentwicklung bis zum Marketing. Im Jahr 2000 ergänzte Vorstandschef Ulrich Lehner die Vorgaben um gesellschaftspolitische Komponenten – seither gilt dem Traditionshaus Nachhaltigkeit als Leitbild. [...] Die Maßgaben aus der Chefetage werden inklusive klarer Zeitrahmen auf alle Bereiche, Prozesse und Standorte heruntergebrochen. Sie stehen gleichwertig neben Steuergrößen wie Umsatz oder Produktionsmenge. Die oberste Führung überprüft ihre Erfüllung in jedem Quartal und macht Teile der Bonuszahlungen von den Fortschritten abhängig. [...] Bei Henkel etwa analysierten Mitarbeiter, wo im Lebenszyklus ihrer Produkte die meiste Energie verbraucht wird, Sparmaßnahmen also besonders wirkungsvoll den Ausstoß des klimaschädlichen Kohlendioxids verringern können. Weil bei Spülmaschinentabs mehr als 80 Prozent des Energiebedarfs bei der Anwendung im Haushalt entstehen, sah Produktentwickler Christian Nitsch den idealen Ansatz in einer Verringerung des Stromfressers Wassertemperatur.

Eva Müller, Manager Magazin, Heft 6/2007, S. 110

M 17 ● Wachstumsmarkt Erneuerbare Energien

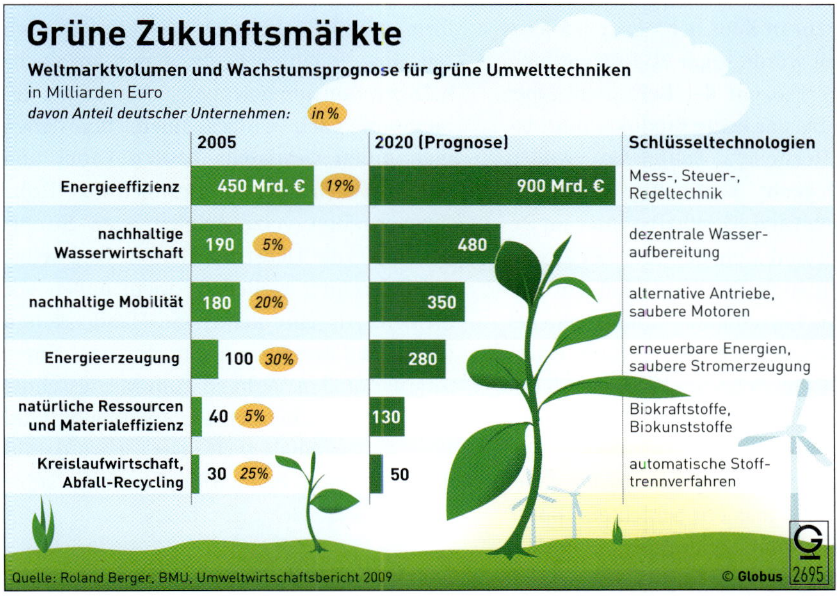

Grüner Jobmotor

Die Zahl der Beschäftigten im Bereich der Erneuerbaren Energien in Deutschland steigt stetig. Waren 2004 in diesem Bereich noch 160.500 Arbeitnehmer beschäftigt, werden es lt. Bundesministerium für Umwelt, Naturschutz und Reaktorsicherheit (BNU) im Jahr 2020 über 500.000 Beschäftigte sein.

M 18 Bio – ein neuer Trend? GRUNDWISSEN

Umsatzentwicklung der Bio-Lebensmittel in Deutschland (ohne Genussmittel- und Außer-Haus-Verzehr)

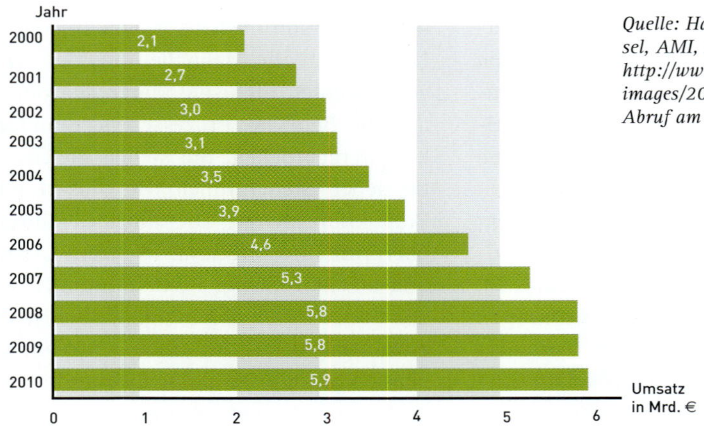

Quelle: Hamm, Universität Kassel, AMI, AC Nielsen, GfK, in: http://www.biohandel-online.de/images/20110215boelw_b.gif, Abruf am 11.5.2012

M 19 Wie der grüne Kunde tickt

Für umweltverträgliche und unter fairen Arbeitsbedingungen hergestellte Kleidung sind einer Befragung der Managementberatungsfirma Accenture vom September 2008 zufolge [...] 85 Prozent der Deutschen bereit, mehr Geld auszugeben. An der Studie nahmen rund 1.000 deutsche Verbraucher ab 16 Jahren teil. Gegenüber herkömmlich produzierter Mode wollten sie zusätzliche Kosten von 16 Prozent in Kauf nehmen, ein Viertel der Befragten würde sogar 20 Prozent mehr bezahlen. 77 Prozent der Befragten gaben an, weniger bis gar keine Produkte ihres bevorzugten Herstellers kaufen zu wollen, falls dieser nicht nachhaltig produziert. Christoph Schwarzl, Geschäftsführer im Bereich Handel und Konsumgüter bei Accenture: „Nachhaltige Produkte sind ein Riesentrend für Einzelhandel und Hersteller. Wer sein Sortiment um diese Waren erweitert, differenziert sich vom Wettbewerb und kann Kunden hinzugewinnen. Immer mehr Verbraucher wollen die Wahl haben." [...] So registrierte der Spiegel Ende 2008: „Leute aus fast allen sozialen Schichten, politischen Lagern und Altersgruppen entdecken, dass der Konsum mehr ist als der schnöde Kauf von Waren. Sie glauben, dass sie mit bewusstem Konsum gesellschaftliche Veränderungen beschleunigen, die Welt verändern können." Und das Umweltbundesamt teilt mit, dass der Anteil der Verbraucher, die immer oder häufig Lebensmittel in Bio-Qualität kaufen, zwischen 2000 und 2006 von 28 auf 41 Prozent angestiegen sei. Tendenz weiter steigend. Auf der Internetplattform utopia.de beispielsweise treffen sich seit einigen Jahren Leute, denen am nachhaltigen Konsum gelegen ist. Sie suchen gemeinsam nach Unternehmen, bei denen man guten Gewissens kaufen kann, und tauschen sich über Erfahrungen aus. Hohe Zuwachsraten verzeichneten auch Stromversorger, die Ökostrom liefern. Und selbst die Discounter wollen da nicht außen vor bleiben: Als eine der ersten Handelsketten führte Lidl Dosenfisch ein, der von einem internationalen Verband zum Meeresschutz zertifiziert ist. Bei den Fangmethoden wird Wert auf Nachhaltigkeit gelegt, etwa darauf geachtet, dass beim Thunfischfang keine Delfine in die Netze geraten.

Eva Tenzer, Go Shopping, Berlin 2009, S. 148–152

M 20 ● Kommentar: Grün alleine reicht nicht

Aus Rot mach Grün? Der Fastfood-Konzern passt sein Logo (hier fiktiv dargestellt) dem Konsumenten-Trend an.

Grün ist eine begehrte Farbe. Grün gilt nicht nur als Farbe der Hoffnung, sondern steht auch für umweltfreundliches Wirtschaften. Ein Erfolgsfaktor, mit dem sich bei Geschäftspartnern und Verbrauchern hervorragend punkten lässt. Das dachte sich auch der Fastfood-Konzern McDonald's, der angekündigt hat, dass er in Zukunft mehr „grün" als „rot" sein wolle. Geht es danach, dann hat die Farbe Rot als Hintergrund für das geschwungene goldgelbe „M" bald ausgedient, also jene Farbe, die bei Stoppschildern und Ampeln Gefahr signalisieren soll. Und die im Fall von McDonald's als Warnung vor ungesundem Essen interpretiert werden könnte? So will man den Farbwechsel bei McDonald's freilich nicht verstanden wissen, sondern als ein Bekenntnis zum Umweltschutz. Das ist grundsätzlich lobenswert. Allein reicht das jedoch nicht aus. Wer es ernst meint mit dem Umweltschutz, muss glaubhaft machen, dass er sparsam mit Energie und anderen Ressourcen umgeht, also ein überzeugendes Konzept vorlegen. Ein Nachweis, den die Schnellrestaurantkette bislang schuldig geblieben ist. So werden nach wie vor jedes Jahr Berge an Verpackungsmüll produziert. Tonnen von Burgerfleisch landen im Müll, weil es nicht schnell genug an den Mann oder die Frau gebracht werden kann. So gesehen ist die Grünfärbung von McDonald's nicht mehr als ein Marketinggag.

Silvia Liebrich, Grün allein genügt nicht, in: http://www.sueddeutsche.de/wirtschaft/oeko-strategie-von-mcdonalds-gruen-allein-genügt-nicht-1.150589, 23.11.2009

Aufgaben

1. Klären Sie, ob sich die Umweltbelastungen insgesamt verringert haben. Begründen Sie Ihre Ergebnisse. (M 14, M 15)
2. Erklären Sie, warum Unternehmen an einem „Nachhaltigkeitsmanagement" interessiert sind und welche Bedeutung „grüne Technologien" für die deutsche Wirtschaft haben. (M 16, M 17)
3. Nennen Sie Ursachen für den sich abzeichnenden Bio-Trend. (M 18)
4. Vielen Firmen wird der Vorwurf gemacht, sie betrieben „Greenwashing", würden also allein aus Marketinggründen auf ein grünes Image setzen. Erläutern Sie, was Sie als Konsument dagegen tun können. (M 19)
5. Sollte man mehr Menschen zum Kauf von Bio-Produkten animieren? Diskutieren Sie diese Frage und begründen Sie Ihre Position.

WISSEN KOMPAKT

Politische Maßnahmen, umweltschädliches Verhalten zu reduzieren
M 10–M13

Vielen Umweltproblemen liegt ein zentrales Dilemma zugrunde: Die Nutzung der Natur (z. B. als Quelle für Rohstoffe) kostet den Einzelnen in vielen Fällen nichts, schadet aber in der Summe der Allgemeinheit, die für die Kosten der Übernutzung aufkommen muss. Die Ökonomen bezeichnen dieses Ergebnis als einen „negativen externen Effekt“. Da sich die einzelnen Handelnden aus ihrer Sicht ja wirtschaftlich und rational verhalten, spricht man auch von Marktversagen.

Seit einiger Zeit erproben die Mitgliedstaaten der Europäischen Union noch einen anderen marktkonformen Weg zum Klimaschutz: den Handel mit Umweltzertifikaten in Form von Emissionsrechten. Hier beschränkt der Staat die Menge an Kohlendioxid, die die Wirtschaft insgesamt ausstoßen darf. Zugleich verteilt er die erlaubte Menge auf die einzelnen Unternehmen. Diese dürfen ihre „Verschmutzungsrechte“ handeln.

Wert von Ökosystemen
M 12

Die Bewertung von Ökosystemen mit Preisen ist ein Verfahren, um Nutzen und Kosten des Umweltverbrauchs besser beurteilen zu können. Die Abholzung von Wäldern lohnt sich dann z. B. nicht mehr, wenn man in Euro ausdrücken kann, wie hoch der Schaden an der Natur ist. Doch ist dieses Verfahren schwer umzusetzen.

Ökologisch orientierte Produktion
M 14–M16

Die ökologische Verantwortung der Unternehmen zielt auf eine nachhaltige Wirtschaftsweise. Eine Aufgabe des Umweltmanagements in Unternehmen besteht z. B. darin, Stoff- und Energieflüsse zu optimieren. Dadurch können teure Rohstoffe gespart werden. Außerdem wird durch die Maßnahmen des Umweltschutzes die Qualität der Produkte erhöht und nicht zuletzt profitieren die Unternehmen auch hier von einem verbesserten Image. Gleichzeitig ist zu beobachten, dass die Idee der Nachhaltigkeit noch von zu wenig Unternehmen beachtet wird oder Unternehmen sich lediglich ein „grünes Image“ geben.

Umwelttechnologie als Wachstumsmarkt der Zukunft
M 17, M 18

Die ökologischen Herausforderungen führen auch im Bereich der Umwelttechnologie zu zukunftsweisenden Innovationen, z. B. bei den alternativen Energien. Außerdem ist die Umwelttechnologie ein für Deutschland bedeutender Wirtschaftszweig mit immer mehr Beschäftigten. Insgesamt arbeiten rund 1,5 Millionen Menschen in dieser Branche in Deutschland. Dazu gehört die Energieberatung genauso wie das Windkraftunternehmen.

Der grüne Kunde
M 19, M 20

Während lange Zeit Konsum und Ökologie als ein Widerspruchspaar betrachtet wurden, ist diese Gegensätzlichkeit im Schwinden begriffen. Es gibt Käufergruppen, für die beides zusammengehört. Indem diese Verbrauchereinstellungen mit ihrer Nachfrage nach ökologischen Produkten bei den Unternehmen zu einem entsprechenden Angebot führen (z. B. T-Shirts aus Bio-Baumwolle), spricht man auch von einer „Politik mit dem Einkaufswagen“.

Zwei unterschiedliche Heizkostenabrechnungen und die Folgen

In einer Umfrage in den Städten Bern und München wurden die Menschen nach ihrem Energiesparverhalten befragt. Eine der Fragen lautete: „Wenn Sie im Winter Ihre Wohnung für mehr als vier Stunden verlassen, drehen Sie da normalerweise die Heizung ab oder herunter?“ Unten in der Tabelle sehen Sie die Ergebnisse der Umfrage: Von 100 Befragten in Bern bejahten nur 23 die Frage, dagegen bejahten von 100 Münchnerinnen und Münchnern 69 die Frage. Dieser enorme Unterschied kann nun wirklich kein Zufall sein. Sind die Bernerinnen und Berner vielleicht weniger umweltbewusst als die Bewohner Münchens? Dies ist nicht der Fall, denn beim Umweltbewusstsein erzielen die Berner keine geringeren Werte als die Münchner. Deshalb muss der Unterschied an etwas Anderem liegen. Hier erhältst du einen Tipp: Zum Zeitpunkt der Befragung war in beiden Städten die Art der Heizkostenabrechnung ganz unterschiedlich: Während in München überwiegend nach dem individuellen Verbrauch abgerechnet wurde, wurden in Bern die Heizkosten nach der Wohnungsgröße unabhängig vom Verbrauch abgerechnet.

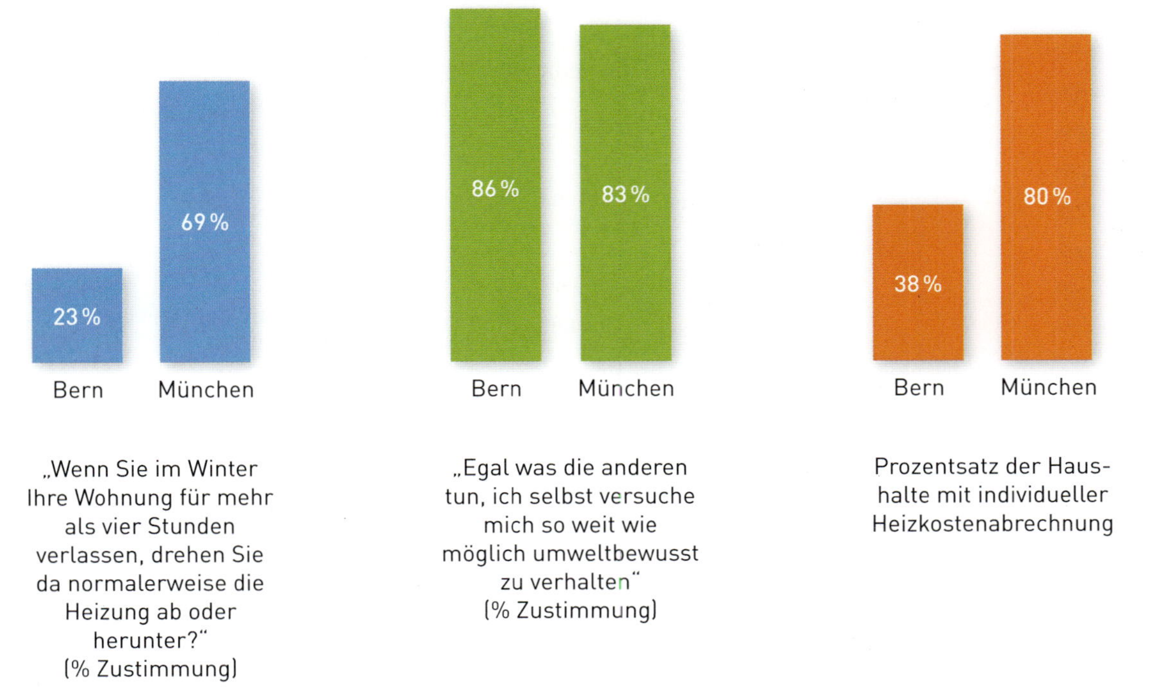

Nach: Andeas Diekmann, Peter Preisendörfer, Umweltsoziologie, Reinbek 2001, S. 80 ff.

Aufgaben

1. Erklären Sie das unterschiedliche Energiesparverhalten in den beiden Städten.
2. Leiten Sie aus Ihrer Beschreibung eine allgemein gültige Regel für die Abrechnung von Heizkosten ab. Begründen Sie Ihr Ergebnis, indem Sie die Erläuterungen zum „Homo oeconomicus“ aus Kapitel 2.1.3 berücksichtigen.
3. Sammeln Sie in Gruppenarbeit Beispiele aus Ihrer Umgebung, die ähnlich wie die Heizkostenabrechnung in Bern durch Veränderung des (Abrechnungs-)Systems einen Beitrag zum umweltfreundlichen Verhalten liefern können.

17 Jahre ist angeblich die älteste Website der Welt schon unverändert online.

26 Zeichen hat das lateinische Alphabet.

47 Beschwerden gingen beim Presserat wegen der Berichterstattung über den Amoklauf von Winnenden ein.

48 Prozent der Deutschen kennen keine Website mit Blogs.

58 Minuten am Tag verbringen die Deutschen im Schnitt im Netz.

60 Journalisten wurden 2008 mindestens ermordet.

420 Fernsehsender können in Deutschland empfangen werden.

30.000 Jahre haben die ältesten Höhlenmalereien der Welt vermutlich überdauert.

3.200.000 Exemplare der „Bild-Zeitung" werden täglich verkauft.

3.920.000 Zuschauer sahen die Auftaktsendung der vierten Staffel von „Germany's next Topmodel".

ca. **25.000.000** gedruckte Zeitungen werden in Deutschland jeden Tag ausgeliefert.

1.596.270.108 Internetnutzer gibt es weltweit.

Nach: fluter, Nr. 31, Medien, Bonn 2009, S. 48

Medien als Gestalter der Lebenswelt

5

Medien sind aus unserem Leben nicht mehr wegzudenken. Es vergeht wohl kaum ein Tag, an dem wir auf die Tageszeitung, das Fernsehen, das Internet, das Handy oder andere moderne Kommunikationsmittel verzichten, um uns zu informieren, miteinander auszutauschen oder unterhalten zu lassen. Medien beeinflussen uns aber auch und prägen als Mittler zwischen uns und der Außenwelt entscheidend unser Bild von der Wirklichkeit. Mit Medien sinnvoll umzugehen, aber auch die Grenzen und möglichen Gefahren ihrer Nutzung einschätzen zu können, setzt eine eingehende Beschäftigung mit den vielfältigen Erscheinungen unserer Mediengesellschaft voraus.

Am Ende dieses Kapitels sollten Sie u. a. Folgendes können

- beschreiben, wie die Medienlandschaft Deutschlands beschaffen ist
- wissen, wie wir Medien nutzen
- erfahren, wie Medien uns beeinflussen und manipulieren können
- erkennen, warum unabhängige Medien für eine Demokratie unverzichtbar sind

Was wissen Sie schon?

1. Wählen Sie eine der Zahlen aus, die Sie besonders beeindruckt, und begründen Sie, warum.
2. Benennen Sie die Zahlen und Fakten, die Sie unmittelbar betreffen. Sammeln Sie Ihre Ergebnisse in der Klasse. Was fällt Ihnen auf?

5.1. Medien in unserer Demokratie

5.1.1 Welchen Einfluss haben Medien auf die Politik?

M 1 ● Aishas Geschichte ...

Cover des TIME-Magazins, 9.8.2010

In ihrem Gesicht ist ein Loch, an der Stelle, wo einst ihre Nase war, aber wenn man es für einen Moment vergisst oder verdeckt, liegt im Zentrum des Bildes ihr durchdringender Blick, die dunklen Augen, ein Stolz, der dem Schrecken nicht gewichen ist.

Sie ist dann nicht mehr die Angestarrte, sie selbst fixiert ihre Betrachter, und es ist dieses Moment aus Leid und Stärke, das ihr Bild zur Ikone macht.

Bibi Aisha, die eigentlich anders heißt, ist 18 Jahre alt, sie stammt aus der südlichen Provinz Oruzgan, wo die Taliban herrschen, und es war ihr Ehemann, der ihr Nase und Ohren abschnitt. [...]. Als Aisha zwölf Jahre alt war, schenkte ihre Familie sie einem Taliban-Kämpfer, um einen Stammeskonflikt beizulegen, so ist es Sitte. Ihr Onkel hatte jemanden aus dem anderen Clan getötet, sie war die Wiedergutmachung. Sie wurde mit dem Talib verheiratet, als sie die Pubertät erreichte. Aber sie wurde jahrelang als Sklavin gehalten und geschlagen, sie musste mit dem Vieh hausen, aus Rache für die Tat ihres Onkels. Und so floh sie.

Der Clan machte sie ausfindig, in Kandahar, brachte sie zurück, vor einen lokalen Taliban-Richter, und der urteilte, das Mädchen habe die Familie entehrt.

Über einen Mann, dessen Frau Schande über ihn gebracht hat, heißt es bei den Paschtunen, er habe seine Nase verloren.

Und so rächte sich ihr Ehemann in den Bergen von Oruzgan, schnitt ihr Nase und Ohren ab und ließ sie zum Sterben zurück. Als sie zu sich kam, fühlte es sich an wie kaltes Wasser in der Nase. Als sie die Augen aufmachte, konnte sie vor lauter Blut nichts sehen. Irgendwie schleppte sie sich fort, sie überlebte. Ein US-Hilfsteam brachte sie nach Kabul, in das Frauenhaus der Organisation „Women for Afghan Women", wo sie Schutz und Hilfe fand. Bibi Aisha hat Reportern gesagt, dass sie sich vor der Rückkehr der Taliban an die Macht fürchtet. Sie ist beschrieben worden als ein Mädchen, das beim Sprechen seine Nase hinter der Hand verbirgt und das im einen Moment voller Wut und im nächsten voller Lachen ist. Die Leiterin der Organisation, die US-Afghanin Manizha Naderi, sagt, sie sei froh, dass Aishas Bild nun eingesetzt werde, um zu zeigen, was passieren könne, wenn die US-Truppen abziehen sollten.

„Ich bin keine Kriegsbefürworterin", sagt sie. „Aber wenn die internationalen Truppen abziehen, ohne dass bis dahin eine starke afghanische Armee ausgebildet ist, wird es einen Bürgerkrieg geben, wie damals, als die Sowjets abzogen. Die Afghaninnen waren da in ihren eigenen Häusern nicht sicher. Sie wurden entführt, vergewaltigt und gefoltert. Und das Gleiche würde wieder geschehen."

Mathieu von Rohr in: Der Spiegel, Nr. 3, 9.8.2010, S. 128 f.

M 2 ... und was ein Nachrichtenmagazin daraus gemacht hat

Das US-Nachrichtenmagazin „Time“ setzte ihr Bild vergangene Woche auf den Titel, darunter die Worte: „Was geschieht, wenn wir Afghanistan verlassen“. Es folgte kein Fragezeichen. Die Veröffentlichung fällt in eine Zeit, in der die Menschen in den USA des Krieges in Afghanistan müde sind. Nur noch 36 Prozent stehen hinter der Strategie ihres Präsidenten, so wenige wie noch nie. Es ist der längste Krieg in der Geschichte der Vereinigten Staaten, mehr als 1.200 ihrer Soldaten sind in ihm ums Leben gekommen, und die Zweifel, ob der Krieg zu gewinnen ist, mehren sich. In seinem Editorial schrieb der „Time“-Chefredakteur Richard Stengel, Titelbild und Zeile seien nur als Denkanstoß, nicht als Plädoyer für die Fortsetzung des Krieges gedacht. Und doch wirken sie genauso. Sie wiederholen ein fast vergessenes Argument, eines, das Politiker und Medien in den frühen Tagen des Krieges gern einbrachten: dass es um die Rechte der Frauen gehe – die Mädchenschulen, die Befreiung von der Burka.

Das Bild hat in Amerika eine Debatte ausgelöst, darüber, ob es erlaubt sei, Aishas Foto als Argument für den Krieg zu verwenden. Es ist nicht überraschend, dass die Meinungen geteilt sind, zwischen Befürwortern und Gegnern des Krieges. Die einen sprechen von einem aufrichtigen Appell an das Gewissen der Menschen, die anderen von Manipulation und Kriegspornografie.

ebd.

M 3 25 Jahre vorher ...

Es gab schon einmal ein Bild eines rätselhaft schönen afghanischen Mädchens, das um die Welt ging, 1985. Die leuchtend grünen Augen, mit denen es vom Cover des Magazins „National Geographic“ blickte, machten es unvergesslich; das Bild zeigte die zwölfjährige Sharbat Gula, die durch sowjetische Bombenangriffe auf ihr Dorf zur Waise geworden war. Die Schönheit Sharbats war trotz ihres Schicksals ungebrochen. Wenn man die beiden Fotos heute nebeneinander legt, erscheint das Bild von Bibi Aisha wie ein Zitat des älteren – oder wie dessen Fortsetzung.

ebd.

Cover des NATIONAL GEOGRAPHIC-Magazin, Juni 1985

Aufgaben

1. Schildern Sie die Wirkung, die das Titelfoto des Time Magazine auf Sie als Betrachter ausübt, und zeigen Sie, worauf diese Wirkung beruht. (M 1)
2. Informieren Sie sich über die Hintergründe von Aishas Schicksal. (M 1)
3. Erschließen Sie die aus der Kombination von Bild und Text entstehende Aussageabsicht des Titels.
4. Diskutieren Sie, ob es sich bei diesem Titel um einen Appell an das Gewissen handelt oder um den Versuch, die Öffentlichkeit zu beeinflussen. (M 2)
5. Vergleichen Sie die Titel des Time Magazine und des National Geographic (M 3). Was verbindet sie, was unterscheidet sie?

5.1.2 Welche Aufgaben erfüllen Medien in der Demokratie?

M 4 ● Pressetexte haben viele Funktionen

M 5 ● Merkmale der Mediendemokratie

Der Begriff Mediendemokratie bezeichnet eine Form der Demokratie, in der sich die politische Meinungs- und Willensbildung im Wesentlichen über Massenmedien vollzieht. [...] Meinungsbildung über Medien beinhaltet, dass die Medien durch die Auswahl und Ausgestaltung von Inhalten darüber bestimmen, was auf welche Weise zum öffentlichen Thema wird. Indem z. B. Zeitschriften oder Fernsehsendungen bestimmte Themen in der Berichterstattung durch häufige Erwähnung und gute Platzierung betonen, haben sie Einfluss darauf, welche Probleme von der Bevölkerung als besonders wichtig angesehen werden. Schon mit der Auswahl der Themen wie auch mit ihrer Darstellung und Bewertung kann Berichterstattung zur Manipulation werden. Politikvermittlung durch Medien bedeutet darüber hinaus, dass sich die Politik bzw. die Politiker mediengerecht präsentieren, um Erfolg zu haben. Denn die Bevölkerung tendiert dazu, nur ihre Medienexistenz mit den dazugehörenden Images wahrzunehmen. Die Medien sind demnach nicht nur Beobachter, Kritiker und Kontrolleure politischer Ereignisse und staatlicher Macht („vierte Gewalt"). Sie stellen vielmehr einen Faktor dar, der politische Einstellungen und Stimmungen beeinflusst und ein bestimmtes Meinungsklima zugunsten oder zuungunsten einer Partei, einer Person oder einer politischen Forderung vermittelt. Medien bestimmen dadurch die Politik mit.

Schülerduden Politik und Gesellschaft, 5. Aufl., Mannheim 2005, S. 260

Fernsehen als Wahlentscheidungshilfe

Wähler in Deutschland und in anderen europäischen Staaten nennen das Fernsehen als die wichtigste Informationsquelle für die Wahlentscheidung.

M 6 Die Aufgaben der Medien in der Demokratie GRUNDWISSEN

Informationsfunktion

Die Massenmedien sollen so vollständig, sachlich und verständlich wie möglich informieren, damit ihre Nutzerinnen und Nutzer in der Lage sind, das öffentliche Geschehen zu verfolgen. Da unsere Gesellschaft viel zu großräumig geworden ist, kommen wir mit dem direkten Gespräch, der unmittelbaren Kommunikation, nicht mehr aus. Wir als Einzelne und die vielfältigen Gruppen, die in dieser Gesellschaft bestehen, sind darauf angewiesen, miteinander ins Gespräch gebracht zu werden – dafür sollen die Massenmedien sorgen. [...]

Meinungsbildungsfunktion

Bei der Meinungsbildung fällt den Massenmedien ebenfalls eine bedeutsame Rolle zu. Dies ergibt sich aus der Überzeugung, in der Demokratie sei allen am meisten damit gedient, wenn Fragen von öffentlichem Interesse in freier und offener Diskussion erörtert werden. Es besteht dann die Hoffnung, dass im Kampf der Meinungen das Vernünftige die Chance hat, sich durchzusetzen. [...]

Kritik- und Kontrollfunktion

Im parlamentarischen Regierungssystem obliegt in erster Linie der Opposition die Aufgabe der Kritik und Kontrolle. Diese wird unterstützt und ergänzt durch die Kritik- und Kontrollfunktion der Medien. Ohne Presse, Hörfunk und Fernsehen, die Missstände aufspüren und durch ihre Berichte unter anderem parlamentarische Anfragen und Untersuchungsausschüsse anregen, liefe die Demokratie Gefahr, der Korruption oder der bürokratischen Willkür zu erliegen. [...]

Thematisierungsfunktion

Diese „agenda setting function“, wie sie in den USA heißt, bedeutet, dass diejenigen, die die unterschiedlichen Medien lesen, hören und sehen, genau die Themen für wichtig halten, die darin behandelt werden. Die Medien sind jedoch nicht nur verantwortlich, welche Themen auf der Tagesordnung stehen, sondern auch, in welcher Rangfolge der Dringlichkeit sie behandelt werden.

Nach: Hanni Chill, Hermann Meyn, Funktionen der Massenmedien in der Demokratie, in: Informationen zur politischen Bildung Nr. 260, Massenmedien, hg. von der Bundeszentrale für politische Bildung, Bonn 3/1998, S. 3 ff.

Pluralismus

Gleichberechtigte Geltung einer Vielzahl konkurrierender Standpunkte und Interessen in einer Gesellschaft. Ziel ist die Herstellung eines Interessenausgleichs durch Kompromiss, der möglichst alle Beteiligten zufrieden stellt.

Aufgaben

1. Erschließen Sie aus den Schlagzeilen, welche Aufgaben die Tagepresse und andere Informationsmedien für ihre Nutzer erfüllen. (M 4)
2. Fassen Sie die Merkmale einer Mediendemokratie zusammen. Erläutern Sie insbesondere die Rolle der Massenmedien als sogenannte „vierte Gewalt“. (M 5)
3. Veranschaulichen Sie die politischen Funktionen der Massenmedien mit Beispielen aus dem aktuellen politischen Geschehen. (M 6)
4. Untersuchen Sie in Gruppenarbeit den Aufbau verschiedener Tageszeitungen. Auf welchen Seiten steht die Information des Lesers im Vordergrund, wo die Meinungsbildung oder eine der anderen Funktionen? Welche Layout-Merkmale dienen den Lesern als Orientierungshilfe? Begründen Sie auch, warum eine eindeutige Trennung nicht immer möglich ist.

5.1.3 Wie kann eine Tageszeitung Veränderungen initiieren?

M 7 ● Ein Skandal und seine Folgen

Am Anfang stand ein Spendenskandal. Beim deutschen Ableger von UNICEF, der Kinderhilfsorganisation der Vereinten Nationen, waren Spendengelder für Provisionen an professionelle Spendensammler und großzügige Honorare an externe Berater verschwendet worden. Die Organisation lief Gefahr, das Vertrauen vieler spenden-

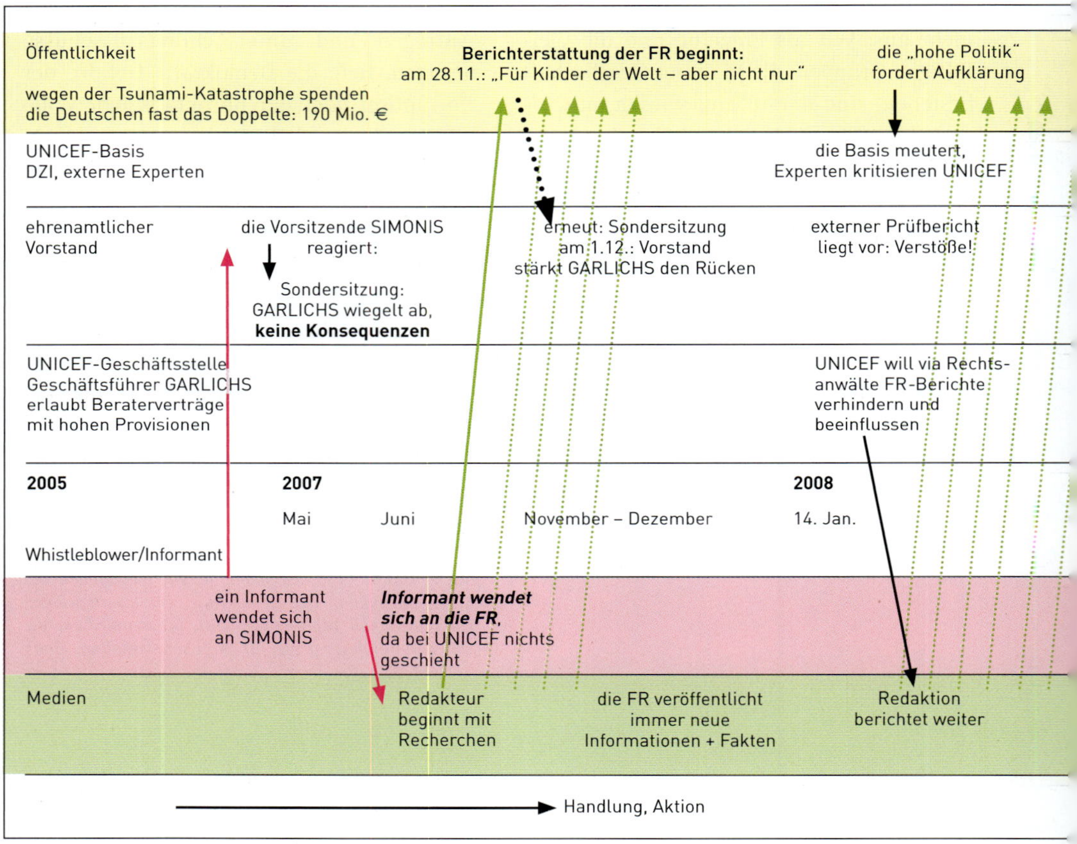

Aufgaben

1. Recherchieren Sie Anlass und Hintergründe des Skandals. Die preisgekrönte Reportage der Frankfurter Rundschau sowie weitere Informationen sind online verfügbar.
2. Zeichnen Sie den Weg von der Aufdeckung des Spendenskandals bei UNICEF Deutschland bis zu seiner Aufklärung nach.
   a) Welche Rolle spielte die Presse?
   b) Wie ging sie genau vor?
   c) Wie reagierten die Verantwortlichen auf die Veröffentlichungen?
3. Die Hauptaufgabe der Presse besteht darin, Öffentlichkeit zu schaffen.
   Belegen Sie diese These anhand des Fallbeispiels. Weisen Sie auch die anderen politischen Aufgaben der Medien (Kap. 5.1.2) nach.

DZI
Deutsches Zentralinstitut für soziale Fragen

Simonis
Heide Simonis war Vorsitzende von UNICEF Deutschland (2006-2008) und Mininsterpräsidentin von Schleswig-Holstein (1993-2005).

williger Bürger zu verspielen. Am Ende war der Skandal aufgeklärt und der gute Ruf von UNICEF Deutschland gerettet. Zu verdanken war dies hauptsächlich zwei Redakteuren der Frankfurter Rundschau, deren akribische Recherchen die Missstände bei UNICEF Deutschland ans Licht gebracht hatten. Als Auszeichnung für ihre herausragende journalistische Arbeit erhielten sie 2009 den renommierten „Wächterpreis der Tagespresse".

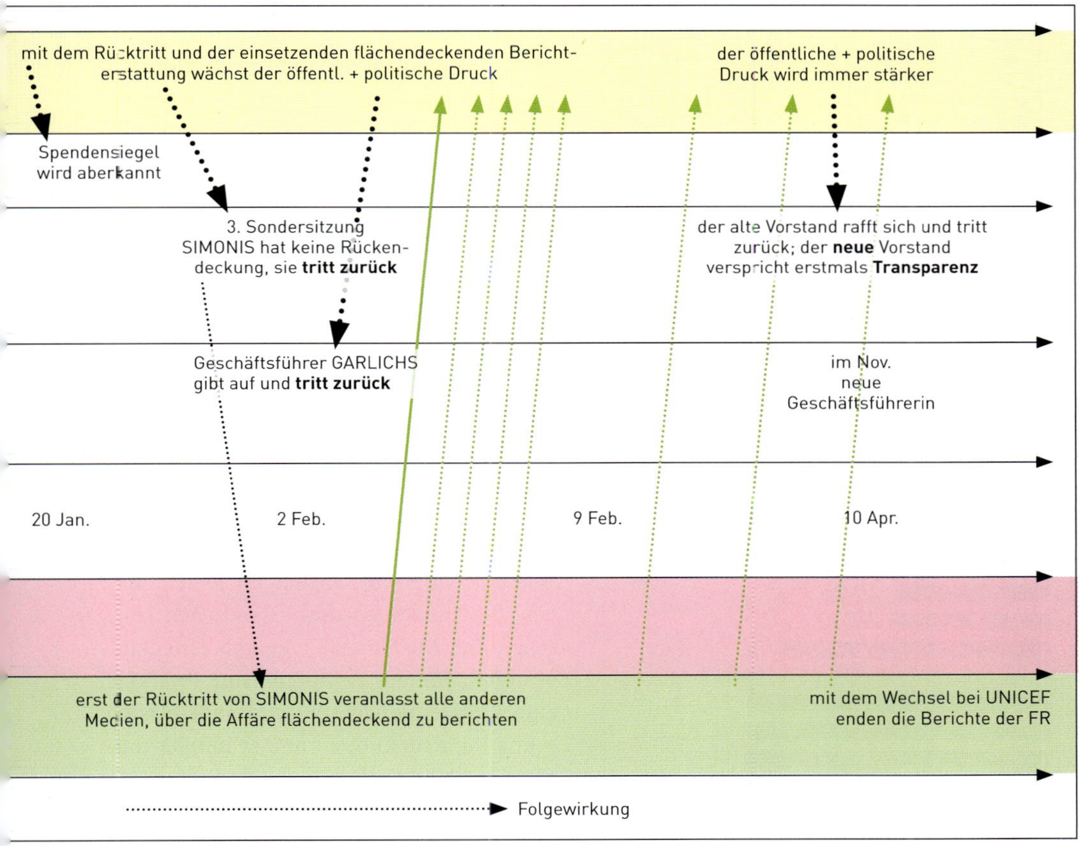

4 Schildern Sie, was geschehen wäre, wenn die Frankfurter Rundschau den Fall nicht ans Licht der Öffentlichkeit gebracht hätte.

5 Überlegen Sie, wie ein autoritärer Staat ohne demokratische Öffentlichkeit mit einem derartigen Skandal umgehen würde.

6 Informieren Sie sich über den „Wächterpreis der Tagespresse" und setzen Sie sich mit seiner Zielsetzung auseinander.

7 *„Manchmal sind Worte stärker als Waffen."* Erklären Sie, was mit diesem Zitat gemeint ist.

5.1.4 Wie werden Medien kontrolliert?

M 8 ● Rangliste der Pressefreiheit 2010

(Un)freie Presse

Zustand der Presse- und Medienfreiheit 2010. Top Ten der freien Presse und ausgewählte Länder mit Punktzahl*

Rang	Land	Punktzahl
1.	Finnland	0
1.	Island	0
1.	Niederlande	0
1.	Norwegen	0
1.	Schweden	0
1.	Schweiz	0
7.	Österreich	0,50
8.	Neuseeland	1,50
9.	Estland	2,00
9.	Irland	2,00
17.	Deutschland	4,25
19.	Großbritannien	6,00
20.	USA	6,75
32.	Polen	8,88
44.	Frankreich	13,38
58.	Brasilien	16,60
86.	Israel	23,25
136.	Mexiko	47,50
138.	Türkei	49,25
140.	Russland	49,90
171.	China	84,67
174.	Birma	94,50
175.	Iran	94,56
176.	Turkmenistan	95,33
177.	Nordkorea	104,75
178.	Eritrea	105,00

**Je kleiner, desto größer die Freiheit; Untersuchungszeitraum vom 1. September 2009 bis 31. August 2010 mit 43 Kriterien zur Verletzung der Medienfreiheit*

Nach: Globus Grafik 3862

M 9 ● Pressefreiheit in Deutschland

In Deutschland ist die Pressefreiheit weniger vom Staat bedroht; bei Verletzung des Redaktionsgeheimnisses durch Sicherheitsbehörden greift das Bundesverfassungsgericht ein und lehrt den Staatsbehörden den Wert der Pressefreiheit für die Demokratie. Die Bedrohung der Pressefreiheit besorgen die Medien heute in erster Linie selber. Die Qualität des Journalismus sinkt, weil Medienunternehmen mit den Medien mehr Geld verdienen wollen als früher. [...]

In Redaktionskonferenzen ist das diskussionsfreudige Klima verschwunden, offenbar haben die wirtschaftlichen Schwierigkeiten in die viele Zeitungen geraten sind, und die Existenzängste nicht weniger Redakteure damit zu tun. Der alte Satz „wes Brot ich ess, des Lied ich sing“ bekommt durchaus wieder Bedeutung. [...] Zu beklagen ist die Verquickung von Journalismus, Politik und Wirtschaft, zu beklagen ist also die Tatsache, dass sich immer mehr Journalisten zu Büchsenspannern und Handlangern vor allem von Wirtschaftslobbys machen lassen. [...]

Gelegentlich werden Fälle bekannt, in denen die Staatsanwaltschaft und Polizei die Telefone von Journalisten überwacht haben. Schlimmer als diese staatlichen Lauscher sind Medienmanager und Finanzinvestoren, für die Zeitungen nur Produkte zum Geldverdienen sind wie andere auch – und die Redaktionen immer billiger machen wollen. Verlagsmanager reden von einem neuen Konzept des „rasenden Reporters“, der mit „Laptop und Kamera nah am Geschehen ist, der online, on air und für Print berichtet“. Ein Journalist nach diesem Muster ist also künftig für alles zuständig – für Fernsehen, Radio, für online, für Zeitung. [...] Modernen, bürgernahen Journalismus nennt man das dann; in Wahrheit handelt es sich um Stellenabbau und Verschlechterung der Arbeitsbedingungen.

Heribert Prantl, Pressefreiheit in Deutschland, in: http://www.goethe.de/wis/med/dos/jou/pfr/de2298880.htm, Abruf am 24.11.2011

M 10 Internetzensur als weltweites Problem

Nach Angaben der Menschenrechtsorganisation Freedom House wird der Internetzugang derzeit in 45 Ländern eingeschränkt. Auf welche Weise dies geschieht, zeigen folgende Beispiele:

Zum besonderen Spießrutenlauf wird die Internetnutzung in Birma [...], das offiziell nur noch Myanmar genannt werden möchte. [...] Die dortige Behörde für Post und Telekommunikation hat Mitte April neue Zugangs- und Verhaltensregeln fürs Netz bekannt gegeben. Demnach sind jegliche politischen Meinungsbekundungen im Internet genauso zu unterlassen wie alle Äußerungen, die „den Interessen der Union von Myanmar abträglich sind". Wer seinen Computer nicht bei den Behörden anmeldet, dem droht eine Haftstrafe von bis zu 15 Jahren. Das „Cyberspace Warfare Center" der Regierung überwacht die Internetverbindungen und hackt sich dabei auch in die Rechner von Verdächtigen, die verbotene Nachrichten zu empfangen oder zu senden scheinen.

Auch in China dürfen die Surfer nicht sagen oder lesen, was sie wollen. Die offiziellen Internetprovider filtern vor allem Inhalte aus dem Ausland aus. Mehrere „Cyber-Dissidenten", die sich den Spielregeln widersetzten, landeten bereits hinter Gittern. Sicherheitsbeamte gehen gegen Websites vor, die gegen „Staatsgeheimnisse" verstoßen. Darunter fallen auch Hinweise auf die Folterung von Anhängern der unter dem Bannspruch der chinesischen Regierung stehenden Falun-Gong-Sekte. In diesem Zusammenhang sieht Sussmann [Leonard Sussmann ist Forscher im Bereich „Internationale Kommunikation" für Freedom House, Anm. d. R.] auch die von China im vergangenen Jahr ausgegangenen Attacken auf Server in Kanada oder Taiwan. Eine Menschenrechtsorganisation in Hong Kong behaupte zudem, dass der Zugang zu ihrem Webangebot oft unter Denial-of-Service-Angriffen vom „Mutterland" leide. [...] Im Februar wurden in Shanghai zudem erst 127 Internet-Cafés geschlossen, da sie angeblich keine Lizenz hatten.

In der Heiligen Stadt Mekka dürfen seit Mitte April nur noch die Männer „öffentlich" surfen. Die Arabischen Nationen haben insgesamt Angst vor einem moralischen Verfall durch das Internet. „Es hat eine negative Seite, die mit unserem Glauben und unseren arabisch-moslemischen Traditionen im Konflikt steht", zitiert der Bericht vom Freedom House den Chef der Syrischen Computer Society. Nicht nur die Vereinten Emirate, die mit über 143.000 Internetnutzern der am stärksten vernetzte arabische Staat sind, befürworten daher strikte Filtermaßnahmen.

Aber auch in westlichen Demokratien liebäugelt so mancher Politiker mit Technologien und Gesetzen, die Zensur ermöglichen. [...] Selbst in Deutschland ist die Zensurdebatte wieder entbrannt, seit der Bundesverband der Phonographischen Industrie (IFPI) einen Filter für MP3s auf ausländischen Servern durchsetzen will, die in Deutschland als illegal gelten [...]. Die IFPI wehrt sich allerdings gegen die Zensurvorwürfe und spricht von „Pirateriebekämpfung".

Stefan Krempl, Internetzensur als Gefahr für die Pressefreiheit, in: http://www.heise.de/tp/artikel/8/8076/1.html, Abruf am 24.10.2011

Info

Meinungs- und Pressefreiheit als Grundrecht

Artikel 5 des Grundgesetzes der Bundesrepublik Deutschland

(1) Jeder hat das Recht, seine Meinung in Wort, Schrift und Bild frei zu äußern und zu verbreiten und sich aus allgemein zugänglichen Quellen ungehindert zu unterrichten. Die Pressefreiheit und die Freiheit der Berichterstattung durch Rundfunk und Film werden gewährleistet. Eine Zensur findet nicht statt.

(2) Diese Rechte finden ihre Schranken in den Vorschriften der allgemeinen Gesetze, den gesetzlichen Bestimmungen zum Schutze der Jugend und in dem Recht der persönlichen Ehre.

(3) Kunst und Wissenschaft, Forschung und Lehre sind frei. Die Freiheit der Lehre entbindet nicht von der Treue zur Verfassung.

Deutscher Presserat

Der Deutsche Presserat wurde 1956 als Organ der freiwilligen Selbstkontrolle nach dem Vorbild des britischen Press Council gegründet. Seine Hauptaufgabe besteht darin, publizistische Grundsätze und Richtlinien der redaktionellen Arbeit aufzustellen, das Fehlverhalten einzelner Presseorgane zu ahnden. Als Leitziel gilt ihm u. a., das Ansehen der deutschen Presse zu wahren.

M 11 ● Aus den Richtlinien des Deutschen Presserats (Pressekodex)

Präambel
Die im Grundgesetz der Bundesrepublik verbürgte Pressefreiheit schließt die Unabhängigkeit und Freiheit der Information, der Meinungsäußerung und der Kritik ein. Verleger, Herausgeber und Journalisten müssen sich bei ihrer Arbeit der Verantwortung gegenüber der Öffentlichkeit und ihrer Verpflichtung für das Ansehen der Presse bewusst sein. Sie nehmen ihre publizistische Aufgabe fair, nach bestem Wissen und Gewissen, unbeeinflusst von persönlichen Interessen und sachfremden Beweggründen wahr. [...]

Ziffer 1 – Wahrhaftigkeit und Achtung der Menschenwürde
Die Achtung vor der Wahrheit, die Wahrung der Menschenwürde und die wahrhaftige Unterrichtung der Öffentlichkeit sind oberste Gebote der Presse. Jede in der Presse tätige Person wahrt auf dieser Grundlage das Ansehen und die Glaubwürdigkeit der Medien.

Ziffer 2 – Sorgfalt
Recherche ist unverzichtbares Instrument journalistischer Sorgfalt. Zur Veröffentlichung bestimmte Informationen in Wort, Bild und Grafik sind mit der nach den Umständen gebotenen Sorgfalt auf ihren Wahrheitsgehalt zu prüfen und wahrheitsgetreu wiederzugeben. Ihr Sinn darf durch Bearbeitung, Überschrift oder Bildbeschriftung weder entstellt noch verfälscht werden. Unbestätigte Meldungen, Gerüchte und Vermutungen sind als solche erkennbar zu machen. [...]

Ziffer 4 – Grenzen der Recherche
Bei der Beschaffung von personenbezogenen Daten, Nachrichten, Informationsmaterial und Bildern dürfen keine unlauteren Methoden angewandt werden.

Ziffer 8 – Persönlichkeitsrechte
Die Presse achtet das Privatleben und die Intimsphäre des Menschen. Berührt jedoch das private Verhalten öffentliche Interessen, so kann es im Einzelfall in der Presse erörtert werden. Dabei ist zu prüfen, ob durch eine Veröffentlichung Persönlichkeitsrechte Unbeteiligter verletzt werden. Die Presse achtet das Recht auf informationelle Selbstbestimmung und gewährleistet den redaktionellen Datenschutz.

Ziffer 11 – Sensationsberichterstattung, Jugendschutz
Die Presse verzichtet auf eine unangemessen sensationelle Darstellung von Gewalt, Brutalität und Leid. Die Presse beachtet den Jugendschutz.

Ziffer 12 – Diskriminierungen
Niemand darf wegen seines Geschlechts, einer Behinderung oder seiner Zugehörigkeit zu einer ethnischen, religiösen, sozialen oder nationalen Gruppe diskriminiert werden.

Ziffer 13 – Unschuldsvermutung
Die Berichterstattung über Ermittlungsverfahren, Strafverfahren und sonstige förmliche Verfahren muss frei von Vorurteilen erfolgen. Der Grundsatz der Unschuldsvermutung gilt auch für die Presse.

Ziffer 16 – Rügenveröffentlichung
Es entspricht fairer Berichterstattung, vom Deutschen Presserat öffentlich ausgesprochene Rügen zu veröffentlichen, insbesondere in den betroffenen Publikationsorganen bzw. Telemedien.

http://www.presserat.info/uploads/media/Pressekodex_01.pdf, 30.10.2011

M 12 ● Fälle für den Presserat?

Fall 1: Eine Lokalzeitung veröffentlicht einen Bericht über die Verurteilung auf Bewährung in einem Fall sexuellen Missbrauchs. Der Verurteilte wird in diesem Artikel umfänglich geschildert und auch die Vorwürfe der Staatsanwaltschaft werden sehr ausführlich dargestellt.
Sowohl die Art und Weise, wie der Täter vorging, als auch Tatumstände werden genannt. Eine Beschwerde wird eingereicht, da die Verhandlung nicht öffentlich gewesen sei, um die Opfer und deren Familien zu schützen.

Fall 2: Drei Regionalzeitungen berichten über den Unfall an einem Kraftwerk in Nordrhein-Westfalen. Beim Einsturz eines mehr als 100 Meter hohen Gerüstes kommen fünf Menschen ums Leben, mehrere werden schwer verletzt. Allen Beiträgen beigestellt ist das Foto eines toten Arbeiters, der in einem Sicherheitsgurt hängt. Die Fotos sind jedoch nicht identisch, es wurden jeweils unterschiedliche Bildausschnitte gewählt.
Bei Zeitung A (Fulda) ist neben dem Toten ein Retter zu sehen, der versucht, den Arbeiter zu bergen. Bei Zeitung B (Wiesbaden) ist der Tote herangezoomt. Zeitung C (Köln) zeigt den Arbeiter ebenfalls seitlich von hinten. Einige Zeitungsleser reichen eine Beschwerde ein.

Fall 3: Eine Tageszeitung veröffentlicht einen Artikel über die Gerichtsverhandlung gegen einen 37-jährigen Mann. Er wurde wegen Manipulation von Guthabenkarten für Getränkeautomaten zu einer Haftstrafe verurteilt. In der Veröffentlichung wird sieben Mal erwähnt, dass der Mann Italiener ist. Ein Leser kritisiert die häufige Nennung der Staatsangehörigkeit.

http://www.presserat.info/inhalt/beschwerde/faelle, 30.9.2010

Instrumente des Deutschen Presserats

1. Hinweis
2. Missbilligung
3. nicht-öffentliche Rüge
4. öffentliche Rüge (mit Abdruckverpflichtung)

Aufgaben

1. Deutschland rangiert im Ranking der Staaten mit der freiesten Presse nur auf Platz 17 (M 8). Erklären Sie mithilfe von M 9, woran dies liegen könnte.
2. Informieren Sie sich aus allgemein zugänglichen Quellen (Länderreporten, Menschenrechtsorganisationen) über die Situation der Pressefreiheit in Deutschland und anderen ausgewählten Staaten und referieren Sie Ihre Ergebnisse in der Klasse.
3. Begründen Sie, warum die Meinungs- und Pressefreiheit auch in einer demokratischen Gesellschaft nicht schrankenlos gültig sind. (S. 219).
4. Untersuchen Sie staatliche Motive, den freien Zugang zum Internet einzuschränken. (M 10)
5. Recherchieren Sie, auf welche Weise sich Reporter ohne Grenzen und andere Organisationen für die Pressefreiheit und verfolgte Journalisten einsetzen.
6. Informieren Sie sich über Zielsetzung und Aufgaben des Deutschen Presserates.
7. Erläuteren Sie anhand von Beispielen die Bedeutung der ausgewählten Richtlinien des Deutschen Presserates. (M 11)
8. Überprüfen Sie in Kleingruppen, ob die Fälle, mit denen sich der Deutsche Presserat zu beschäftigen hatte (M 12), gegen den Pressekodex verstoßen. Fassen Sie Ihre Entscheidungen in kurzen Plädoyers zusammen.

WISSEN KOMPAKT

Merkmale der Mediendemokratie
M 1-M 4

In einer Demokratie besteht die Hauptaufgabe der Medien darin, Öffentlichkeit zu schaffen, d. h. über Sachverhalte, Ereignisse und Probleme so unverzerrt und wahrhaftig zu berichten, dass offen darüber diskutiert, gestritten und nötigenfalls nach Lösungen gesucht werden kann. Dazu gehört es, aus dem unüberschaubaren Angebot an Ereignissen diejenigen auszuwählen, die von öffentlichem Interesse sind. Die Massenmedien bestimmen folglich darüber mit, welche Ereignisse zu Nachrichten werden und für wie bedeutsam wir sie halten sollen (Thematisierungsfunktion). Nicht zuletzt diese Rolle macht sie zur „vierten Gewalt" neben Legislative, Exekutive und Judikative.

Aufgaben der Medien
M 5-M 6

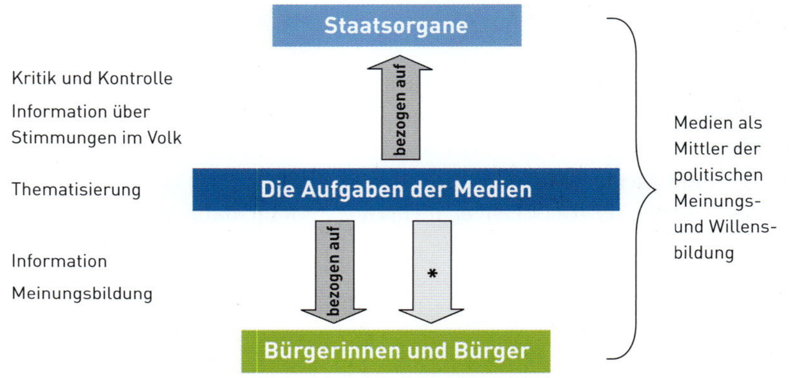

* Weitere Funktionen: Unterhaltung, Erholung, Selbstverwirklichung, Bildung, Sozialisation, soziale Orientierung, Konsumlenkung etc.

Meinungs- und Pressefreiheit als Grundrecht
M 8, M 9
Info, S. 219

Artikel 5 des Grundgesetzes garantiert die Meinungs-, Informations- und Pressefreiheit und bildet die rechtliche Grundlage für unabhängige Medien. Der Staat ist verpflichtet, das Grundrecht der Meinungs- und Pressefreiheit zu gewährleisten und ihren Gefährdungen entgegenzutreten. Staatliche Eingriffe in die Arbeit der Presse und anderer Massenmedien sind verboten.

Schranken der Pressefreiheit
M 10, M 11

Ihre Schranken findet die Pressefreiheit dort, wo Persönlichkeitsrechte verletzt, gegen Bestimmungen zum Schutz der Jugend verstoßen oder die freiheitliche demokratische Grundordnung angetastet werden. Die sich daraus ergebenden Rechte und Pflichten für Journalisten und Medienschaffende sind u. a. in den Pressegesetzen der Bundesländer und den „Richtlinien des Deutschen Presserats" („Pressekodex") verankert.

Situation der Pressefreiheit
M 8, M 10

In zahlreichen Staaten ist die Pressefreiheit nicht ausreichend gewährleistet. So wurden nach Angaben der Organisation „Reporter ohne Grenzen" im Jahr 2010 57 Journalisten in 25 Ländern in der Ausübung ihres Berufs getötet. Neben obrigkeitlichen Eingriffen in die Presse- und Rundfunkberichterstattung wird auch die Zensur des Internets aus unterschiedlichen Gründen zu einem stetig wachsenden Problem.

Kampagnen-Plakate zur Pressefreiheit

Internationale Gesellschaft für Menschenrechte (IGFM, www.menschenrechte.de)

Aufgabe

1. Untersuchen Sie die Text- und Bildaussagen der Kampagnen-Plakate. Auf welche Probleme wollen sie hinweisen? Worauf beruht die Eindringlichkeit ihrer Wirkung?
2. Entwerfen Sie in Kleingruppen Kampagnen-Plakate zum Thema „Politische Rolle der Medien". Achten Sie dabei vor allem auf eine ansprechende und eindeutige Bildidee. Die Beispiele geben Ihnen Anregungen.
3. Organisieren Sie eine Schulausstellung, um Ihre Mitschüler auf das Thema aufmerksam zu machen.

5.2 Struktur der Medienlandschaft

5.2.1 Was bedeutet die duale Rundfunkordnung?

M 1 ● Programmangebote im Fernsehen

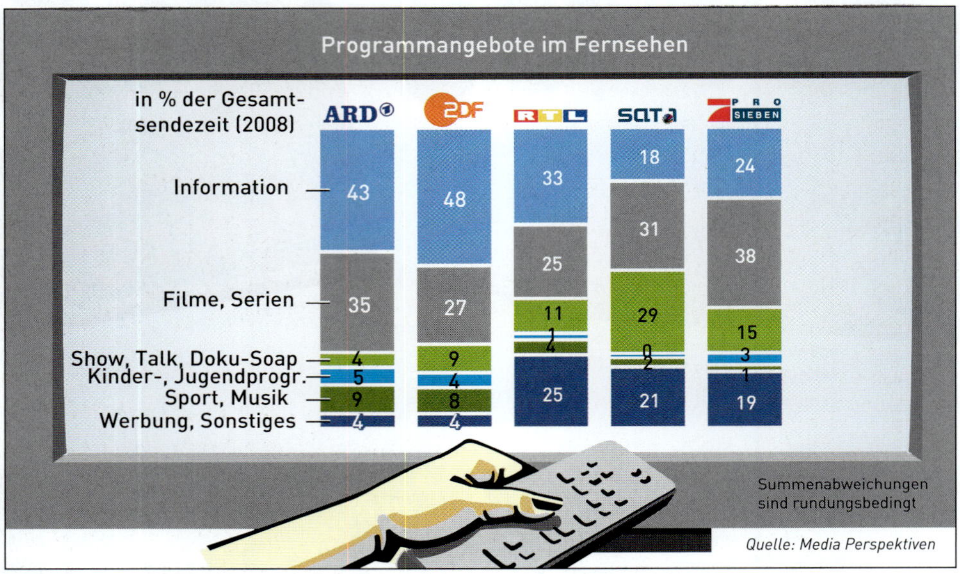

Bergmoser und Höller Verlag *538 102*

M 2 ● Der deutsche Fernsehmarkt – Marktanteile im Tagesdurchschnitt 2007

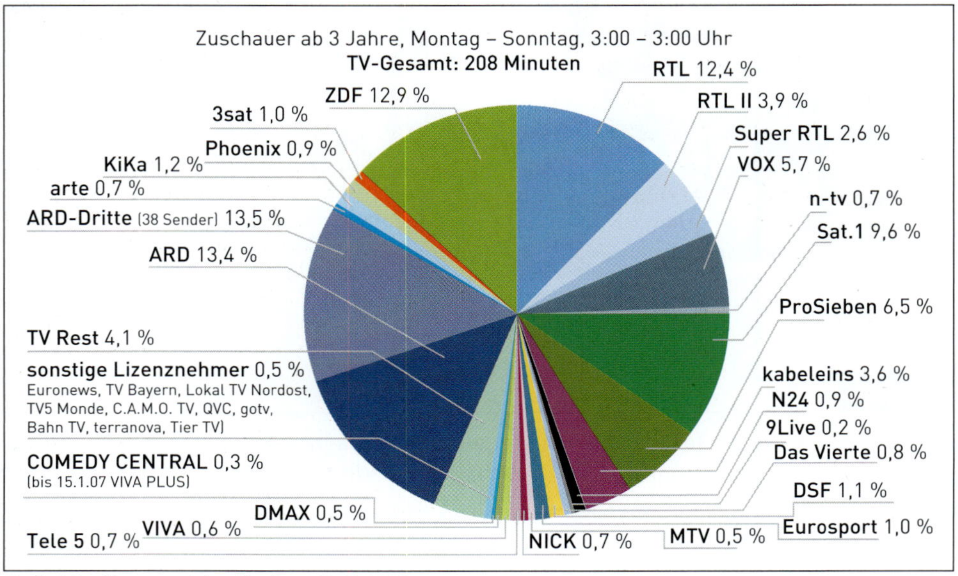

Nach: http://www.vprt.de, Abruf am 11.11.2010

Einige öffentlich-rechtliche Rundfunkanstalten

ARD: Arbeitsgemeinschaft der Rundfunkanstalten Deutschlands

ZDF: Zweites Deutsches Fernsehen

KI.KA: Fernsehkanal für Kinder und Jugendliche von ARD und ZDF

ARTE: Association Relative à la Télévision Européenne, Fernsehkanal in deutsch-französischer Kooperation

3sat: Gemeinschaftseinrichtung von ARD, ZDF, ORF (Österreich) und SRG (Schweiz)

M 3 Die duale Rundfunkordnung in Deutschland GRUNDWISSEN

1. Der öffentlich-rechtliche Rundfunk, zu dem die elf zur ARD zusammengeschlossenen Landesrundfunkanstalten, das Zweite Deutsche Fernsehen (ZDF), das Deutschland Radio, die Kulturprogramme 3sat und Arte sowie der Auslandssender Deutsche Welle gehören, ist der Kontrolle der Rundfunkräte der einzelnen Länder unterworfen.
Ein Rundfunkrat setzt sich aus Mitgliedern des Landtages und gewählten Vertretern verschiedener gesellschaftlicher Gruppen zusammen. Kirchen, Gewerkschaften, Arbeitgeberverbände sind genauso vertreten wie der Jugendring oder der Deutsche Sportbund.

Öffentlich-rechtliche Anstalten haben den Auftrag, für Information, Kultur und Bildung, aber auch für Unterhaltung zu sorgen. Die Sicherung dieser Grundversorgung geschieht durch die Gebühren – etwa 8 Mrd. Euro pro Jahr [Stand 2012] –, die der Zuhörer bzw. Zuschauer zahlt. Die Werbung als weitere Geldquelle verliert für diese Sender aufgrund zeitlicher Beschränkungen immer mehr an Bedeutung.

2. Private Sender befinden sich im Gegensatz zu den öffentlich-rechtlichen Anstalten im privaten Besitz, d.h., sie gehören verschiedenen Personen, Personengruppen oder Gesellschaften. Der Privatsender Radio Luxemburg (RTL) begann am 1.1.1984 täglich vier Stunden Fernsehprogramm für die Deutschen zwischen Saarland und Mainz auszustrahlen. Ein neu errichteter Sendeturm mit einer größeren Reichweite hatte das ermöglicht. Heute sind die privaten Sender ein nicht mehr wegzudenkender Bestandteil der deutschen Medienlandschaft mit einem gewaltigen wirtschaftlichen Potenzial.
In Anbetracht der großen Bedeutung des Massenmediums Fernsehen für Information und Meinungsbildung der Bürgerinnen und Bürger, muss darauf geachtet werden, dass nicht wenige kommerziell arbeitende Medienkonzerne zu viel Markt- und damit auch Meinungsmacht auf sich vereinigen, was die demokratische Meinungsvielfalt beeinträchtigen würde. So hat etwa die Kommission zur Ermittlung der Konzentration im Medienbereich (KEK) den Zusammenschluss von ProSieben/Sat.1 mit dem Springer-Konzern abgelehnt, um die Gefahr einer Meinungsvorherrschaft durch einen Mega-Medienkonzern zu begegnen. Dieser Zusammenschluss wurde Anfang 2006 auch vom Bundeskartellamt untersagt. Schließlich hat der Bundesgerichtshof (BGH) am 8.6.2010 entschieden, dass der geplante Zusammenschluss von ProSieben/Sat.1 nicht rechtens ist.
Zwei Gruppierungen beherrschen gegenwärtig den privaten Fernsehmarkt in Deutschland: die RTL-Senderfamilie mit den Sendern RTL, VOX, RTL II, Super RTL und n-tv und die ProSieben/Sat.1-Gruppe mit den Sendern ProSieben, Sat.1, kabel eins und N24.

Dualer Rundfunk in Deutschland

Der duale Rundfunk (Hörfunk und Fernsehen) wurde in der Bundesrepublik Deutschland bis Mitte der 1980er-Jahre ausschließlich von den öffentlich-rechtlichen Veranstaltern ARD und ZDF angeboten. Neue Entwicklungen in der Kabel- und Satellitentechnologie eröffneten privaten Anbietern Möglichkeiten eigener Übertragungen. Das Gesetz lässt seit 1986 ein Nebeneinander von öffentlich-rechtlichen und privaten Anbietern zu.

Aufgaben

1. Erschließen Sie aus dem Schaubild (M 1), wie die Fernsehsender ihr Programmangebot gestalten. Auf welche Zuschauerkreise zielt das jeweilige Programm ab?
2. Arbeiten Sie aus dem Tortendiagramm (M 2) heraus, welche Stellung öffentlich-rechtliche und private Rundfunkanbieter im Kampf um Marktanteile einnehmen. Wie könnte sich dies auf die künftige Programmgestaltung der öffentlich-rechtlichen Sender auswirken?
3. Erläutern Sie den Aufbau der dualen Rundfunkordnung Deutschlands. (M 3)

Mit Zahlen, Statistiken und Schaubildern umgehen

BEISPIELE

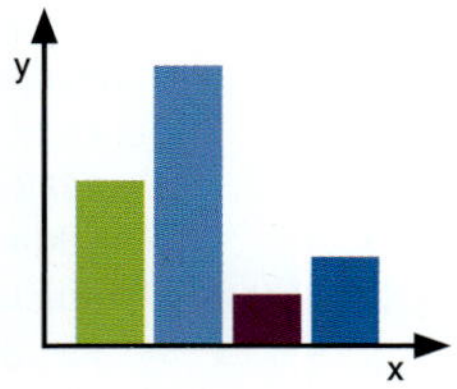

Säulen-/Balkendiagramm

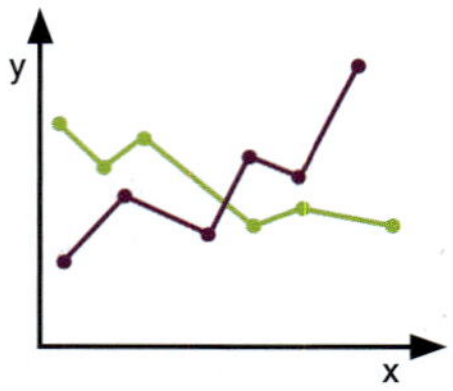

Kurven-/Liniendiagramm

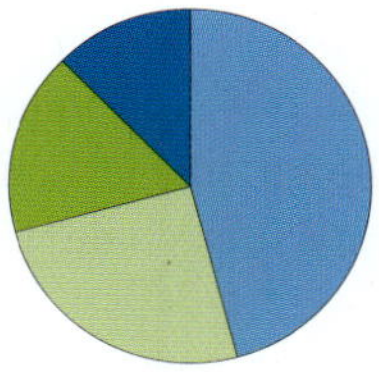
Kreis-/Tortendiagramm

Interpretationen von Statistiken und Schaubildern

Eine *Statistik* ist die systematische Sammlung und Ordnung von Informationen in Form von Zahlen. Diese Zahlen werden entweder in *Tabellen* oder optisch aufbereitet als *Diagramme* und *Schaubilder* ausgewertet und dargestellt. Statistiken helfen uns in vielen Alltagssituationen. Es gibt kaum einen Lebensbereich, der nicht statistisch erfasst wird. So gibt es u. a. Statistiken zu den Bereichen Bevölkerung, Beschäftigung, Gesundheit, Kriminalität, Wohnungen, Verkehr, Wirtschaft. Aus diesen Statistiken können wichtige Erkenntnisse zum Beispiel für die Verkehrsplanung oder den Bau von Kindergärten und Schulen gezogen werden. Die Zahlen oder auch Daten müssen nach strengen Regeln erhoben werden. Die meisten Daten sammelt das Statistische Bundesamt in Wiesbaden, das seine zusammengefassten Ergebnisse in den Statistischen Jahrbüchern veröffentlicht. Das Statistische Bundesamt ist zur Neutralität verpflichtet. Weil Zahlen sehr abstrakt sind, stellt man sie gerne in Diagrammen dar. Es gibt unterschiedliche Formen von Diagrammen: Kreis- oder Tortendiagramm, Säulendiagramm, Balkendiagramm, Kurvendiagramm. Zahlen kann man als *absolute* (genaue, gerundete) *Zahlen* oder als *Prozentzahlen* angeben. Die Prozentzahlen verdeutlichen den Anteil an einer Gesamtmenge.

Auswertung und Interpretation

Beim Umgang mit Zahlen, Statistiken und Diagrammen ist Vorsicht geboten. Der bekannte Satz „Trau keiner Statistik, die du nicht selbst gefälscht hast" macht auf die Problematik im Umgang mit scheinbar objektiven Zahlen aufmerksam. Uns sollte immer bewusst sein, dass man mit der Unterstützung von Zahlenmaterial Tatsachen verfälscht darstellen kann. Häufig werden damit ganz bestimmte Interessen verfolgt. Dies gilt v.a. in der Wirtschafts- und Sozialstatistik. Deshalb ist es notwendig, nicht nur nach der Quelle einer Statistik zu fragen, sondern auch kritisch zu überprüfen, wie die Zahlen in einer grafischen Darstellung präsentiert wurden. Denn mit unterschiedlichen Darstellungen lassen sich bei denselben Zahlen durchaus unterschiedliche Wirkungen erzielen.

Aufgaben

1 Beschreiben

- Woher stammen die Daten? Wer hat sie erfasst und veröffentlicht? (Quelle)
- Welcher Sachverhalt wird dargestellt? Wie lautet das Thema? Welcher Zeitraum wird dargestellt?
- Welche Darstellungsform wurde gewählt? (Säulen-, Balkendiagramm ...)
- Absolute oder relative Zahlen?

2 Auswerten

- Welche Entwicklung ist zu erkennen? (Dabei sind hohe und niedrige Werte, Trends, Veränderungen zu beachten!)

3 Erklären

- Erst wenn Sie das Diagramm / die Tabelle genau beschrieben und ausgewertet haben, können Sie versuchen, Ihre Aussagen zu erklären oder Schlussfolgerungen zu ziehen.

4 Bewerten

- Wurden die Zahlen sinnvoll im Diagramm umgesetzt? Wurden die Abstände auf den Achsen richtig gewählt?
- Sind die Zahlen noch aktuell?

5.2.2 Wie verändert sich der Printmarkt in Deutschland?

M 4 Veränderungen des Printmarktes in der Karikatur

Karikatur: Hogli

M 5 Zahlen und Fakten des deutschen Printmarktes

Ein paar Zahlen: In Deutschland gab es 2010 mehr als 1.500 verschiedene Ausgaben von Tageszeitungen mit einer täglichen Gesamtauflage von 20 Millionen und gut 30 Wochen- und Sonntagszeitungen mit zusammen fünf Millionen Exemplaren. Kaum exakt zählen lassen sich die Zeitschriften, kein Kiosk könnte sie alle anbieten. Allein der Bereich der sich an eine breite Leserschaft wendenden „Publikumszeitschriften" umfasst rund 900 Titel, die gemeinsam in jedem Erscheinungsintervall (meist wöchentlich oder 14-tägig) rund 115 Millionen Exemplare verkaufen, dazu gibt es etwa 3.700 Fachzeitschriften mit einer Auflage von mindestens 15 Millionen. Weiter erscheinen wenigstens 1.400 Anzeigenblätter, die 80-millionenfach an alle deutschen Haushalte verteilt werden, und zehntausende Vereinsblätter, Werks- und Betriebszeitschriften, Kundenorgane, Schülerzeitungen, Mitteilungen von Bürgerinitiativen, den Kirchen und anderen weltanschaulichen Gruppen. Und auch das (neben dem Buch) älteste gedruckte Massenmedium gibt es weiterhin: Flugblätter, heute vor allem in Form von Veranstaltungsankündigungen, Werbeflyern oder Handzetteln bei Demonstrationen.

Erst in jüngster Zeit ist im Pressemarkt eine Stagnation auf hohem Niveau festzustellen, bei teils bedenklichem Rückgang insbesondere in klassischen Zeitungsmärkten wie Europa und den USA. [...] Größtes deutsches Zeitungsunternehmen ist der Axel Springer Verlag mit Zeitungen wie Bild und Welt sowie einem Marktanteil von 22 Prozent, gefolgt von der Südwestdeutschen Medienholding (einer Verlagsgruppe, der verschiedene Zeitungen in Baden-Württemberg und auch die Süddeutsche Zeitung mehrheitlich gehören) mit 8,5 Prozent und der WAZ-Gruppe aus Essen mit sechs Prozent. Die zehn größten Verlagsgruppen haben zusammen einen Marktanteil von knapp 60 Prozent.

Markus Behmer, Der Printmarkt in der Bundesrepublik Deutschland, in: Informationen zur politischen Bildung, Massenmedien, Heft 309, 2010, S. 19

Auflagen überregionaler Tageszeitungen (Stand 2012)

- Süddeutsche Zeitung (SZ): 440.000
- Frankfurter Allgemeine Zeitung (FAZ): 365.000
- Welt und Welt kompakt zusammen; 258.000
- Frankfurter Rundschau (FR): 137.000
- Handelsblatt: 137.000
- Financial Times Deutschland (ftd): 100.000
- Tageszeitung (taz): 58.000

Publikumszeitschriften

Zeitschriften, die in regelmäßigen Abständen (wöchentlich, 14-tägig, monatlich) gleich, geheftet oder gebunden erscheinen, nennt man Publikumszeitschriften.

Medienkonzentration
Zusammenschluss von Zeitungen, Zeitschriften oder Rundfunkanbietern zu wenigen großen Unternehmen mit dem Ziel, sich im ökonomischen Wettbewerb Marktvorteile zu verschaffen

M 6 ● Konzentration im Bereich der Tagespresse

Coburger Tageblatt
DNS-Test führt nicht zum Mörder
Straßenschlachten in Athen
Erstes Stück Umgehung für Neuses
Grenzstreit entschärft
Nachschulung im Gespräch
Grafenrheinfeld fährt hoch

Fränkischer Tag
DNS-Test führt nicht zum Mörder
Straßenschlachten in Athen
Aktionskunst in Bamberg
Grenzstreit entschärft
Nachschulung im Gespräch
Grafenrheinfeld fährt hoch

Bayerische Rundschau
DNS-Test führt nicht zum Mörder
Straßenschlachten in Athen
Es fehlt ein Konzept
Grenzstreit entschärft
Nachschulung im Gespräch
Grafenrheinfeld fährt hoch

Früher gab es nahezu ausschließlich *Vollredaktionen*, die alle Beiträge für ihre Publikation selbst geschrieben und erstellt haben. Viele Regional- und Lokalzeitungen haben heute nur noch eine eigene Lokalredaktion, jedoch keine Vollredaktion mehr. Das heißt, sie bedienen sich für die weiteren Ressorts außerhalb des Lokalressorts aus Kosten- und Rationalisierungsgründen sogenannter *Mantelredaktionen.* Der *Mantel* ist der überregionale Teil einer Tageszeitung. Er besteht in der Regel aus der Titelseite, Politik, Wirtschaftsnachrichten, überregionalem Feuilleton und Sport sowie gelegentlich Meinungsseiten. Regional- oder Lokalzeitungen lassen sich die Mantelseiten häufig zuliefern. Gerade kleine Lokalblätter sind häufig finanziell und personell nicht in der Lage, eine sogenannte Vollzeitung zu produzieren. Ebenso ist es üblich, dass verschiedene kleinere Blätter aus demselben Verlagshaus mit den gleichen Mantelseiten erscheinen. Durch die Praxis, solche Mantelseiten einzukaufen, kommt es vor, dass selbst konkurrierende Lokalzeitungen zu einem Großteil inhaltlich identisch sind. Ein Gutteil des Mantels besteht meist aus Meldungen der großen Nachrichtenagenturen oder Korres-

Info

Was sind Massenmedien?

Sammelbezeichnung für alle Kommunikationsprozesse, die sich öffentlich und allgemein zugänglich über technische Übertragungsmittel meist einseitig an ein weit verstreutes anonymes Publikum richten.
Zu den Massenmedien zählen neben Printmedien (z. B. Zeitung, Zeitschrift, Buch), *auditiven Medien* (z. B. Radio, CD) und *audiovisuellen Medien* (z. B. Fernsehen, Videokassette, DVD) auch die *multimedialen* und *interaktiven Medien* (vor allem Internet). In modernen Gesellschaften gehören Massenmedien zum Alltagsleben, sie sind Hauptquelle für politische und gesellschaftliche Informationen und haben neben Bildungs- vor allem Unterhaltungsfunktion. Massenmedien können zur Manipulation und Propaganda missbraucht werden. Der technische Fortschritt im Bereich der Massenmedien veränderte ab Mitte des 20. Jahrhunderts das Freizeitverhalten der Menschen, das bis heute besonders durch das Fernsehen bestimmt wird. Daneben haben aber Hörfunk, Zeitung und Buch immer noch einen hohen Stellenwert.

http://www.spiegel.de/lexikon/54354104.html, Abruf am 24.11.2011

pondentenberichten. Der Einkauf eines Mantels geht nicht selten mit einer Anzeigenkooperation zwischen einer Lokalzeitung und einer überregionalen Zeitung einher und ist damit auch ein Mittel, die Reichweite und Marktmacht zu steigern. Das ist oft mit einem Verlust an Meinungsvielfalt verbunden.
Überregionale Zeitungen betreiben noch ihre eigenen Vollredaktionen, diese Zeitungen mit eigenem Mantel bezeichnet man als publizistische Einheiten. Alle Titel, die den gleichen Zeitungsmantel haben, gelten zusammen als eine einzige publizistische Einheit, diese haben sich in dem Zeitraum von 1954 bis 2004 von 225 auf 138 verringert.

Nach: http://de.wikipedia.org/wiki/Mantelredaktion, und http://de.wikipedia.org/wiki/Mantel_%28 Journalismus%29; 14.11.2010

M 7 ● Medienkonzentration am Beispiel des Bertelsmann-Konzerns

Bertelsmann AG

Hörfunk
RTL Group
- HITRADIO RTL Sachsen (88,7%)
- 89,0 RTL (53,5%)
- Radio Hamburg (29,17%)
- Antenne Mecklenburg-Vorpommern (26,44%)
- Antenne Bayern (16%)
- Rock Antenne (Antenne Bayern hält 100%)
- Antenne Thüringen (15%)
- ...

Produktion
RTL Group
- UFA Fernseh-produktion
- UFA Filmproduktion
- UFA Entertainment
- UFA Cinema
- Phoenix Film (51%)

Rechtehandel
RTL Group
- Fremantle International
- Distribution
- CLT-UFA International
- UFA Sports

Musik
- BMG Management Rights

Fernsehen
RTL Group
- RTL
- RTL Crime
- RTL Living
- n-tv
- Passion
- VOX
- Super RTL (50%)
- RTL II (35,9%)
- K1010 (19,87%)

Online
- RTL.de, RTL2.de, n-tv, VOX.de, GZSZ.de, RTLgames.de, wetter.de, sport.de, kochbar.de, VIP.de, frauenzimmer.de, teleboerse.de, wer-kennt-wen.de, spiegel online und andere Online-Auftritte von Gruner + Jahr-Print-Publikationen
- ...

Zeitungen
Gruner + Jahr (74,9%)
- Financial Times Deutschland
- Sächsische Zeitung (50%)
- Morgenpost Sachsen (50%)
- Döbelner Anzeiger (über Sächsiche Zeitung, die 100% hält)

Buchverlage
- Random House Bertelsmann
- Blessing
- C. Bertelsmann
- Goldmann
- Luchterhand
- Siedler
- HEYNE
- Knaus
- DVA
- ...

Zeitschriften
Gruner + Jahr (74,9%)
- Brigitte
- Capital
- Cicero
- Eltern
- Essen & Trinken
- Gala
- GEO (+ Spezialausgaben)
- Geolino
- Manager Magazin (24,9% + weitere indirekte Anteile)
- National Geographic Deutschland (50%)
- National Geographic World (50%)
- NEON
- PM Magazin (+ Sezialausgaben)
- Schöner wohnen
- Der Spiegel (26,25%)
- Stern
- Auto Motor Sport (und weitere Titel des Motor-Presseverlags) (54,9%)
- ...

Nach: http://www.kek-online.de, Abruf am 12.11.2010

Aufgaben

1. Beschreiben Sie die Karikatur in M 4 und erschließen Sie deren Aussageabsicht.
2. Angenommen Ihre Klasse symbolisiert den deutschen Printmarkt. Ermitteln Sie alle Printerzeugnisse (Zeitungen, Zeitschriften, Anzeigenblätter, Magazine ...), die von Ihnen gelesen werden bzw. die für Sie aufgelegt werden müssten. Vergleichen Sie Ihr Klassenergebnis mit den tatsächlichen Auflagen deutscher Printausgaben. (M 5)
3. Erläutern Sie die Probleme der Medienkonzentration am Beispiel der Tagespresse sowie an der Struktur des Bertelsmann-Konzerns. (M 6, M 7)

5.2.3 Elektronische Medien – Medien der Zukunft?

Unterschiede zwischen Frauen und Männern bei der Internetnutzung

Bei Personen zwischen 45 und 64 Jahren ist der Unterschied zwischen Frauen und Männern bei der Internetnutzung relativ gering (männlich: 80%, weiblich 71%), bei Personen in den Altersgruppen unter 45 Jahren sind praktisch keine Unterschiede auszumachen (10 bis 15 Jahre: männlich 95%, weiblich 96%; 16 bis 24 Jahre: männlich 98%, weiblich 98%; 25 bis 44 Jahre: männlich 95%, weiblich 95%).

ebd. → M 9

M 8 ● Anteil der Internetnutzer in Deutschland

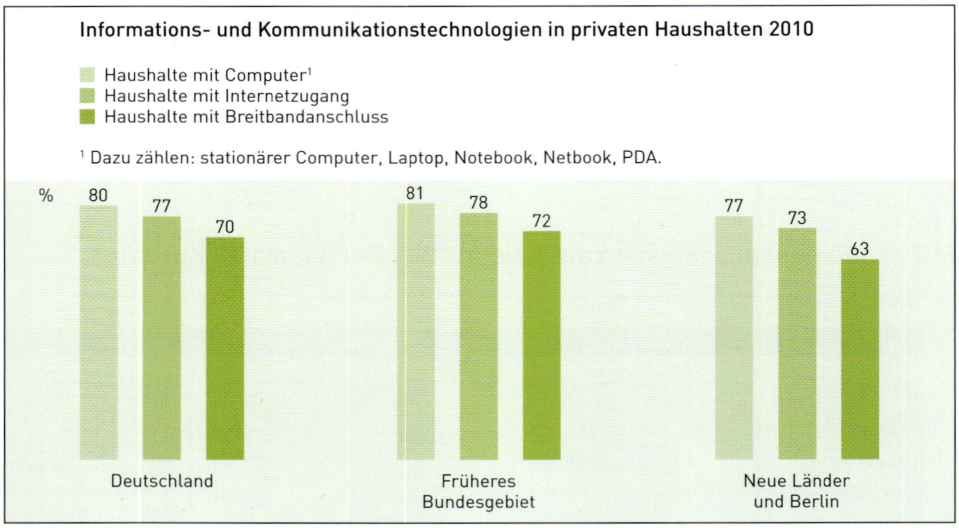

Die Internetnutzung der Bevölkerung nimmt weiter zu. So nutzten 75% der Personen ab zehn Jahren im ersten Quartal 2010 das Internet. Im Vergleichszeitraum des Vorjahres lag der Anteil noch bei 73%. Ebenso ist eine Steigerung der Nutzungshäufigkeit bei den Internetnutzern zu verzeichnen. Der Anteil der Internetnutzer (ab zehn Jahren), die jeden Tag oder fast jeden Tag online waren, erhöhte sich zum Vergleichszeitraum des Vorjahres von 70% auf 74%. Trotz des hohen Anteils der Bevölkerung an der Internetnutzung gibt es weiterhin Bevölkerungsschichten, die zu einem Großteil an der ansteigenden Nutzung von IKT nicht teilnehmen. Dies betrifft die Personen in der Altersgruppe ab 65 Jahren und insbesondere Frauen ab 65 Jahren. Im ersten Quartal 2010 nutzten nur 23% der Frauen ab 65 Jahren das Internet, während Männer in der gleichen Altersgruppe einen Anteil von 42% erreichten.

destatis.de, Erhebung über die private Nutzung von Informations- und Kommunikationstechnologie, in: http://www.destatis.de/jetspeed/portal/cms/Sites/destatis/Internet/DE/Navigation/Statistiken/Informationsgesellschaft/PrivateHaushalte/PrivateHaushalte,templateId=renderPrint.psml__nnn=true, Abruf am 24.11.2011

M 9 ● Google, Facebook und der Staat

Ich möchte in diesem Text eine Vorhersage treffen, die Ihnen sehr unwahrscheinlich erscheinen mag, die aber dennoch mit großer Sicherheit eintreffen wird: Google, Facebook und andere große Internetkonzerne wandeln sich gerade von innovativen Vorreitern zu Grundversorgungsunternehmen der Informationsbeschaffung und des Gedankenaustauschs – und sie werden eines Tages unter staatliche Aufsicht gestellt oder gar vom Staat betrieben werden. Die eine Beobachtung, die mich zu diesem Schluss treibt, ist eine reichlich offensichtliche. Die Benutzung von Computern und dem Internet wird mobil, sie begleitet uns ständig, sie verwebt sich mit unserem Alltag wie nie zuvor. Sie selber lesen diesen Text womöglich auf einem iPhone oder einem Tablet-Computer; sie machen sich auf diesem Gerät vielleicht Notizen oder schlagen „John Callas“ bei Google nach; sie empfehlen Ihren Bekannten danach per Sozialem Netzwerk die Lektüre der ZEIT, oder Sie warnen davor. Auch ich habe diesen Text auf einem Tablet-Computer geschrieben, unterwegs im Flugzeug. Zu Rechnerdienstleistungen und zum Internet verhalten wir uns fast schon wie Fische zum Wasser: Wir merken nicht, dass es uns umgibt. Wir schwimmen einfach darin. [...] Bald werden wir an den Punkt kommen, wo eine Teilhabe an der modernen Gesellschaft nicht mehr möglich ist, ohne das allgegenwärtige Internet zu benutzen und die Informationsangebote von Facebook, Google und anderen, die das Netz mit Inhalten und Funktionen beleben. Wir sprechen hier also von Grundversorgungsunternehmen.

Die zweite Beobachtung, auf die ich meine Vorhersage stütze, ist weniger geläufig. [...] Die Leute sind immer wieder schockiert von dieser Einsicht, aber: Wir sind nicht die Kunden von Google, Facebook und Co. Wir bezahlen nicht für ihre Dienste. Die Kunden von Google, Facebook und Co. sind die Unternehmen, die Anzeigen in ihren Diensten schalten. Diese Unternehmen kaufen: uns – unser Hinschauen, unsere Aufmerksamkeit. Wir sind das Produkt. Das bedeutet natürlich keineswegs, dass unser Wohlergehen den Internetdienstleistern egal ist. Auch einem guten Gemüsebauern ist sehr am Wohlergehen seiner Salatköpfe und Kartoffelknollen gelegen. Er will, dass sie gesund bleiben und groß werden und ein erfülltes Gemüseleben verbringen, damit er sie nach der Ernte mit großem Gewinn weiterverkaufen kann. Die Internetdienstleister umschmeicheln uns und halten uns bei Laune, sodass wir bisweilen schon glauben könnten, wir seien tatsächlich die Kunden. Das hat aber seine Grenzen. Bei der Ernte versteht der Bauer keinen Spaß. Beim Datensammeln verstehen Google, Facebook und Co. keinen Spaß. Für eine gute Ernte ist es unabdingbar, dass die Internetdienstleister uns umfassend analysieren, dass sie so viel wie möglich über unser Verhalten erlernen, und dass sie die Erkenntnisse daraus möglichst vielfältig und weitgehend nutzen. [...] Besonders im Fall der Sozialen Netzwerke reden wir darüber, wer die Regeln des gesellschaftlichen Zusammenlebens bestimmt. [...] Wenn man ein Programm schreibt, das den Computer anweist: „Diesen Facebook-Eintrag dürfen nur Jon, Hans und Spencer sehen“, dann ist es so. Diese Vorschriften [...] werden heute von den Serviceunternehmen erlassen. Sie erlassen Gesetze. Sie codieren sie in ihren Programmen, und sie legen sie in ihren allgemeinen Geschäftsbedingungen fest. [...] Wenn diese Internetdienstleister es nicht schleunigst lernen, uns in ihren Communities als Bürger zu behandeln statt als Gemüse, werden etliche Regierungen auf der Welt in naher Zukunft Machtworte sprechen. Sie werden die Aufsicht übernehmen. Regierungen wissen, wie man uns als Bürger behandelt. Sie haben es auch ganz gern, wenn sie die Gesetze schreiben und nicht irgendwelche Programmierer in fernen Konzernzentralen.

John Callas, Google, Facebook und der Staat, in: Die Zeit, 29.9.2011, Nr. 40

Soziale Netzwerke

(Nutzerzahl / Verbreitung Stand 2009)

Facebook:
ca. 400 Mio. / weltweit

Myspace:
ca. 180 Mio. / weltweit

VZ-Seiten:
ca. 14.6 Mio. / Deutschland

Stayfriends:
ca. 9,9 Mio. / Deutschland

Wer-kennt-wen:
ca. 7,9 Mio. / Deutschland

Lokalisten:
ca. 3,5 Mio. / Deutschland

Jappy:
ca. 1,7 Mio. / Deutschland

Aufgaben

1. Analysieren sie die Grafik mithilfe des Textes und der umseitigen Methode. (M 8)
2. Arbeiten Sie die Hauptargumente von John Callas aus dem Text heraus, warum, die Internetdienstleister Google und Facebook eines Tages verstaatlicht werden. (M 9)
3. *„Wir sind das Produkt und nicht die Kunden“* lautet eine Hauptthese von John Callas. Nehmen Sie dazu Stellung.
4. Recherchieren Sie in Ihrer Klasse, wer bei welchen sozialen Netzwerken registriert ist. Diskutieren Sie im Anschluss die Vorhersage von John Callas, Google, Facebook und Co. werden verstaatlicht, weil sie das gesellschaftliche Leben zu sehr beeinflussen. (M 9)

The influence of social media on politics – two examples

M10 ● Cell phone cameras in Tahrir square in Cairo and occupy protests

Cairo, Egypt – men gather with their cell phones to photograph the bloodied clothes (not pictured) of demonstrators killed in previous days. Mobile technology has played an important role in what is frequently called the Arab Spring.

Occupy Wall Street protesters gather at the Fifth Avenue, New York, the United States, May 1, 2012. The Occupy Wall Street movement announced widespread May Day demonstrations and strikes against social inequality Tuesday.

M11 ● Social media impact politics from Arab Spring to occupy movement

indispensable: unverzichtbar

to overthrow: stürzen

crackdown: Razzia

to pose a real threat: eine echte Bedrohung darstellen

to threaten: drohen

to be accused of: verdächtigt werden

malicious rumor: bösartiges Gerücht

Facebook, Twitter and YouTube services have become indispensable tools in the worlds of politics and protest. [...] The Arab Spring's explosive growth would have been largely impossible without the use of social media. Protesters looking to overthrow dictators and install democracies organized on Facebook and Twitter and shared YouTube videos of brutal crackdowns. Their actions online made it easier to mobilize, but governments would not have fallen without acts of courage, said Timothy Boudreau, Associate Professor of Journalism. "Social media helped the protesters communicate and organize much more effectively, but the protesters posed a real threat only when they took to the streets and put their lives on the line," Boudreau said. Many countries have threatened to arrest bloggers who are accused of spreading "malicious rumors," according to a report by Reuters examining the impact of social media. [...] In the United States, social media are also having an enormous impact on the political landscape. The Occupy Wall Street movement has used social media to organize and mobilize thousands of protesters around the country, and eventually around the world, in a similar way to the Arab Spring protesters. [...] As the 2012 elections heat up, social media will continue to leave its mark on American politics. "I think candidates are using all available tools, including social media, to reach voters," said Orlando Perez, political science professor and department chairman. "Studies have shown that repeated personal contact with the voters is the most effective way of getting people to support a candidate."

John Irwin, Social media impact politics from Arab Spring to President Obama, in: http://www.cm-life.com/2012/02/08/social-media-impact-politics-from-arab-spring-to-president-obama/, 8.2.2012

POLITICS IN ENGLISH

M12 ● Background: Arab Spring

December 17, 2011: A year ago, 26-year-old Mohamed Bouazizi was getting ready to sell fruits and vegetables in the rural town of Sidi Bouzid, Tunisia. Bouazizi was the breadwinner for his widowed mother and six siblings, but he didn't have a permit to sell the goods. When the police asked Bouazizi to hand over his wooden cart, he refused and a policewoman allegedly slapped him.
Angered after being publicly humiliated, Bouazizi marched in front of a government building and set himself on fire.
His act of desperation resonated immediately with others in the town. Protests began that day in Sidi Bouzid, captured by cellphone cameras and shared on the Internet. Within days, protests started popping up across the country, calling upon President Zine El Abidine Ben Ali and his regime to step down. About a month later, he fled. The momentum in Tunisia set off uprisings across the Middle East that became known as the Arab Spring. [...] Along with Tunisia, Egypt has been viewed as a victory. Esraa Abdel Fattah, an Egyptian democracy activist known as "Facebook Girl" for her social media savvy, fought for a new Egypt. She was also an organizer for the major protest in Tahrir Square on Jan. 25. When President Honsi Mubarak stepped down, it was thought that Egypt had completed its revolution. But now, as Egypt starts its first round of "free and fair elections," Fattah [...] isn't so sure the work is over. "Always I am optimistic for the future of Egypt, but now I have some worry," she says. "I think maybe the result of the revolution will take longer than I expected." Fattah says Egypt is already having major setbacks during this period of transition. And despite Mubarak stepping down, she says, the country is still in the "Mubarak regime" and life is not better than it was a year ago.

NPR Staff, The Arab Spring: A Year Of Revolution, in: http://www.npr.org/2011/12/17/143897126/the-arab-spring-a-year-of-revolution, 17.12.2011

rural town: Landstadt

breadwinner: Ernährer

siblings: Geschwister

wooden cart: Holzkarre

allegedly: angeblich

to be publicly humiliated: öffentlich demütigen

act of desperation: Verzweifelungstat

M13 ● Background: the Occupy Wall Street movement

Occupy Wall Street is a leaderless resistance movement with people of many colors, genders and political persuasions. The one thing we all have in common is that *We Are The 99 %* that will no longer tolerate the greed and corruption of the 1 %. We are using the revolutionary Arab Spring tactic to achieve our ends and encourage the use of nonviolence to maximize the safety of all participants. This [...] movement empowers real people to create real change from the bottom up. We want to see a general assembly in every backyard, on every street corner because we don't need Wall Street and we don't need politicians to build a better society.

Occupywallst, Occupy Wall Street, in: http://occupywallst.org/, 23.5.2012

resistance movement: Widerstandsbewegung

political persuasion: politische Überzeugung

participant: Beteiligter

Exercises

1. Discuss the political impact of social media. (M 10, M 11)
2. Compare and explain: Which role played social media in the Arab Spring and in the occupy movement? (M 12, M 13)
3. Point out the potential of social media in political campaigns.

WISSEN KOMPAKT

Duale Rundfunkordnung
M 1–M 3

Mit der Einführung des privaten Rundfunks Mitte der 1980er Jahre wurde die rechtliche Grundlage für eine duale Rundfunkordnung und eine bis dahin ungeahnte Vielfalt an Rundfunk- und Fernsehkanälen geschaffen. Seither konkurrieren ARD, ZDF und andere öffentlich-rechtliche Sender gegen die privaten Anbieter (vor allem die RTL-Senderfamilie und Sat.1/Pro7).

Unterschiede von öffentlich-rechtlichem und privatem Rundfunk
M 3

	Öffentlich-rechtlicher Rundfunk	Privater / kommerzieller Rundfunk
Eigentumsverhältnisse	Öffentlich-rechtlich: Eigentümerin ist die Gesellschaft (nicht der Staat!).	Privatrechtlich: Eigentümer sind einzelne Medienunternehmen.
Kontrolle	Durch einen gewählten Rundfunkrat aus Vertretern gesellschaftlicher Gruppen	Außenkontrolle durch die jeweilige Landesmedienanstalt
Finanzierung	Finanzierung hauptsächlich über Rundfunkgebühren	Finanzierung über Werbung und Pay-TV
Auftrag und Programmangebot	Öffentlicher Auftrag, ein breites Angebot an Information, Bildung, Kultur und Unterhaltung zu gewährleisten.	Schwergewicht liegt auf Unterhaltung (Comedy, Soap, Spielfilm, Show, Reality-TV) und bestimmten Sparten (Musik, Sport).
Programmvielfalt und Ausgewogenheit	Binnenpluralismus: Jeder Sender ist für sich verpflichtet, ein vielfältiges und ausgewogenes Programm zu gestalten.	Außenpluralismus: Die Vielzahl an Sendern sorgt insgesamt für ein vielfältiges und ausgewogenes Angebot.

Tageszeitungen in Deutschland
M 5

Neben rund 330 lokalen und regionalen Zeitungen und einigen Boulevard-Blättern werden in der Bundesrepublik zehn überregionale Tageszeitungen publiziert. Die auflagenstärksten sind „Die Welt“, die „Frankfurter Allgemeine Zeitung“ (FAZ), die „Süddeutsche Zeitung“ (SZ), die „Frankfurter Rundschau“ (FR). Bedeutsam ist auch die Berliner „tageszeitung“ (taz). Als „Qualitätszeitungen“ tragen sie in besonderem Maße zur öffentlichen Meinungsbildung bei.

Medienkonzentration – Problem oder Chance
M 6

Zusammenschlüsse von Medienunternehmen zu großen Konzernen können die Demokratie auf Dauer gefährden. Je weniger unabhängige Medienanbieter es gibt, desto größer ist die Wahrscheinlichkeit, dass die wenigen verbleibenden ihre marktbeherrschende Stellung missbrauchen. Mit dem Verlust an Informations- und Meinungsvielfalt wächst somit das Risiko einseitiger Meinungslenkung bis hin zur Manipulation der Öffentlichkeit. Die Befürworter derartiger Zusammenschlüsse argumentieren hingegen, dass nur große Konzerne in einer globalisierten Welt langfristig wettbewerbsfähig bleiben und finanziell in der Lage sind, ein zeitgemäßes Programm zu gestalten.

Elektronische Medien auf dem Vormarsch
M 8–M 9

Die Zahl der „Internetuser“ steigt seit Jahren weltweit. Allein in Deutschland verfügen mittlerweile 77 Prozent über einen Internetanschluss. In Verbindung mit dem rasant steigenden Gebrauch von elektronischen Medien, entwickeln sich neue Formen des gesellschaftlichen Lebens. Soziale Netzwerke und Suchmaschinen sind aus dem heutigen Alltag nicht mehr wegzudenken. Hieraus ergeben sich Chancen und Gefahren – für den Einzelnen und die Gesellschaft.

Eindrücke aus Digitalien …

1 Avatar

G Abonnierbarer Service zur Bereitstellung von kurzen Informationsblöcken mit Schlagzeile, Kurztext und Link zur Originalseite, vergleichbar mit einem Newsticker.

7 Cloud Computing

I Wahrnehmung demokratischer Mitwirkungsrechte mithilfe digitaler Kommunikations- und Informationstechniken.

6 LAN-Party

H Vielfalt digitaler Medien und Technologien, die es Nutzern ermöglichen, sich untereinander auszutauschen und mediale Inhalte einzeln oder in Gemeinschaft zu gestalten.

10 Micro Blogging

E Form der Mitteilung, bei der die Benutzer kurze, SMS-ähnliche Textnachrichten veröffentlichen können. Die Länge dieser Nachrichten beträgt meist weniger als 200 Zeichen.

5 Prosumer

B Alle interaktiven Prozesse und Dienstleistungen, die zwischen Regierungsstellen, Institutionen, Behörden und Einwohnern online stattfinden (Government to Citizens).

D Bezeichnung für Mitglieder sozialer Netzwerke, die sowohl vorhandene Informationen nutzen als auch selbst Informationen bereitstellen.

8 G2C

3 E-Democracy

F Ableitung aus dem Sanskrit für das Herabsteigen eines Gottes in irdische Sphären. Im Web 2.0 ein virtueller Stellvertreter einer wirklichen Person.

2 Social Media

K Internetportal im Magazin-Stil, das u. a. Zeitschriftenartikel, Meinungsbeiträge, Interviews mit Prominenten bietet und meist von professionellen Journalisten und Autoren gestaltet wird.

4 RSS-Feeds

A Zusammenschluss von privaten Computern durch ein lokales Netzwerk. Dabei messen sich die Teilnehmer in Computerspielen, bei denen Taktik, Strategie und Geschick gefordert sind.

9 E-Zine

C Ansatz, Rechenkapazität, Datenspeicher, fertige Software- und Programmierumgebungen als Service über ein Netzwerk zur Verfügung zu stellen.

Aufgaben

Im Bereich digitaler Informations- und Kommunikationstechnologien hat die Zukunft eigentlich immer schon begonnen. Es vergeht kaum ein Monat, wo nicht neue Techniken auf den Markt kommen und neue Begriffe die Runde machen.

1. Bringen Sie ein wenig Ordnung in das Begriffsdickicht und suchen Sie zu den zehn Begriffen deren Definitionen.
2. Versetzen Sie sich in das Jahr 2050 und entwickeln Sie ein Szenario unserer massenmedialen Zukunft. Sie können deren problematische Seiten in den Vordergrund stellen (worst-case scenario), eine heile Medienwelt darstellen (best-case scenario) oder beide Seiten zur Geltung bringen. Entscheiden Sie sich hierzu für eine der folgenden Möglichkeiten:
   a) Verfassen Sie eine E-Mail-Botschaft in die Vergangenheit (d. h. in Ihre Gegenwart!), worin Sie möglichst anschaulich, aber auch kurios oder witzig einen typischen Tag Ihres medialen Alltagslebens schildern.
   b) Gestalten Sie die Benutzungsanleitung eines medientauglichen Geräts aus dem Jahre 2050.
   c) Produzieren Sie ein spannendes Radio-Feature über ein Medien-Highlight oder eine Medien-Katastrophe.

Lösung: 1F, 2H, 3I, 4G, 5D, 6A, 7C, 8B, 9K, 10E

5.3 Jugendliche und Medien

5.3.1 Ständige Erreichbarkeit – Fluch oder Segen?

M 1 Wie junge Leute mit Medien umgehen

Maria (21): Zeitungen lese ich eher weniger, da ich sie mir erst besorgen müsste. Wenn ich Informationen aus der Presse benötige, rufe ich lieber die Online-Ausgaben auf, wo ich schnell filtern kann, welche Infos mich überhaupt interessieren und welche nicht. Das Internet nutze ich dagegen sehr oft, eigentlich für alles, was mich gerade so interessiert – einfach die passenden Stichworte in die Suchmaschine eingeben und auf bestimmte News- oder Wissensseiten gehen, die ich bereits kenne und auf die ich mich verlassen kann – das ist schon eine super Sache. Fernsehen ist mir nicht so wichtig. Ich schaue höchstens dreimal pro Woche, weil ich nicht gern auf dem Sofa herumsitze und mich berieseln lasse. Wenn ich mir TV-Nachrichten ansehe, dann Tagesschau oder Tagesthemen – rein aus Sympathie.

Finn (18): Ich nutze viele Medien, manche mehr, manche weniger. Radionachrichten höre ich eigentlich recht oft, Fernsehnachrichten sehe ich mir nie an oder höchstens ganz selten, weil ich überhaupt sehr wenig fernsehe. Mit der Tageszeitung beschäftige ich mich schon, aber leider nicht regelmäßig genug, was mich selbst ärgert. Das Internet ist mein „Hit-Medium". Ich bin immer online – sei es mit dem Smartphone oder mit meinem Laptop. So verpasse ich nichts und kann immer jeden meiner Freunde erreichen. Am Tag geht circa eine halbe Stunde für Nachrichtenbeschaffung drauf. Den Computer nutze ich vor allem als Fernsehersatz, sehe mir im Internet Wiederholungen von Fernsehsendungen an, was praktisch ist, weil ich nicht an feste Sendezeiten gebunden bin. Oder ich schiebe eine DVD rein, um zu entspannen. Eigentlich würde ich das gerne einschränken, aber das fällt mir schwer.

Melek (19): Unter der Woche schalte ich den Fernseher an, wenn ich nach Hause komme, und esse dabei. Ich weiß schon, dass das nicht gesund ist, weil man sich dann nicht aufs Essen konzentriert, zu schnell und zu viel isst und so weiter. Aber so ist es halt bei uns daheim, der Fernsehapparat ist eigentlich fast immer an. Nach den Hausaufgaben gehe ich ins Internet, checke meine E-Mails und google nach irgendwelchen Videos im Web. Nach dem Abendessen sitzt die ganze Familie im Wohnzimmer und sieht sich eine Sendung an. Geredet wird dabei nicht viel, aber irgendwie spürt man ein wenig Nestwärme. Vor dem Schlafengehen lese ich dann meistens noch ein Buch – historische oder Sciene-Ficton-Romane. Bevor ich das Licht dann ausmache, überprüfe ich kurz meine Mails und schaue, ob ich nicht noch eine wichtige SMS oder einen Anruf bekommen habe.

(Schülerbeiträge)

M 2 ● Ständige Erreichbarkeit – schon bald „out“?

In unserer Gesellschaft gilt es als schick, ständig erreichbar zu sein – weil es die eigene Wichtigkeit betont. Was aber, wenn Unerreichbarkeit plötzlich zum seltenen Luxus wird – und damit zum Statussymbol? Ein Paradigmenwechsel! Noch schlimmer als ein überfülltes E-Mail-Postfach ist für viele Menschen eines, in dem gähnende Leere herrscht. Denn das bedeutet ja, um Himmels Willen, dass wir völlig unbedeutend sind und uns keiner braucht! Und vielleicht ist dadurch sogar der Job in Gefahr und die Existenz bedroht? Eine Horrorvorstellung! Kein Wunder also, dass wir immer wieder auf Menschen stoßen, die lautstark am Flughafen oder im Zug mit dem Handy die eigene Wichtigkeit betonen. Jeder vierte Mobilfunknutzer hat sogar schon einmal ein Handy-Gespräch simuliert, um vor anderen besser dazustehen. Denn wer sich stets dauergestresst gibt, will vor allem eines suggerieren: Ich werde von Chefs, Kollegen, Bekannten, Freunden, Familie usw. gebraucht. Ich bin wichtig. Ich werde geschätzt, respektiert – und geliebt! Wer hingegen klug ist, steigert mit gelegentlichen Phasen der Unerreichbarkeit sein Ansehen. Denn wenn alle jederzeit erreichbar sind, wird es zum seltenen Luxus, nicht ständig antworten zu müssen. Und wer sich den Luxus der kommunikativen Abwesenheit gestattet, zeigt damit: „Seht her, ich kann es mir leisten!“ Abwesenheit als Statussymbol. Ein Beispiel: Wer heute als Manager seine Führungsqualitäten unter Beweis stellen will, fährt 10 Wochen in Urlaub – und ist einfach nicht erreichbar! Abgesehen davon, dass das seiner eigenen Gesundheit und Leistungsfähigkeit zuträglich ist, zeigt er damit noch etwas ganz anderes: Dass er seinen Job versteht, weil er den Laden so gut organisiert hat, dass es auch ohne ihn geht, während er nicht nur entspannt, sondern auch gute Ideen für die Zukunft ausbrütet. Wohingegen einem Manager, der dauergestresst ständig abrufbereit ist, keine Zeit mehr für seine eigentliche Führungsaufgabe und innovatives Denken bleibt. Der Harvard-Business-Manager empfiehlt als Abschreckungsmaßnahme sogar: „Jedes Mal, wenn ein Manager in dieser Zeit sein Büro anruft, sollte sein Jahresendbonus um 20 Prozent reduziert werden. Jedes Mal, wenn ein Mitarbeiter den Manager anrufen muss, würden diesem 10 Prozent seines Bonus abgezogen.

Simone Janson, Nackt im Netz. Wenn Social Media gefährlich wird, Redline Verlag, München 2011, S. 43-45

Karikatur: Kittihawk

Aufgaben

1. Nennen Sie Gemeinsamkeiten und Unterschiede im Medienverhalten der Befragten aus M 1.
2. Vergleichen Sie das Medienverhalten der Befragten mit Ihrem eigenen Medienverhalten / mit dem Ihrer Eltern / Großeltern. Welche Veränderungen können Sie erkennen? (M 1, Methode S. 239)
3. Interpretieren Sie die Kariaktur aus M 2 und wägen Sie die gesellschaftspolitischen Vor- und Nachteile sogenannter „Handy-Internet-Flatrate-Möglichkeiten“ ab.
4. Erarbeiten Sie eine Gegenposition zu M 2, in der Sie die ständige Erreichbarkeit als Chance darstellen, Ihren Alltag / Ihre Arbeit / Ihren Beruf effektiver zu gestalten.
5. Diskutieren Sie ausgehend von M 2 und Ihrer Gegenposition, ob es Vorteile hat, nicht ständig erreichbar zu sein.

JIM

JIM steht für „Jugend, Information, (Multi-) Media" und bezeichnet die bedeutendste regelmäßig durchgeführte Studie zum Medienverhalten Jugendlicher in Deutschland.

5.3.2 Was sagt die Statistik über unser Nutzungsverhalten?

M 3 ● Medienbeschäftigung von Jugendlichen GRUNDWISSEN

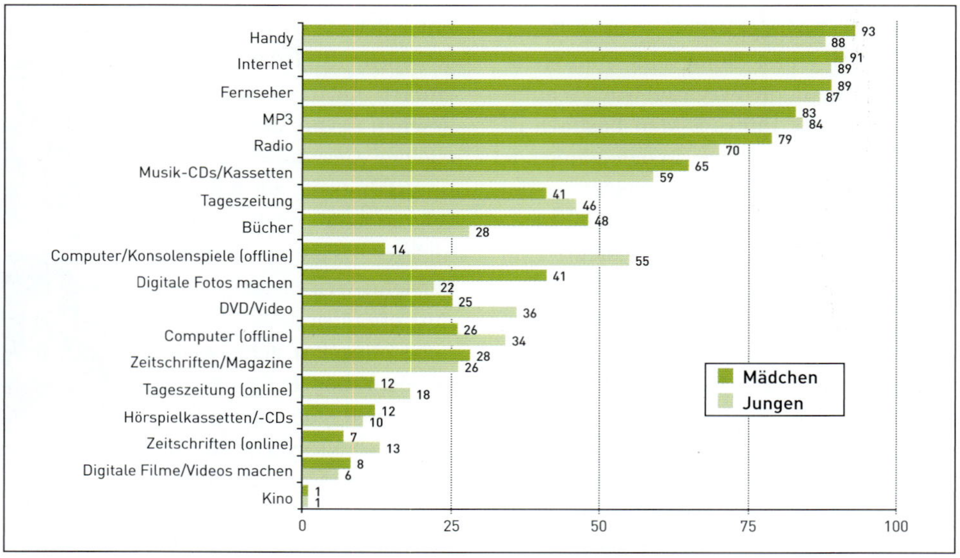

Medienpädagogischer Forschungsverbund Südwest, JIM 2010. Jugend, Information, (Multi-)Media, Stuttgart 2010, S. 12, www.mpfs.de

M 4 ● Mediennutzung im Wandel – Fernsehen, Hörfunk und Internet

Wichtigste Informationsquellen für aktuelles Geschenen (Angabe in Prozent) 2004 2009

Altersgruppen	Zeitungen 2004	Zeitungen 2009	Fernsehen 2004	Fernsehen 2009	Internet 2004	Internet 2009
14 bis 64 Jahre	58,6	49,8	80,8	75,2	14,7	31,4
20 bis 39 Jahre	51,2	39,2	79,5	71,6	20,9	40,6
Schulbildung						
Volks-/Hauptschule	56,2	47,1	84,1	79,8	8,1	19,0
Höhere Schule ohne Abitur	57,5	49,9	81,3	77,3	16,1	31,9
Abitur ohne Studium	57,2	45,3	77,1	65,4	24,7	51,0
Abgeschlossenes Studium	71,7	61,6	71,7	66,3	23,1	43,7

Nach: Allensbacher Computer- und Technikanalyse (Acta 2009)

Aufgaben

1. Erschließen Sie aus der Balkengrafik (M 3) die Ergebnisse der JIM-Studien 2010.
2. Zeigen Sie, wie sich das Medienverhalten der Bürger zwischen 2004 und 2009 verändert hat. Berücksichtigen Sie die Faktoren Alter und Schulbildung.
3. Beschreiben Sie die Trends, die sich aus den Daten ablesen lassen. Wie könnte eine Fortschreibung der Grafik für das Jahr 2020 aussehen?
4. Erarbeiten Sie eine Kurzumfrage zum Medienkonsum Ihrer Mitschüler. Orientieren Sie sich bei der Erstellung der Fragen an den Schaubildern.

Ein Medienprotokoll erstellen

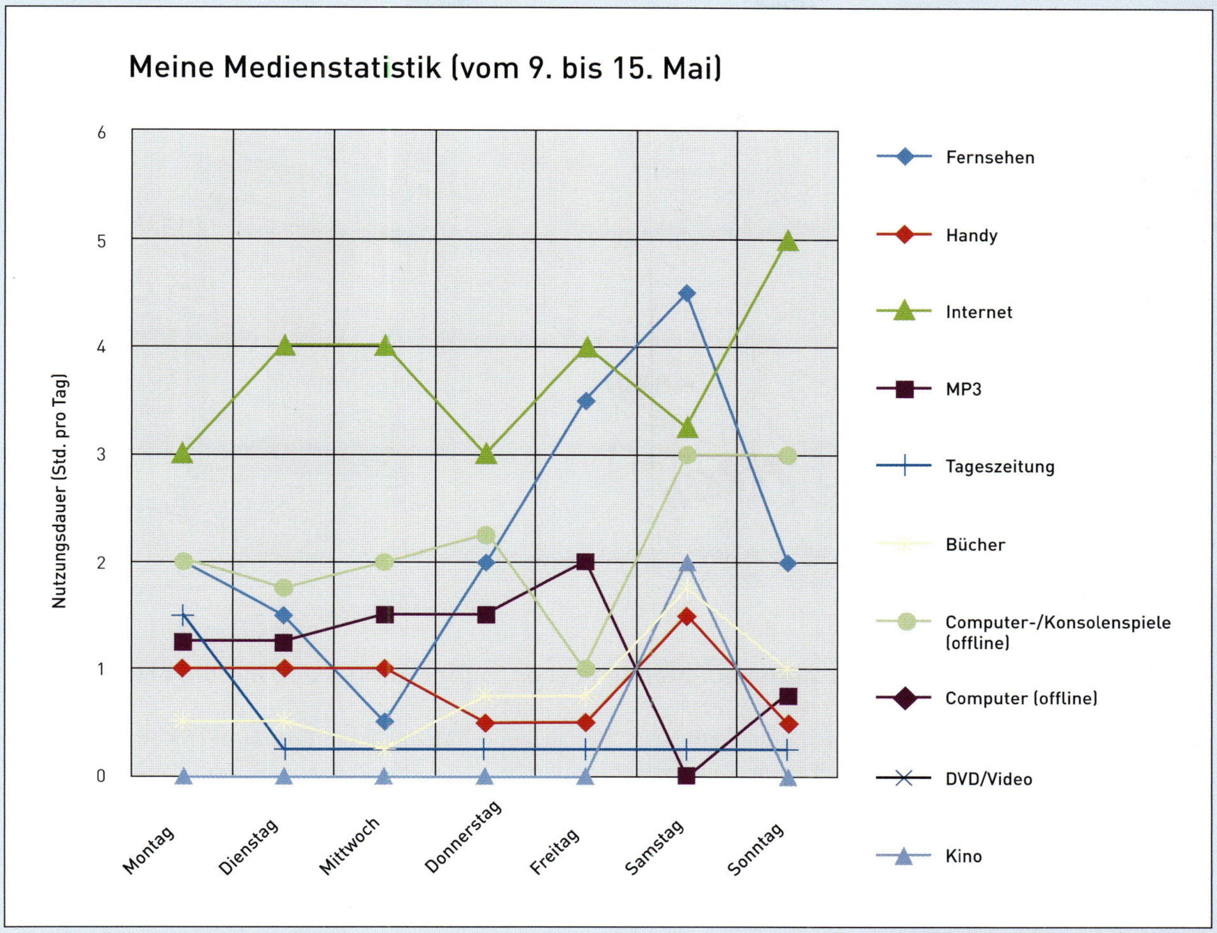

Die Verbindung einzelner Datenpunke mit Linien ist statistisch ungenau, weil sie den Anschein erweckt, dass es zwischen zwei gültigen Werten (Datenpunkten) noch Zwischenwerte gebe. Sie dienen deshalb hier nur der besseren Lesbarkeit.

Aufgaben

1. Beobachten Sie über eine Woche hinweg Ihr Medienverhalten. Notieren Sie hierzu, welche Medien Sie täglich wie lange konsumieren. Tragen Sie die ermittelten Werte wie im Beispiel oben in ein zweiachsiges Koordinatensystem ein. Überlegen Sie, welche Medien Sie erfassen möchten. Achten Sie darauf, dass sich die einzelnen Datenpunkte durch die Wahl geeigneter Farben oder Symbole klar voneinander unterscheiden. Am Ende Ihrer Beobachtung können Sie die einzelnen Punkte mit Hilfslinien verbinden.

   Die fertige Grafik gibt Ihnen einen guten Überblick über Ihre Nutzungsgewohnheiten. Vielleicht sind Sie erstaunt, wie viel Zeit Sie pro Tag mit den verschiedensten Medien verbringen. Bedenken Sie aber: Es kann sein, dass Sie zu bestimmten Zeiten des Tages mehrere Medien gleichzeitig konsumieren. Die Summenangaben sind also Brutto-Werte.
2. Tauschen Sie Ihre Ergebnisse untereinander aus und diskutieren Sie in der Klasse. Welche Gemeinsamkeiten oder Unterschiede fallen Ihnen auf? Welche Gründe können Sie hierfür nennen?
3. Vergleichen Sie schließlich Ihre eigenen mit den Ergebnissen der JIM-Studie. Beschreiben Sie auch hier Gemeinsamkeiten und Unterschiede und versuchen Sie, diese zu erklären.

5.3.3 Wie können Persönlichkeitsrechte geschützt werden?

M 5 ● Die Sicht des Karikaturisten

Karikatur: Hoi Polloi

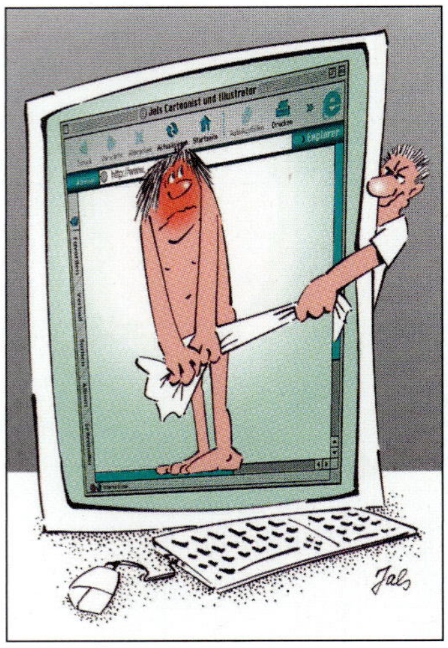

Karikatur: Jals Smolinski

M 6 ● Du stehst auf blonde Frauen, oder? Aufklärung auf die brutale Tour

Der Artikel fängt nett an. „Herzlichen Glückwunsch zum Geburtstag“, wünscht der Verfasser, aber schon dann wird es gruselig: „Wir dürfen doch du sagen, Michel, nicht wahr? Gewiss, du kennst uns nicht. Aber wir wissen sehr viel über dich. Du bist heterosexuell und Single. Im Frühjahr 2008 hattest du eine Geschichte mit Claudia, charmant, kleine Brüste, kurzes Haar, schöne Beine.“ Dazu druckte das Magazin Bilder: Eine Umarmung am 31. Mai, Händchenhalten am 22. Juni. Als der 29-jährige Michel aus Mérignac seine Geschichte im Magazin „Le Tigre“ gelesen hatte, konnte er mehrere Nächte nicht schlafen. Danach entschloss er sich, gegen das Medium, das so ungeniert aus seiner Privatsphäre geplaudert hatte, zu klagen. Doch die Anwälte machten ihm wenig Hoffnung: Denn alles, was „Le Tigre“ verbreitet hatte, war zuvor von Michel selbst ins Netz gestellt worden; auf Seiten wie „YouTube“, „Facebook“ und „Flickr“. Aber erst der gedruckte Artikel hatte ihm vor Augen geführt, wie viel er von sich schon preisgegeben hatte. Michel war nicht der einzige Leser, der im Magazin ein Porträt über sich lesen musste. Die Redakteure von „Le Tigre“ haben es sich in der Rubrik „Das Google-Porträt“ zur Aufgabe gemacht, ihre Leser für das Thema Datenschutz zu sensibilisieren – auf die brutale Tour. Bei Michel hat die Lektion auf alle Fälle gewirkt, er versuchte anschließend, im Internet so viel wie möglich von sich zu löschen. Nur eines hatten die Magazin-Redakteure nicht von ihm herausgefunden – seine Adresse, um ihm das Porträt per Post zu schicken. „Aber“, so schließt der Artikel, „die brauchen wir auch nicht, um dir dein Porträt zu schicken. Du kennst es ja schon, dein Leben.“ Freiwillig löschte „Le Tigre“ auf seinen Wunsch zumindest in der Online-Ausgabe die persönlichsten Dinge und anonymisierte die Handynummer. Für Michel sei es ein „heilsamer Schock“ gewesen, sagt ein Redakteur des Magazins. „Die Naivität und der Exhibitionismus vieler Menschen sind grenzenlos.“

Constantin Wißmann, in: Fluter Nr. 31/Sommer 2009, Thema Medien, hg. von der Bundeszentrale für politische Bildung, S. 13

M 7 Mit der Distanzwaffe im Netz – Cyber-Bullying

Wer ist mein drittbester Freund, wer nur mein siebtbester? Und wird Lisa, die Schnepfe, es mir je verzeihen, wenn sie auf Platz 14 landet? Für Jugendliche sind das heutzutage sehr heikle Fragen. Nie würden sie ihre Freunde in Ranglisten einsortieren, und schon gar nicht vor deren Augen.

Es gibt aber einen Ort, wo sie genau das tun müssen. Die Adresse: MySpace.com, eine riesige Freundeszentrale im Internet, beliebt bei Millionen jungen Netzwerkern. [...] Die Mitglieder dürfen bei dem Online-Netzwerk ihre Freunde und Freundesfreunde um sich scharen; schnell entstehen da Kreise von hundert, zweihundert Leuten. Und dann heißt es, unerbittlich die „Top Friends" aufzulisten. Das geht selten gut. [...]

„Das ist so ein Stress", erzählt Jordan, 15. „Wenn du bei andern auf der Liste bist, fühlst du dich schlecht, wenn sie nicht auf deiner sind." Selbst um einzelne Rangplätze wird oft bitter gerungen, berichtet Anita, 17: „Dann heißt es, warum bin ich Nummer zwei? Du bist doch Nummer eins auf meiner Seite!" Das sind Konflikte! War es früher entscheidend, wer auf welche Party eingeladen wurde, plagen sich heute Millionen Jugendliche, den Wert ihrer Freunde zu beziffern. Warum tun sie sich das an? [...] Weil die Jugendlichen rund um die Uhr mit ihrer Online-Welt verbunden sind, treffen Angriffe sie umso vernichtender: Wer ehedem gemobbt wurde, fand immerhin nach Schulschluss zu Hause eine andere Welt vor, eine sichere Zone. Schon auf dem Heimweg treffen fiese SMS auf dem Handy ein. Zu Hause gehen die Schmähattacken weiter im Internet-Chat, per E-Mail und natürlich in den diversen Online-Portalen wie SchülerVZ.

Zudem geht den Tätern online leicht die Beißhemmung verloren. Erstens erleben sie die Tränen und Nöte ihrer Opfer nicht mit. Und zweitens schlagen sie oft zu aus der Deckung der Anonymität. Es ist, als wären die Jugendlichen plötzlich in den Besitz großkalibriger Distanzwaffen geraten. Welchen Schaden sie damit anrichten, können sie noch kaum ermessen. Ein Streit zwischen zwei Schülern greift auf die halbe Schule über, ein peinliches Video landet bei YouTube und wird zum Gespött der ganzen Welt.

Jörg Blech u. a., Der Spiegel 10/2009, S. 120 ff.

Cyber-Bullying

Cyber-Bullying (bullying, engl. für tyrannisieren) ist ein Ausdruck für die länger anhaltende Belästigung einer Person im Internet, u. a. durch Beleidigen, Bloßstellen oder die Verbreitung falscher Behauptungen. Für das Bullying-Opfer, das einer Attacke erst einmal hilflos ausgeliefert ist, kann dies schwere Folgen haben bis hin zu sozialer Ausgrenzung (Rufmord) und einer krank machenden psychischen Dauerbelastung. Andere Ausdrücke: Cyber-Mobbing, Internet-Mobbing.

M 8 Gesetze gelten auch im Internet GRUNDWISSEN

Im Internet gelten Gesetze, wie das Gesetz zum Persönlichkeitsschutz, das Recht am eigenen Bild, das Urheberrecht und natürlich das deutsche Strafrecht. Zuwiderhandlungen sind mit zivilrechtlichen und strafrechtlichen Sanktionen belegt.

Persönlichkeitsrecht/Datenschutz: Name, Wohnadresse, E-Mail, Geburtsdatum, Handynummer usw. sind persönliche Daten. Diese dürfen in der Regel nur mit Zustimmung der jeweiligen Person weitergegeben werden, denn in Deutschland gibt es ein Recht auf informationelle Selbstbestimmung. Das heißt, jede/r darf selbst darüber entscheiden, welche Informationen über sie/ihn wo veröffentlicht werden. Bei Heranwachsenden müssen auch die Erziehungsberechtigten ihre Erlaubnis geben!

Recht am eigenen Bild: Jede/r hat das „Recht am eigenen Bild". Und wie bei den personenbezogenen Daten dürfen Fotos oder Videos nur mit Einwilligung der gezeigten, erkennbaren Person veröffentlicht oder verbreitet werden (§ 22 Kunsturhebergesetz).

Die Einwilligung muss schriftlich erfolgen und bei Kindern bis 12 Jahren ist die Einwilligung der Eltern einzuholen. Bei Kindern und Jugendlichen zwischen 12 und 18 Jahren entscheiden diese mit ihren Eltern gemeinsam. Bei Verstößen kann es zu einer Freiheitsstrafe von bis zu drei Jahren oder zu einer Geldstrafe kommen. Eine kleine Ausnahme bilden Aufnahmen von berühmten Persönlichkeiten oder von öffentlichen Ansammlungen mit vielen Menschen. Zu beachten ist: Jedes Recht ist Auslegungssache und die Rechtslage ist nicht immer eindeutig. Bei Unklarheit sollten Sie auf die Veröffentlichung verzichten oder eine juristische Auskunft einholen.

Höchstpersönlicher Lebensbereich: In den eigenen vier Wänden oder in anderen ähnlich privaten Situationen (z.B. auf der Schultoilette) darf niemand gegen seinen Willen fotografiert oder etwa gefilmt werden. Hier stellt schon das Fotografieren selbst eine Straftat dar (§ 201a StGB).

Urheberrecht: Das Urheberrecht schützt „Werke" wie z.B. Texte, Fotos, Musikstücke, Zeichnungen oder Filme. Diese Werke sind persönliche, geistige Schöpfungen. Es kann davon ausgegangen werden, dass (fast) alles, was im Internet veröffentlicht ist, urheberrechtlich geschützt ist. Und wer fremde Werke online einstellen will, muss bei den Rechteinhaber/innen nachfragen. Das gilt auch für aufgezeichnete TV-Sendungen, die nicht einfach bei YouTube hochgeladen werden dürfen. Hier ist die private Nutzung eindeutig überschritten. Erlaubt ist es hingegen, eigene Inhalte im Netz zu veröffentlichen (solange bei Fotos keine Persönlichkeitsrechte verletzt werden) oder auch Inhalte zu verwenden, die von den Urheber/innen explizit zur Verwendung freigegeben sind.

https://www.klicksafe.de/cms/, 31.10.2010

TIPP

M 9 ● Was kann man gegen Cyber-Bullying tun?

Schützen Sie Ihre Privatsphäre: Überlegen Sie sich von vornherein genau, was Sie im Internet von Ihnen preisgeben. Je mehr Informationen andere von Ihnen haben, desto größer ist die Angriffsfläche. Gehen Sie also sehr vorsichtig mit privaten Informationen um. Geben Sie niemals Passwörter weiter, damit niemand auf die Idee kommt, in Ihrem Namen irgendwelchen Unsinn zu machen. Geben Sie nicht jedem gleich Ihre Kontaktdaten. Vorsicht ist vor allem bei Leuten angesagt, die Sie nicht persönlich, sondern nur aus dem Chat kennen.

Äußern Sie sich mit Bedacht: Überlegen Sie sorgfältig, bevor Sie etwas senden. Alles kann an andere weitergegeben, vervielfältigt und veröffentlicht werden.

Informieren Sie sich: „Googeln" Sie sich selbst, um herauszufinden, in welchem Zusammenhang Ihr Name im Netz auftaucht. Nutzen Sie auch die Bildersuche. Gibt es Inhalte, die Ihnen nicht gefallen? Hat jemand peinliche Bilder von Ihnen veröffentlicht? Oder Sie öffentlich beleidigt? Falls ja, bitten Sie den Webseitenbetreiber, die Inhalte zu löschen.

Reagieren Sie nicht auf Attacken: Wenn Sie jemand belästigt, also per SMS, Mail, im Chat oder per Messenger – antworten Sie nicht darauf. Dadurch steigert sich meist der Konflikt und der Täter fühlt sich zum Weitermachen angestachelt. Bei vielen Seiten oder Diensten können Sie die Menschen ignorieren, die Sie ärgern. Benutzen Sie den „Ignore"-Button, falls es einen gibt. Reduzieren Sie die Kontaktmöglichkeiten. Sie bekommen ständig unangenehme Mails? Vielleicht hilft es, wenn Sie einfach Ihre Mail-Adresse ändern. Ebenso können Sie sich einen neuen Nickname im Chat zulegen. Bekommen

Sie lästige Anrufe oder ständig unerwünschte SMS? Schalten Sie das Telefon so oft wie möglich aus. Wenn es ganz schlimm wird, wechseln Sie die Telefonnummer.

Sammlen Sie Beweise: Bewahren Sie E-Mails und SMS auf, sichern Sie ICQ- und MSN-Angriffe, machen Sie Kopien von Beleidigungen auf Webseiten... Das alles können Sie gut gebrauchen, wenn Sie gegen den Bully vorgehen wollen. [...] Sowohl Mobilfunkbetreiber als auch Internet-Provider können die Identität des Täters feststellen. Allerdings dürfen sie das nur, wenn Sie vorher Anzeige bei der Polizei erstattet haben.

Wenden Sie sich an eine Vertrauensperson: Sprechen Sie mit Ihren Eltern oder einem Lehrer über Ihr Problem. Überlegen Sie sich, wie Sie gemeinsam gegen die Bosheiten vorgehen können. Lassen Sie nicht locker und bestehen Sie darauf, dass sich jemand mit Ihrem Problem beschäftigt. Möglicherweise sollte auch die Polizei informiert werden, damit rechtliche Schritte eingeleitet werden können.

Helfen Sie anderen, die beleidigt werden: Schreiten Sie ein und helfen der Person, die belästigt wird. Am besten zusammen mit anderen. Betroffene sind mit der Situation häufig überfordert, können sich nicht wehren und brauchen dringend Unterstützung. [...] Wenn der Bully [Person, die mobbt, Anm. d. R.] mitbekommt, dass das Opfer nicht allein ist, hören die Belästigungen oft schnell auf.

Behandlen Sie andere so, wie Sie auch behandelt werden möchten: Ob die Stimmung in der Gruppe eher gut oder schlecht ist, hängt davon ab, wie die einzelnen Mitglieder miteinander umgehen. Je mehr gemobbt wird, desto mieser ist die Stimmung. Deutlich angenehmer wird es, wenn sich alle wohl fühlen. Wie sollen sich andere Ihnen gegenüber verhalten, damit es Ihnen gut geht? Überlegen Sie doch einfach mal und dann behandeln Sie andere genauso.

Nach: Sabine Heimann, Markus Gerstmann, Cyber-Bullying, in: http://jugendinfo.de/toleranz/admin/attachviewer.php?typ=Thema&dateiorig=CyberBullying.pdf&dateiverzeichnis=39001&dateiname=b0420e414787e9141611bc3f08d64a13, Abruf am 31.10.2010

Aufgaben

1. Fassen Sie die Probleme in Worte, auf die beide Karikaturen aufmerksam machen. (M 5)
2. Erläutern Sie, welche Absicht die französische Zeitschrift „Le Tigre“ verfolgte, die Daten eines jugendlichen Internet-Users unanonymisiert zu veröffentlichen. Nehmen Sie Stellung zu diesem ungewöhnlichen Vorgehen. (M 6)
3. Erklären Sie, weshalb unzulässige Eingriffe in die Privatsphäre im Internet besonders leicht möglich sind.
4. Worauf sollte man achten, um sich gegen Verletzungen des Persönlichkeitsschutzes zu wappnen? Erstellen Sie ein Informationsplakat oder einen Flyer mit wichtigen Verhaltensregeln.
5. Begründen Sie, warum das Web 2.0 die Mobbing-Problematik verschärft hat und warum Mobbing-Attacken im Netz für ihre Opfer besonders belastend sein können. (M 7)
6. Beschreiben Sie die geltende Gesetzeslage in Zusammenhang mit Cyber-Mobbing und anderen Verletzungen des Persönlichkeitsrechts. (M 8)
7. Stellen Sie sich vor, einer Ihrer Mitschüler sei Opfer einer Cyber-Attacke geworden. Bieten Sie ihm in einem Rollenspiel Ihre Hilfe an. (M 9)

WISSEN KOMPAKT

Chancen der Mediennutzung
M 1

Medien sind ein wesentlicher Bestandteil unserer Lebensqualität. Sie können unser Wissen bereichern, uns Impulse für neue Ideen geben, sie können uns zum Nachdenken anregen, unsere Lebensgewohnheiten verändern, uns den (Berufs-)Alltag effektiver gestalten lassen oder zum Handeln anregen. Wir kommunizieren mit ihrer Hilfe und knüpfen bisweilen sogar neue soziale Kontakte; und nicht zuletzt dienen sie unserer Unterhaltung und Entspannung.

Gefahren der Mediennutzung/ der „ständigen Erreichbarkeit“
M 1-M 2, M 7-M 10

Psychologen, Pädagogen, Mediziner und Kulturkritiker warnen vor den negativen Einflüssen falscher Mediennutzung auf die Gesellschaft und den Einzelnen. Als mögliche Gefahren gelten u. a.:

- Beeinträchtigungen der intellektuellen und seelischen Entwicklung von Kindern und Jugendlichen (z. B. durch Reizüberflutung)
- verminderte Aufnahmefähigkeit (Konzentrationsprobleme, Lernstörungen)
- körperliche Schäden als Folge von Bewegungsarmut (z. B. Übergewicht)
- Störungen des Sozialverhaltens (z. B. soziale Isolation, Vereinsamung)
- neue Formen der sozialen Ausgrenzung (Cyber-Mobbing, Cyber-Bullying)
- die Brutalisierung des gesellschaftlichen Zusammenlebens (z. B. „Happy Slapping“)
- Kontrollverlust bis hin zur psychischen Abhängigkeit (z. B. Computersucht)
- Verletzungen des Persönlichkeitsschutzes (z. B. durch Datenmissbrauch)
- Dauerstress bei „ständiger Erreichbarkeit“

Medienkonsum junger Menschen
M 4-M 5

Erhebungen wie die „JIM-Studie“ liefern ein differenzierteres Bild des Medienverhaltens junger Leute. Wichtige Einflussfaktoren sind Alter, Geschlecht, Bildungsgrad und soziale Stellung:

- Neben dem Fernsehen zählen Handy und Internet zu den drei wichtigsten Freizeit-Medien Jugendlicher (vgl. JIM-Studie 2010).
- Das Zeitbudget für die Mediennutzung hat sich seit 1970 nahezu verdreifacht.
- Junge Leute („Digital Natives“) nutzen digitale Medien weitaus häufiger und intensiver als ihre Eltern- oder Großelterngeneration.
- In allen Altersgruppen, vorrangig jedoch unter jungen Leuten, wächst der Einfluss des Internets als Informationsquelle.

Medienkompetenz
M 6-M 10

Die sichere Nutzung des Internets setzt Regeln voraus, an die sich im Idealfall alle Nutzer halten. Neben der gegenseitigen Achtung in E-Mails, Chats und anderen Formen der Netzkommunikation („Netiquette“) zählt dazu die Beachtung des Urheberrechts und anderer gesetzlicher Bestimmungen. Der sensible Umgang mit den eigenen Daten, Strategien zur Abwehr möglicher Bullying-Attacken sowie die kritische Beurteilung der Qualität von Online-Angeboten sind wichtige Kompetenzen, mit denen man sich vor unliebsamen und mitunter folgenschweren Überraschungen schützen kann.

Technikfeinde oder Trendsetter?

Es gibt Menschen, die kein Internet haben, keines wollen oder keines brauchen. Die auch ohne Handy auskommen. Sind sie technikfeindlich oder Trendsetter?

Der Popmusiker Prince hat vor kurzem erklärt: „Das Internet ist total out. Es stopft deinen Kopf nur mit Daten voll." Seinen neuen Roman „Freiheit" hat Jonathan Franzen auf einem Laptop geschrieben, mit dem er sich nicht ins Internet einloggen konnte. Und Bill Kaulitz von Tokio Hotel war sich vor kurzem im Gespräch mit Wolfgang Joop einig: „Ich bin ja eigentlich mit dem Internet aufgewachsen, aber ich finde das Internet auch so schlimm. Wenn ich auf einen Knopf drücken könnte, und ich könnte damit das Internet abschaffen, für alle, ich würde ihn sofort drücken."

An der Frankfurter Waldorfschule sollten die Schüler vor einiger Zeit ein Referat über Slowenien schreiben, unter einer Bedingung: ohne zu googeln. Der 14 Jahre alte Sami war ratlos. Ein Referat schreiben ohne Internet. Wie soll das gehen? Also rief er seine 66 Jahre alte Großmutter an, Beate Mainusch. Und die hat ihm folgenden Tipp gegeben: „Für Referate stöbert man in Büchern." Und man kann auch Menschen fragen statt Suchmaschinen. Eine Bekannte aus dem Fitnessstudio gab noch den Tipp, beim slowenischen Fremdenverkehrsamt in Köln anzurufen. Und so schnippelte

> **„Ich bin ja eigentlich mit dem Internet aufgewachsen, aber ich finde das Internet auch so schlimm. Wenn ich auf einen Knopf drücken könnte, und ich könnte damit das Internet abschaffen, für alle, ich würde ihn sofort drücken."**
> **Bill Kaulitz**

der Schüler Sami ein paar Tage später Bilder aus Prospekten und Katalogen und klebte sie mit ins Referat. Die Lehrerin war begeistert von seinem Vortrag. […]

Wenn man bei Google nach Menschen ohne Internet sucht, stößt man irgendwann auf Miguel Riveros' Blog. Dort philosophiert er über eine Welt, die es nicht (mehr) gibt: „Ich habe überlegt, was passieren würde, wenn man das Internet abschaltet. Eine Welt ohne Internet ... Ich habe gemerkt, es würde den Menschen guttun. Die Menschen müssten wieder normale Briefe schreiben und zur Post gehen. Die Menschen müssten ihre Kleidung und Bücher wieder in Geschäften kaufen, denn es würde kein Amazon mehr geben. Nicht nur die Buchhändler, auch die Verlage würden sich freuen. Zeitungen würden nicht untergehen, illegale Downloads würde es nicht mehr geben, man müsste wieder in die Bank gehen, um Überweisungen zu machen. Wie viele Arbeitsplätze sind wegen des Internets abgeschafft worden? Kinder und Jugendliche würden mehr echten Kontakt zu Mitmenschen haben, statt sich hinter ihren PCs zu verstecken ..."

Thorsten Schmitz, Süddeutsche Zeitung, 28.12.2010, S. 3

Aufgaben

1. Sind Internetverweigerer bloß altmodische Technikfeinde oder die Vorreiter eines neuen Trends? Verfassen Sie einen Leserbrief, worin Sie zu den im Text genannten Argumenten gegen das Internet kritisch Stellung beziehen.
2. Erklären Sie, was Miguel Riveros an seiner Vision einer Welt ohne Internet erstrebenswert finden könnte.
3. Spinnen Sie Riveros' Vision weiter. Was alles würde sich noch ändern in einem Land ohne Internet?

Armut
Von absoluter Armut spricht man, wenn einer Person weniger als 1,25 US-Dollar (ca. 1 Euro) pro Tag zur Verfügung steht. Von relativer Armut spricht man, wenn das Einkommen weniger als 50 % des Durchschnittseinkommens in einem Land (Staat) beträgt.

Beruf
Tätigkeit, die ein Mensch in der Regel gegen Entgelt erbringt bzw. für die er ausgebildet, erzogen oder berufen ist. Im Allgemeinen dient die Ausübung eines Berufes der Sicherung des Lebensunterhaltes.

Binnenmarkt
Ein Wirtschaftsraum, in dem einheitliche Bedingungen für den Verkehr von Waren, Dienstleistungen und Kapital herrschen. Bürger können ihren Wohn- und Arbeitsort frei wählen. Der Binnenmarkt in der EU wurde zum 1. Januar 1993 verwirklicht.

Bruttoinlandsprodukt (BIP)
Messgröße, mit der die wirtschaftliche Leistungskraft eines Landes dargestellt wird. Das BIP umfasst den Geldwert aller in einem Jahr innerhalb der Landesgrenzen produzierten Waren und Dienstleistungen (von Inländern und Ausländern). Um das BIP pro Kopf zu erhalten, teilt man das BIP eines Landes durch die Zahl der Einwohner.

Bürgerinitiative
Lockerer, zeitlich befristeter Zusammenschluss von Bürgerinnen und Bürgern, die wegen eines bestimmten Anliegens Einfluss auf die Politik nehmen möchten.

Bürgerliches Gesetzbuch (BGB)
In ihm stehen die wichtigsten rechtlichen Regelungen, die das Zusammenleben der Bürger betreffen, z. B. zu den Rechten und Pflichten beim Kaufvertrag.

Bund (Bundesstaat)
Der Zusammenschluss mehrerer Staaten zu einem Gesamtstaat, zum Beispiel die Bundesrepublik Deutschland mit allen Bundesländern.

Bundeskanzler
Der Chef der Bundesregierung. Er bestimmt die Richtlinien der Politik und trägt die Verantwortung dafür.

Bundespräsident
Das Staatsoberhaupt der Bundesrepublik. Er repräsentiert Deutschland nach außen. Außerdem gehören zu seinen Aufgaben die Ernennung und Entlassung der höchsten Staatsbeamten und die Unterzeichnung der vom Bundestag verabschiedeten Gesetze.

Bundesrat
Der Bundesrat ist ein Teil der Legislative. Über ihn wirken die Länder an der Gesetzgebung des Bundes mit. Der Bundesrat muss bei Gesetzen, die Länderinteressen berühren oder die Verfassung ändern, zustimmen, damit diese in Kraft treten können. Bei anderen Gesetzen kann er Einspruch erheben, der aber vom Bundestag überstimmt werden kann.

Bundestag
Name des deutschen Parlaments, s. dort!

Bundesverfassungsgericht
Höchstes deutsches Gericht mit Sitz in Karlsruhe. Das Bundesverfassungsgericht wacht darüber, dass Parlamente, Regierungen und Gerichte in Deutschland das Grundgesetz einhalten. Jeder Bürger kann eine Verfassungsbeschwerde beim Bundesverfassungsgericht einreichen.

Demografischer Wandel
So werden die Veränderungen in der Bevölkerungszusammensetzung hinsichtlich ihrer Größe und Struktur (z. B. Alterszusammensetzung) bezeichnet.

Demokratie
Das Wort stammt aus dem Griechischen und bedeutet Herrschaft des Volkes. Die Beteiligung aller Bürgerinnen und Bürger an allen Abstimmungen kann nur in sehr kleinen Staatsgesellschaften verwirklicht werden (direkte Demokratie). Wo dies nicht möglich ist, wählt das Volk Vertreter (Repräsentanten), die für das Volk handeln (repräsentative Demokratie).

Europäische Union
Die Gemeinschaft von heute (2009) 27 europäischen Staaten wurde 1957 als Wirtschaftsbündnis gegründet. Neben der gemeinsamen Politik in allen wirtschaftlichen Bereichen wurde im Vertrag von Maastricht (1992) auch eine Zusammenarbeit in der Außen- und Sicherheitspolitik sowie der Justiz- und Innenpolitik beschlossen.

EU-Organe
Zu den wichtigsten Organen der Europäischen Union – vergleichbar mit den Verfassungsorganen in der Bundesrepublik Deutschland – gehören der Ministerrat, die Europäische Kommission, das Europäische Parlament, der Europäische Gerichtshof und der Europäische Rechnungshof. Der Europäische Rat hat eine große Bedeutung für die Entwicklung der Europäischen Union.

Europäische Zentralbank (EZB)
Die EZB wurde am 1.6.1998 gegründet und bildet zusammen mit den nationalen Notenbanken das Europäische System der Zentralbanken. Die EZB ist von politischen Weisungen unabhängig und seit der Einführung des Euro am 1.1.1999 für die Geldpolitik im Euro-Raum zuständig. Ihre Hauptaufgabe ist es, die Preisstabilität zu garantieren. Darüber hinaus unterstützt sie auch die allgemeine Wirtschaftspolitik.

Exekutive
Die ausführende Gewalt, d.h. Regierung und Verwaltung.

Familie
Gemeinschaft, die in modernen Industriestaaten in der Regel aus den Eltern und ihren unmündigen Kindern besteht (Klein- oder Kernfamilie). Im weiteren Sinne gehört zur Familie auch die Verwandtschaft. Immer mehr Familien sind sogenannte Patchwork-Familien. Der Begriff Patchwork kommt aus der Textilgestaltung und bedeutet Flickenteppich: Im Zusammenleben heißt das, dass Menschen aus unterschiedlichen Ursprungsfamilien zu einer neuen Familie zusammenfinden.

Föderalismus
Gliederung eines Staates in Gliedstaaten (in der Bundesrepublik Deutschland die Bundesländer) mit eigener Verfassung, Regierung und Parlament. Bezeichnet auch das Bestreben, die Rechte der Gliedstaaten zu wahren.

Fraktion
Vereinigung im Parlament, die aus den Abgeordneten einer Partei be-

steht. Auch Mitglieder verschiedener Parteien, die gleichgerichtete politische Ziele verfolgen, können sich zu einer Fraktion zusammenschließen.

Gemeinwohl
Unter Gemeinwohl versteht man das Wohlergehen einer gesellschaftlichen Gruppe (z.B. eines Staates, einer Religionsgemeinschaft, einer Schule, einer Klasse). Das Gemeinwohl zu steigern, ist ein Ziel politischer Entscheidungen. Dazu müssen einzelne oder persönliche Interessen manchmal aufgegeben oder durch einen Kompromiss ausgeglichen werden.

Generationenvertrag
Bezeichnung für das Grundprinzip der gesetzlichen Rentenversicherung, nach dem der heute arbeitende Teil der Gesellschaft für die Rentenzahlungen an den nicht mehr arbeitenden Teil aufkommt.

Gerechtigkeit
Einstellung, Prinzip, Zustand, bei dem jede Person das erhält, was ihr zusteht. Wie dieser Zustand zu erreichen ist, ist umstritten. So unterscheidet man Chancengerechtigkeit, Leistungsgerechtigkeit, Bedarfsgerechtigkeit und Teilhabegerechtigkeit.

Gesellschaft
Eine Gesellschaft bezeichnet einen relativ dauerhaften Verbund von Gemeinschaften/Gruppen, die innerhalb einer politischen und wirtschaftlichen Ordnung leben und gemeinsame Normen und Werte teilen.

Gesetz
Ein Gesetz ist eine verbindliche Vorschrift, die das Ziel hat, das Zusammenleben der Menschen zu regeln. Es muss in einem dafür vorgesehenen Verfahren rechtmäßig zu Stande kommen. Gesetze werden von den Parlamenten (Bundestag, Landtag, Gemeindevertretung) beschlossen.

Gewaltenteilung
Verteilung der drei Gewalten Gesetzgebung (Legislative), Verwaltung (Exekutive) und Gerichtsbarkeit (Judikative) auf verschiedene, voneinander unabhängige Staatsorgane. In der Regel sind dies Parlament, Regierung und Verwaltung und eine unabhängige Richterschaft. In der Bundesrepublik Deutschland ist die klassische Gewaltenteilung teilweise durchbrochen (Gewaltenverschränkung).

Globalisierung
Die wachsende Verflechtung der Weltwirtschaft, ermöglicht u.a. durch die Ausweitung der Kommunikationsmedien und enger Verkehrsverbindungen. Die G. bewirkt auch in einigen Bereichen eine Vereinheitlichung der Lebensstile.

Grundgesetz
Die Verfassung der Bundesrepublik; sie regelt den Aufbau, die Aufgaben und das Zusammenspiel der Staatsorgane. Im Grundgesetz werden auch die Grundrechte garantiert.

Grundrechte
In der Verfassung garantierte Rechte, die für jeden Einzelnen gewährleistet werden, wie zum Beispiel die Meinungsfreiheit, die Versammlungsfreiheit und die Menschenwürde.

Gruppe/soziale Gruppe
Ein „sozialer Verband" von mindestens drei Menschen, die durch ein bestimmtes „Wir-Gefühl" miteinander verbunden sind. Dabei gibt es Gruppen, in die man hineingeboren wird (Familie) oder die man sich nicht aussuchen kann (z. B. Schulklasse). Diese Gruppen nennt man Zwangsgruppen. Und es gibt Gruppen, für die man sich freiwillig aufgrund von Freundschaften oder gemeinsamen Interessen (z. B. Sport, Politik, Religion) entscheidet.

Integration
Im allgemeinen Sprachgebrauch versteht man darunter die Eingliederung oder Einbindung eines (fremden) Einzelnen oder einer Minderheit in eine größere Gruppe.

Judikative
Die rechtsprechende Gewalt; sämtliche Gerichte der Bundesrepublik Deutschland.

Klimawandel
Mit dem Begriff Klimawandel bezeichnen wir heute meist die von natürlichen Schwankungen unabhängige Erderwärmung. Sie hat schwerwiegende Folgen für Menschen, Tiere und Pflanzen: Teile der Erde werden zu Wüsten, die Gefahr von Hurrikanen und Sturmfluten steigt, Tierarten werden aussterben.

Koalition
Zusammenschluss zweier oder mehrerer Parteien, die gemeinsam eine Regierung bilden und Gesetzentwürfe ausarbeiten.

Konstruktives Misstrauensvotum
Der Bundestag kann den Bundeskanzler nur durch die Wahl eines neuen Kanzlers (konstruktiv!) zum Rücktritt zwingen.

Legislative
Die gesetzgebende Gewalt; sie wird in der Bundesrepublik Deutschland von Bundestag und Bundesrat ausgeübt (auf Landesebene von den Länderparlamenten).

Markt
Der reale oder virtuelle Ort, an dem Angebot und Nachfrage nach Gütern und Leistungen aufeinandertreffen und Preise gebildet werden (z. B. Automarkt, Börse). Das Grundprinzip des Marktes ist der Tausch.

Marktwirtschaft
In der Marktwirtschaft steuern Angebot und Nachfrage, Wettbewerb und freie Preisbildung den Wirtschaftsprozess. Das Privateigentum an den Produktionsmitteln wird garantiert.

Massenmedien
Sammelbezeichnung für Presse, Rundfunk, Fernsehen und Internet. Allgemein Kommunikationsmittel, mit denen Informationen durch Schrift, Ton oder Bild einseitig an ein sehr breites Publikum übermittelt werden können.

Mediendemokratie
Form der Demokratie, in der die Artikulation und Diskussion von politischen Problemen in erster Linie von den Medien angestoßen und vermittelt wird.

Mehrheitswahlsystem
Danach ist gewählt, wer in seinem Wahlkreis die Mehrheit der Stimmen erhalten hat, die Minderheiten werden nicht berücksichtigt. Relative Mehrheit: Gewählt ist, wer die meisten Stimmen hat. Absolute Mehrheit: Gewählt ist, wer mehr als die Hälfte der Stimmen erzielt. Qualifizierte Mehrheit: Eine vereinbarte Mehrheit, z. B. 2/3 der Stimmen, muss erreicht werden.

Menschenrechte
Das sind die persönlichen Rechte, die jedem Menschen von Geburt an zustehen, z. B. das Recht auf Meinungsfreiheit.

Migration
Im Laufe der Geschichte haben sich immer wieder kleinere oder größere Gruppen von Menschen oder ganze Völker auf Wanderungen begeben. Dies hatte ganz unterschiedliche Gründe: So wurden die Menschen aus religiösen oder politischen Motiven verfolgt, andere waren arm und sahen für sich und ihre Kinder keine Zukunft mehr in ihrer Heimat. Alle diese Wanderungen (lat. migrare = wandern) nennt man Migration.

Monopol
Unter einem Monopol versteht man eine Marktform, in der ein Unternehmen als alleiniger Anbieter auftritt oder einen so großen Marktanteil besitzt, dass er allein die Preise kontrollieren kann und damit über eine besondere Marktmacht gegenüber den Nachfragern bzw. Konsumenten verfügt.

Nachhaltigkeit
Der Begriff bedeutet, dass man nicht mehr von einem Rohstoff (der Natur) verbrauchen soll, als nachwachsen kann. In Bezug auf die Umwelt heißt das, dass man den Ausgangszustand für die folgenden Generationen bewahren soll und die Umwelt nicht durch Abgase und Müll irreparabel schädigen darf.

NATO
(engl. North Atlantic Treaty Organization, Nordatlantikpakt) Das Verteidigungsbündnis zwischen den USA, Kanada und den westeuropäischen Staaten wurde am 4.4.1949 gegründet. Die Mitglieder verpflichten sich im Falle eines Angriffs auf einen Mitgliedstaat zum gegenseitigen Beistand. Wichtigstes Gründungsmotiv war die Abwehr der Expansionsabsichten des Kommunismus, insbesondere die Verteidigung gegenüber der Sowjetunion und seinen Verbündeten. Heute hat die NATO zum Ziel, Frieden und Freiheit weltweit zu verteidigen, z. B. auch im Auftrag der Vereinten Nationen.

Ökologie
So bezeichnet man die Wissenschaft von den Wechselbeziehungen zwischen den Lebewesen und ihrer Umwelt.

Ökonomisches Prinzip
Das ökonomische Prinzip besagt, dass die vorhandenen Mittel (Geld, Zeit) optimal eingesetzt werden sollen, um ein bestimmtes Ergebnis zu erreichen. Bei vorgegebenen Mitteln soll ein möglichst hoher Ertrag erzielt werden (Maximalprinzip). Bei einem vorgegebenen Ertrag sollen möglichst geringe Mittel eingesetzt werden (Minimalprinzip).

Opposition
Alle Personen und Gruppen, die der Regierung im Parlament gegenüberstehen und sie kritisieren.

Parlament
Die Versammlung der vom Volk gewählten Abgeordneten. Das Parlament regt Gesetze an, bewilligt sie und kontrolliert die Regierung. In einer parlamentarischen Demokratie nimmt vor allem die Opposition die Kontrollfunktion wahr, da die Mehrheit im Parlament die Regierung trägt.

Parteien
Politische Gruppen, die über einen längeren Zeitraum Einfluss auf die politische Willensbildung nehmen. Sie sind bereit, in Parlamenten und Regierungen Verantwortung zu übernehmen.

Preisbildung
Prozess, in dem sich in einer Marktwirtschaft auf den Märkten die Preise bilden. Preisbildung ist abhängig von Marktform und Anzahl der Anbieter und Nachfrager. Sie vermittelt zwischen Produktion und der Befriedigung bestehender Bedürfnisse.

Prekariat
Prekariat beschreibt in der Soziologie eine neue soziale Gruppierung, die sich aus ungeschützten Arbeitenden und Arbeitslosen zusammensetzt.

Pressefreiheit
Garantie für die freie Berichterstattung und Veröffentlichung von Informationen und Meinungen. Sie ist im deutschen Grundgesetz festgeschrieben (Art. 5 GG) und gilt als Grundlage der Demokratie, da sich die Bürger nur mithilfe der Informationen an politischen Entscheidungen beteiligen können.

Rechtsstaat
Ein Rechtsstaat ist ein Staat, in dem die öffentliche Gewalt an eine objektive Rechtsordnung gebunden ist. In einem Rechtsstaat ist die Macht des Staates begrenzt, um die Bürger vor gesetzloser Willkür zu schützen.

Rolle
Das menschliche Verhalten, das andere Menschen in bestimmten Situationen erwarten. Eng damit verbunden ist der Begriff des Rollenkonflikts, der dann eintritt, wenn an eine Person, die eine Rolle einnimmt, unterschiedliche und auch sich widersprechende Erwartungen gestellt werden.

Soziale Marktwirtschaft
Die Soziale Marktwirtschaft ist eine Wirtschaftsordnung, die den Grundsatz der Freiheit auf dem Markt mit dem des sozialen Ausgleichs verbindet.

Soziales Netzwerk
Der Begriff soziales Netzwerk bezeichnet ein Beziehungsgeflecht, das Menschen mit anderen Menschen verbindet. Menschen sind untereinander zum Beispiel durch Beziehungen in der Familie und Verwandtschaft sowie im Freundeskreis, aber auch mit der Nachbarschaft und in der Arbeitswelt vernetzt. Soziale Netzwerke werden zunehmend im Internet gebildet.

Sozialisation/Sozialisationsprozess
Der lebenslange Erziehungs- und Entwicklungsprozess eines Menschen aufgrund von Einflüssen aus seiner Umwelt. Durch die Sozialisation wird ein Individuum zu einem vollwertigen Teil der Gesellschaft.

Sozialstaat
Bezeichnung für einen Staat, der seinen Bürgern ein Existenzminimum sichert, wenn sie in Not geraten sind, und für einen gerechten Ausgleich zwischen Reichen und Bedürftigen sorgt. In Deutschland geschieht dies z. B. durch die Sozialversicherungspflicht und durch staatliche Unterstützung, wie Sozialhilfe, Kindergeld oder Ausbildungs- und Arbeitsförderung.

Sozialversicherungssystem
Bezeichnung für die Gesamtheit gesetzlicher Pflichtversicherungen in Deutschland (Arbeitslosen-, Renten-, Kranken-, Pflege- und

Unfallversicherung). Die Sozialversicherung versichert den Einzelnen gegen Risiken für seine Existenz. Sie ist organisiert nach dem Solidarprinzip. Sozialversicherungspflichtig sind alle abhängig Beschäftigten. Die Versicherungsbeiträge teilen sich Arbeitgeber und Arbeitnehmer.

Sozio-oekonomisches Panel (SOEP)
Das SOEP ist eine im jährlichen Rhythmus stattfindende Befragung von mehr als 12.000 Privathaushalten in Deutschland. Die Befragung wird seit 1984 an denselben Personen und Familien durchgeführt und gilt als exzellent.

Staat
Mit dem Begriff bezeichnet man eine Vereinigung vieler Menschen (Staatsvolk) innerhalb eines durch Grenzen bestimmten geografischen Raumes (Staatsgebiet) unter einer unabhängigen (souveränen) Staatsgewalt, die von den Staatsorganen (Regierung, Parlamente, Gerichte, Polizei) ausgeübt wird.

Streitbare/wehrhafte Demokratie
Begriff für eine Demokratie, die Mittel bereithält, um gegen Feinde der Demokratie vorzugehen. So können in Deutschland zum Beispiel Parteien oder Vereine verboten werden, die sich gegen die freiheitliche demokratische Grundordnung wenden.

Strukturwandel
Veränderungen der wertmäßigen Beiträge der einzelnen Wirtschaftssektoren (Land- und Forstwirtschaft, verarbeitendes Gewerbe und Dienstleistungen) zur Wirtschaftsleistung eines Landes. Der Anteil des Dienstleistungsbereichs nimmt dabei in Deutschland ständig zu. Beschleunigt und verstärkt wird der Strukturwandel durch neue Technologien sowie den zunehmenden internationalen Wettbewerb.

Subsidiaritätsprinzip
Prinzip, nach dem ein Problem auf der Ebene gelöst werden soll, auf der es entsteht. „Was der Einzelne tun kann, sollen nicht andere für ihn tun." Erst wenn auf dieser Ebene keine Abhilfe möglich ist, soll die nächst höhere Ebene sich des Problems annehmen (Familie, Gemeinde, Land, Bund, EU).

Verbände
Organisierte Gruppen, die auf die Politik Einfluss nehmen möchten, ohne politische Verantwortung zu übernehmen. Zur Verfolgung gemeinsamer Interessen werden Zusammenschlüsse gebildet, z. B. Berufsverbände.

Vereinte Nationen
(engl. United Nations Organization) Nach dem Zweiten Weltkrieg gegründete kollektive Sicherheitsorganisation zur Wahrung des Weltfriedens und der Menschenrechte. Fast alle Staaten sind Mitglieder der UNO.

Verhältniswahlrecht
Jede Partei bekommt so viele Sitze im Parlament, wie sie prozentual Stimmen von den Wählern erhalten hat. Auch Minderheiten werden berücksichtigt.

Vermittlungsausschuss
Bundesrepublik Deutschland: Ausschuss, der tätig wird, wenn ein Gesetzesbeschluss des Bundestages auf Einwände des Bundesrates stößt. Bundestag und Bundesrat entsenden je die Hälfte der 32 Mitglieder. Aufgabe des Vermittlungsausschusses ist es, Kompromisse auszuarbeiten. Europäische Union: Ausschuss, der tätig wird, wenn nach der Zweiten Lesung eines Gesetzes keine Einigung zwischen Europäischem Parlament und Ministerrat erzielt werden kann. Der Vermittlungsausschuss setzt sich aus den Mitgliedern des Rates und ebenso vielen Vertretern des Europäischen Parlaments zusammen, Vertreter der EU-Kommission nehmen beratend teil.

Volkspartei
Partei, die aufgrund ihres Programms für Wähler und Mitglieder aller gesellschaftlichen Schichten unterschiedlicher Weltanschauungen offen ist.

Währungsunion
Zusammenschluss souveräner Staaten mit vorher unterschiedlichen, aber ähnlich starken Währungen zu einem einheitlichen Währungsgebiet. Im Gegensatz zu einer Währungsreform bleibt der Geldwert beim Übergang zu einer Währungsunion erhalten.

Wahlen
Verfahren der Berufung von Personen in bestimmte Ämter durch Stimmabgabe einer Wählerschaft. In Demokratien werden die wichtigsten Staatsämter durch Wahlen besetzt. Demokratische Wahlen müssen die Bedingungen allgemein, frei, gleich und geheim erfüllen. Das genaue Wahlverfahren (Verhältniswahl, Mehrheitswahl) ist meist in Wahlgesetzen geregelt.

Wirtschaftssektoren
Die Wirtschaftswissenschaften unterteilen die Produktionsbereiche einer Volkswirtschaft in drei Wirtschaftssektoren: Der primäre Sektor beinhaltet die Produktgewinnung der Land- und Forstwirtschaft sowie Fischerei. Im sekundären Sektor werden Produkte hergestellt oder verarbeitet (Industrie und Handwerk, Bergbau und Baugewerbe). Der tertiäre Sektor umfasst die Dienstleistungen, zum Beispiel Handel, Verkehr, Kultur, Bildung und Gesundheitswesen.

Zentralverwaltungswirtschaft/ Planwirtschaft
Bezeichnung für Wirtschaftssysteme (z. B. der DDR), deren Produktion durch zentrale Pläne (einer staatlichen Planungsbehörde) gelenkt wird. Es gibt kein Privateigentum an Produktionsmitteln.

A

B

C

D

E

Einband	iStockphoto: Nikada
S. 8	Ullstein/CARO/Schnitzler; iStockphoto/Becar; DPA picture alliance, Frankfurt/Bernd Weißbrod; iStockphoto/Stígur Karlsson; Ullstein/CARO/Hechtenberg;
S. 12	Gruner und Jahr, Hamburg;
S. 16	Thomas Plaßmann/Baaske Cartoons, Müllheim;
S. 18	iStockphoto (5): Ugur Demir // diane39 // laflor // Turgut Erkisi // Prebranac ;
S. 19	Josef Heinrich Darchinger, Bonn; Klaus Rose, Iserlohn; Harald Hauswald,/Ostkreuz, Berlin; Interfoto/Lookback, München; Georg Schönharting/Ostkreuz, Berlin;
S. 21	DPA picture alliance, Frankfurt/epa-Bildfunk/Mikael Fritzon;
S. 24	http://www.sinus-institut.de/loesungen/sinus-milieus.html;
S. 25	Gerhard Mester/Baaske Cartoons, Müllheim;
S. 26	DPA-infografik/Globus-infografik, Frankfurt;
S. 28	Cinetext, Frankfurt am Main (2);
S. 29	Jürgen Tomicek, Werl;
S. 30	http://wikimedia.com; DPA picture alliance/EPA/Nadeem Khawer;
S. 34	Cartoon by Nicholson from the Australian, www.nicholsoncartoons.com;
S. 38	iStockphoto (3): Bastar // gerenme // Photo morphic;
S. 46	Max-Planck-Gesellschaft, München;
S. 49	allesalltag, Hamburg;
S. 50	Dirk Meissner, Köln;
S. 61	DPA-infografik/Globus-infografik, Frankfurt;
S. 65	fotolia.com;
S. 66	DPA picture-alliance, Frankfurt / akg images; Bundesagentur für Arbeit, Nürnberg;
S. 68	Thomas Plaßmann/Baaske Cartoons, Müllheim; DPA-infografik/Globus-infografik, Frankfurt;
S. 70	Thomas Plaßmann/Baaske Cartoons, Müllheim; Reiner Schwalme, Krausnick – Groß-Wasserburg;
S. 71	DPA-infografik/Globus-infografik, Frankfurt;
S. 73	DPA-infografik/Globus-infografik, Frankfurt;
S. 75	Thomas Meyer/Ostkreuz, Berlin;
S. 76	Horst Haitzinger, München; Gerhard Mester, Baaske Cartoons, Müllheim (3);
S. 78	Erich Rauschenbach, Baaske Cartoons, Müllheim; Bergmoser + Höller Verlag, Aachen;
S. 81	Bergmoser + Höller Verlag, Aachen;
S. 82	www.wikipedia.org;
S. 83	Bergmoser + Höller Verlag, Aachen;
S. 84	Thomas Plaßmann, Baaske Cartoons, Müllheim;
S. 85	Bergmoser + Höller Verlag, Aachen;
S. 86	DPA picture-alliance, Frankfurt / Stephanie Pilick;
S. 87	Bergmoser + Höller Verlag, Aachen;
S. 90	Teamwork/Karwasz, Hamburg;
S. 92	DPA picture-alliance, Frankfurt / ZB/Bernd Wüsteneck;
S. 94	DPA picture alliance, Frankfurt /Arne Detert; Marius Schwarz/Caro Fotoagentur, Berlin;
S. 96	Burkhard Mohr/Baaske Cartoons, Müllheim; Bergmoser + Höller Verlag, Aachen;
S. 99	DPA picture-alliance, Frankfurt(3): Rolf Kremming // epa Arshad Arbab // Bodo Marks;
S. 100	DPA picture alliance, Frankfurt (2): Peer Grimm // Daniel Karmann; Presse- und Informationsamt der Bundesregierung/Steffen Kugler; Photothek.net/Photoagentur GbR, Berlin;
S. 101	Bergmoser + Höller Verlag, Aachen;
S. 102	Bergmoser + Höller Verlag, Aachen;
S. 103	DAP picture-alliance, Frankfurt / Stefan Puchner;
S. 106	DPA picture-alliance, Frankfurt / Wolfgang Kumm; Anne Will/NDR, Hamburg;
S. 108	DPA picture alliance, Frankfurt (2): Photoshot // PA
S. 107	Bergmoser + Höller Verlag, Aachen;
S. 113	Bergmoser + Höller Verlag, Aachen;
S. 114	DPA picture alliance, Frankfurt/dpa-infografik;
S. 115	DPA picture alliance, Frankfurt/Wolfgang Kumm;
S. 116	DPA picture alliance, Frankfurt (3): Wolfgang Kumm // chrome-orange/Reinhold Tscherwitschke // Fotoreport/Roland Scheidemann; Ullstein-Bild, Berlin;
S. 119	DPA picture alliance, Frankfurt/Maxppp;
S. 122	Bergmoser + Höller Verlag, Aachen;
S. 124	Bergmoser + Höller Verlag, Aachen;
S. 126	Gerhard Mester/Baaske Cartoons, Müllheim; DPA-infografik/Globus-infografik, Frankfurt;
S. 128	www.cdu.de; www.spd.de; www.gruene.de; www.die-linke.de; www.fdp-bundespartei.de; www.piratenpartei.de;

S. 129 Gerhard Mester/Baaske Cartoons, Müllheim;
S. 135 DPA picture alliance, Frankfurt/Frank Leonhard; Erich Haefele/JOKER;
S. 138 Matthias Stolz/ZEITmagazin/Illustrator Jörg Block;
S. 141 www.patriot.ch;
S. 142 DPA picture alliance, Frankfurt (3): Luca InacioRosa//Maxppp//epa-Bildfunk-NATO-Isaf-Handout;Ullstein-Bild,Berlin/phalanxFotoagentur;
S. 144 Akg-images/stenvert;
S. 148 DPA picture alliance, Frankfurt (2): Zentralbild/Karlheinz Schindler // Andreas Gebert;
S. 150 Keystone/ Jan Leidicke; DPA picture alliance, Frankfurt/dpa-infografik;
S. 151 ddp images/AP/Michael Euler;
S. 152 DPA-infografik/Globus-infografik, Frankfurt;
S. 153 Caro/ Ruffer;
S. 154 Bergmoser + Höller Verlag, Aachen;
S. 159 Bergmoser + Höller Verlag, Aachen;
S. 162 www.nationalpark-bayerischer-wald.de;
S. 163 iStockphoto/ Eduard Kyslynskyy;
S. 164 DPA-infografik/Globus-infografik, Frankfurt;
S. 167 iStockphoto/GYI NSEA/Bruno Vincent;
S. 169 iStockphoto(2): Ed Stock (2)
S. 171 Bildmaschine.de/A.M. Begsteiger/bm;
S. 172 Gerhard Mester/Baaske Cartoons, Müllheim; www.wikipedia.org;
S. 173 Bergmoser + Höller Verlag, Aachen;
S. 174 DPA-infografik/Globus-infografik, Frankfurt;
S. 178 DPA-infografik/Globus-infografik, Frankfurt;
S. 179 Bergmoser + Höller Verlag, Aachen;
S. 183 www.wikipedia.org;
S. 184 Walter Hanel, Bergisch Gladbach;
S. 186 Bildarchiv Preußischer Kulturbesitz, Berlin/ Benno Wundshammer;
S. 189 Corbis_Dennis van Tine_Retna Ltd.;
S. 194 © Berlin Today Award / Millie Hawley, Berlin
S. 195 Thomas Plaßmann/Baaske Cartoons, Müllheim;
S. 197 DPA-infografik/Globus-infografik, Frankfurt ;
S. 198 Getty Images / David Greedy, München;
S. 202 fotolia.com; DPA-infografik/Globus-infografik, Frankfurt;
S. 205 DPA-infografik/Globus-infografik, Frankfurt (2);
S. 206 DPA-infografik/Globus-infografik, Frankfurt;
S. 212 TIME Inc., New York;
S. 213 NATIONAL GEOGRAPHIC 1985;
S. 216 www.ansTageslicht.de/unicef;
S. 218 DPA-infografik/Globus-infografik, Frankfurt;
S. 223 Internationale Gesellschaft für Menschenrechte (IGFM, www.menschenrechte.de); Reporter ohne Grenzen (ROG)/Karsten Thielker (3);
S. 224 Bergmoser + Höller Verlag AG, Aachen;
S. 227 Hogli, Berlin;
S. 228 CREO, Bamberg
S. 232 iStockphoto: jcarillet DPA picture alliance, Frankfurt: Wang Lei
S. 236 iStockphoto (2): track 5 // Debi Bishop; Bildunion/Robert Kneschke;
S. 237 Kittihawk, Berlin
S. 240 Hoi Polloi; Jals Smolinski;